调查询问与讯问的国际发展与实践

卷一

被害人和证人

[英] 戴维·沃尔什
[英] 加文·E.奥克斯伯格 编
[挪] 艾莉森·D.雷德利克
[挪] 特朗德·麦克里伯斯特

刘涛 吴燕 译

International Developments and Practices in Investigative Interviewing and Interrogation

Volume 1: Victims and witnesses

Routledge
Taylor & Francis Group

知识产权出版社
全国百佳图书出版单位
—北京—

International Developments and Practices in Investigative Interviewing and Interrogation, Volume 1: Victims and Witnesses/Edited by David Walsh, Gavin E. Oxburgh, Allison D. Redlich, Trond Myklebust /ISBN 9781138781757

Ⓒ 2016 selection and editorial material, David Walsh, Gavin E. Oxburgh, Alison D. Redlich and Trond Myklebust; individual chapters, the contributors. Authorized translation from English language edition published by Routledge, part of Taylor & Francis Group, LLC. All rights reserved.

本书原版由 Taylor & Francis 出版集团旗下，Routledge 出版公司出版，并经其授权翻译出版。版权所有，侵权必究。

Intellectual Proporty Publishing House Co., Ltd. is authorized to publish and distribute exclusively the Chinese (Simplified Characters) language edition. This edition is authorized for sale throughout Mainland of China. No part of the publication may be reproduced or distributed by any means, or stored in a database or retrieval system, without the prior written permission of the publisher.

本书中文简体翻译版授权由知识产权出版社独家出版并仅限在中国大陆地区销售，未经出版者书面许可，不得以任何方式复制或发行本书的任何部分。

Copies of this book sold without a Taylor & Francis sticker on the cover are unauthorized and illegal.

本书封面贴有 Taylor & Francis 公司防伪标签，无标签者不得销售。

图书在版编目（CIP）数据

调查询问与讯问的国际发展与实践. 卷一，被害人和证人／（英）戴维·沃尔什等编；刘涛，吴燕译. —北京：知识产权出版社，2020.10
书名原文：International Developments and Practices in Investigative Interviewing and Interrogation
ISBN 978-7-5130-7164-2

Ⅰ.①调… Ⅱ.①戴… ②刘… ③吴… Ⅲ.①刑事侦查学—研究 Ⅳ.①D918

中国版本图书馆 CIP 数据核字（2020）第 184960 号

责任编辑：齐梓伊　　　　　　　　　责任校对：潘凤越
执行编辑：凌艳怡　　　　　　　　　责任印制：刘译文
封面设计：张新勇

调查询问与讯问的国际发展与实践（卷一：被害人和证人）

［英］戴维·沃尔什（David Walsh）
［英］加文·E. 奥克斯伯格（Gavin E. Oxburgh）
［挪］艾莉森·D. 雷德利克（Allison D. Redlich）　编
［挪］特朗德·麦克里伯斯特（Trond Myklebust）
刘涛　吴燕　译

出版发行：知识产权出版社有限责任公司	网　　址：http://www.ipph.cn
社　　址：北京市海淀区气象路50号院	邮　　编：100081
责编电话：010-82000860 转 8176	责编邮箱：qiziyi2004@qq.com
发行电话：010-82000860 转 8101/8102	发行传真：010-82000893/82005070/82000270
印　　刷：天津嘉恒印务有限公司	经　　销：各大网上书店、新华书店及相关专业书店
开　　本：720mm×1000mm　1/16	印　　张：25.75
版　　次：2020 年 10 月第 1 版	印　　次：2020 年 10 月第 1 次印刷
字　　数：406 千字	定　　价：128.00 元
ISBN 978-7-5130-7164-2	
京权图字：01-2018-6315	

出版权专有　侵权必究
如有印装质量问题，本社负责调换。

本书为中国人民公安大学学科建设及校级重点项目"网络犯罪取证困境及解决路径"(项目编号:2019JKF101)的成果。

"沃尔什（Walsh）、奥克斯伯格（Oxburgh）、雷德利克（Redlich）和麦克里伯斯特（Myklebust）编写的这两册著作为司法询问和讯问领域提供了非常重要的资源。研究人员、学生、实践从业者以及政策制定者现在随手就可获得最新的，全球范围主要国家关于询问被害人、证人和讯问犯罪嫌疑人方法的资讯。简言之，对于领略国际询问和讯问实践，这两册书不仅内容迷人，而且颇具启发意义。"

盖尔·古德曼（Gail Goodman），心理学特聘教授
美国加利福尼亚大学戴维斯分校

"本书内容涵盖的国家超过25个，汇集了当今世界各国调查询问实践所需的一切。对于司法心理学者、犯罪学者以及相关执法专业人员而言，这些关于如何询问被害人、证人和讯问犯罪嫌疑人的章节汇编是独一无二的，是非常重要的资源。"

索尔·卡辛（Saul Kassin），心理学特聘教授
美国纽约城市大学，约翰·杰伊刑事司法学院

调查询问与讯问的国际发展与实践

由于不同国家法律体系、宗教和文化的独特性，对犯罪中的被害人、证人和犯罪嫌疑人进行调查询问和讯问的方法在世界各地差异甚大。尽管有些国家已经发展了适用于证人的特定询问方案（例如，询问儿童的《ABE指南》和《NICHD询问方案》）以及讯问犯罪嫌疑人的和平模式（PEACE model），其他一些国家则继续使用身体强制和其他有问题的策略方法以诱导出信息。

直到现在，在有些国家，关于询问和讯问实践的实证信息是非常少的，特别是在中东和远东地区。本书的研究填补了这一空白，汇集了来自超过25个国家的国际性专家，对全世界使用的各种询问和讯问技巧提供了详细、深入的介绍。第一卷专注于询问被害人和证人，目的在于对理解全世界的执法机构如何在刑事犯罪案件中从被害人和证人那里获取有价值的信息提供必要的资料。同时，构成本卷的章节与在讯问犯罪嫌疑人[①]方面相应卷的章节一起，利用特定的国内案例研究和实践分析，审视了询问和讯问当前面临的挑战并确定了最佳实践，目的是使读者能够形成一种有关世界范围内在犯罪调查这一重要领域中的国际性、比较性视野。

这本书对于从事警务研究、犯罪调查、司法心理学和刑事法学的学者及学生来说是一项重要的基本资源。它也将会引起询问和讯问实践从业人员、法律专业人员和政策制定者的极大兴趣。

戴维·沃尔什（David Walsh）是一名应用型犯罪学家，也是英国高等教育学院的一名研究员。他已经发表、出版了一些论文和书的专属章节，并与

[①] 详见本书卷二：《调查询问与讯问的国际发展与实践》（卷二：犯罪嫌疑人）。

他人合著了一本关于腐败的书。在加入学术机构以前，他是一名在英国政府部门工作了 20 多年的调查专业人员。沃尔什博士已经在许多国内和国际的学术及实践从业人员的会议中展示了他的工作能力。

加文·E. 奥克斯伯格（Gavin E. Oxburgh）是一名在英国卫生专业委员会注册的法医心理学家、特许心理学家和科学家，还是英国高等教育学院的一名研究员。奥克斯伯格博士是一名专家证人，并在英国和海外的法律案件中提供了心理学意见。在进入学术机构之前，他在皇家空军警卫部已经有了 22 年非常成功的职业生涯。在那里，他是一名专攻犯罪治理、儿童保护和性犯罪的高级警探，服务遍及英国乃至整个欧洲。

艾莉森·D. 雷德利克（Allison D. Redlich）博士在警察审讯方面是一名国际知名的研究人员，她从研究儿童被害人/证人开始了其职业生涯。在这些领域和相关主题领域，她已经发表了许多同行评审的论文，经常在法庭审理中提供专家证言，并受邀培训执法部门和法院的专业人员。她现在在美国法律心理学协会执行委员会工作，并一起主持了该委员会 2014 年的会议。

特朗德·麦克里伯斯特（Trond Myklebust）从奥斯陆大学取得了他的学士学位，并在做警察的时候从利物浦大学取得了调查心理学理科硕士学位。在 2009 年他成为挪威第一个取得博士学位（奥斯陆大学心理学系）的警察。他担任了挪威警察大学学院助理总警监的职务和英国纽卡斯尔大学客座讲师。他是英国心理学会的特许心理学家及国际调查询问研究组织（iIIRG）的共同创始人和联席主任（Co-Director）。

致谢感言

戴维·沃尔什（David Walsh）

致谢乔安娜（Joanna）和苏（Sue）提供了如此美好的回忆，向菲奥娜（Fiona）、埃玛（Emma）和新来的詹森（Jenson）表达我对他们的爱。感谢所有那些支持我和所有其他为我付出过努力的人。

加文·E. 奥克斯伯格（Gavin E. Oxburgh）

从一名皇家空军警务人员到进入学术界的旅程已经非常成功。一路走来，很多人都给予了我极大的鼓励，尤其是我已故的父亲埃里克·奥克斯伯格（Eric Oxburgh），我的母亲霍普·奥克斯伯格（Hope Oxburgh），我挚爱的妻子劳拉（Laura）和女儿苏珊（Susan）。你们对我的激励和对我能力的信任一直坚定不移，非常感谢。谢谢！

艾莉森·D. 雷德利克（Allison D. Redlich）

研究最有效果和最有效率的询问犯罪情境中个体的方法的职业生涯开始于我的第一个"真的"工作。大学毕业后，我有幸在美国国家儿童健康和人类发展研究所（NICHD）获得了与迈克尔·兰姆（Michael Lamb）合作的职位。在那里，我协助他（和其他几个人）研究报称对儿童性虐待被害人进行询问的方法——为NICHD询问方案奠定了基础。从那里，我进入了研究生院，并且幸运地与儿童被害人/证人研究的创始者盖尔·古德曼（Gail Goodman）一起工作。盖尔在各方面都堪称导师典范，我从她那里学习到很多关于询问的知识。在读研究生期间，我读了索尔·卡辛（Saul Kassin）关于审讯犯罪嫌疑人的一篇论文，使我对如他们所说的其余的历史产生了兴趣。因此，我将这两册书献给迈克尔、盖尔和索尔。这些年来，这三位都是我的绝佳导师，在刑事司法系统中如何询问和审讯被害人、证人和犯罪嫌疑人方面（包括不当的询问和审讯策略与方法），他们每一位都在这个永无止境的探索过程中发挥了重要作用。

特朗德·麦克里伯斯特（Trond Myklebust）

致西伦（Siren）和玛蒂尔德（Mathilde）——在我努力前行中，谢谢你们给我无尽的爱、欢乐和支持。

撰稿人简介

卡米尔·阿拉（Kamiar Alaei）是医学博士、公共卫生博士、哲学硕士、外科硕士，公共管理与政策学院的公共服务教授以及健康与人权国际中心的创始主任。他和他的兄弟阿拉什（Arash）联合在伊朗为三个目标群体（吸毒者、艾滋病病毒携带者和性病案例）创立了第一个"三角诊所"，这被世界卫生组织确定为预防和治疗艾滋病病毒/艾滋病和静脉注射吸毒者的一个"最佳实践模式"。阿拉博士在全球健康政策及国际人权法律方面的丰富经验便于让他专注于国际健康与法律之间的交叉点，同时对易受伤害目标群体的需求和实际保持敏感，包括囚犯的权利。卡米尔·阿拉在伊斯法罕医科大学获得了他的医学博士学位（MD），在德黑兰医科大学获得他的流行病学公共卫生硕士（MPH），这是伊朗两所最具威望的大学。他从哈佛大学取得了国际健康的心理学硕士，并在纽约州立大学奥尔巴尼分校取得健康政策与管理的博士学位。最近他正在牛津大学完成他的国际人权法学位。

泰尔玛·苏萨·阿尔梅达（Telma Sousa Almeida）于2010年获得了葡萄牙司法和不正常行为心理学硕士学位，并从那时起完成了法律医学及儿童和青少年心理病理学和心理治疗学的更高学位。她最初是一名法医心理学家，后来担任临床心理学家。同时，自2010年以来，泰尔玛一直从事法医心理学和青少年犯罪以及和平心理学和人权领域的科学研究。目前她是剑桥大学心理学系博士候选人，她的博士研究方向关注于情境记忆、易受暗示性和对自闭症谱系障碍患者与智力障碍者的询问。她还与葡萄牙国家法律医学和司法科学研究所合作开展了一项关于为儿童被害人、证人和犯罪者应用司法询问方案的研究项目。

E. 阿米努丁·阿齐兹（E. Aminudin Aziz）是印度尼西亚教育大学（Universitas Pendidikan Indonesia，UPI）英语教育系的语言学教授。在UPI获得毕业证书和本科学位后，他继续在澳大利亚莫纳什大学语言学系学习，获得硕士学位（1994—1996）和博士学位（1997—2000）。他的主要研究方向包括语用学、司法语言学、语言哲学和跨文化交流。他广泛地开展研究，并发表了大量有关面子和礼貌现象的概念、言语行为现状和文化核心价值观主题的文章。他目前领导印度尼西亚共和国教育和文化部资助的两个研究项目，即警察调查过程中的警察报告与嫌疑人供述，西瓜哇巽他人的文化核心价值以及巽他人语言维系面临的挑战。他一直积极参与印度尼西亚警察培训项目，内容关于提高警察能力，特别是在调查询问中的能力以及与警察合作担任语言数据分析专家。自2010年以来，他被任命为UPI机构规划、研究和开发副校长。

伊戈尔·阿雷（Igor Areh）是斯洛文尼亚马里博尔大学刑事司法与安全学院的一名法医心理学高级讲师。他的讲课内容和研究工作主要集中在询问被害人和犯罪嫌疑人。他主修心理学，因此在该学院获得了一个教学职位，并且他的研究工作范围逐步缩小到与目击者证词相关的问题上。在他2008年成功答辩的心理学博士论文中，他研究了证人记忆恢复的性别差异。近几年，他的研究兴趣已经转向对犯罪嫌疑人的审讯，集中于两个主要主题：用测谎仪检测欺骗（隐秘的信息测试）和调查询问。他已经发表/出版了有关法医和调查心理学方面问题的70多篇论文和3本书。他还担任犯罪调查顾问，主要是评估犯罪嫌疑人陈述的真实性，并在法庭上担任专家证人。

古斯塔沃·诺罗尼亚·德·阿维拉（Gustavo Noronha de Ávila）是一名刑事律师，拥有巴西南里奥格兰德罗马天主教大学的刑事科学博士学位，并且是巴拉那州马林加州立大学（UEM）法学院的一名教学人员。他还是负责巴西询问方法和辨认程序国家研究的研究小组成员（2014—2015），该研究得到司法部和应用经济研究所（IPEA）的支持。

比安卡·贝克（Bianca Baker）是英国德比大学的一名博士研究生，

她近来正在研究跨文化的调查询问环境中治疗方法的使用。她的目的在于找到可能依文化而改变的获取信息之方法。与此同时，她继续修读心理治疗学。比安卡·贝克在美国南缅因大学取得了她的心理学学士学位，在英国莱斯特大学取得了法医和法律心理学的硕士学位。她的研究重点主要是同理心、易受暗示性、融洽关系建立的方法以及在这些领域中的文化差异。

尼古拉斯·C. 巴拉（Nicholas C. Bala） 自1980年以来一直担任加拿大女王大学法学院教授。他教学和研究的主要领域是家庭和儿童法。他的大部分研究工作都是跨学科的，他与心理学家、社会工作者和健康专家开展了合作项目。他已广泛发表了一系列主题的学术成果，包括分居和离婚、父母疏远、配偶暴力、儿童证人和青少年司法。他的成果经常被包括最高法院在内的加拿大各级法院以及澳大利亚、英国和美国的法院引用。

路易斯·罗伯托·本尼亚（Luis Roberto Benia） 是一名精神病学家，拥有心理学硕士学位。他同时也是巴西阿雷格里港的南里奥格兰德罗马天主教大学心理学研究生部的博士研究生，以及巴西阿雷格里港的南里奥格兰德司法医疗—法律研究所的一名刑事专家。

戴尔德丽·A. 布朗（Deirdre A. Brown） 是新西兰惠灵顿维多利亚大学心理学院的高级讲师。她的研究方向包括儿童的记忆发展、叙事能力和用以促进儿童沟通信息和经历能力的询问技巧。她对患有发展性障碍儿童的能力和弱势性特别感兴趣。布朗博士与"儿童、青少年和家庭"项目密切合作，并与新西兰警方合作培训和评估专业儿童证人询问人员的实践。

索尼娅·P. 布鲁巴奇（Sonja P. Brubacher） 是迪肯大学的心理学研究人员和讲师。她在2011年进行了博士研究的答辩，研究重点是开发和修改询问儿童关于他们所反复经历的事件的技巧，并帮助他们准确描述这些事件的具体内容。她的博士后研究继续关注儿童证人询问，并重新激发了她对理解询问准备阶段效果的兴趣。布鲁巴奇博士还是调查询问中心的研究人员和行业培训师，也是国际调查询问研究组织的执行委员会成员。

雷·布尔（Ray Bull） 是英国德比大学犯罪调查学教授，朴次茅斯大学和伦敦南岸大学客座教授。2012年，他当选欧洲心理学和法律协会主席。2010年，由于"对心理学学科的贡献"，他被授予"英国心理学会荣誉院士"荣誉称号（此荣誉仅授予40名在世的心理学家）。2009年，由于"对心理科学的多年和卓越杰出的贡献"（FAPS），他成为心理科学协会会员，并且因为他"对调查询问领域的重大贡献"而获得国际调查询问研究组织的高级学术奖。2008年，雷从欧洲心理学和法律协会获得了终身心理学和法律贡献奖。他已作为专家证人为许多审判出庭作证。

米歇尔·卡曼斯（Michel Carmans） 毕业于布鲁塞尔高等社会培训学院的社会问题专业。他还在鲁汶大学（University of Louvain）学习，毕业于家庭和性科学专业，并拥有多个教育科学学位。自2002年以来，他一直是联邦司法警察行为科学部门的成员，并负责协调询问未成年人的项目。他是联邦警察国家犯罪调查学校的一名讲师，应国家或国际机构的邀请，作为专家参加会议、教学计划以及关于未成年人询问方法和组织方面问题的项目。

肯德拉·C. 克利夫兰（Kyndra C. Cleveland） 是加利福尼亚大学欧文分校的博士候选人和国家科学基金研究生研究人员，目前她正在攻读心理学、法学和定量方法专业的发展心理学博士学位。她的工作重点是儿童和家庭在青少年司法系统中的经历。她获得了美国心理学—法学学会、社会问题心理学研究学会以及健康与人类服务部的奖学金和助学金。肯德拉还获得了加州大学尔湾分校（UCI）社会生态学院社区参与奖，以表彰她在儿童问题上的研究对公众的影响。她曾在美国心理学—法学学会和儿童发展研究学会上发表过她的研究成果。

朱莉·库瓦西耶（Julie Courvoisier） 在瑞士洛桑大学完成了她的学业。她于2007年获得了心理学学士学位，随后于2009年获得了刑事司法学（犯罪学和安全学）法律硕士学位（MLaw）。之后，她成为了洛桑大学刑事科学学院犯罪学和刑法学研究所的一名助教。现在她在那里攻读瑞士警察审讯的博士学位。此外，她还在一个关于儿童性虐待的预防项目中担任了研究管理人员。

米雷耶·西尔（Mireille Cyr）于1984年获得心理学博士学位，25年来一直是蒙特利尔大学心理学系的教授。她是家庭暴力和性虐待跨学科研究中心的科学主任，以及玛丽-文森特跨校性虐待儿童问题研究主席职位的共同主持人。15年来，她的研究重点是儿童性虐待。她特别关注性虐待对儿童和青少年的影响，作为儿童调整恢复的决定因素的父母支持，以及对涉嫌儿童性虐待的年轻被害人的调查询问。

塞缪尔·德马基（Samuel Demarchi）博士是巴黎第八大学的一名副教授。他的研究方向是处理刑事调查中的一些重要因素（对罪犯的描述和识别、测谎、对证人的询问）。他最近的研究探讨了关于使用不受控制的线索，根据对罪犯的描述和测谎的发展来发现罪犯（如瞳孔直径）。他还对审判过程中证据的强度感兴趣（辨认的公正性、DNA与辨认、按顺序进行与同时进行的辨认对比等）。

史蒂芬妮·丹泽尔（Stephanie Denzel）在美国乔治梅森大学获得特殊教育学硕士学位，在加利福尼亚大学欧文分校获得社会生态学硕士学位。她还获得了密歇根大学法学院的法学博士学位，在那里，她作为学生律师代表儿童和父母处理儿童虐待案件。她的研究兴趣包括受虐待儿童的发展以及该研究在法律环境中的应用。她目前是华盛顿特区的执业律师。

赫维·法布里奇（Hervé Fabrizi）是法国里昂收容所法医部的法医。他是里昂上诉法院、里昂上诉行政法院和海牙国际刑事法院的专家。他在暴力被害人护理和弹道学领域拥有丰富的经验。近几年来，他一直在里昂东医学院教授法医学。

伊瓦尔·A. 法辛（Ivar A. Fahsing）是挪威警察大学的一名侦探警长和副教授。他在早些时候发表了在调查询问、目击证人证词、侦查技巧、侦探的决策制定、知识管理和有组织犯罪领域的文章。他在法庭上以专家证人的身份出庭，并已经在欧洲和亚洲对执法人员开展了多年的培训。作为一名凶杀案侦探，他在奥斯陆警察局和挪威国家犯罪调查局有着15年的工作经验。

劳伦特·范东（Laurent Fanton） 是法国里昂收容所法医部的法医。他是里昂上诉法院和行政上诉法院的专家。他在暴力被害人护理和法医毒理学领域拥有丰富的经验。他还是里昂东医学院的法医学教授，并且隶属于生物医学影像研究实验室CREATIS。

拉奎尔·维鲁多·费尔南德斯（Raquel Veludo Fernandes） 在波尔图葡萄牙天主教大学完成了她的司法和不正常行为心理学硕士学位。拉奎尔是葡萄牙心理学研究所的儿童和青少年心理病理学和心理治疗专业的毕业生。此前，她在法医心理学领域以及儿童、青少年和成人的心理咨询方面拥有专业经验。自2013年以来，拉奎尔一直是国家法律医学和法医科学研究所北方分部研究员，负责关于儿童被害人、证人和犯罪嫌疑人司法询问方案的研究项目，该项目得到葡萄牙科学技术基金会（FCT）和竞争要素行动计划（COMPETE）的支持。她还与人合著了法医心理学领域的书籍（已出版或出版中）。

弗朗西斯科·加西亚（Francisco García） 于2014年以最高荣誉毕业于智利大学心理学专业，自2011年以来一直在卡洛琳娜·纳瓦罗教授的研究团队工作。在担任纳瓦罗教授的研究助理期间，弗朗西斯科对调查询问儿童被害人领域产生了浓厚的兴趣，特别是对调查询问方案及其组成部分。弗朗西斯科正在与其他专业人士一起开发基于研究、良好实践和智利特定要求的调查询问模式。

斯图尔特·休斯顿（Stuart Houston） 是苏格兰警察局的侦探总督察，驻地在爱丁堡分部。自1996年以来他就是一名警察，参与了各种犯罪调查工作，包括担任多起谋杀案的高级调查人员。2008—2010年，他还在侦探培训部门工作。

纳齐萨·贾汗巴尼（Nakissa Jahanbani） 在华盛顿特区美国大学获得国际关系学士学位，专攻国际发展和中东问题。她在反酷刑人权医师计划工作期间，积累了丰富的关于美国国家安全问题、人权及国际被拘留者政策和做法方面的经验。在此之前，贾汗巴尼女士研究了有关中东社区发展、消除贫困和少数民族的问题。她目前正在纽约州立大学奥尔巴尼分校攻读政治学博士学位。

克里斯蒂娜·凯平斯卡·雅各布森（Kristina Kepinska Jakobsen）是挪威警察大学的一名心理学家和副教授，负责开发和实施调查询问方面的研究生课程。另外，她还是法学院的一名博士研究生，研究对精神受创伤的证人进行调查询问。她以前作为研究员和教师曾在丹麦国家警务委员会工作。

赵恩京（Eunkyung Jo）是韩国翰林大学心理学教授。她的研究重点是调查询问和侦测谎言。作为韩国心理学和法学协会的现任主席，她正在领导将研究成果应用于韩国刑事司法实践的发展。

克里斯蒂安·卡斯克（Kristjan Kask）在英国莱斯特大学获得了法医心理学博士学位，现在是爱沙尼亚塔尔图大学公共法律系的一名研究员，也是爱沙尼亚塔林大学心理系心理专业的副教授。他是官方认证的临床心理学家，专攻认知行为疗法。他的研究方向是对儿童、成年被害人和证人进行调查询问，影响目击证人问题的因素，青少年使用酒精和有关军事心理学的问题。他已经给警方调查人员、检察官、法官和儿童保护工作者开展了几个培训项目，内容是有关对儿童受害人和证人进行调查询问的原则。他已经在几个同行评审的期刊上发表了文章。

卡米特·卡茨（Carmit Katz）是以色列特拉维夫大学鲍勃夏普尔社会工作学校的一名副教授。2007年她在英国剑桥大学取得了博士学位并作为助理研究员继续在该校工作。她的研究成果已经在领先的期刊上发表，而且她是威利（Wiley）出版的《儿童证词：心理学研究和法医学实践手册》（第二版）[*Children's Testimony: A Handbook of Psychological Research and Forensic Practice* (2nd edn)]这一重要书籍更新版本的合作编辑。卡茨和司法背景下的从业人员（如律师和法官）一样，正在以色列大力发展和传播实践做法并

7

对儿童司法询问人员进行培训。

戴维·拉·罗伊（David La Rooy）从新西兰奥塔哥大学获得了他的学士、硕士和博士学位。2004年，他在美国马里兰州的国家卫生研究院（NIH）接受了博士后研究奖学金，并得到儿童司法询问方面的专家警察培训，同时还接受了关于评估对涉嫌虐待儿童所进行的调查询问的质量方面的培训。拉·罗伊博士为警察、社会工作者、事务律师、律师、顾问、县治安官和法官提供了专业培训。2008年，他在苏格兰丹迪阿伯泰大学被授予苏格兰警察研究所讲师职务，并在2014年从国际调查询问研究组织iIIRG那里获得了优秀学术奖。他在威利系列（Wiley Series）关于犯罪心理学、政策与法律的丛书中合作编辑了2卷。

迈克尔·E. 兰姆（Michael E. Lamb）是剑桥大学心理学教授，《心理学、公共政策和法律》（Psychology, Public Policy and Law）杂志的主编。他目前的研究重点是司法询问和影响儿童调整适应的因素。他和他的同事们已经证明了发展性的敏感询问如何能够改善在调查环境中从年轻的被害人、证人和罪犯那里获得信息的数量和质量。

德西奥·梅提弗戈（Decio Mettifogo）博士是智利大学社会心理学的资深教授。他在药物和预防犯罪以及青少年司法领域的公共政策的设计、评估和实施方面拥有30多年的经验。德西奥一直是拉丁美洲跨学科和多文化团队的一部分，负责实施管理技能和沟通以及青少年罪犯重新融入社会的规划方案。

R. 迪恩·戴安·姆尼罗（R. Dian Dia-an Muniroh）是印度尼西亚教育大学（Universitas Pendidikan Indonesia, UPI）英语教育系的讲师。她从UPI获得了本科和人文硕士（语言学）学位。她的主要研究方向是语用学、社会语言学、批评话语分析和司法语言学。她将自己最近的研究项目集中在检测谎言和调查询问上。2012年，她获得了UPI的询问奖学金，与RMIT大学刑事司法研究生课程的高级讲师兼主任乔治娜·海登（Georgina Heydon）

博士合作，开展了一项检测谎言的特别项目。她目前参与了由印度尼西亚共和国教育和文化部资助的两个司法语言学项目，即警察调查期间的警方报告与嫌疑人供述以及在印度尼西亚语境中询问的侦查欺骗行为。她发表了关于语用学、批评话语分析和司法语言学的文章。她还是印度尼西亚警察培训计划的讲师，致力于提高警察的能力，特别是测谎方面的能力。

仲真纪子（Makiko Naka）博士是日本札幌北海道大学的心理学教授。她进行了关于发展和认知心理学的研究，包括语言习得、间接言语行为、日常记忆、目击者证词和调查询问等。自1992年以来，她被要求作为目击证人证言和儿童询问可信度的专家证人出庭。2008年，她开展了一个调查询问培训项目，培训了2000多名专业人员。她目前是日本教育、文化、体育、科学和技术部资助的创新领域科学研究助学金项目的心理学和人文科学主任。

卡洛琳娜·纳瓦罗（Carolina Navarro）是智利大学的一名教授，讲授法律心理学、被害人学和性暴力。作为一名研究人员，她的工作重点是性虐待和心理诊断的临床症状以及性虐待受害儿童的可信度评估。如今，她的研究方向在于询问儿童被害人和防止二次伤害的最佳技巧。卡洛琳娜还是儿童与司法研究小组的主任，该小组是一个跨学科研究小组，负责研究智利儿童在法律体系中的境遇。此外，她还作为专家顾问参与智利儿童和被害人的公共政策制定。

安娜贝勒·尼科尔（Annabelle Nicol）是苏格兰邓迪市阿伯泰大学的博士研究生。她的研究侧重于培训儿童询问人员，评估与成人演员进行询问的角色扮演训练的质量以及实地询问。她接受过分析、编码和评估司法询问质量的培训。她与苏格兰的一些警察管辖区密切合作，为其管辖区内对儿童的司法询问课程提供帮助，并参与他们的实际角色扮演询问练习。

玛赫纳兹·帕拉坎德（Mahnaz Parakand）曾就读于伊朗最负盛名的大学之一——德黑兰大学法学院。帕拉坎德女士作为主要和共同作者撰写了几本书，包括《伊朗刑事司法系统中的被告人权利》（*The Accused Rights in* the Iranian Criminal Justice System）和《伊朗的妇女权利》（Women's Rights in Iran）。此外，她在伊朗各网站和期刊上发表了关于劳动法、刑法和刑事诉讼法的文章。

皮埃尔·帕蒂尼（Pierre Patiny）是比利时的警察负责人。他从1972年开始担任警察，自1980年以来一直担任犯罪调查员。他一直对"询问"这一问题十分感兴趣。1997年，他参加了加拿大魁北克省关于对未成年人进行非暗示性询问的强化指导项目，并且现在仍然在使用这种方法。自2001年以来，他一直是国家犯罪调查学院调查询问方法以及未成年人视听询问方法的讲师。2003年，作为欧洲委员会的专家，他在奥尔巴尼的地方法官学校讲课。2010年和2011年，他在巴黎的国家地方法官学校工作。他经常参加研讨，并作为专家和讲师提供在刑事框架中记录未成年人的话语方面的教学。

廷卡拉·巴甫西奇·梅列夫列（Tinkara Pavšič Mrevlje）博士是斯洛文尼亚马里博尔大学刑事司法与安全学院法医心理学讲师。她于2009年开始在该学院从事教学工作，担任助理讲师。2013年，她成功完成了临床心理学博士论文答辩，在该论文中，她研究了犯罪现场调查人员中的创伤后症状。她的研究重点仍然是警察创伤，但她还对犯罪中的老年被害人和青少年对父母的暴力课题感兴趣。

卡洛斯·爱德华多·佩肖托（Carlos Eduardo Peixoto）拥有葡萄牙波尔图大学心理学博士学位。他是葡萄牙国家法医和司法科学研究所北部分支机构（INMLCF, IP）的法医心理学家，在犯罪、家事、民事和劳动法律案件评估的司法心理评估方面拥有丰富的经验。他还是一个项目的首席研究员，该项目是关于对儿童被害人、证人和犯罪嫌疑人实施司法询问的方案，由葡萄牙科学技术基金会（FCT）和竞争要素行动计划（COMPETE）支持，该项目在INMLCF和波尔多大学医学院进行。卡洛斯还是葡萄牙天主教大学（波尔图地区中心）人类发展研究中心（CEDH）的研究员，北卡罗来纳州卫生科学高级研究所（CESPU）特邀助理教授，并且在警察、司法和保险公司等组织的公共和私营部门担任调查询问培训师和顾问。

撰稿人简介

弗朗西斯科·蓬佩达（Francesco Pompedda）是理科硕士，毕业于意大利都灵大学，专攻法医心理学，目前正在芬兰图尔库的埃博学术大学攻读心理学博士学位。他还受聘于埃博学术大学心理学系担任研究助理。他是埃博学术大学法律心理学研究组织（LEPA）的成员，负责在意大利都灵SSF雷博登戈举办的强化专业培训项目——"采用EIT（授权询问人员培训）询问报称CSA（儿童性虐待）案件被害人"中设计EIT软件。

希瑟·普赖斯（Heather Price）是加拿大里贾纳大学的心理学副教授。她对儿童记忆发展的研究得到了加拿大自然科学和工程研究委员会、加拿大社会科学和人文研究委员会以及加拿大创新基金会的资助。普赖斯博士是萨斯喀彻温省警察学院儿童虐待调查员课程的讲师，并就涉及儿童身体和性虐待指控的案件提供咨询。普赖斯博士在儿童的记忆及其可信度、调查询问、目击者证词和调查中的认知偏见方面发表了30多篇文章。

乔迪·A. 夸斯（Jodi A. Quas）是加利福尼亚大学欧文分校的心理学和社会行为学教授。她于1998年从加利福尼亚大学戴维斯分校获得博士学位，并在加利福尼亚大学伯克利分校完成博士后培训。她的大部分工作都集中在高风险儿童的记忆发展上，特别是那些遭受虐待的儿童。她提出了一些重要问题，涉及压力对儿童记忆和易受暗示性的影响，以及询问可疑被害人以获得完整和准确陈述的最佳方法。在其他工作中，她研究了压力和逆境对儿童社会情感功能的影响以及法律参与和在法庭上作证对儿童被害人的后果。她因对涉及疑似儿童被害人的科学和政策贡献以及她为学生提供的指导而获得了无数奖项。

侯赛因·拉伊西（Hossein Raeesi）是伊朗司法系统的律师和专家。拉伊西在伊朗出生和长大，在刑法和民法方面有丰富经验。他发表了30多篇文章，并出版了一本关于儿童司法的书。

卡特里娜·里贝罗（Catarina Ribeiro）拥有葡萄牙波尔图大学心理学和教育科学学院的心理学学位（1999）和该大学的"不正常行为心理学：暴

力与被害人"的硕士学位（2007）。她正在完成她的心理学博士学位论文，题目为《儿童虐待案件中的司法决策心理过程和法官经验》。自 2007 年以来，她一直是波尔图天主教大学（教育与心理学院和法学院）和波尔图大学阿贝尔萨拉萨尔生物医学科学研究所的讲师。她是葡萄牙国家法律医学和法医学研究所的法医心理学专家，负责对犯罪、家事、民事和劳工案件进行司法心理评估。卡特里娜在培训司法环境中工作的专业人员方面（如法官、律师、检察官、警察、医生和儿童保护系统的专业人员）有着丰富的经验。她专著或与人合著了数本虐待儿童、司法心理评估、司法询问以及其他司法心理问题方面的科学出版物。

安妮·里德利（Anne Ridley） 博士是《法律环境中的易受暗示性：心理学研究和法医学影响（2013）》的共同编辑。除了对成人和儿童的易受暗示性研究外，她还对弱势证人进行研究，包括陪审员认知、初步询问方法和交叉询问。安妮·里德利还是伦敦南岸大学的首席讲师。

伊姆克·里斯彭斯（Imke Rispens） 是一名心理学家，在荷兰警察学院担任行为科学家和侦查心理学家。她研究的专业领域是临床心理学和神经心理学，毕业研究的内容为目击者陈述和辨认的可靠性。在警察学院，伊姆克向侦探们讲授关于心理学、法律和侦查的课程：对证人和嫌疑人的询问技巧（儿童和成人）、冷案（悬案）、失踪人员、目击证人辨认程序、虚假指控、虚假供述以及性虐待案件。她负责协调针对弱势群体的询问技巧培训课程，并监督警务实践中对弱势群体的询问。她的专长是处理涉及弱势证人和犯罪嫌疑人的询问。她是司法机构培训和研究中心的客座讲师，给检察官和法官讲授关于目击证人的陈述和对弱势证人的询问。

金·罗伯茨（Kim Roberts） 是加拿大威尔弗雷德·劳里埃大学的教授。在制定 NICHD 询问方案的过程中，罗伯茨博士在国家卫生研究院与迈克尔·兰姆博士一起工作。罗伯茨博士获得了自然科学与工程研究委员会、社会科学与人文研究委员会、加拿大创新基金会、司法部以及澳大利亚研究委员会的资助。她与许多国家的警察和社会工作者共事，在安大略省警察学院教授了 8 年关于侵害儿童犯罪的询问课程。她被授予了总理卓越研究成就奖。

艾玛·鲁斯·阿夫·叶姆萨特（Emma Roos af Hjelmsäter） 博士是瑞典哥德堡大学的高级讲师。她从事法律心理学领域的研究，特别关注目击证人心理学、记忆和法律系统中的儿童。她教授学士、硕士和博士阶段的心理学课程，并定期给瑞典检察官、法官和警方调查员授课。

维托里奥·玛丽亚·罗西尼（Vittorio Maria Rossini） 拥有法律学位，自 2002 年以来一直是都灵律师事务所的刑法执业律师。除了他的法律实践之外，他还是都灵律师协会科学委员会的积极参与者。他在整个法律界为许多组织提供教学经验。他担任犯罪司法所（联合国区际犯罪和司法研究所）的顾问和讲师。他还为都灵法庭协会的专业和法律道德培训学校和皮埃蒙特的"刑事照相"教授课程。

马西莫·斯卡拉贝洛（Massimo Scarabello） 目前是库内奥法院的法官，负责处理民事法律事务，涵盖不动产法到合同法。直至 2014 年 12 月，马西莫一直担任都灵法院的初级调查法官。他还参与了与政府间机构欧洲航空安全组织的合作，该机构为空中交通管理提供各种服务。他是公正文化政策的顾问，并在发生事故或意外时在刑事调查和安全调查之间进行协调。他在这两个领域的相互作用问题上提供司法视角和专业知识。作者每年两次被邀请到欧洲航空安全组织的布鲁塞尔总部，主持有关这个主题的研讨会和课程。

奥雷利昂·沙勒（Aurélien Schaller） 在瑞士洛桑大学完成他的学业。他先是在 2006 年获得心理学硕士学位，然后于 2008 年获得刑事司法（犯罪学和安全学）的法律硕士学位（MLaw）。之后，他成为纳沙泰尔缓刑服务部门的缓刑助理/心理学家，之后加入同一州的司法警察队伍成为科学调查员/心理犯罪学家。除了这项工作，他正在完成风险评估和管理的博士研究。

阿德里安·J. 斯科特（Adrian J. Scott） 是塞林格法律、司法和社会变革研究中心的副主任，以及澳大利亚珀斯的伊迪斯·考恩大学法律与司法学院的讲师。他的研究方向包括调查询问和目击者证言。

莉莲·米尔尼茨基·斯坦因（Lilian Milnitsky Stein）是巴西阿雷格里港南里奥格兰德罗马天主教大学心理学研究生部教授。她是巴西国家科学和技术发展委员会（CNPq）的认证调查员（研究生产力1级被授予者）。莉莲于1989年在加拿大多伦多大学获得硕士学位，1998年在美国亚利桑那大学获得博士学位。她在巴西的实验室率先开展了关于目击者证词的研究以及对警察和司法工作人员进行调查询问的培训。

阿娜伊斯·塔蒂（Anaïs Taddeï）是巴黎CHArt实验室的博士候选人。她感兴趣的领域涉及刑事侦查、识别和使用眼动追踪工具中的社会认知（刻板印象）和认知过程（视觉注意）。她专注于在自然和复杂的情境中的描述方法（由目击者提供），她的方法基于刑事侦查工作中的信号察觉理论。

史蒂芬妮·塔玛森（Stefania Tamasan）是巴黎大学社会心理学硕士研究生。史蒂芬妮的毕业论文侧重于研究获取人物描述的询问方法（人物描述询问）的量化效果。她的论文的部分结果公开在洛桑iIIRG的第7届年会和2014年大师班上。

简·图德－欧文（Jane Tudor-Owen）是澳大利亚珀斯的伊迪斯·考恩大学的博士研究生，在塞林格法律、司法和社会变革研究中心担任刑事司法审查项目的项目经理。在她的博士研究——分析招聘访谈实践之外，她也对研究审查错误定罪感兴趣。

詹妮·范·德·斯林恩（Jannie van der Sleen）是一名侦查和法律心理学家。她拥有一家调查询问咨询机构"Kinterview"，并且在过去的13年里一直从事这项工作。在此之前，她在荷兰警察学院工作了15年。她对侦探调查询问证人和犯罪嫌疑人进行培训、指导和监督。她是弱势证人和犯罪嫌疑人（未成年人、学习障碍者、精神紊乱者）领域的专家。在涉及（通常是弱势的）证人或犯罪嫌疑人的案件中，她还作为专家证人出庭，向法庭报告这些案件中证人或犯罪嫌疑人陈述的价值。

雷纳特·沃尔伯特（Renate Volbert）是德国柏林夏洛特医院法医精

神病学研究所的研究员以及德国柏林自由大学心理学系的教授。她获得了比勒费尔德大学的心理学文凭,柏林技术大学的博士学位和柏林自由大学的教授资格。她持有法律心理学专家资格。沃尔伯特教授是德国心理学协会心理与法律部执行委员会成员(1999—2009)和主席(2007—2009),目前(自2014年起)担任欧洲心理和法律协会主席。她的主要研究兴趣是可信度评估、易受暗示性、二次受害和虚假供述。她经常以法院任命的专家证人的身份出庭进行可信度评估。

吉纳维芙·沃特豪斯(Genevieve Waterhouse) 是伦敦南岸大学的博士研究员。她在莱斯特大学完成了硕士学位,在论文中检验了儿童询问中使用支持方法的情况,并在她攻读博士学位期间继续研究这一主题。吉纳维芙是国际调查询问研究组织的学生代表。

尼娜·J. 韦思泰瑞(Nina J. Westera) 是一名研究员,她的研究考察了如何将心理学上的理解用于改善刑事司法实践。她的专业领域是调查询问和刑事侦查,特别关注在性暴力和暴力犯罪案件中对成年控告人进行调查和证据性询问。尼娜的职业生涯始于在新西兰警察局担任警官,在那里她调查了严重犯罪,并采取了以证据为基础的策略和做法询问证人和嫌疑人。她曾向警官、律师和法官提供有关调查询问的辅导和建议。

雷切尔·威尔科克(Rachel Wilcock) 是英国温彻斯特大学心理学讲师,引出准确的目击者证词是她的主要研究方向,特别是研究改善弱势证人(儿童、智障人士和60岁及以上成人)表现的方法。她是获得超过40万英镑赞助项目的共同研究者,以开发帮助患有自闭症谱系障碍的儿童证人提供最佳证据的方法。她在国际同行评审期刊上发表了大量关于辨认和询问程序的文章。

李美顺(Misun Yi) 博士,在剑桥大学心理学系学习。她的研究兴趣集中在对韩国遭受性虐待的儿童被害人进行调查询问。

雷切尔·扎亚克(Rachel Zajac) 是新西兰奥塔哥大学心理学系的高

级讲师。她的研究方向包括儿童和成人的目击证词，社会对记忆的影响以及司法证据解读中的心理因素。扎亚克博士经常被邀请为新西兰警察、法律从业人员、司法科学家和政策制定者提供有关刑事调查背后的心理科学的建议。她与新西兰警方密切合作，为基准实践、程序审查和培训做出贡献。

安杰洛·扎帕拉（Angelo Zappalà） 是一名心理学家，临床犯罪学家，认知行为治疗师和都灵未成年人法庭名誉法官。他还是意大利都灵 SSF 雷博登戈犯罪实验室的犯罪心理学教授，以及意大利亚历山德里亚大学的调查犯罪学教授。此外，安杰洛还是埃博学术大学 LEPA（法律心理学研究组织）的成员，以及 HYPOTHESES（法医心理学咨询）的联合创始人和成员。

萨宾娜·加加（Sabina Zgaga） 博士，2006 年毕业于斯洛文尼亚卢布尔雅那大学法学院，论文题目为《宪法与刑事诉讼理论模式之间的关系》。她在同一学院攻读刑法学博士的研究期间，专注于国际刑法，特别是其总则方面。为此，她两次被马克斯·普朗克法医和国际刑法研究所授予奖学金。她于 2011 年 4 月完成的博士论文（《国际刑法中的紧急避险与被迫行为》）获得了联合国斯洛文尼亚协会的奖项，重点研究了在国际刑法、比较刑法和斯洛文尼亚刑法中关于紧急避险和被迫行为的规则（以及其他相关问题，如自我防卫、军事必要性原则以及上级命令）。目前，她在斯洛文尼亚马里博尔大学刑事司法与安全学院担任高级讲师。她的研究工作集中在国际刑法、刑事实体法和程序法。

致　谢

　　感谢英国德比大学（University of Derby，UK）的工作人员安娜·戴（Anna Day）为本书出版付出的辛勤努力，从编写本书开始，她就一直帮助主编及章节作者跟上时间节点，使这两本书最终顺利完成了编写。此外，必须要特别感谢英国纽卡斯尔大学（Newcastle University，UK）的工作人员米莉·富勒（Millie Fuller），对她为帮助我们顺利编写这两本书提供的帮助。同样需要感谢金子书房（Kaneko Shobo），其许可在本书的第4章翻印使用以前公开出版过的资料。最后，感谢劳特里奇出版社（Routledge）的工作人员海蒂·李（Heidi Lee），她的工作确保了主编们按照规定的相关流程完成了本书的编写。

目　录
CONTENTS

导　　言　询问被害人和证人实践的国际发展 / 1

亚　洲

第 01 章　印度尼西亚警方询问证人的当代实践 / 7

第 02 章　伊朗对被害人和证人的询问 / 22

第 03 章　以色列对被害人和证人的调查询问
　　　　　——1955 年法律对实践的影响 / 37

第 04 章　日本对犯罪被害人和证人的询问
　　　　　——研究和实践 / 52

第 05 章　韩国对儿童被害人的调查询问 / 73

澳　洲

第 06 章　澳大利亚对证人的询问 / 91

第 07 章　新西兰对证人的询问实践 / 108

欧　洲

第 08 章　比利时对被害人和证人的询问 / 125

第 09 章　英格兰和威尔士的调查询问
　　　　——询问成年证人、儿童证人以及为儿童证人提供
　　　　帮助的做法 / 138

第 10 章　爱沙尼亚对证人的询问 / 161

第 11 章　法国询问证人和被害人的历史、当前实践和研究 / 174

第 12 章　德国对证人的调查询问
　　　　——当法律优于实践做法时 / 190

第 13 章　意大利对证人的询问 / 203

第 14 章　荷兰对证人的询问 / 218

第 15 章　葡萄牙对证人的司法询问 / 234

第 16 章　斯堪的纳维亚国家对证人和被害人的调查询问 / 249

第 17 章　苏格兰询问证人和被害人的当代发展与实践 / 262

第 18 章　斯洛文尼亚犯罪调查程序中向被害人和证人收集信息 / 275

第 19 章　瑞士对被害人和证人的调查询问 / 289

北美地区

第 20 章　加拿大对证人和被害人的调查询问 / 307

第 21 章　美国对儿童证人的司法询问
　　　　——培训方案和实践 / 321

南美地区

第 22 章　巴西对证人的询问 / 345

第 23 章　智利对性犯罪被害人的询问
　　　　——实践和价值转型的趋势 / 363

结　论　询问被害人和证人
　　　　——实现我们的潜能 / 375

导 言

询问被害人和证人实践的国际发展

加文·E. 奥克斯伯格（Gavin E. Oxburgh）
特朗德·麦克里伯斯特（Trond Myklebust）
艾莉森·D. 雷德利克（Allison D. Redlich）
戴维·沃尔什（David Walsh）

无论是在调查犯罪还是在实现正义的方式方面，调查询问都具有重要作用。尽管询问和讯问对于全球的执法机构而言都是非常重要的，但我们对于世界各地所使用的技巧与习惯做法知之甚少却是令人惊讶的。在过去的一个世纪里，警方当然已有所改变，但是我们大多数人对询问和讯问的了解主要是从电视节目或电影中一成不变的表演中得来的。显然，在被害人、证人及犯罪嫌疑人被执法调查人员询问时真正发生了什么，通过电视节目或电影这种方式了解到的很多内容是不可靠的。一些警察及警察科学、心理学、犯罪学、法学和其他学科领域的人都有一个迫切的需要，即提供有关执法机构使用的各种技巧的对称信息。

在对被害人、证人及犯罪嫌疑人的询问中，执法机构面临着一项具有挑战性的任务。无可争议的是，记忆会随着时间的推移而消失，犯罪通常在有碍准确记忆及完整地回忆事件的情况下发生，同时人们有许多的理由不愿意提供信息（特别是犯罪嫌疑人）以及不愿意与执法机构进行谈话。但是，被害人、证人及犯罪嫌疑人获取他们经历的需要（被询问和/或被讯问）一直并仍将是至关重要的。尽管法庭科学技术进步很快，但依赖于人的提问和询问/讯问对象回答的需求还是不太可能减少的。因此，获取关于犯罪事件精确、全面和最新信息的能力依然是非常重要的。

在这一册书中，我们关注对犯罪被害人和证人的询问。在20世纪八九十年代，时常在日托机构发生涉及多名儿童的事件，形成了一连串无事实根据的儿童性虐待指控，这将有效的询问方法的重要性推到了风口浪尖。例如，在挪威，比于恩（Bjugn）案开始于学龄前儿童声称受到日托人员的虐待，随后发展到指控社区中其他人，包括司法官（sheriff），亦受到指控。这起案件，现在被标记为"猎巫"（政治迫害），导致了对儿童和涉嫌是虐待者（他们未被起诉，更确切地说，人们相信他们是无辜的）的经济赔偿。虽然这起案件象征着不适当和无效的询问，但造成的另外一个结果是创建了询问被害人/证人以及培训执法机构的标准化和规范化的方法。在其他几个国家，包括美国、韩国和丹麦，也有类似的经历。也就是说，它们也经历了姿态高调和通常十分尴尬的错误指控（或政治迫害）的情况，而这反过来导致提出了相关改革建议，尽管有时候有些改革建议并未被采纳付诸实践。相比之下，还有一些国家对任何年龄的被害人和证人进行询问的方法仍然保持不变。

在这两册书中，编者及各章的邀稿作者旨在为您提供必要信息，以了解世界各地执法机构如何在刑事案件中从被害人、证人及犯罪嫌疑人那里获得有价值的信息。为此，我们从全世界超过25个国家（包括亚洲、澳洲、欧洲、北美地区和南美地区）组织了一批优秀的作者，荟萃了多年的专家知识和实践研究成果。我们相信这本书会给读者提供关于世界各地所使用的各种询问及讯问技巧的深度报告，同时考虑了两种主要类型的法律体系：对抗式和纠问式。

对抗式与纠问式法律体系的比较

国家与国家之间，在收集法庭所用的可靠信息过程中有许多（有时是大量的）法律差异。纠问式诉讼是法院积极参与调查案件事实的一种模式。法国就是一个实行纠问式或者非对抗式①诉讼的国家。纠问式诉讼的主要特点在于对犯罪的审讯或调查中，那些负责调查严重犯罪或复杂询问的"审查或调查法官"的作用。法官可以询问被害人、证人及犯罪嫌疑人，下令搜寻证据，公布最终裁决并决定刑罚。他们的角色不是起诉被告人，而是收集事实以争取正确的裁决，就他们的职责本身而言是寻找任何及所有有罪的或无罪的证据。

与之相反，在对抗式诉讼中，法官专注于法律及程序问题，并在由被告律师和检察官提起的诉讼辩论中扮演裁判者的角色。有时候，陪审团根据法律要求对提出来的事实问题做出决定。检察机关将对被提交给法院的案件负责。然而，在国家与国家之间，检察机关的职责是不同的。对于大多数国家来说，检察机关是在警察之外被组织起来的，在英格兰和威尔士、美国和南非就是这样。在英格兰和威尔士，警方立案启动调查，并在案件调查完成后将案件移送至皇家检控署，后者依据是否有现实的定罪可能以及是否需要基于公共利益而继续推进起诉来做出决定。又如，在瑞典，在将案件移送至负责决定是否需要进一步调查的检察官处之前，警方启动立案调查并进行初步询问。在挪威的刑事司法体系中，警方与检察机关代表（负责该案的正式领导）一起开始调查。本书现在并不打算表明是否对抗式体系比纠问式体系"更好"，但是，在此阶段，重要的是向读者强调，一个国家的态度很可能会影响询问实践在那个国家的确立。

在世界范围内，在如何进行调查询问或讯问的基本区别方面，有关调查的法律架构将会是其中一个变量。在不同国家之间，实践方面的其他区别可以通过一系列因素来解释，这些因素可能包括政治、经济、文化、宗教、社会哲学及历史传统，这些因素在任何特定区域内独立地或共同结合在一起塑造着调查人员实践的发展。此外，在我们对被害人、证人及犯罪嫌疑人如何记忆、详述和选择性揭露事件的理解中，科技进步在重新定义询问及讯问方法上已经发挥了非常大的作用。但是，在这两册书中将逐渐明确的是，各国

---

① 一些法学家认为纠问式具有误导性而更倾向于使用非对抗式这个术语。[M. A. Glendon, P. G. Carozza, and C. B. Picker（2008）*Comparative Legal Traditions.* St Paul, MN: Thomson-West, p. 101.]

意识到科学进步的程度是不同的；尽管一些国家的政策似乎并未注意到相关研究文献成果，但其他国家的政策却是依据研究文献中的成果发展并确立起来的。

  编者要感谢撰稿人在揭示世界各地当前询问及讯问实践方面所做的努力。许多章节之前从未得到广泛的讨论（以及一些章节之前完全没有被讨论过）。他们的贡献能够使读者对犯罪调查这个重要领域在世界范围内的发展及其对实现正义的贡献形成国际化视角和比较的视角。

亚洲

第01章

印度尼西亚警方询问证人的当代实践

R. 迪恩·戴安·姆尼罗（R. Dian Dia-an Muniroh）

E. 阿米努丁·阿齐兹（E. Aminudin Aziz）

简介

询问证人是警方调查过程的基石之一。来自证人的信息十分重要，它可以帮助调查人员勾画出所调查案件的清晰画面，并揭示其背后的真相。询问证人也是至关重要的，因为它是调查人员撰写警方调查报告的基础，检察官将进一步利用这份报告正式起诉犯罪嫌疑人。根据印度尼西亚法律 No. 8/1981 和 No. 13/2006，证人是"为了调查、起诉和审判目的，为他们亲自听到、看到或经历过的刑事案件作证的人"。

研究表明，有许多因素会影响能否从证人处成功地获取信息，包括内部因素和外部因素［例如，古德永松和皮尔斯（Gudjonsson and Pearse），2011］。内部因素包括：证人分享任何相关信息的意愿、他们作证的动机、年龄、记忆力、精神状况和个性特征［霍普（Hope）等人，2011；格里菲思（Griffiths）等人，2011］。外部因素则与调查人员的信念和询问经验有关。警方询问证人的主要目的是从证人那里提取关于他们在被调查的犯罪中所看到、听到或经历过的细节。警察询问证人的方式会决定证人所提供信息的准确性和质量［参见狄克逊（Dixon），2010；海登（Heydon），2005；莱特和艾莉森（Wright and Alison），2004；瓦里吉（Vrij）等人，2006］。然而，不可否认的是，实践中调查人员往往不能从证人那里得到事实或细节。这更可能是由于他们无法制定出各种不同类型的问题以获得特定的事实或细节，或者他们在对待证人方面存在不当行为，如采用涉及暴力的方法。如此一来，犯罪嫌疑人就可能逃避刑事指控。

在司法领域里证人的重要性是毋庸置疑的，因此，从证人处获取信息至关重要。这一章将阐释在印度尼西亚与询问证人实践有关的两个重要问题。一方面，可以认为询问是源于法律文件的规定；另一方面，也可以显示警方的调查人员是如何进行询问的。同时，印度尼西亚警方对询问工作的培训问题也将体现出来。我们会使用法律文件中的信息，包括《印度尼西亚刑事诉讼法典》（ICPC）和《印度尼西亚国家警察法》（INP），此外，我们还会使用从五名高级警方调查人员处获得的询问工作数据。

法律依据

在印度尼西亚，调查人员对证人实施询问的主要依据是1981年第8号法律《印度尼西亚刑事诉讼法典》和2002年第2号法律《印度尼西亚国家警察法》第Ⅴ章"关于警察的职业发展"。对证人的评估则由下列印度尼西亚国家警察局长发布的更具操作细节的条例文件规制：2012年第14号《关于犯罪调查的管理》，2006年第7号《关于印度尼西亚国家警察行为职业法》和2009年第8号《关于印度尼西亚国家警察在执行任务中的人权准则和标准的实施》。在2000年第1205/Ⅸ号印度尼西亚国家警察局长关于询问的准则中做出了更加严格的法律规定。

依据以上提及的法律和条例的规定，对案件和专家证人的调查工作只能在他们收到官方的传唤信函后在调查人员的办公室进行。然而，在证人基于正当理由经两次传唤不到场的情况下，如严重的疾病，调查人员可以在证人的住处或医院进行询问。在调查过程中，证人应当在不存在对他人的惧怕或者受到任何恐吓或威胁的情况下提供信息。在印度尼西亚警察局，询问证人不会进行录音/录像，但是会被打字记录。调查人员会和证人共同制作询问记录（参见 van Charldorp，2011）。向证人提出一个问题后，调查人员在听其回答的同时打字记录其回答。一旦询问记录被证人签字认可，该记录就会成为合法证据文件的一部分，可以被律师、公诉方和法官在法庭上使用和参考。

直到今天，印度尼西亚的刑事司法系统依然严重地依赖这种特定的书面记录［参见韦斯特拉（Westera）等人，2011］。

从历史上看，《印度尼西亚刑事诉讼法典》中规定的询问证人的做法受到荷兰人在殖民时期适用的刑事司法系统的极大影响。1848年编纂的《本地人法》（*Inlandsch Reglement*）一直在使用，直到1941年被修订，修订后被称为《本地人法修订本》（*Herzien Inlandsch Reglement*）。此外，在被日本占领期间，《本地人法修订本》被更名为《印度尼西亚法修订本》（*Herzien Indonesisch Reglement*）。后来，在印度尼西亚独立之后，《印度尼西亚法修订本》正式被采纳并被翻译成印度尼西亚语，采纳时未改变或修订其主要内容［斯特朗（Strang），2008］。显然，在这一阶段的实践方面，印度尼西亚遵循的是大陆法系的传统，并延伸至荷兰的刑事诉讼遗产。

ICPC将司法程序分为四个不同的阶段：①调查；②起诉；③在法庭庭审中进行（交叉）询问；④法院最终裁决的执行。调查是一个连续的过程，包括初步调查，提交调查开始的通知，调查活动和盘问，审查，案件会议，编制调查档案，向检察官提交档案，移送犯罪嫌疑人和证据，以及终止调查。更具体地说，调查是从有关案件在初步调查后被正式宣布为犯罪行为，并向检察官提交调查开始的通知时启动的。调查的目的是从证人、专家证人和犯罪嫌疑人那里收集资料，以便查清那些被指控人在犯罪中扮演的角色和与犯罪行为相关的证据。

从本质上讲，现在的调查方法与过去的做法相比已有很大的变化，特别是在1999年4月将警察从印度尼西亚的国家武装力量组成部分中分离出来。这发生在标志着改革时代开始的苏哈托独裁政权统治倒台之后。在那段时期，作为武装力量的一部分，警察被授权保卫国家和人民。这样做使警察更多地带有军国主义色彩，这极大地影响了警察在被指派调查并不涉及军事性质的犯罪嫌疑人和刑事案件时的调查过程。警察调查人员经常使用心理压迫，例如，使用攻击性语言、嘲弄和讥讽的评论，或者物理压迫，如折磨、蒙住眼睛掌掴、鞭打、拳击、用烟头烫或灼烧，尤其是在审讯不合作的犯罪嫌疑人或证人并且想要尽快获取调查结果时。然而，正如我们的秘密信息员所透露的那样，不能否认，警察现在仍然会使用这种压迫性调查的做法，当然他们也迅速地表明，这种做法只在极少数地方发生，并且只会由低级别的助理警察调查人员实施。

警察权被分离之后，教育培训学院作为印度尼西亚国家警察的支持机构之一进行了重组，并改名为警察教育学院。犯罪调查教育中心是学院的服务部门之一，它规划警方调查人员技术能力的发展，以更好地调查犯罪活动和查明犯罪。最近，为了改善警方调查人员的工作表现，印度尼西亚警察总部设立了犯罪调查警察督查员学校。

自改革时代以来，进行法律改革的呼声高涨，特别是对于修订《印度尼西亚刑事诉讼法典》以满足国际人权公约的要求。为实现这一目标，2000年印度尼西亚政府成立了一个由政府官员、实务从业人员和学者组成的工作组，取消初步调查阶段和改善警察与检察官合作等问题，都是被提请审议的要点。这些提议主要是为了减少刑事司法系统的冗余，以便处理犯罪这一主要业务不会拖沓［斯特朗（Strang），2008］。遗憾的是，截至目前，拟定的ICPC修正案尚未得到众议院的批准。

《印度尼西亚刑事诉讼法典》没有明确提到确保证人权利的程序。为了满足这些需求，印度尼西亚政府颁布了2006年第13号关于证人的权利、安全和保护的法律。该法规旨在保护证人和被害人，使他们在作证时感到安全。该法规明确规定了保护证人和被害人的机构将决定哪些案件需要采取保护。从调查程序到法院最终裁决的执行，都可以对证人提供各种类型的保护。

2008年第3号政府条例《关于向证人或被害人提供特别服务室和审查程序》中注意到了弱势证人的权利。这个服务室保护弱势证人免受性虐待、人口贩卖或家庭暴力所造成的创伤影响。因此，这种服务室的存在预计将会提高所寻求的信息的质量，因为这种服务室需要相关信息才可能让证人在医学上、心理上和社交方面感到放松。然而，与英格兰和威尔士的司法制度不同，印度尼西亚的司法程序不允许使用视频询问作为证据［韦斯特拉（Westera）等人，2011］。

相关研究文献

询问证人的方法不仅受到了学界和研究者的广泛关注，而且受到了来自法律、心理学和语言学领域的从业者的广泛关注［参见，例如，格里菲思（Griffiths）等人，2011；霍普（Hope）等人，2011；斯努克（Snook）等人，2010；瓦拉诺和康波（Vallano and Compo），2011；瓦里吉（Vrij）等人，2006；莱特和艾莉森（Wright and Alison），2004］。有两个主要问题一直受到关注：司法的不当处理和缺乏询问培训课程。前者处理不当的询问做法，后者处理不充分的监督或评估。

考虑到询问证人的目的是尽可能多地收集证人能够分享的信息，不当的询问做法只会带来不良的结果，如证人提供的信息量减少，证人答复的不准确性增加以及对证人的心理健康造成负面影响。这些不当做法的特点是：没有与证人建立融洽关系，调查人员主导谈话过程，以及频繁使用封闭性提问，包括那些诱导性问题或暗示性问题［塞德堡（Cederborg）等人，2000；费希尔和盖泽尔曼（Fisher and Geiselman），2010；格里菲思（Griffiths）等人，2011；参见瓦拉诺和康波（Vallano and Compo），2011］。更可能、更常见的是，询问的开始是关于证人个人详细信息（如姓名、地址）的一组正式问题，接下来，询问人员提出开放类型的问题以揭示发生了什么（例如"告诉我发生了什么？"）。但是，在这个阶段，证人通常无法完成他/她的叙述性回答，因为调查人员会迅速转向一组封闭类型的问题，目的是解决调查人员想要确认的具体事实。当预定的问题列表上的问题全部被解决并且证人没有添加新的信息时，询问结束。这一直是许多国家警方调查人员的典型做法，如英国［乔治和克利福德（George and Clifford），1992］、加拿大［斯努克和基廷（Snook and Keating），2011］、芬兰［科尔克曼（Korkman）等人，2006］和瑞典［塞德堡（Cederborg）等人，2000］。

询问证人的研究文献强调了一些可以提高证人询问质量的措施：①提升人道主义（humanitarian）询问风格，减少警察主导型（domination）的询问风格［见马德森（Madsen），2010］；②研发询问方案［参见费希尔和盖泽尔曼（Fisher and Geiselman），2010］和工具［参见霍普（Hope）等人，2011］；③加强询问证人的正式培训［参见希尔和莫斯顿（Hill and Moston），2010］。

马德森（Madsen，2010）进行了实验性研究，研究了人道主义询问风格和警察主导型询问风格是否对证人通过记忆搜寻信息和证人的心理健康有不同的影响。研究表明，运用人道主义风格的询问获得的信息量显然大于运用警察主导型询问风格获得的信息量，并且前者更好地维护了证人的心理健康。这种人道主义风格实际上是由盖泽尔曼（Geiselman）和他的同伴使用，用作研发询问证人方案的理念。1984年，他们创造了认知询问（CI）这一术语，涵盖了认知、社交和交流的技术，用以从证人那里获取信息［盖泽尔曼（Geiselman）等人，1984］。认知询问要求证人和警方调查人员形成共鸣，证人不仅仅是调查人员的信息提供者，调查人员也不是纯粹的提问者；因此，建立融洽关系是构成他们之间的社会交往纽带的关键。它还通过鼓励调查人员使用开放性的问题形式提问，并以恢复事件情境的认知方式来保持回答的准确性，要求证人报告每一个细节，用不同的顺序叙述事件，以及改变视角来叙述事件。这种以证人为中心的程序已经被实践证明是一种有效的询问方法，因为它把证人充分地引入了对事件的细节性记忆恢复中。

此外，利用CI的工作原理，霍普（Hope）等人（2011）设计了一个工具，以从证人处获取对事件的全面描述，尤其是在询问时间被延迟的情况下，这就是所谓的自我管理询问（Self-Administered Interview，SAI）。由于回忆的等待时间增加，证人的信息质量随之下降，因此SAI的作用是抵消时间延迟的有害影响。SAI采用纸质小册子的形式指导证人，引导证人从七个方面报告关于其目击事件的细节，即自由回忆、对人的描述、示意图（草图）、其他证人、车辆细节信息、目击环境和其他信息。

为提高警察队伍询问证人的技能而确定的最后一项措施是改进对证人询问的培训。来自英国［格里菲思（Griffiths）等人，2011］，加拿大［斯努克和基廷（Snook and Keating），2011］和澳大利亚［希尔和莫斯顿（Hill and Moston），2011］等国家的诸多研究人员都提出和呼吁有必要增加正式的证人询问。他们强调警方调查人员在询问证人方面表现不佳。例如，调查人员采用类似的方法来询问证人，就像他们讯问犯罪嫌疑人一样。也就是说，调查人员通过在询问中施加过多的控制，如频繁打断和提出封闭性问题，抑制了证人能够给出信息的质量和完整性。与证人询问培训有关的另一个主要问题是培训后缺乏监督。即使已经接受过培训，也没有对调查人员在询问中的表现产生显著影响［参见斯努克（Snook）等人，2012］。格里菲思和米尔恩（Griffiths and Milne，2006）坚持认为，作为一种技能，询问绝对需要定期维护、监督和反馈。

当前的做法

在询问证人方面，为了实践的成功，印度尼西亚警察必须满足标准化的要求，并参加印度尼西亚警察总部举办的考试。本节将讨论证人询问的三个阶段（询问前、询问过程中及询问后）的最佳做法、培训期间专业学者参与的新做法以及询问中不支持的做法。

现行法律规定要求犯罪调查由不低于二级警督（相当于少尉）的警官进行。这表明资历和经验会十分重要，以使调查活动全面彻底。这些调查人员可由一些助理调查员协助，他们的职级不得低于二级警长（相当于二级上士）。这些调查人员的任命由区或省的警察负责人进行。然而，该国的地理布局和有限数量的高级调查员一直是关键问题。这导致调查主要由缺乏经验的初级官员进行，使得调查的总体目标仅有部分实现。

在调查之前，所有的调查人员都必须准备符合调查报告的内容/材料所要求的问题，即报告必须体现对"什么""如何"等问题的回复。此外，调查人员必须根据证人涉入案件的程度或者他们所知道的事实做出决定，分别将不同的证人归入初级、第二级和第三级。在询问期间，为客观地揭露事实，证人必须被单独询问。为了证明来自一名证人的信息与另一名证人相关，调查人员可以邀请他们进行当面对质。证人提供证言时，证人必须是身体健康、不受威胁并且合法地被传唤，这样的询问才是有效的。调查人员不得在身体、心理或性别方面恐吓或威胁证人；不得为获取信息而给证人或犯罪嫌疑人施加酷刑或折磨；不得指示或煽动他人进行折磨；不得操纵或伪造调查报告中记录的信息；不得策划调查报告以放纵或歪曲事实；也不得从任何涉嫌犯罪的人那里获取酬劳。

《印度尼西亚警察局长条例》（2009年第8号）第27条概述了警察询问的实施。尽管经常发现某些类型的不当行为，但这一条例似乎全面考虑到了受询问者的权利。例如，该条规定，任何询问证人或犯罪嫌疑人的警察都有义务在询问开始前允许他们有打电话和由律师陪同的机会。调查人员还必须在开始询问前通过提问的方式审查被询问者的健康状况及其准备情况，并提示被询问者的法律地位和询问的目的。向被询问者提出的问题必须清晰、礼貌、可理解并且与询问目的相关。他们还必须考虑和尊重证人不受限制地提供信息的权利，以及尊重证人拒绝提供与其私生活和他们的工作职位有关的信息的权利。被询问者有机会根据规定休息、祷告或者完成其他个人需要。

基本上，询问期间提问（问题）的焦点和顺序分为三部分：①初始部分；②实质部分和附加部分；③最终部分。初始部分着重于证人个人的详细信息或身份。实质性问题寻求关于犯罪事件的"什么"和"如何"等问题的答案，附加的问题是从实质性问题发展而来的问题，但更关心的是获取关于犯罪行为的背景或触发因素的答案。最终部分结束询问，证人有机会审查调查人员在询问期间准备好的报告，询问证人是否希望更改、增加或删除一些信息，以及他们是否愿意签署报告。在签署过程中，写明：询问证人的结果如证人所同意的调查报告所示。①

当询问弱势证人，包括儿童时，调查人员必须遵守2008年第3号规定。该规定要求调查人员不应穿着正式制服，并且应该使用简单易懂的语言（甚至在必要时提供翻译人员），不应当询问敏感问题，不得强迫证人承认或回答问题，应当仔细倾听证人所说的每一句话。在某些情况下，证人可能有不确凿的证据。这可能发生在涉及弱势证人或被害人的案件中。证人做出不合作的举措往往是在他们发现自己面临披露证据的风险时。例如，涉及重要人物或其他"外部势力"的有组织犯罪案件可能使证人受到压力。许多证人由于受到调查室之外的恐吓而选择不明确地说出他们实际上知道的事实。遭受

---

① 类似于我国询问笔录中的"以上笔录看过，与我所说的一致。"——译者注

强奸的证人是另外一种例子,揭露证据可能会使证人感到不舒服。她/他不仅是证人,同时也是被害者。羞耻感和失去尊严是其不想披露证据的主要原因:她/他以后受到的社会制裁将会十分严重,以至于她/他宁愿保持沉默。因此,如果调查这种案件,调查人员必须依靠脆弱的被害人证人是否有在调查室分享证据的意愿。

在涉及儿童的案件调查中获得对案件的全面描述似乎有一些困难。有时,孩子们由于陌生人的存在而感到压迫和不舒服,并且可能不太愿意揭露他们已经知道的证据。当儿童被要求在调查人员面前提供证言时,这种证人的语言和沟通能力,会成为其潜在的抵触或拒绝的主要障碍。

在一些刑事案件中,如果警方调查人员在通过他们进行的询问获得至少两种令人信服的证据之后对被询问者参与了案件充满信心,证人就可能成为犯罪嫌疑人。正是这种可能性,使一些证人不愿在调查人员面前作证。然而,他们不能逃避这种询问,因为警方调查人员依法有权强迫任何人到调查室接受询问。因此,在调查人员必须询问犹豫/抵触的案件证人,并且他们完全相信证人确实有关于案件的证据的情况下,他们需要找到一种尽可能从案件证人那里收集尽可能多的信息的方法。

例如,当一名调查人员要求一名犹豫的看门人解释他目睹的犯罪事件时,看门人告诉调查人员,他不能解释细节,因为他非常紧张并且感到不安全,因为他相信以后会受到威胁。调查人员重复解释说,作为证人,他将会受到法律的保护。在理解了他可能从证人和被害人保护部门得到的保护细节后,看门人同意分享他的经历。在这种情况下,看门人不仅对案件做出了口头解释,而且提供了一个关于案发地点的草图和案件涉及的人员。

看门人的图示说明帮助调查人员查明了案件发生的地点,并确定了每一名涉案人员的角色。这种策略似乎是调查人员减少证人紧张感的成功尝试。尽管调查人员记录了证人对图示说明的解释内容,但许多证人在绘制草图时都会喃喃自语。然而,如果证人的图示说明被用作证明案件的方式,调查人员制作的报告的证据性质则是不明确的。证人绘制的草图是否应附在调查人员制作的报告中也是不明确的。

就调查期间使用的语言而言,我们在西爪哇警察局调查室的观察结果表明，许多调查人员使用巽他语，即西爪哇省的当地语言，主要是针对轻微罪行的犯罪嫌疑人和证人，他们通常来自较低的社会阶层。基于这些关于犯罪嫌疑人的信息，调查人员经常使用各种粗俗/无礼的语言，而不是有教养的形式。调查人员也不愿意使用印度尼西亚语，即民族语言。他们声称，对这些罪犯使用民族语言太宽容了，不足以表达情绪。他们认为如果要使用印度尼西亚语，他们几乎不能用这种语言表达情绪。但当与证人使用当地语言时，他们将使用更有礼貌的形式。对于来自较高社会阶层的犯罪嫌疑人和证人，大多使用印度尼西亚的民族语言，只会在某些情况下，如开玩笑、改变谈话话题或者试图使语言更具说服力时，调查人员会转换回当地语言。

关于调查询问应当在哪里进行，相关规定要求这些地点必须是安全、安静、干净和舒适的。由此而论，调查人员的办公室或办公桌通常作为选项。然而，我们发现办公室或办公桌这些地方根本不适合进行调查询问，因为过于拥挤和嘈杂，而且办公桌上散落着烟头。

在许多情况下，犯罪嫌疑人可能隐瞒了信息。在这种情况下，向证人提出的问题将旨在衡量证人所说内容的可信度，以便案件能够在法庭得到证明。然而，很多调查人员似乎更有兴趣通过简单直接的谈话而不是试图弄清证人陈述的隐含内容来发掘关于证人直接参与的信息。这会导致出现连同证人供述在一起的浅显的案件报告。当这种情况发生时，案件不太会被严格地审查。

对调查人员的培训

要成为一名调查人员，警察必须参加并通过由印度尼西亚国家警察总部制定的一系列培训课程。参加培训课程的任命由省警察负责人做出，其提名由地区警察部门负责人或省警察机关的侦探/调查部门的主管提交。我们已发现，询问证人的培训课程似乎是不够的 [参见斯努克（Snook）等人，2010]，培训对询问人员在实践中的询问行为的实际影响很小 [参见弗里曼和莫里斯（Freeman and Morris），1999]。我们的信息员表示，培训通常看上去都十分官僚主义，他们感到无聊和不满。在从培训课程返回后，很少有有组织的/定期的监督讲习会或者提供来自培训主管的反馈［参见斯努克（Snook）等人，2012］。

由警察教育学院实施的基本培训课程有两种类型：基础型和高级型。尽管所有侦探性警察都必须参加基础训练课程，但高级训练课程只适用于其后会被分配到调查特别案件的高级探员。除了这两个级别的培训外，还有针对（高级）探员的专门进修培训项目，向其提供关于当前刑事案件的最新信息。

基础训练课程包括调查基础、调查管理、行为守则和调查实践。然而，正如与一些探员在采访中所分享的，即使在这个基础培训层面，也没有专门关于调查使用的语言工具的主题被教授。似乎这个主题没有吸引或引起警察教育学院的关注，因此尚未被纳入培训课程。然而，这些受访者意识到，调查人员应该具备通过运用语言的方法来调查刑事案件的能力。在一个包括有语言学家的警方调查人员研讨会上，与会者确认了在课程中需要增加语言学知识和方法的观点。介绍不同类型的问题的制定，理解包含模糊语言和辅助手段的回答以及使用间接言语行为是学员有兴趣的话题，需要在课程中提供给他们。在这里需要提及的是，最近，印度尼西亚法律制度中涉及的警方调查人员、检察官和/或法官已经要求语言学家成为专家证人，特别是在法庭的听证会上。

在高级阶段，学员获得课程，其内容涉及社会中普遍存在的严重刑事案件。这些案件包括非法采伐、贩运人口、麻醉品和毒品、洗钱、（跨国）恐怖主义等。通常，这种培训是与在解释这些问题的性质方面更具能力的机构合作管理的。这些机构更多的是在警察部门之外，例如，关于非法采伐的培训会与林业部合作，关于洗钱犯罪的培训会与金融机构合作，关于麻醉品和毒品的培训则与卫生部合作。在培训期间，会向参与培训的学员解释问题的性质，他们经常面临现有法律和法规尚未涵盖的案例，而调查人员无法将这些案例与法律法规联系起来。这种高级培训旨在使调查人员熟悉社会中普遍存在的问题，以便他们能够处理当前的犯罪。

对研究、政策制定和实践的启示

本章介绍了印度尼西亚警察组织在犯罪调查过程中询问证人的做法。从整个章节的讨论来看,对学术研究、制定政策和实践的意义是显而易见的。现实情况是,对这方面的研究很少,因此需要加强对证人询问的质量或最佳询问做法的研究,而这必须与来自各相关学科的学者合作进行。印度尼西亚警察总部需要制定政策,用以支持、改进调查人员的工作表现,通过广泛的监督提供充分和特定的证人询问培训,以及建设更为舒适和标准化的询问场所进行询问。在实践层面,建议调查人员对证人和犯罪嫌疑人采用不同的询问技巧,以获取准确和真实的信息。

致 谢

西爪哇省警察部门的五名高级调查人员接受了我们的访谈,在此表示感谢!

参考文献

❶ Cederborg, A., Orbach, Y., Sternberg, K. and Lamb, M. (2000) 'Investigative interviews of child witnesses in Sweden', *Child Abuse and Neglect*, 24: 1355-61.

❷ Dixon, D. (2010) 'Questioning suspects: a comparative perspective', *Journal of Contemporary Criminal Justice*, 26 (4): 426-40.

❸ Fisher, R. P. and Geiselman, R. E. (2010) 'The cognitive interview method of conducting police interviews: eliciting extensive information and promoting therapeutic jurisprudence', *International Journal of Law and Psychiatry*, 33: 321-8.

❹ Freeman, K. and Morris, T. (1999) 'Investigative interviewing with children: evaluation of the effectiveness of a training program for child protective service workers', *Child Abuse and Neglect*, 23: 701–13.

❺ Geiselman, R. E., Fisher, R. P., Firstenberg, I., Hutton, L. A., Sullivan, S., Avetissian, I. and Prosk, A. (1984) 'Enhancement of eyewitness memory: an empirical evaluation of the cognitive interview', *Journal of Police Science and Administration*, 12: 74–80.

❻ George, R. C. and Clifford, B. (1992) 'Making the most of witnesses', *Policing*, 8: 185–98.

❼ Griffiths, A. and Milne, R. (2006) 'Will it all end in tiers? Police interviews with suspects in Britain', in T. Williamson (ed.), *Investigative interviewing: Rights, Research and Regulation.* Cullompton: Willan, pp. 167–89.

❽ Griffiths, A., Milne, B. and Cherryman, J. (2011) 'A question of control? The formulation of suspect and witness interview question strategies by advanced interviewers', *International Journal of Police Science and Management*, 13 (3): 255–67.

❾ Gudjonsson, G. H. and Pearse, J. (2011) 'Suspect interviews and false confession', *Current Directions in Psychological Science*, 20 (1): 33–7.

❿ Hendradi, T. (2010) 'Securing protection and cooperation of witnesses and whistleblowers', *UNAFEL*, pp. 68–75.

⓫ Heydon, G. (2005) *The Language of police interviewing: a critical analysis.* New York: Palgrave Macmillan.

⓬ Hill, J. A. and Moston, S. (2011) 'Police perceptions of investigative interviewing: training needs and operational practices in Australia', *British Journal of Forensic Practice*, 31 (2): 72–83.

⓭ Hope, L., Gabbert, F. and Fisher, R. P. (2011) 'From laboratory to the street: capturing witness memory using the Self-Administered Interview', *Legal and Criminological Psychology*, 16: 211–26.

⑭ Korkman, J., Santilla, P. and Sandnabba, N. K. (2006) 'Dynamics of verbal interaction between interviewer and child in interviews with alleged victims of child sexual abuse', *Scandinavian Journal of psychology*, 47: 109 – 19.

⑮ Madsen, K. (2010) 'Humanity and Dominance in Police Interviews: Causes and Effects', Masters thesis, Kristianstad University. Retrieved from http://www.diva-portal.org/smash/get/diva2: 391525/FULLTEXT01.pdf.

⑯ Snook, B. and Keating, K. (2011) 'A field study of adult witness interviewing practices in a Canadian police organization', *Legal and Criminal Psychology*, 16: 160 – 72.

⑰ Snook, B., Eastwood, J., Stinson, M. and Tedeschini, J. (2010) 'Reforming investigative interviewing in Canada', *Canadian Journal of Criminology and Criminal Justice*, 52 (2): 215 – 29.

⑱ Snook, B., House, J., Macdonald, S. and Eastwood, J. (2012) 'Police witness interview training supervision, and feedback: a survey of Canadian police officers', *Canadian Journal of Criminology and Criminal Justice*, 54 (3): 363 – 72.

⑲ Strang, R. R. (2008) ' "More adversarial, but not completely adversarial": reformasi of the Indonesian Criminal Procedure Code', *Fordham international Law journal*, 32 (1): 188 – 231.

⑳ Vallano, J. P. and Compo, N. S. (2011) 'A comfortable witness is a good witness: rapport-building and susceptibility tomisinformation in an investigative mock-crime interview', *Applied Cognitive Psychology*, 25: 960 – 70.

㉑ van Charldorp, T. (2011) 'The coordination of talk and typing in police interrogations', *Crossroads of Language, Interaction and Culture*, 8 (1): 61 – 92.

㉒ Vrij, A., Mann, S and Fisher, P. R. (2006) 'Information gathering vs. accusatory interview style: individual differences in respondent's experiences', *Personality and Individual Differences*, 42: 589 – 99.

㉓ Westera, N. J., Kebbell, M. R. and Milne, B. (2011) 'Interviewing witnesses: do investigative and evidential requirements concur?', *British Journal of Forensic Practice*, 13 (2): 103–13.

㉔ Wright, A. M. and Alison, L. (2004) 'Questioning sequences in Canadian police interviews: constructing and confirming the course of events', *Psychology, Crime and Law*, 10 (2): 137–54.

法律文件

❶ Chief of Indonesian National Police Decree. 2000/1205 – IX.

❷ Chief of Indonesian National Police Regulations, 2006/7.

❸ Chief of Indonesian National Police Regulations, 2009/8.

❹ Chief of Indonesian National Police Regulations, 2012/14.

❺ Government Regulation, 2008/3.

❻ Indonesian Law, 1981/8.

❼ Indonesian Law, 2006/13.

❽ Indonesian National Police Code, 2002/2, c. 5.

第02章

伊朗对被害人和证人的询问

侯赛因·拉伊西（Hossein Raeesi）

玛赫纳兹·帕拉坎德（Mahnaz Parakand）

卡米尔·阿拉（Kamiar Alaei）

纳齐萨·贾汗巴尼（Nakissa Jahanbani）

简介

被害人和证人是世界各地任何法律体系中刑事法律机构内的两个重要但容易被忽视的脆弱群体。从最发达国家到开启发展进程并伴随承担国际法责任的国家，都承认他们缺乏对被害人和证人的保护。这种倾向对伊朗伊斯兰共和国（伊朗）而言是真实存在的，在那里成文法和宗教法并存，形成了被害人和证人存在的核心法律架构，被害人和证人必须寻求它的保护和确认。

在伊朗，由于民法和普通法制度的存在，这些问题变得更加复杂，它们表现在控诉式和纠问式刑事法与法院结构之间的差异。伊斯兰教法（*Shari'a*）主导伊朗的民法结构。在伊朗现有的法院系统中，被害人会发现自己受到双重身份的约束，既是许多索赔的潜在原告，也作为价值问题的主体，如在确定"抚恤金"（blood money）①的案件中。作为被害人肩负的众多责任的一部分，向法院提出控告是他们的责任，而检察官几乎只会追究重罪。刑事起诉主要是诉讼当事人，原告（被害人）和被告（被指控的人）在启动司法程序方面的斗

---

① 赎罪血金，或者血金（diyya），描述的是补偿（赔偿）的一种方式而非一种惩罚种类。作为同态复仇（报应）的替代，被害人的家庭可以选择从行凶者那里寻求赔偿。伊朗刑法典已经将赎罪血金编纂进去并分配给许多犯罪［恩特撒（Entessar），1988：98］。

争。其他的法庭构成部分，检察官和法官，主要履行辅助职能。

同时，证人发现他们自己的证词的可信度会受到评估，进行评估的依据是证人的个人信仰、以前的行为，以及性别和宗教身份。此外，被害人和证人都在某种程度上处于不稳定的状况，因为针对其中任何一方的裁决都有可能导致对他们自己犯罪行为的起诉。例如，在强奸案中，被害人和证人都应证明强奸是强迫的，以便确定事实上发生了强奸。如果强奸在本质上是强迫性的，则将成为性侵犯。如果不能证明该犯罪是强迫性的强奸，被害人可能会被判处体罚。这个问题对强奸的男性被害人更加严重，因为没有发生强迫性强奸的裁决会使得该被指控行为可能被视为鸡奸而不是强奸。因此，这些是在伊朗法律和法院实践中形成的相互矛盾但又至关重要的区别。通过研究伊朗的做法，本章提供了尝试平衡宗教法和民法关于证人证言价值的见解。

历史背景[①]

在1905年至1907年的伊朗革命（Enghelab-e Mashrute）之前，伊朗缺少法律程序和司法法院来处理刑事案件和进行初步调查。在伊朗的卡扎尔（Qajar）王朝期间，成立了一些司法法院。这些法院允许人们提交任何种类的争端和冲突，包括非司法的、法律的和刑事冲突。国王或沙阿（shah），任命这些司法法院的负责人。对于发生的诉讼和刑事指控，根据其法律的或非法律的性质，由法院负责人向宗教领袖和学者或政府官员分配。法律诉讼，包括刑事诉讼和需要进行辩护性调查的法律诉讼，会被分配给宗教领袖来解决争端。相比之下，非法律诉讼会被分配给政府部门来决定并由其解决争端。

处理这些争端不受任何立法机构制定的规则或法规的制约。对于争议的解决，由一名负责调查的官员和主管机构执行这一任务。证据的价值由负责处理争端的统治者或宗教专家来确定和评估。统治者和宗教领袖会考量被告人的供认，以证明发生了法律事件或犯罪，宣誓或其他证词被视为可接受的证明方法。

在革命之后，伊朗建立了司法法院，并为这些法院设计了具体的结构。

[①] 这一介绍由青年记者俱乐部参考《关于从初创到今天的伊朗司法之报告》撰写。

在雷扎·巴列维（Reza Pahlavi）成为国王后，创立了一个刑事法院，并重新命名为法院（Dadgostari）。然而，直到1920年，该机构都是在没有任何法律规定或特定习惯法指导下解决刑事和法律问题的。就在1920年，伊朗创建了立法议会，议会通过了一系列刑法，并将其作为"刑事审判临时法"。自那时起，伊朗制定了一系列刑事法律，用于刑事诉讼的审讯和调查。这些法规在某些时期根据当时的社会和政治条件进行了重大修改。

伊朗刑事诉讼的支配机制

从1911年到现在，伊朗的司法系统经历了多种模式的刑事诉讼制度。第一种模式严重依赖刑事诉讼法，把公众置于检察院和官方监督之下。第二种模式中，宪法根据涉及的罪行，将刑事法院分为两类，然后建立了处理这些犯罪案件的起诉任命制度。在这一制度中，刑事法院法官被允许在考虑到涉案问题和主旨事件后立即并直接开始对被告人进行审判。如果审判需要初步调查，法官可以开始调查或者指挥司法官员或法庭在审判过程的早期进行调查。

第三种模式涉及在刑事事件中设立公共和革命法庭的法律。在这个制度中，法官承担了审查员和检察官这两种职能。应当指出，这一制度仍然通过现行《刑事诉讼法典》（2014年）[1]负责与武装部队有关的诉讼。最后，第四种模式修改了关于公共和革命法庭组成的法律。在这个结构中，公诉人控制法院和附属实体。例如，由地方检察官管理的治安法官（司法官员）和调查人员（侦查人员）负责初步调查。在这个体制中，调查人员、检察官和地区检察官可以请求任何司法官员（治安法官）执行初步调查的一部分。在某些情况下，法官可以直接和亲自负责调查。

---

[1] 这一立法被正式称为《公共和革命法院刑事诉讼法典》。不同的作者和学术传统的术语表达略有不同。例如，本章引用的阿斯利（Asli, 2006）将其称为《普通和革命法院处理刑事案件的程序法案》，简称为《刑事诉讼法》。在这里，这项立法将被称为《刑事诉讼法典》，将被视为在2014年颁布并实施的最新修订。如果提到以前版本的"法典"，将包括其生效实施年份在内被引用。

第02章 伊朗对被害人和证人的询问

伊朗刑事法中的起诉及其规则

在1982年颁布第一部《刑事诉讼法典》①之前，负责调查犯罪的官员是宗教领袖或者被任命的政府官员。实施审讯和惩罚犯罪所需方法的程序是依据他们的态度或政治权力的利益需求衍生出来的原则。在《刑事诉讼法典》获得通过之后，审讯根据明确的条例和准则进行。

《刑事诉讼法典》涵盖了调查犯罪的规则和程序（犯罪依次分为三类：轻罪、重罪和一般犯罪）。在《刑事诉讼法典》第一条中，"刑事诉讼程序"的原则被定义为，用来发现和调查犯罪以及根据法律规定确定罪犯责任的程序和规则。根据《刑事诉讼法典》，检察官负责刑事起诉和诉讼，交叉询问人负责对犯罪的审查和调查。在需要考虑的事项中包括案件所涉人员的公共声誉和私人名誉两个方面。

多年来，随着《刑事诉讼法典》的修订，调查人员和检察官的作用发生了一些结构性变化。目前，调查人员独立运作，检察官在负责刑事事项②初步调查的地区检察官的指导下运作。但是，尽管有了这些变化，伊朗刑事诉讼程序依然维持了其核心原则，即关于犯罪类型和惩罚性后果是基于伊斯兰教法③

---

① 在1979年革命刚刚结束时，当时还没有伊斯兰刑法。《伊斯兰刑法典》（IPC）是伊斯兰刑事法律的重要组成部分，《刑事诉讼法典》中列举规定的程序也是。第一部IPC于1982年5月22日通过，1982年12月15日实施。第二部IPC于1991年通过。1996年，该法典新增了一部分关于酌定刑（ta'zir）的犯罪。IPC的最新版本于2013年颁布并实施。

② 对这一过程更深入的讨论将在本章的实践部分进行。

③ 《伊朗刑法典》维持了伊斯兰法律中四种主要类别的犯罪：固定刑（hudud）、同态复仇（qisas）、酌定刑和赎罪血金（diyya）。

固定刑犯罪包括偷窃、抢劫、通奸、酗酒及叛教。在伊斯兰法律中，通奸被归类为能够导致产生后代的性交［雷扎（Reza），2013：21］。对固定刑犯罪的惩罚被列举在伊斯兰教法中，范围从用石击毙刑到致身体残疾到死刑。同态复仇犯罪包括谋杀、非预谋杀人罪、致残等。这些犯罪被认为是针对被害人的行为。留给被害人家庭斟酌决定的是，是否应当给予行凶者惩罚性的伤害，且精确地等同于被害人所遭受的伤害。尽管有关于复仇和仇杀的立法规定，但《古兰经》和《伊朗刑法典》提倡宽恕，因为原谅是上帝所喜欢的［恩特撒（Entessar），1988：98］。

酌定刑犯罪在《古兰经》或圣训中没有另外规定。对这些犯罪的惩罚范围从罚款到没收财产和当众鞭刑。法官承担考虑世俗文化与社会公众利益以决定适当惩罚的责任［恩特撒（Entessar），1988：98］。

赎罪血金，或者血金，描述的是补偿（赔偿）的一种方式而非一种惩罚种类。作为同态复仇（报应）的替代，被害人的家庭可以选择从行凶者那里寻求赔偿。伊朗刑法典已经将赎罪血金编纂进去并分配给诸多犯罪［恩特撒（Entessar），1988：98］。

(*Shari'a*)的惩罚性后果。然而，关于快速调查和快速审判的改变是最重要的修改。

在所有的法院中都会有几个调查部门，由一个被分配到领导调查员办公室的人主管。因此，在伊朗的司法系统中，调查和调查人员之间是有区别的。调查是法院的有关职能之一，而调查人员被雇用来履行这一职能。

初步调查是在司法部调查部门的指导下进行的，任何被指定的调查人员也可以进行。初步调查可简要界定为司法机关为证明犯罪或无罪而采取的一系列行动，其主要目标是为法庭准备案件，以及加快调查进程［阿修罗（Ashouri），2004：10］。考虑到这一定义，初步调查只是在案件送交法院之前发现犯罪的过程，并且在审判前完成。

在《刑事诉讼法典》中，虽然没有提供任何定义，但是依然有一个调查（inquest）负责人的职位。因此，在调查被视为失败的情况下，法官可亲自开始调查。从而我们可以将调查定义为在审判前和审判期间进行的一系列调查活动。

100多年前从法国法律体系中采纳的"刑事审判临时法"包括506个条款，并且这些条款都经过了伊朗议会批准。这些法律条文中包括一个被称为"讯问员"（interrogator）的职位及其职责（第43～52条），例如，在查找和收集证据的过程中保持中立性（第44条），禁止延迟执行法律程序（第45条），以及不得由于被指控人或罪犯缺席而中止调查（第52条）。这些法律条文在伊朗法律制度中一直有效长达83年，直到1979年的伊朗革命。伊朗革命后，1980年制定并通过了一部新的宪法，并在10年后修订。1995年，新法律确立了普遍性和革命性的审判方式，取代了"刑事审判临时法"。

研究文献综述

关于询问被害人和证人实践做法的研究，目前的文献综述仅限于伊朗刑事司法系统的情况。虽然重点是涉及刑事法律的刑罚程序，它是与伊斯兰教

第02章　伊朗对被害人和证人的询问

法（Shari'a）[①] 分离的，但后者广泛地影响了伊朗刑法的制定［拉哈米（Rahami），2005：587］。这一主题方面的波斯研究文献是高度专业化的，并且是为高等教育机构的学术人员和从事刑事司法和法律研究的政府官员专门定制的。

有少数同行评议的英语学术期刊文章提供了伊斯兰教法和伊朗习惯法之间的讨论、重叠和区分的概述［拉哈米（Rahami），2005；奥三努（Osanloo），2012；萨迪吉（Sadeghi），2014；马菲特（Maftei），2010］。然而，这些有限的资源提供了有用的信息，并对询问被害人和证人的做法提供了一些重要的观察。应当指出的是，在某种程度上，许多用英语语言进行研究所提供的信息在本质上是基于历史的，因为它们涉及的是在最近几年内发生的按照以前法典规定的情况和做法，而不是根据最新修订的《刑事诉讼法典》规定的情况和做法。尽管在某些方面，这是有局限性的，但在其他方面，它实际上是十分有用的，因为它给予了这些做法更好的描述，而这些做法已随着时间和政治统治在法律和社会中根深蒂固。

目前，在伊朗的刑事司法系统中没有关于适当对待及尊重被害人和证人

[①] 伊斯兰法以上帝的律法或者伊斯兰教法（shari'a）著称。传统上，伊斯兰并没有将宗教与世俗生活进行区分。因此，伊斯兰教法不但涉及宗教仪式，也涉及日常生活、政治、经济、银行业、商业或合同法，以及社会问题的诸多方面。伊斯兰教法这个术语本身，起源于动词 shara'a，它与精神法律的观念及神法体系相关联。伊斯兰教法拥有一些被认为是神命规定的、具体的，并且在所有相关情形下永恒的特定法律（例如，禁止饮用致醉的液体）。

伊斯兰教法以四个主要来源为基础：①《古兰经》（the Quran）；②圣训（the hadith）或传统；③公议（ijma'）或法学家的共识；④'aql，即理智或逻辑推理［恩特撒（Entessar），1988：94］。《古兰经》是所有伊斯兰教法基本的法律渊源；什叶派伊斯兰教法也很看重在他们的法律体系形成过程中伊玛目（Imams）的意见和观点［恩特撒（Entessar），1988：94］。

圣训，指的是由先知及伊玛目的同伴记录并编纂的，关于先知及伊玛目的主张、行为和所说的话［恩特撒（Entessar），1988：94］。公议和理智被认为是什叶派法律的第二个渊源，前者描述的是什叶派学者的观点，这些学者是伊玛目的亲密伙伴，后者描述的是基于纯粹的和实践的理性做出的裁判，宗教法能够从中被推论出来［恩特撒（Entessar），1988：94］。某些法律可以根据伊斯兰律师和法官（Mujtahed；pl. Mujtahedun）确立的原则引申出。在推导伊斯兰教法时，伊斯兰法律制定者试图解释神圣的原则。

伊斯兰律师或法官根据伊斯兰法来治理的尝试可以被描述为伊斯兰教法的治理；它可以同时受到当地习俗（urf）的严重影响。伊斯兰法学理论被称为伊斯兰教法学（fiqh，意为对细节的理解），并且是指由学者们从伊斯兰教法原理中引申出的伊斯兰规则的推论。伊斯兰教法学分为两个部分：研究来源和方法论（usul fiqh，法律的根源）以及实践规则（furu fiqh，法律的分支）。法学学者希望伊斯兰教法和伊斯兰教法学始终协调一致，但在任何情形下都不能得到保证。

的具体说明［阿斯利（Asli），2006：192］。卡莱吉（Khaleghi，2013）在他的《刑罚起诉规则》(*Regulations of Penal Prosecution*) 一书中描述了对被害人进行询问的程序。由于警察是第一个与被害人交流的人，他们与后一群体的初步互动是非常重要的。在伊朗的刑事司法系统中，警察被视为司法官员，他们的职责在 1999 年《普通法院和革命法院刑事案件程序法》第一卷第一章中被界定［阿斯利（Asli），2006：192］。但是，并没有专门的指导警察如何适当对待被害人的规定［阿斯利（Asli），2006：192］。法官是法律审判中的调解员、仲裁员和决策者，这与盎格鲁－撒克逊法律制度非常相似。与前述的西方法律制度不同，在某些情况下，法官也可以担任调查员。①

被害人

被害人学，研究被害人的权利及关注对他们的多维度保护［阿斯利（Asli），2006：198］，在 20 世纪 90 年代成为伊朗大学的学术焦点，这使得伊朗政策制定者更多、更好地意识到了这些问题。最终，伊朗的政策制定者将这些问题和关切纳入了新的法律，并特别关照了妇女、儿童和老人［阿斯利（Asli），2006：199、205］。关于对被害人问题的保护及其敏感性，在刑法典中几乎没有具体规定，所包括的那些规定不是针对一般被害人，而是针对特别脆弱的群体。例如，1999 年《普通法院和革命法院刑事案件程序法》第 88 条和第 204 条分别规定了向被害人提供医疗援助和为残疾被害人提供法律保护［阿斯利（Asli），2006：200］。根据伊朗刑法，被害人有权得知其案件事项。

证　人

在伊朗的英语文献中有一些是关于在刑事诉讼中证人的地位和权利的。现有文献描述了在伊斯兰法律范围内的刑事诉讼中的证人地位，但没有关于

---

① 这一内容将在本章后面更全面地描述。

如何询问证人的方案或实际做法，因此也没有描述在伊朗刑事司法背景下是如何获得证人证言的。

根据证人证词的重要性和价值，证人在伊朗刑事司法程序中被分级。那些被认为是"正直"（just）的人被赋予最大的权重，而所有其他证人的证词具有第二权重和价值［雷扎（Reza），2013；泰宁巴赫（Tellenbach），2009］。这些规定列举在伊斯兰教法中，并且它们对固定刑（hudud）犯罪（针对上帝的罪行）有特别的影响［雷扎（Reza），2013：5］。证人会被催促尽快作证，以免影响证言的有效性，因此所报称的犯罪有推测成分［泰宁巴赫（Tellenbach），2009：695］。在法庭上，如果法官认为证人提供虚假信息或说谎，他们有职权拒绝证人作证；然而，这种情况很少被报道［萨迪吉（Sadeghi），2014：3；雷扎（Reza），2013：22］。当证人证词被采纳作为证据时，它们被分为两种类型：伊斯兰教法证据和法律证据。例如，固定刑犯罪需要伊斯兰教法的证据（适当数量的正直的证人证词）。无论提供的法律证据如何，如果没有伊斯兰教法的证据，就不能证明固定刑犯罪。

伊朗目前的做法

伊朗目前的刑事制度是一种混合制度，是纠问式和对抗式的结合。这种混合制度在20世纪已经存在，到目前仅有微小的变化。伊朗刑事审判中的做法和程序有几个基本特征，使它与全球范围内的其他国家区别开。

◆ 纠问式和对抗式双重制度

对抗式的一个主要特点是给予检察官的权力较少，以及检察官承担的职责类似于原告或被害人。在这个制度中，被害人指控一人或多人，并应准备和提供证据。在任何情况下，被害人都不能担任证人的角色，而当被害人向被告人[1]提出指控时，被害人可以尝试作证。被害人只对提出的诉讼请求或

---

[1] 这不像盎格鲁-撒克逊法或西方的法律制度，被害人可以聘请或得到任命的律师，以处理与诉求有关的事宜。

控诉（诉求）和案件负责。在审判期间他/她进一步指定和引入证人。这个制度的特点具有防御性，意味着原告主张犯罪，被告必须为他/她自己辩护。这种方法对于某些犯罪特别常见，如谋杀（固定刑犯罪）。虽然起诉程序也可以在没有被害人投诉的情况下开始，但如果被害人的家人没有参与，则不可能进行调查。

关于伊朗刑事司法制度的一个重要问题是，它是纠问式和对抗式与伊斯兰方法和意识形态的结合。伊朗的审判制度是基于伊斯兰教法，其中规定了刑法和伊朗伊斯兰共和国高级政治家的声明，特别是那些在司法机构中处于莫吉塔赫（Mojtahed）地位的人的声明，其已经由政府承认。司法机构的首长是大法官，他是最高领导人的代表，同时，最高法院、行政审判法院和检察官办公室的长官都是达到莫吉塔赫（Mojtahed）程度的伊斯兰教神学家（Mullahs）。这种地位和做法反映了伊朗政府的一个理论，即需要一个有能力的法学家统领人民。

◆ **审判前的刑事司法程序**

在刑事司法程序中，被害人和证人在审前程序中会被询问一到两次，在法庭上会再次在法官面前接受询问。被害人和证人首先在预审阶段被询问。预审程序由被害人向被告人提出正式控诉来启动。要提出控诉，被害人可以做以下两件事中的一件。第一，他们可以在紧急情况下打电话或直接去警察局要求警察的帮助。第二，如果不是紧急的事件，被害人必须前往法院大楼的检察官办公室，对被告人提出正式控诉。当地警察或市检察官接受被害人的陈述。此时，应向被害人询问关于他们的身份和背景的某些信息，如他们的宗教信仰和犯罪记录（如果有的话）。被认为是正派的被害人会受到严肃的对待。换而言之，他们必须是穆斯林，且没有犯罪记录。

询问被害人和证人的过程几乎总是发生在伊朗执法部门（Niroy-e Entezami）的犯罪调查部（CID 警察）。但是，在个别情况下，其他执法机构的官员也可以询问被害人和证人。在国家安全问题上，伊朗伊斯兰共和国情报部（Vezarat-e Ettlela'at Jomhuri-ye Eslami-ye Iran，VAJA）的安全部队以及伊斯兰革命卫队（IRGC）中的其他平行安全机构、警察局和司法部门的情报局都可以询问所有涉案人员。此外，军事起诉中的所有询问和审讯（如果有的话）都发生在伊朗国民军（Artesh）、IRGC、巴斯基（Basiji）部队（现在隶属于 IRGC）和伊朗执法部门的军事法庭中。关于侮辱性犯罪，如通奸和卖淫，以及危害国家安全犯罪，整个过程中有更多的限制，因此，侵犯被告人权利的可能性更大。

在取得被害人陈述后，由市检察官或助理检察官①确认该指控内容属于犯罪行为。如果被认为是犯罪，则调查人员会启用一个官方卷宗。被害人必须在过程中跟进每一步，以确保案件正在取得进展和相应的移交。在控诉提交之后，警方会被要求在犯罪现场收集证据。这个过程的大部分会被交给市检察官，他们会谋求适当级别的侦查人员帮助。警察被指示执行检察官或法官的要求，如送达逮捕令和拘捕被告人等活动。根据旧版的《刑事诉讼法典》和最近一次的修订，在调查和/或审判的任何时候，法官可以否定任何警察的报告，并命令其重新进行调查。

此时，被害人必须列举证人，随后证人将被带到警察局，并被询问关于指控中的犯罪案件。证人会被督促尽快作证，以维护证词以及犯罪的有效性［泰宁巴赫（Tellenbach），2009：695］。在犯罪行为最初不是由被害人报告的案件中，证人会被要求及时向警方提供陈述。这已被纳入伊朗《刑事诉讼法典》的最后两次修订中。在这种情况下，被害人随后会被询问有关犯罪的情况。

警察很少成为证人。证人可以由警察带来，以便在审判前由侦查人员或市检察官进一步询问。询问证人时被害人必须在场。被害人被允许与证人待在同一房间或在对证人进行询问时留在附近。在青少年犯罪（15 岁以下者）和性侵害犯罪案件中，警察和侦查人员不得审讯。这项任务必须交给法官或检察官。

在讯问期间提出的问题的类型在侦查人员的标准操作规程（SOP）中有预先规定。警察也可以询问被害人和证人；然而，他们不像侦查人员一样有标准的程序。在这个过程中，被害人和证人都会被问到类似的问题。首先，

---

① 城市检察官与助理检察官可分别对应于美国地方检察官和地方助理检察官。

他们被问及他们的学历、信仰和性格。这需要提出诸如他们以前是否有犯罪记录的问题。如果有,在这一点上必须说明。然后,他们须要说明他们是单身还是已婚,以及他们是否是穆斯林,他们是逊尼派还是什叶派。他们的家庭住址也被要求说出并记录在卷,他们需提交一个保证,如果地址变更将会通知法院。这些类型的问题对原告和证人以及他们各自的证词的价值都有影响。

◆ **证人资格**

在这个制度中,证人的地位具有特定的定义,必须符合特定的资格条件(《刑事诉讼法典》第 177 条)。首先,被害人在向被告人提出的指控中不被视为证人,即使他们被允许在法庭上作证。此外,不是每个人都可以成为伊斯兰教的证人,因为出生的合法性、信仰和公平正直也是作为证人的一些要求。①

证人在预审阶段以及在审判期间的公开场合会多次被询问他们的道德品质,目的是推翻可能会使他们的证词无效的不一致或品德缺陷。如果证人的品德在固定刑刑罚执行后或正在执行中出现问题,实施询问并"宣布证人合格的调查人员应对被告人承担损害赔偿"[雷扎(Reza),2013:22]。

信仰和公平正义是根据个人对伊斯兰和宗教忠诚的行为表现来评估的。在这种情况下,根据《刑事诉讼法典》(2000)的先前版本,所有宗教少数群体和非伊斯兰教人的证词都不能被接受为针对穆斯林被告人的宗教证据;然而,特殊和有价值的信息可被视为情况证据(第 155 条)。另外,从传统上来说,证人必须被视为合法和公平正直的(adel;阿拉伯语:'adl),这意味着他们必须是穆斯林,并且他们不能有犯罪记录。男人的证词被优先考虑。在固定刑罪行中,伊斯兰法律规定,两名公平正直的女性的证人证言相当于一名公平正直的男性的证人证言。

---

① 雷扎(Reza)(2013:22)将其称为"道德正直"[参见泰宁巴赫(Tellenbach),2009:695]。

第02章 伊朗对被害人和证人的询问

◆ 为被害人和证人保密

根据2000年批准的《普遍和革命审判刑事诉讼法典》第154条，证人和被害人的身份需要披露和记录。然而，该条款中没有提及如何保护他们的身份。只有在第151条中提到检察官可以在被告人不在场的情况下询问证人；然而，这并不意味着被告人无法得知卷宗的内容以及无法确定证人。

鉴于这一挑战，新的《刑事诉讼法典》(2014)试图解决这一保密问题，第125~147条："如果存在任何对证人或其家人的生命、财产和名誉威胁，检察官可以保护证人……"在本条中，强调"这一程序不应侵犯被告人在公正审判中为自己辩护的任何权利"。因此，根据本条，似乎在证人保护自己身份的权利与被告人通过向证人提出问题为自己辩护的权利之间存在冲突。在实践中，后者已被优先考虑。此外，与被告人不同，证人没有权利免费获得律师协助。是否需要咨询律师由证人决定，但他/她自己应当负担任何与之相关的费用。

◆ 对询问被害人和证人的调查人员的培训

警察部门作为伊朗的第一个国内执法机构，一直由内政部长（Vezarat-eKeshvar）领导。虽然诸如巴斯基（Basiji）民兵这样的革命组织对内部安全以及提供执法辅助具有相当大的权威，但他们不在内政部长的控制之下。在伊朗，进入警察部队与西方同行有一些相似之处和不同之处。警察从职业机构（被招聘到警察学院）或学术机构（从高等教育机构招聘并作为调查人员培训）招聘。对于前者，学员可以直接从高中进入警察学院。对于调查人员以及高级职位，官员在进入警察部队之前首先完成大学和研究生教育。自2003年以来，警察部门再次开始招募女警官，从1979年的伊朗革命开始对女警官的招募一度中断。作为招聘的先决条件，警察候选人必须表现出对伊斯兰意识形态的信仰。

对研究、政策制定和实践的启示

本章关于伊朗法律和伊朗刑事司法系统中关于被害人和证人的处理和问题的背景及做法，对学术研究、法律和政策制定有重要启示。两个重要的研究领域涉及需要建立审查法律和规则适用的机制。第一个领域涉及伊朗刑事司法系统各个阶段的程序和刑法的整体适用。第二个领域涉及在伊朗本身的地域范围内程序和刑法适用的平等性，审查城市地区的做法是否与农村地区的做法相同。通过这项研究，我们将会更清楚地了解刑事司法系统的本质。此外，我们必须研究如何将程序和刑法适用于包括妇女、老年人、残疾人和少数民族在内的弱势群体。移民也是一个非常脆弱的群体，他们将从进一步的研究和调查中受益。

最后，在以保障人权和实现正义为基础的公正审判程序中，对被害人和证人的权利保障有一些缺陷，需要进一步研究和改进。展望未来，伊朗政策制定者应采取措施，使地方、州和联邦执法机构能够就此类保护开展适当的培训，特别是对即将就任的人员进行此类培训。另外，学术机构应当再次拾起火炬，研究和调查这些权利保护的趋势。鉴于这种法律和政策制定的情况，以及改进对《刑事诉讼法典》和其他有关立法的修订，我们可以乐观地认为，伊朗在刑事诉讼中对被害人和证人的保护将继续改善。

致　谢

如果没有玛赫纳兹·帕拉坎德（Mahnaz Parakand）、侯赛因·拉伊西（Hossein Raeesi）、卡米尔·阿拉（Kamiar Alaei）和纳齐萨·贾汗巴尼（Nakissa Jahanbani），这一章就不可能完成。他们每个人都提供了各自几十年的学术积累和专业经验，以解释和综合研究伊朗刑事司法系统在处理被害人和证人方面的背景和现行做法。亚历山大·哈林顿（Alexandra Harrington）、梅赫鲁西·卡里米·安杜（Mehrnoosh Karimi Andu）、雷扎·拉伊西（Reza Raeesi）和穆罕默德·沙美（Mohamad Shamei）也为本章的撰写提供了在其他领域的适当的文献和研究综述。最后，本章得益于萨曼勒·哈桑尼（Samaneh Hassanli）和塔希尔赫·萨希卜（Tahereh Saheb）优秀的翻译能力，他们为翻译刑事调查结构费尽心力。

| 参考文献 |

❶ Ashourl, M. （2004） *Criminal Procedure Law. Vol.* 2. Tehran：Samt Publishing.

❷ Asli, M. R. （2006）"Iranian criminal justice system in light of international standards relating to victims?" *European Journal of Crime, Criminal Law and Criminal Justice*, 14：185 – 207.

❸ *Criminal Code of Procedure for Public and Revolutionary Courts* ［Islamic Republic of Iran］, 1999. Available at：http：//www. ghavanin. ir/detail. asp? id = 11610.

❹ *Criminal Code of Procedure for Public and Revolutionary Courts* ［Islamic Republic of Iran］, 2014. Available at：http：//www. shenasname. ir/didgah/2329-aeen html.

❺ Entessar, N. （1988）"Criminal law and the legal system in revolutionary Iran," *Third World Law Journal*, 8：91 – 102.

❻ Islamic Republic of Iran （2013） *Islamic Penal code of the Islamic republic of Iran*. A translation is available from：http：//www. iranhrdc. org/english/http：//www. iranhrdc. org/english/human-rights-documents/iranian-codes/1000000455-english-translation-of-books-1-and-2-of-the-new-islamic-penal-code. html? gclid = CN_TsbOPyMUCFaMewwodqgkATQ.

❼ Khaleghi, A. （2013） *Regulations of Penal Prosecution*. Tehran：Shahr Danesh Publishing.

❽ Maftei, C. V. （2010）"The sanctions of the Islamic criminal law：aspects regarding penalties of the criminal law of the Islamic Republic of Iran. Religion and tradition vs. observing human rights," *Juridical Current*, pp. 139 – 48. Available at：http：//revcurentjur. ro/arhiva/attachments_201003/recjurid103_13F. pdf.

⑨ Osanloo, A. (2012) "When blood was spilled: gender, honor, and compensation in Iranian criminal sanctioning," *Political and Legal Anthropology Review*, 35: 308 – 26.

⑩ Rahami, M. (2005) "Development of criminal punishment in the Iranian post-revolutionary Penal Code," *European Journal of Crime, Criminal Law and Criminal Justice*, 13: 585 – 602.

⑪ Reza, S. (2013) "Due process in Islamic criminal law," *George Washington International Law Review*, 46: 1 – 27.

⑫ Sadeghi, H. (2014) "The Catania Papers: filling the gap of in favor of the accused: the approach of Islamic criminal law in light of the rule No Punishment in case of doubt," *Tulane European and Civil Law Forum*, 29: 147 – 56.

⑬ Tellenbach, S. (2009) "Aspects of the Iranian code of Islamic punishment: the principle of legality and the temporal, spatial and personal applicability of the law," *International Criminal Law Review*, 9: 689 – 705.

⑭ Young Journalists Club (n. d.) "Report on Iranian Judiciary from Beginning until Today." Available online at: http://www.yjc.ir.

第03章

以色列对被害人和证人的调查询问

——1955年法律对实践的影响

卡米特·卡茨（Carmit Katz）

> **简介**

探讨在以色列对被害人或证人进行的询问问题揭示了不同群体的被害人和证人之间存在着巨大的差异，这主要是由于立法和组织体制上的差异，相关立法和组织体制因被害人或证人的年龄不同而有所不同。根据以下观点：儿童容易在反复询问及交叉询问中受到严重伤害，以色列立法机关启用了以色列议会于1955年通过的《保护儿童证据修订法》。该法将儿童的福利保障优先于犯罪嫌疑人的基本权利，是为了确保儿童不会在司法过程中受到进一步的伤害。该法律要求所有作为暴力犯罪被害人或证人的儿童都必须接受专门从业者（儿童司法询问员）的询问。儿童司法询问员是一种社会工作者，在调查询问机构下属的福利办公室工作。儿童司法询问员在调查过程中拥有广泛的权力，并在随后所有的审判中发挥重要作用。以色列最近的一项法律（2010）承认了另一个弱势的被害人和证人群体：年轻人和有发育残疾的成年人，如患有自闭症（孤独症）谱系障碍的人。这项法律授予儿童调查询问机构负责询问这类人的职责。

这项独特的法律不适用于14岁以上的青少年，14岁以上的青少年由警察中的一个特别部门负责询问，这个部门负责处理有被虐待嫌疑的被害人。需要强调的是，并没有关于这些询问的文件资料。此外，在这一领域没有进行过公开的研究，因此对青少年进行询问的方法不能详尽说明。18岁以上的年轻人和成年人要接受警察的询问，对这一群体，也没有标准化的文件资料以及公开的关于询问实践的研究。

立法的差异导致了在以色列由不同的组织负责司法询问：福利办公室和警察。然而以色列福利机构的主要目的是促进其当事人的福利，警察的主要目的是执行法律。这些基本差异可能影响这些组织中的从业人员被要求采用的做法不同。然而，如上所述，没有关于14岁以上青少年和成年人的司法询问做法的公开信息。因此，本章将探讨的大部分信息涉及的是以色列对儿童和残疾人（所有年龄）的询问实践。

以色列对被害人和证人询问实践的发展

法律、相关组织和从业人员（社会工作者与警察）的差异造成了不同的询问做法和培训项目。尽管在调查询问机构内询问儿童受到了相当多的社会公众和研究者的关注，致使完善的询问方法出现并发展，但警察的询问实践却没有得到太多（或任何）关注或资源，这导致在该领域没有有记载的研究。来自该领域的信息显示，警方的从业人员高度致力于对被害人和证人的司法调查。然而，迄今为止，没有关于询问方法和培训项目的最佳或标准化的做法的记录。此外，不同于调查询问机构对儿童和有特殊需要的人进行的询问，这些询问被强制性地要求录像记录，而警察并没有被明确地要求记录询问。

在调查询问机构内，对儿童和有特殊需要的人的询问实践出现了快速变化。NICHD（国家儿童健康和人类发展研究所）询问方案在1998年成为强制性规定，所有机构中的司法询问员都要依据该方案进行询问。2007年，与更新后的NICHD询问方案有关的以色列的NICHD询问方案纳入了某些修改，包括在法庭场景和重复询问中使用绘画。

目前的做法：发展的归因

以色列调查询问机构目前的做法是使用NICHD询问方案。NICHD调查询问方案（The NICHD Investigative Interview Protocol）是一套结构化的询问指导准则，用于询问儿童的经历或其目击的事件［兰姆（Lamb）等人，2011］。NICHD询问方案的开发是为了将专业建议转化为操作指南，并在调查询问的所有阶段指导询问人员［兰姆（Lamb）等人，2008；兰姆（Lamb）等人，2011］。

在导入阶段或实质性之前阶段，询问员介绍他/她自己，向儿童阐明任务，并解释基本规则和期望的目标。在这个阶段要求设计几个问题，以确定儿童理解真实和虚假陈述之间的区别。导入阶段之后的建立关系阶段包括两个部分：首先是要为儿童创造一个安全和放松的环境，其次是在儿童和询问人员之间建立起信任［兰姆（Lamb）等人，2008；兰姆（Lamb）等人，2011］。

在第二阶段，提示儿童详细描述最近经历的中性事件。这个任务使儿童熟悉开放式调查询问策略，同时也展示了期望他们对事件进行描述的具体、细致程度标准。在实质性之前阶段和实质性阶段之间的转换环节，使用一系列提示，以非暗示性的方式确定调查中的目标事件，提示的内容尽可能是开放性的。如果孩子做出陈述，以邀请式提问（"告诉我一切……"）和其他自由回忆提问来开启自由回忆阶段。一旦第一个叙述完成，询问人员应当提问孩子说明事件是发生了一次还是多次，并获得事件的特定信息。只有在自由回忆提问之后，询问人员才能就儿童已提及的情况直接提问，并要求儿童提供特定种类的信息［兰姆（Lamb）等人，2008；兰姆（Lamb）等人，2011］。

兰姆（Lamb）和他的同事（2007）回顾了关于NICHD询问方案的研究，发现：受控的重复研究表明，当询问人员使用该询问方案时，询问的质量可靠且有显著的改善。与询问人员在没有该询问方案时探究涉及相同年龄儿童的类似事件的情况相比，遵循该询问方案的询问人员使用了至少多三倍的开放式提问和大约只有一半的由选项构成的提问[1]以及暗示性提问。该询问方案已经表明，询问人员可以通过儿童对自由回忆问题的回答，从所有年

---

[1] Option-posing prompts，类似于我国侦查讯问学中的选择问，一种提问种类。——译者注

龄阶段的儿童处获得更多的信息［兰姆（Lamb）等人，2007；奥巴赫（Orbach）等人，2000］。该询问方案已经得到实施，并在美国、以色列、瑞典、英国和加拿大取得了类似的结果。

NICHD询问方案的开发使得对儿童的询问取得了相当大的改进；然而，几个因素促成了NICHD询问方案最终调整为NICHD修订版询问方案。第一个是司法询问员从以色列的法律系统中收到的反馈。在几次法庭讨论中，法官批评了司法询问员，法官表示，立法者在1955年建立儿童司法询问员这个特殊角色的意图是，使被虐待的被害儿童不仅受到基于认知原理的最佳询问方式对待，而且还应受到基于情感的最佳询问方式的对待。除了这个反馈，儿童司法询问员还认为NICHD询问方案没有解决儿童的情绪难题。因此，尽管有时外部证据表明儿童被虐待的可能性很高，但司法询问员在询问拒绝做出任何陈述、对询问抵触的儿童时常常十分艰难［赫什科维茨（Hershkowitz）等人，2006；卡茨（Katz）等人，2012］。来自该领域的所有这些反馈都伴随着研究的发展，特别是从实验室环境中获得的那些事例［例如，戴维斯和博顿斯（Davis and Bottoms），2002；古德曼（Goodman）等人，1991］均显示出，在询问儿童过程中，非暗示性的鼓励具有积极作用。

所有这些信息在一起导致了修订版NICHD询问方案的产生［卡茨（Katz），2013；赫什科维茨（Hershkowitz）等人，2013］，修订版旨在将发展心理学中的最佳做法与相关临床的最佳做法相结合，将非暗示性鼓励干预整合到：

- 提高司法询问员和儿童之间的融洽关系；
- 在询问的实质性部分之前和实质性部分中向儿童提供适当、非暗示性的鼓励；
- 为儿童提供可选择的询问技巧，如在需要时重复询问或绘画。

被确定和普及传播的关键非暗示性干预措施如下［卡茨（Katz），2013；赫什科维茨（Hershkowitz）等人，2013］：

- 在询问期间巩固儿童的行为表现。例如，鼓励询问人员感谢儿童分享他们所揭示的信息，并向儿童表达这些信息如何帮助他们了解所发生的事情。指导询问人员避免对儿童的表现做出评价，如"优秀"或"做得好"，以防止社会期许偏差。

● 建立询问人员和儿童之间的融洽关系：

——"你感觉怎么样？"

——"你冷吗？"

鼓励在整个询问中使用这样的中性提问，目的是向孩子表明，司法询问员看到了他/她，并且关心他/她。

● 当儿童表现出语言或非言语困难时，情绪鼓励：

——"我看到你在哭。你能告诉我你现在感觉怎么样吗？"

——"你在说你害怕。告诉我你害怕什么。"

对询问人员的培训包括实用知识，这有助于他们评估儿童的言语和非言语行为，在询问的早期阶段，儿童的言语和非言语行为可能会表明［卡茨（Katz）等人，2012］儿童不情愿。如果识别出这些信号，询问人员应当用言语和非言语来鼓励儿童，如保持眼神接触。

● 赋予儿童权力，例如，通过向他/她提供选择他/她表达自己的方式的机会。例如，如果孩子被认为无法表达一个特定的词，询问人员会请孩子画或者写下这个词。

这项策略旨在赋予儿童权力，在控制权被剥夺之后，在询问中赋予他们控制权，该策略基于这样一种理念，即对儿童的司法调查不仅是法律过程的一个重要阶段，也是促进儿童恢复过程的机会［卡茨（Katz），2015；卡茨（Katz）等人，2014］。

对修订版 NICHD 询问方案的试点研究［赫什科维茨（Hershkowitz）等人，2013］表明，与标准版的 NICHD 询问方案相比，司法调查的信息披露率更高。此外，运用修订版 NICHD 询问方案进行询问时，儿童较少出现不情愿，并且提供了更多的细节来回复开放性提问。修订版的 NICHD 询问方案目前正在以色列各地的儿童司法询问员中普及。

NICHD 询问方案的另一个改进是融入了绘画措施，这一措施首先在 2007 年以色列进行的实证研究中得到评估［卡茨和赫什科维茨（Katz and Hershkowitz），

2010；卡茨（Katz）等人，2014］。许多研究者试图了解绘画对于理解儿童叙述效果的影响［巴特勒（Butler）等人，1995；格罗斯和海恩（Gross and Hayne），1998；卡茨和赫什科维茨（Katz and Hershkowitz），2010；萨蒙（Salmon）等人，2003；韦森和萨蒙（Wesson and Salmon），2001］。虽然有许多方法来使用绘画手段，但是在司法环境下融入绘画也带来一些风险，因为被害儿童依然存在解离性障碍，这可能会阻碍他们在法律环境中的表现和他们的证词［列弗－维塞尔和莉拉兹（Lev-Wiesel and Liraz），2007］。也许这就是为什么将绘画融入法律环境中的首选方法是"绘画和谈话"的方法，它为孩子们提供了在描述他们的经历时绘画的机会。这种方法只对孩子们的言语反应感兴趣（不会评估绘画的内容）。让儿童在交谈中绘画带来的促进效果源于许多可能的机制。一个可能的解释是，绘画使孩子们在构造其绘画时通过提醒他们额外的事件相关细节来产生记忆恢复线索。绘画也可以使询问氛围更加舒适，给儿童提供了除了询问人员以外的关注点［布朗（Brown），2011］。

"绘画和谈话"方法主要在实验室进行研究，在研究中，绘画被整合到对儿童亲身经历事件的询问中。结果清楚地表明，在理想情况下（非暗示性干预），绘画带来了在不损害准确性的情况下回忆信息量的增加［巴特勒（Butler）等人，1995；格罗斯和海恩（Gross and Hayne），1998；萨蒙（Salmon）等人，2003；韦森和萨蒙（Wesson and Salmon），2001］。

最近的一项实证研究旨在探讨绘画在对虐待案件中被害儿童进行调查询问时的影响［参见卡茨和赫什科维茨（Katz and Hershkowitz），2010］。样本包括125名4~14岁的儿童，他们是疑似性虐待的被害人。孩子们首先被提问了开放式的引导问题，然后被随机分配到两个询问环境之一，使用绘画方式（$n=69$）或者没有使用（$n=56$）。随后他们被重新询问。绘画组中的儿童比对照组中的儿童揭露了更多的关于虐待事件的自由回忆信息，包括关于人、行为以及事件的时间和位置等相关司法性信息。绘画对4~14岁儿童的效果是明显的。绘画对男孩和女孩都有好处，并且增强了儿童的证词，无论虐待的类型如何或者疑似事件发生到调查时间之间延迟的长短。这种"绘画和谈话"策略正在调查询问中使用，以允许询问员评估其必要性，并正在接受额外的实证研究，以评估其对学龄前儿童的司法调查的价值。

在对绘画的实证研究中采用的另一种策略，现在被纳入了修订版NICHD询问方案中，即在每次询问结束时使用一组自由回忆提问，如下：

- 告诉我在询问之前你感觉怎么样？
- 告诉我在询问过程中你感觉如何？
- 现在询问结束了你感觉怎么样？

询问员被要求尽量使用线索提示（cue invitations）来帮助孩子们详尽表达他们的叙述，例如，"告诉我更多关于你感到害怕的事"。过去的研究主要集中在调查询问儿童的法律结果上，例如，关于调查活动的质量以及儿童证词的质量。然而，最近一项研究［卡茨（Katz）等人，2014］的重点是儿童在询问前、询问期间和询问后的看法和感受，包括对进行了绘画和未绘画的儿童的对比。

在调查询问之前探究儿童的经历时，发现儿童对询问表现出的消极情绪比积极情绪更多。例如，在卡茨（Katz）的研究中，儿童反映说他们害怕，认为他们会被关进监狱，以及他们做错了事。

卡茨（Katz）还发现，在询问过程中，两种研究条件下的儿童对询问表达的积极感受比消极情绪更多。然而，绘画条件下的儿童比在对照组中的孩子提供了更多的话语来表达在询问期间的积极感受。这一发现强调了绘画对调查询问的贡献。很显然，在调查期间，绘画在其过程中给予了孩子们控制力和力量，一些孩子说，开始绘画是他们能够被理解和解释发生了什么的唯一方式，同时也能积极地感觉到他们所做的事有很大的帮助。

在询问后，为回应对自由回忆的引导，孩子们被要求用三个主要词语来描述他们在接受调查后的感受：轻松、期待和成就感。这两个研究条件下的儿童都表达了在调查后轻松和期待的感受。尽管无论研究条件如何，轻松和期待是显而易见的，但是绘画组的儿童比在对照组中的儿童更加普遍地有成就感。成就感可以被看作是儿童在调查期间和之后被赋予权力过程的一部分。儿童的表述强调了这一过程：

> 画画后我感觉不错。现在我可以和你谈谈。现在我可以告诉你发生

在我身上的一切，我为自己的成功而感到自豪。

在卡茨（Katz）和赫什科维茨（Hershkowitz）的研究中，另外一种得到支持的询问方法是重复询问对儿童证词的贡献［卡茨和赫什科维茨（Katz and Hershkowitz），2010；卡茨和赫什科维茨（Katz and Hershkowitz），2013；拉·罗伊（La Rooy）等人，2010］。当第一次询问仅仅基于开放式提问，并且在短暂休息之后进行第二次询问时，儿童提供的信息是第一次调查询问的两倍，主要是为了回复开放式提问而提供的信息。重复询问的策略现在正被纳入修订版的NICHD询问方案，这使得询问员在发现儿童的抗拒之后能与之再次会面。

尽管由于遵循了修订版NICHD询问方案中的新发展，询问实践取得了改进和提高，但从业者和研究人员都确定了额外的挑战，以下成果是以色列研究和开发的重点。第一个涉及制定和传播基于NICHD询问方案的实用准则，这些准则能更好地适用于对学龄前儿童的询问。类似于修订版NICHD询问方案的发展，几个因素促成了这一结果：司法询问员表示，当根据NICHD询问方案询问学龄前儿童时，有关儿童的集中注意力有限、恢复记忆困难和表达能力不佳等问题给他们带来了一些挑战。此外，数名法官批评了NICHD询问方案对学龄前儿童的适用，对其在询问员和儿童之间造成的隔阂进行了评论，认为这导致了法律程序对学龄前儿童的歧视。为了更好地处理学龄前儿童，即疑似儿童被害者人和证人，一个将高级司法询问员和卡茨（Katz）及其研究团队整合在一起的研究小组正在制定面向学龄前儿童的实用准则。

需要解决的另一个挑战是NICHD询问方案的文化适应性。虽然世界各地的从业者都在应对文化多样性，但很少有研究工作集中到这个问题上。方特斯（Fontes）（1993）发现，由于性虐待的文化禁忌，某些文化群体可能会比其他文化群体更少公开和更容易放弃［埃利奥特和布里埃（Elliott and Briere），1994；方特斯（Fontes），1993；肖（Shaw）等人，2001］。许多理论学家都假定这种文化和种族差异的存在［富塔（Futa）等人，2001；拉奥（Rao）等人，1992；唐（Tang），2002；土库曼尼亚和布劳维斯

(Toukmanian and Brouwers)（1998）；黄（Wong），1987］。这些研究结果强化了文化对报告虐待问题有影响的主张，揭示了这些群体在披露虐待问题方面的重大困难，以及他们易于放弃的脆弱性。

目前，卡茨（Katz）和她的研究团队正在致力通过询问以色列的阿拉伯儿童和犹太东正教儿童（疑似虐待被害人），来探究文化问题，以确定询问人员可能面临的挑战和应对这两类儿童做出的特殊考虑。在以色列，这两个群体被认为是高度保守的集体主义群体，极其重视家庭凝聚力［本－阿里和哈吉－雅希亚（Ben-Arieh and Haj-Yahia），2006；莱谢姆和罗尔－斯垂尔（Leshem and Roer-Strier），2003］。此外，政府及其机构和这些群体之间关系的特点是相互不信任，这在司法过程中造成了更大的困难。

目前正在做出进一步努力的是，使NICHD询问方案适用于询问被诊断患有发育性残疾的儿童、青年和成年人。文献中经常有报道，这一弱势群体的被害人和证人面临更大的被虐待风险，主要原因是他们对护理人员和干预服务的依赖性越来越大［亨利（Henry）等人，2011］。他们被认为是"容易的目标"，因为他们难以保护自己或报告自己受到虐待［索布瑟和多伊（Sobsey and Doe），1991］，并且他们的报告经常会被实施犯罪调查的专业人员驳回［克罗齐（Groce），1999］，而且很少能够导致定罪［米什拉（Mishra），2011］。

由于从发育性残疾的儿童那里获得言词证据困难，因此，为收集这类儿童证词的专业人员建立明确的规则和具体的指导准则十分迫切［里贝罗（Ribeiro），2009］。目前，哈吾维（Haruv）研究所是以色列的一个预防和照顾疑似被虐待儿童的领先组织，其正在支持一项研究，以开发一个询问没有语言能力的儿童、青少年和成年人的系统。

在以色列，大量关于调查询问实践的改进正在规划中（包括对询问人员的培训）。在这方面必须指出的一个关键问题是，以色列政府每年都投入大量资金进行这方面的培训。目前，儿童司法询问员需要接受三种类型的培训：

● 情感支持系统。每六名儿童司法询问员一组，每组都配备有一名专门从事二次创伤的社会工作者。他工作的主要目标是为参与者提供一个放松和安全的环境以及一个分享他们经历的场所。这种情感支持系统有三个主要目的：

——预防儿童司法询问员造成的二次创伤；

——防止倦怠；

——强调询问和司法实践中情绪情感方面的问题，以改善这一问题并树立范本。

● 与导师的持续监督讲习。每个儿童司法询问员会被指派一名高级儿童司法询问员作为他/她的导师。他们应该每周会面，以便导师可以向询问员提供关于他/她的询问做法和可信度评估问题的反馈。重要的是应注意到，目前并没有这方面的标准化过程，这意味着每周例行监督讲习的结构和内容主要取决于导师（如导师的个性、经验和价值观）。

● 针对司法询问员职业生涯中特定阶段的有组织的培训课程。第一项课程是一个基本训练，通常适用于在询问员开始从业时。这个课程持续20天，包括对儿童司法询问的基本组成部分以及使用NICHD询问方案的实用指南。在询问员从业的第一年，会有一个导师与他结对指导，以帮助传授询问方法。第二项课程是在任职的两年后，总计20名来自以色列所有地区的司法询问员应邀参加司法询问实践的高级课程，课程主要内容是关于在法庭上提供专家证词和评估儿童的可信度。这些课程由卡茨（Katz）和国家调查询问机构的督察员制定和传播。已完成这些课程的司法询问员一致表示这个课程的学习对他们的实践知识有相当大的提升。目前正在计划和开发其他课程，以满足司法询问员的更多需求。

对研究、政策制定和实践的影响

本章强调了以色列的独特情况，其中儿童受特别法律的保护直到14岁，并由以色列调查询问机构的儿童司法询问员进行询问，但其他儿童（14岁以上）、年轻人和成年人接受警察询问，没有基于证据要求或标准化的询问做法。

这种差异首先是立法和组织结构不同的结果，但其根源在于文化层面，或许是宗教层面，基于以色列社会中对待儿童的观念，以色列决定将儿童权益作为其最高优先考虑，这反映在1995年的创新法律中。重要的是应当注意到，儿童司法询问员的职权超越了进行询问的范围。这些询问员还可通过评估任何程序对儿童福利和创伤风险的影响，决定如何允许儿童参与法律程序。一个说明司法询问员具有广泛权力的例子是，如果儿童司法询问员认为该儿童不能在法庭上作证，他/她将替代该儿童提交证据。儿童司法询问员还评估儿童作为证人的可靠性，然后确定儿童在调查和审判中的作用。法院不能否决他的任何决定（例如，该儿童是否接受健康检查，甚或交叉盘问）。

该法律使 14 岁以下的儿童接受以证据为基础的询问，而且询问员受过多项强化培训。然而，尽管 14 岁以上的儿童、青少年和成年人可能与高度致力于其工作的从业者合作，但是这些从业者缺乏以证据为基础的询问经验、标准化的实践指导准则和相关的培训。这种情况清晰地强调了在询问 14 岁以上的儿童、青少年和成年人方面应当加强实践和标准制定的重大挑战和需求。

参考文献

❶ Ben-Arieh, A. and Haj-Yahia, M. M. (2006) 'The geography of child maltreatment in Israel: findings from a nation data set of cases reported to the social services', *Child Abuse and Neglect*, 30: 991–1003.

❷ Brown, D. A. (2011) 'The use of supplementary techniques in forensic interviews with children', in M. E. Lamb, D. La Rooy, L. C. Malloy and C. Katz (eds), *Children's Testimonies: A Handbook of Psychological Research and Forensic Practice*, 2nd edn. Chichester: Wiley, pp. 217–50.

❸ Butler, S., Gross, J. and Hayne, H. (1995) 'The effect of drawing on memory performance in young children', *Developmental Psychology*, 31: 597–608.

❹ Davis, S. L. and Bottoms, B. L. (2002) 'Effects of social support on childrens eyewitness reports: a test of the underlying mechanism', *Law and Human Behavior*, 26: 185–215.

❺ Elliott, D. M. and Briere, J. (1994) 'Forensic sexual abuse evaluations of older children: disclosures and symptomatology', *Behavioral Sciences and the Law*, 12: 261–77.

❻ Fontes, L. A. (1993) 'Disclosures of sexual abuse by Puerto Rican children: oppression and cultural barriers', *Journal of Child Sexual Abuse*, 2: 21–35.

❼ Futa, K. T., Hsu, E. and Hansen, D. J. (2001) 'Child sexual abuse in Asian American families: an examination of cultural factors that influence prevalence, identification, and treatment', *Clinical Psychology: Science and Practice*, 8: 189–209.

❽ Goodman, G. S., Bottoms, B. L., Schwartz-Kenney, B. and Rudy, L. (1991) 'Children's memory for a stressful event: improving children's reports', *Journal of Narrative and Life History*, 1: 69–99.

❾ Groce, N. (1999) *An Overview of Young People Living with Disabilities*. New York: UNICEF.

❿ Gross, J. and Hayne, H. (1998) 'Drawing facilitates children's verbal reports of emotionally laden events', *Journal of Experimental Psychology*, 4: 163–79.

⓫ Henry, L. A., Bettenay, C. and Carney, D. P. J. (2011) 'Children with intellectual disabilities and developmental disorders', in M. E. Lamb, D. J. La Rooy, L. C. Malloy and C. Katz (eds), *Children's Testimony: A Handbook of Psychological Research and Forensic Practice*, 2nd edn. Chichester: Wiley-Blackwell, pp. 251–83.

⓬ Hershkowitz, I., Lamb, M. E., Katz, C. and Malloy, L. C. (2013) 'Does enhanced rapport building alter the dynamics of investigative interviews with suspected victims of intra familial abuse?', *Journal of Police and Criminal Psychology*, 30: 6–14.

⓭ Hershkowitz, I., Orbach, Y., Lamb, M. E., Sternberg, K. J. and Horowitz, D. (2006) 'Dynamics of forensic interviews with suspected abuse victims who do not disclose', *Child Abuse and Neglect*, 30: 753–69.

⓮ Katz, C. (2015) 'Stand by me: the effect of emotional support on children's testimonies', *British Journal of Social Work*, 45: 349–62.

⓯ Katz, C. and Hamama, L. (2013) 'Draw me everything that happened to you: the effect of drawing on children's testimonies', *Children and Youth Services Review*, 35 (5): 877 – 82.

⑯ Katz, C. and Hershkowitz, I. (2010) 'The effect of drawing on the richness of accounts provided by alleged victims of child sexual abuse', *Child Maltreatment*, 15 (2): 171 – 9.

⑰ Katz, C. and Hershkowitz, I. (2013) 'Repeated open questions and its effect on children's testimonies', *Research on Social Work Practice*, 23: 210 – 18.

⑱ Katz, C., Bammetz, Z. and Hershkowitz, I. (2014) 'The effect of drawing on children's experiences of investigations following child abuse', *Child Abuse and Neglect*, 38 (5): 858 – 67.

⑲ Katz, C., Hershkowitz, I., Malloy L. C., Lamb, M. E., Atabaki, A. and Spindler, S. (2012) 'Non-verbal behavior of children who disclose or do not disclose child abuse in investigative interviews', *Child Abuse and Neglect*, 36 (1): 12 – 20.

⑳ La Rooy D., Katz, C., Malloy L. C. and Lamb, M. E. (2010) 'Do we need to update our policy on repeated interviews?', *Journal of Policy, Psychology and the Law*, 16: 373 – 92.

㉑ Lamb, M. E., Hershkowitz, I., Orbach, Y. and Esplin, P. W. (2008) *Tell Me What Happened: Structured Investigative Interviews of Child Victims and Witness*. Chichester: Wiley.

㉒ Lamb, M. E., La Rooy D., Malloy L. C. and Katz, C. (2011) *Children's Testimony: A Handbook of Psychological Research and Forensic Practice*, 2nd edn. Chichester: Wiley.

㉓ Lamb, M. E., Orbach, Y., Hershkowitz, I., Esplin, P. W. and Horowitz, D. (2007) 'Structured forensic interview protocols improve the quality and informativeness of investigative interviews with children', *Child Abuse and Neglect*, 31: 1201 – 31.

㉔ Leshem, E. and Roer-Strier, D. (eds) (2003) *Cultural Difference as a*

Challenge for Human Services. Jerusalem: Magnes Press (in Hebrew).

㉕ Lev-Wiesel, R. and Liraz, R. (2007) 'Drawings vs. narratives: drawing as a tool to encourage verbalization in children whose fathers are drug abusers', *Clinical Child Psychology and Psychiatry*, 12 (1): 65 – 75.

㉖ Mishra, R. (2001) 'In attacks on disabled, few verdicts despite evidence, law enforcement drops most cases', *Boston Globe*. Boston, MA. Retrieved from: http://libsta28.lib.cam.ac.uk:2166/hp/printsavews.aspx? pp = save&hc = Publication.

㉗ Orbach. Y., Hershkowitz. I., Lamb, M. E., Stemberg, K. J., Esplin, P. W. and Horowitz, D. (2000) 'Assessing the value of structured protocols for forensic interviews of alleged child abuse victims', *Child Abuse and Neglect*, 24: 733 – 52.

㉘ Rao K., Diclemente, R. and Ponton, L. E. (1992) 'Child sexual abuse of Asians compared with other populations', *Journal of the American Academy of Child and Adolescent Psychiatry*, 31: 880 – 6.

㉙ Ribeiro, C. (2009) *A Crianca na Justica-Trajectorias e significados do processo judicial de criancas vitimas de abuso sexual intrafamiliar*. Coimbra: Almedina.

㉚ Salmon. K., Roncolato, W. and Gleitzman, M. (2003) 'Children's reports of emotionally laden events: adapting the interview to the child', *Applied Cognitive Psychology*, 17: 65 – 79.

㉛ Shaw, J. A., Lewis J. E., Loeb, A., Rosado, J. and Rodriguez, R. A. (2001) 'A comparison of Hispanic and African-American sexually abused girls and their families', *Child Abuse and Neglect*, 25: 1363 – 79.

㉜ Sobsey, D. and Doe, T. (1991) 'Patterns of sexual abuse and assault', *Sexuality and Disability*, 9: 243 – 59.

㉝ Tang, C. S. (2002) 'Childhood experience of sexual abuse among Hong Kong Chinese college students', *Child Abuse and Neglect*, 26: 23 – 37.

㉞ Toukmanian, S. G. and Brouwers, M. C. (1998) 'Cultural aspects of self-disclosure and psychotherapy', in S. S. Kazarian and D. R. Evans (eds), *Cultural Clinical Psychology Theory, Research, and Practice.* New York: Oxford University Press, pp. 106 – 26.

㉟ Wesson, M. and Salmon, K. (2001) 'Drawing and showing: helping children to report emotionally laden events', *Applied Cognitive Psychology*, 15: 301 – 20.

㊱ Wong, D. (1987) 'Preventing child sexual assault among Southeast Asian refugee families', *Child Today*, 16: 18 – 22.

第04章

日本对犯罪被害人和证人的询问

——研究和实践

仲真纪子（Makiko Naka）

简介

在日本，对被害人和目击证人的调查询问整体上并没有得到过多的关注。在过去10年里，被害人的权利已经得到承认，在法庭中使用屏幕和闭路电视（CCTV）已经变得普遍。2008年，"被害人参与制度"（Higaisha Sanka Seido）被纳入立法，使犯罪被害人能够在法庭上向被告人提出问题。然而，在对儿童被害人/证人的询问方法研制之前，如何向被害人提出问题或从他们那里获取信息并没有得到研究。目击证人的情况也是如此。由于目击证人的错误辨认，我们经历了许多司法误判案件，如弘前大学（Hirosaki University）教授的妻子被谋杀的案件。这是一起女人在夜间被刺死的案件，她的母亲当时在她身边睡觉，辨认凶手为一名男性。随后这个人被判有罪，然而后来被证明是无辜的。另外，在三个邮局发生了一系列夜盗案件，其中五名职员十分自信地确定两名男子就是盗贼，但后来也被认定为是无辜的［参见渡边（Watanabe），1992：综述］。许多其他研究分析了真实案例以确定可能影响辨认准确性的因素，并且在实验条件下验证这些因素的影响［仲（Naka）等人，1996；仲（Naka）等人，2002］。还有一些研究分析了记忆术（Mnemonics）对认知询问法（CI）［费希尔和盖泽尔曼（Fisher and Geiselman），1992］的影响（认知询问法包括情境恢复和报告每一件事），以及对目击证人回忆的数量和质量的影响［参见笠原和奥基（Kasahara and

Ochi），2006；白石（Shiraishi）等人，2006]。然而，在儿童调查询问普及之前，这些研究的结果并未被应用于对目击证人的实际询问。

因此，在本章中，将特别关注对儿童被害人或证人的调查询问。他们的弱势性使研究人员和从业者意识到研发询问方法和进行培训的重要性。在本章的其余部分，将讨论日本在询问儿童方面的背景和存在的问题，以及与询问、培训询问人员，当前情况和未来方向有关的研究。最后，将描述如何将询问儿童被害人的方法适用于其他人，如在监护案件中的儿童、弱势的犯罪嫌疑人，以及不太弱势的成年被害人和目击证人。

研究背景及存在的问题

与西方国家类似，在日本，儿童的证词在法庭上往往得不到良好的接受。浅田（Asada，1998）研究了12个涉及儿童的刑事案件。他认为，尽管通常承认儿童在法庭上具有作证资格（即承认他们有能力感知、记住和表达某一事件），但他们所做证词的可信性往往被排除。

通过阅读旧的日本法律学术期刊，我们发现在很多案件中，儿童的证词未被采信。举两个例子：在一起案件中，一名10岁的女孩声称在她住的公寓楼里被一名男子猥亵。她没有与她的父母讨论这件事，而是与她的同学在学校讨论。在与同龄人的谈话中，一个同学承认她也被一个看起来像外国人的男人尾随了。另一个同学说，这个外国人也住在该同学（指声称受到猥亵的被害人）的公寓楼里。在这次谈话后，这女孩相信她被住在她所在的公寓大楼的外国人猥亵。然而，该被告人最终被无罪释放，因为他有不在犯罪现场的证明，加上当天他穿的衣服，以及他在当天所持有的物品，不符合孩子的证词。①

在另一宗案件中，已经在押的性犯罪嫌疑人承认他曾在某学区犯下另一罪行。他描述了被害人，当警察向他展示该区学校儿童的集体照片时，他指

---

① 在该案件中，法官否定了一名四年级女孩证言的可信性，并维持一审中的无罪判决："板桥（Itabashi）猥亵案"的上诉判决。

出了其中一个女孩。根据照片，警察找到并询问了这名女孩。她最初否认发生了任何犯罪，但在对她的第四次询问中，她承认受到了该犯罪嫌疑人的猥亵。然而，当犯罪嫌疑人见到她本人时，他否认她是他的被害人。法院裁定，该儿童可能曾经被其他人猥亵，但被警察误导以至相信该被告人就是对她施暴的人[①]。

这些案件揭示了不适当的沟通以及不适当的沟通如何对儿童证词造成不良影响的问题。如果早些时候以更适当的方式对儿童进行询问，不准确的指控和错误的辨认可能就不会发生，而真正的犯罪者可能已被逮捕。此外，第二宗案例表明，即使是专业调查人员也不能避免这样的问题。事实上，联合国已建议日本对专业人员进行培训，使他们能够更有效地与儿童沟通（儿童权利委员会，2010）。

调查研究及样本案例

◆ 相关研究

之前的科学研究表明，用不适当的问题询问会影响儿童和成人目击证人的记忆〔例如，艾克尔和萨拉戈萨（Ackil and Zaragoza），1998；布雷迪（Brady）等人，1999；布鲁克（Bruck）等人，2002；卡塞尔（Cassel）等人，1996；莱希曼和塞西（Leichtman and Ceci），1995；菊野（Kikuno），1993；守（Mori）等人，1996；仲（Naka），2012；植松（Uematsu），1958〕。接下来，我们将描述日本关于暗示性问题的研究，对于非日本读者来说可能是很难接触到的——对于另外的研究，请参考仲（Naka）（2013）。

植松金田正（Tadasu Uematsu）是日本司法心理学的先驱。他主修心理学，然后学习法律并成为法官，后来成为一名法学教授。在他担任法官的职业生涯中，他进行的许多研究甚至在今天都有重要意义。他的一项研究调查

---

① 在该案件中，法官就对一名年轻女孩的猥亵做出无罪判决，判决承认该名女孩曾遭到猥亵，但对被告人是否构成犯罪存在合理怀疑。

了提问对儿童证词的影响［植松（Uematsu），1958］。在他 1939 年进行的实验中，他向 51 名学龄前儿童展示图片一分钟。在图片中，一个男人骑着一辆摩托车，摩托车侧面有一个跨斗，其中坐了三个孩子。然后一名研究助理向孩子们提出了与他们所看到的图片相关的许多问题，包括关于事实上确实描绘了该图片的问题（例如，"这个男人戴着一副眼镜吗？"实际上确实有一副眼镜），以及事实上并未描绘该图片的问题（例如，"男孩手持的旗帜是日本国旗吗？"实际上图片中没有描绘任何国旗）。虽然孩子们对事实上确实描绘了该图片的问题表现得相当好，但对事实上并没有描绘该图片的问题，他们回答错误或者会编造答案。对于上述问题，只有一个孩子正确地回答"不，他没有拿着旗子"。其余的孩子中，有 48 个孩子说，这个男孩拿着日本国旗，另外两个说，他拿着军旗。

  类似问题，例如，"这个男孩是否拿着一面日本国旗的旗帜？"图片中实际上没有描绘任何旗帜，现在被称为暗示性或误导性问题。它们影响回答的准确性，会改变对事件的原有记忆，甚至会创造错误的记忆［例如，艾克尔和萨拉戈萨（Ackil and Zaragoza），1998；布鲁克（Bruck）等人，2002；卡塞尔（Cassel）等人，1996；莱希曼和塞西（Leichtman and Ceci），1995；菊野（Kikuno），1993；守（Mori）等人，1996；仲（Naka），2012］。在日本，守（Mori）等人（1996）证明了询问中误导性问题的影响。他们向 129 名四五岁的儿童提供了一个故事，故事中小偷从房子里偷走了物品。然后向儿童提问关于实际上被盗的典型物品（如项链）和未被盗的典型物品（如吊坠），被盗的非典型物品（如拖鞋）和未被盗的非典型物品（如扫帚）。以一周和十周为间隔，这些儿童接受关于这些对象的认知测试。结果表明，对于实际上并未被盗走的典型物品，错误再认更加严重，尤其是在年龄小的幼儿中。

  菊野（Kikuno）（1993）进行了一个类似的实验，向 284 名二年级和五年级的孩子展示了一幅图片，然后向他们提出的问题对象包括被描绘和没有被描绘在图片中的内容。后来，儿童接受了一个认知测试和一个来源监控测试①，询问他们是在图片中看到了该对象还是只是在问题中被问到该对象。结果表明，即使是在五年级儿童中也出现了大量的误导信息效应。也就是说，这些孩子会说，他们在图片中看到了一些物品，但实际上这些物品只是在问题中被提到。

这些结果证实了来自世界各地的许多关于儿童阐明不可靠的能力的研究。事实上，情景记忆，即对特定事件的记忆，与其他方面的认知能力，如语言技能、自我意识、来源监测和元控制出现在四岁左右［哈利和里斯（Harley and Reese），1999；尼尔森（Nelson），2000；成（Shing）等人，2010］。年幼的孩子更容易受到暗示性问题的影响，因为他们没有自动的理智（自知）意识，因此容易将他们所经历的与别人告诉他们的事件相混淆［佩尔奈和鲁夫曼（Perner and Ruffman），1995；沙克特（Schacter）等人，1995］。此外，即使学龄儿童也可能将他们所经历的事和他们想象的或被迫说出的东西相混淆［艾克尔和萨拉戈萨（Ackil and Zaragaza），1998；仲（Naka），2012］。为了解释这一点，仲（Naka）（2012）给二年级和五年级儿童放映了一部电影，然后要求他们自己回忆电影中的事件（回忆条件），用一分钟绘制图像然后回忆事件（想象条件），回答包括准确和不准确信息（提问条件）的问题，或者参与包括开放式问题和随后的具体问题的询问。在回忆之后，让孩子们接受了关于在电影中描述过或未被描述过场景的认知测试。结果显示，年幼儿童的错误再认率更高，尤其在想象条件和提问条件下。在想象条件下被错误识别的项目，包括视觉信息的识别错误（如错误的颜色），比在其他条件下多，而在提问条件中儿童错误识别的选项包含了由提出的问题中所提供的错误信息（如帽子）。结果表明，幼儿受到了自己描绘出的内部信息的影响，以及来自所提问题中的外部信息的影响。

这些研究表明了儿童的易错性，但也帮助我们知道了如何克服它。通过使用不包含外部信息的开放式问题，我们可以从孩子那里获取更准确的信息。此外，我们可以通过鼓励孩子尽可能准确地解释真实发生的事情以

---

① 源监控测试是一个要求儿童识别他们回忆或确认的信息的来源的测试。在这项研究中，他们被问及他们确认的信息是最初出现在图片中还是存在于事后的问题中。

提高准确度,而不是要求他们制造图像。例如,在谈论需要询问的事件之前进行真/假讨论有助于孩子更准确地回答〔霍夫曼(Huffman)等人,1999;朗多和努涅斯(London and Nunez),2002〕。奥基(Ochi, 2011)进行了一项研究,探寻了在询问人员对事件的说法有误导性的情况下,让孩子说"不对"的效果,结果显示,这项技术也有助于孩子更准确地报告事件。这样的研究有助于我们开发更好的询问方法,我们将在本文的后面看到。但是,在继续讨论这个话题之前,让我们看看另一个案例,用以说明报告的准确性不是一蹴而就的,相反,每句话和每个问题都可以有助于报告的准确度。

◆ 一起典型案例①

在以下案例中,案情和名称已更改以确保匿名,但原始措辞已保留。需要提示的是,在语法上,主语在日语中可以省略,因此使用括号来显示未说明但能够被母语者理解的词语。

在这个案例中,一个名为太郎(Taro)的男人,其智商估计相当于一个学龄前儿童的水平,居住在某机构中。他向该机构的一名主管佐藤(Sato)女士吐露,该机构的一名工作人员对他做了错事。佐藤(Sato)女士进行了录音询问。②

S:我很抱歉,但是 Taro,(你)告诉 Sato 女士(询问者自己)发生了什么。嗯,再跟我说一次。Taro,嗯,Taro,别躲避,告诉我(你)是怎么想的。嗯,没关系,没关系的,你可以告诉我任何事。

T:好。

S:可以吗?

T:可以。

S:你可以告诉我那一次的事情吗?就是你今天在休息室提到的

---

① 引用于仲(Naka)(2007),经出版商金子书房(Kaneko Shobo)的慷慨许可而复制。
② S:佐藤;T:太郎。

事情。

　　T：（我的）裤子，被脱掉了。（六秒钟的沉默。）

　　S：在哪里？

　　T：储藏室。

　　S：储藏室。（三秒钟沉默。）你说"脱掉"，是吗？还发生了别的什么？（四秒钟沉默。）

　　T：被脱掉。

　　S：Taro，无论（你）在休息室说了什么，现在都可以对我说，好吗？

　　T：打我。

　　S：然后呢？

　　T：全都脱掉。

　　S：全部脱掉。然后（涉嫌的犯罪嫌疑人）做了什么？打你，还有别的吗？

　　T：躺下了。

　　S：躺下，然后呢？

　　T：脱掉（我的）内衣。

　　S：嗯。

到目前为止，询问进行得似乎很恰当。在开始询问之前，Sato女士提供了一些指令，使用开放式提示与停顿，并引出了Taro的话语。然而，在之后的询问中，她开始提出封闭性问题。

　　S：他拉上窗帘并且开灯了吗？

　　T：没有开灯。

　　S：没有开灯。（四秒钟沉默。）

　　S：他关门了吗？

　　T：关门了。

　　S：关门了。哦……

第04章　日本对犯罪被害人和证人的询问

T：关门了。

S：关门。（九秒钟沉默。）

S：他说让你脱衣服吗？

T：是的。

S：是的？你没有自己脱掉衣服，呃……（你）自己脱掉衣服，还是（你的衣服）被脱掉？

T：被脱掉。

S：被脱掉，是吗？Taro 感觉很糟糕，是不是？那个时候，Taro，（你）害怕吗？

T：害怕。

S：害怕。是这样吗？

这一段询问中的第一个问题是一个多指向的问题，在一个句子中提出两件事（即"他拉上了窗帘吗？"和"他开灯了吗？"）Taro 只回答了第二个问题。在随后关于关门的会话中，就好像 Sato 女士和 Taro 正在表演二重奏，Taro 可以简单地重复她的话。在接下来的会话中，询问者无意间问到 Taro 是否自己脱下衣服。值得注意的是，Taro 对这个问题回答为"是的"。Sato 女士意识到答案与 Taro 此前表示的相矛盾（他的衣服是由另一人脱下的）。然后她又问："（你）自己脱掉衣服，还是（你的衣服）被脱掉？"Taro 回答说："被脱掉。"最后，当 Sato 女士问"害怕吗？"时，Taro 回答"害怕"。他可能只是重复了 Sato 女士说的话。

由于我们可以假定用开放式问题获得的信息更准确［布朗（Brown）等人，2013；兰姆和福希耶（Lamb and Fauchier），2001；奥巴赫和兰姆（Orbach and Lamb），2001］，一些由开放式提问得出的信息（如衣服被脱掉、在储藏室中、躺下）在这种情况下可能比其他信息（如关门、害怕）更可靠。如果我们能够在不询问具体问题的情况下获得信息，那么证言的准确性将被最大化。

询问方法和培训

◆ 调查询问方法

在听取儿童和获得准确信息方面的这些困难提高了对询问方法重要性的认识。关于情景记忆、误导信息效应,暗示性和沟通语用的研究帮助开发了调查询问指南,例如,认知询问法(CI)[费希尔和盖泽尔曼(Fisher and Guiselman),1992]、获得最佳证据(Achieving Best Evidence)(司法部,2011),叙述精细化(Narrative Elaboration)[塞维茨和斯奈德(Saywitz and Snyder),1996]、阶梯式询问(Stepwise Interview)[尤尔(Yuille)等人,1993]和国家儿童健康与人类发展研究所的询问方案(NICHD)[兰姆(Lamb)等人,2007]。

为了从儿童证人那里获得自由陈述,这些方法有两个特点。第一,严格强调使用开放式提问(例如,"告诉我发生了什么")[例如,兰姆(Lamb)等人,2008]。第二,为了激励孩子准确地表达以及将孩子的交流能力最大化,其方法涉及一些基本规则,例如:运用"真/假讨论"以鼓励孩子说实话[霍夫曼(Huffman)等人,1996;伦敦和努涅斯(London and Nunez),2002];要求孩子说"我不知道",如果她/他确实不知道答案[菲西科和斯科波瑞尔(Fisico and Scoboria),2010];在进入实质性提问阶段之前和询问对象建立融洽关系以及进行情境记忆训练[罗伯茨(Roberts)等人,2004;斯滕伯格(Sternberg)等人,1997]。此外,为了充分利用一次询问和避免重复,推荐采用多学科的专业方法,以便相关机构(如检察官、警察、社会工作者和医务人员)能够一次性地获得所有信息。

◆ 培训

对询问方法的开发与其实现的过程是不一样的。研究表明,虽然培训使专业人员更加有知识,但并不一定能提高他们的询问技能。例如,奥尔德里奇和卡梅隆(Aldridge and Cameron,1999)研究了培训一周的效果,发现培训并未影响到对问题的使用或者获得的信息质量。兰姆（Lamb）等人（2002）也研究了一周培训项目的效果并获得了类似的研究结果。韦斯科特（Westcott）等人（2006）调查了培训九个月的效果（包括跟进调查），确定其改善仍然是有限的。

基于这些发现，兰姆（Lamb）等人（2007）开发了一个范本指南（scripted guideline），NICHD询问方案（http：//nichdprotocol.com）。该方案向询问人员提供了应当使用的用于介绍、解释基本规则，建立融洽关系，训练儿童谈论过去的事件，以及过渡到实质性话题的确切措辞。它还提供了有效的开放式提示，以获得自由陈述："告诉我发生了什么"（引导），"告诉我从时间点A到时间点B发生了什么"（时间分段），"告诉我更多关于（该儿童之前说过的）"（线索回忆），以及"然后发生了什么？"（跟进）。通过遵循这个范本，询问人员能够获得良好的实践效果。

2008年，在经历了诸多对儿童询问不够充分的事件后，我们申请了一笔研究资金，用于培养和训练调查询问的专业人员。经过一些修改和调整后，该培训方案现在包括关于询问儿童证人、儿童的认知发展、调查询问和心理咨询之间的差异，以及重复询问的创伤性影响等问题的介绍性授课［富尔彻（Fulcher），2004］。接下来，我们让学员熟悉四种类型的开放式提示。在他们练习使用这些提示之后，我们介绍了NICHD询问方案的简化结构。这个简化结构包括：

1. 导入（问候以及对询问的说明）；
2. 介绍基本规则；
3. 建立融洽关系；
4. 情景记忆训练；
5. 过渡到实质性话题；
6. 分离事件（"这件事发生了一次还是不止一次？"）；
7. 提出开放性问题；
8. 提出"什么"问题（时间、地点、人物、原因、发生了什么）；

9. 间歇［询问人员可以与其他支持人员（检察官、警察、社会工作者、心理医生等）来回顾审查已完成的询问］；

10. 跟进提问；

11. 补充提问，如有必要，提出关于与犯罪者（如果有的话）的对话、其他证人、之前揭露的内容、和可疑事件有关的其他问题；以及

12. 结束。

熟悉了 NICHD 询问方案的结构后，受训人员将接受有关规划询问以及补强证据的课程，然后他们将参与角色扮演训练。

培训中遇到的阻碍

对培训的第一次评估并不是那么令人印象深刻。虽然询问对象的自由陈述中所包含的信息量在培训后有所增加，但总体来说，询问人员仍然比询问对象说得多，询问对象的言论总量没有太大变化。但是，通过修改培训计划，我们最终能够获得更好的结果。例如，一些学员不能将开放式提示和"什么"问题（时间、地点、人物、原因、发生了什么）区分开。为此，我们重新安排培训，首先让学员了解、熟悉这些提示，然后介绍询问方案。此外，一些学员认为调查询问类似于临床咨询。为了突出差异，我们将调查询问与咨询进行了比较，指出前者的目的是寻求了解过去，而后者旨在帮助涉案被害人未来的发展。我们还得出结论，至少在我们的集体社会中，作为团队一起工作能产生更好的效果。也就是说，受训人员组成团队，其中每名成员都承担一个角色（作为询问人员、询问对象或者支援人员），然后一起工作。他们作为团队进行角色扮演，对角色扮演的评价以团队为基础，而不是专注于个人［仲（Naka），2014a］。这些改进发挥了作用。在一项研究中，我们分析了 32 名专业人员在培训前后进行的询问［仲（Naka），2011］。我们发现受训人员在培训后会使用更多的开放式提示，询问对象的话语也相应地增加了。

目前许多问题已经得到解决。然而，培训的某些方面仍需要加强。有一

次，我们有机会在介绍性授课后立即进行测验。在42名专业人员中，89%~100%的培训学员正确地回答了关于询问目的、语义记忆和情景记忆之间的差异，调查询问和心理咨询之间的差异，开放式问题的类型，暗示性，获得自由陈述的重要性，以及建议不要重复询问的问题。然而，令人惊讶的是，对于"基本规则的目的是建立信任关系"这一问题，只有38%的参与者正确地回答了"否"（实际上，基本规则的目的是为了激励儿童准确地提供更多的信息）；对于"如果没有足够的时间，可以省略对情境记忆的训练"这一问题，只有69%的参与者正确地回答了"否"（这个问题的正确答案是，这个训练不应该省略）。看到这些结果后，我们开始花更多的时间解释为什么这些构成部分是重要的。

  我们关注的另一个重点是，询问人员是否知道为证明一个案件他们需要收集什么样的信息。我们注意到，受训人员有时候会收集对社会工作很重要的信息，但这些信息不一定与证明一个案件有关，如日常的虐待行为、儿童的感受或儿童的需要，但不是一个特定的虐待事件的具体细节。为了了解询问人员对于在调查询问中应收集什么信息的看法以及在培训后是否得到改进，我们进行了一项问卷调查。给了98名参与培训的专业人员一个简短的案例，在案例中，孩子说"爸爸打我"，这些受训人员被要求从以下列表中选择他们认为最需要收集的信息的七个选项：爸爸的年龄、爸爸的职业、爸爸的名字、爸爸的个性、爸爸打人的动机、最后一次打人事件、日常的打人行为、事件的时间信息、事件的地点、孩子对爸爸的感觉、被击中的身体部位、孩子的需要，等等。调查结果表明，诸如最后一次打人事件、被击中的身体部位、事件的时间信息和地点信息这些选项相比其他选项被更多地选择，这表明大多数受训人员已经知道他们应该收集事实信息来证明案件。无论如何，培训有一定的效果。在培训之后，最后一次打人事件和时间信息更有可能被选择，日常打人行为和孩子对爸爸的感觉则不太可能被选择。因此，培训提高了学员对应当收集哪些信息的认识[仲（Naka），2014b]。

目前的状况和未来的方向

◆ 司法询问的使用和面临的挑战

自从我们开始培训以来，我们已经培训了1726名专业人员，其中1141名是来自儿童指导中心（CGCs）的社会工作者和心理医生。依据山本（Yamamoto）(2013)的统计，在日本的206个CGCs中，使用调查询问方法的CGCs的数量从2007年的12个增加到2011年的160个。山本（Yamamoto）还表示，当使用司法询问（forensic interview）时，84%的案件被确认存在虐待行为，而只进行一般询问时，有74%的案件被确认；在.01水平上的差异即具有统计学意义。

然而，提交到法院的案件数量似乎仍然很少。没有官方报告记载有多少移送到CGCs的案件被提交给法院，但据卫生、劳动和福利部称，2011年向CGCs报告的性虐待案件数量为1460起，而根据国家警察厅的数据，由警察处理的案件只有112起。对这些数据的简单比较表明，向CGCs报告的案件中作为刑事案件处理的不到10%。

阻碍移送案件被提交到法院的一个程序障碍可能是传闻证据规则，该规则规定在法庭以外提供的陈述不能作为证据被采纳。虽然这项规则有例外，但只限于检察官和警察收集的陈述，而超越传闻证据规则的条件，对警察来说比检察官更加严格（《日本刑事诉讼法典》第321条1.2和第321条1.3）。因此，即使在CGCs进行了良好的询问，孩子们也必须接受警察的询问。此外，如果警察进行了良好的询问，也必须再由检察官来听取儿童的陈述，最终由检察官决定是否将案件提交法院。在此过程中，儿童记忆可能衰退或受到污染。为了解决这个问题，需要一种综合性的多学科方法。

最近，警察和检察官对改进他们的调查询问方法表现出了兴趣。从2008年到2010年，没有警察或检察官接受我们的培训，但从2011年的41名（占受训人员总数的11%）到2012年的158名（27%），2013年的227名（45%），人数已经逐渐增加。这项培训使得来自不同机构的专业人员能够一起工作，有时会带来非常好的效果。在某一案件中，案件涉及的社会工作者和警察都受到了培训。在一名疑似被害人被移送到某一 CGC 时，社会工作者向警方报告了这个情况。警察绕过了再次询问的正常程序，直接将被害女孩带到检察官办公室。这种调查询问对于该检察官来说是新颖的，但她接受了简短的培训，然后与警察以及作为支援人员的心理学医生一起询问了这个孩子。在这起案件中，询问次数被控制在了最少，因为案件立即由检察官决定提交法院。

在另一起案件中，一名怀疑受到身体虐待的被害人被送往医院。熟悉调查询问过程的医生联系了我们。我们联系了医务人员、检察官、警察和社会工作者，以使询问可以在多学科环境中进行。由于前文提到的原因，检察官担任询问人员，警察寻找证据，社会工作者帮助妥善处理孩子，医生对孩子进行治疗。

据作者所知，这类由多种专业合作处理的案件数量仍少于 10 个。但是，我们正在努力将各机构联合在一起，对来自不同机构的专业人员共同进行培训似乎是鼓励多学科方法合作的一种途径。

◆ **进一步发展**

虽然是为性虐待案件中儿童被害人和证人制订的调查询问方案，但其结构和开放性问题对其他场景也适用，如在监护案件中对儿童的询问［塞维茨（Saywitz）等人，2010］以及讯问犯罪嫌疑人［赫什科维茨（Hershkowitz）等人，2004；谢泼德（Shepherd），2007］。

在日本，这样的应用已经由家事法庭的调查员来实施。根据调查询问的结构，他们创制了一套带有图解的介绍性指导。包括开始询问时的问候，家事法庭调查员的职责，向孩子解释说明他/她应该说出自己的回忆和想法（而不是，例如，他/她的父母的回忆和想法），以及基本规则。需要传达给孩子们的信息包括"你的父母不会问你在这次询问中告诉了我们什么""告诉我你的想法""如果你不知道答案，告诉我你不知道""如果你不明白这个问题，告诉我你不明白"，以及"如果询问人员说错某件事，就说它是错误的"［宫崎（Miyazaki）等人，2013］。

宫崎（Miyazaki）等人（2013）在九个监护权案件中使用了这些指导，其中涉及的儿童年龄为4~12岁。在传统的调查询问中，调查人员与孩子玩一段时间以建立融洽关系，然后逐渐过渡到实质性问题，相比而言，调查人员发现，这些指导不仅帮助了儿童（九起案件中的八起），而且也帮助父母（三起案件）了解了询问的目的；使其更容易转移到实质性话题（四起案件）；帮助儿童更多地自发说话（两起案件）；并且减少焦虑（一起案件）。这表明，这些指导是很有前景的。

另一个应用涉及对犯罪嫌疑人的询问。司法误判是日本刑事司法系统中最紧迫的问题之一。例如，在著名的足利（Ashikaga）案中，DNA测试证明，因强奸和谋杀罪被定罪的犯罪嫌疑人是无辜的。他做了一个虚假供认。在冰见（Himi）案中，一名男性（错误地）供认强奸并被定罪，他服刑之后真正的罪犯才被找到。在志布志（Shibushi）案中，有13人因没有客观证据支持的虚假供认而被指控违反选举法；他们最终被无罪释放，原因是发生了强制性审讯，包括长达一年以上的拘留，并且伴有言语和心理上的骚扰。由于这些案件的发生，伴随着2009年陪审员审判制度的启动，目前正在实验性地使用录像记录对犯罪嫌疑人的询问。如果将询问过程录像记录，就有机会审视该询问是如何进行的。2011年，国家警察厅发布了一份文件《询问（基础）》[*Torishirabe* (*Kiso Hen*)]，"鼓励询问人员使用开放式问题提问，利用认知询问技术。此外，2013年5月，在国家警察学院成立了"询问技能综合性研究和培训中心"（Torishirabe Gijutsu Sogo Kenkyu-Kenshu Center）。该中心现在提供基于"心理学研究成果"的询问技能培训（国家警察学院，2013）。

检察官办公室也开始对具有学习障碍的犯罪嫌疑人和/或可能转交给陪审员法庭（Saibanin-saiban）的案件进行录像询问。有几个地区，心理学者被要求为检察官提供培训。此外，一些心理学者被要求参加对犯罪嫌疑人的询问，以协助检察官和犯罪嫌疑人之间的沟通，并确保询问能够恰当地进行。在这种做法中，强调询问的结构化和开放式提示的使用。

这些应用似乎不仅限于对犯罪嫌疑人的询问。最近，某些地区的检察官和警察开始对弱势的被害人和证人进行录像询问。这种改革可能促进对更广泛询问对象的司法询问，包括一般的成年被害人和目击者。

1999年，我们去参加了在都柏林圣三一学院（Trinity College, Dublin）举办的心理学和法学国际会议，在途中我们参观了英国的警察部队。他们向我们提供了优秀实践备忘录（内政部/卫生部，1992），儿童证人/被害人询问指南以及讯问犯罪嫌疑人的 PEACE 询问模式。我们对他们的先进感到惊讶，同时认为我们与他们相比落后了 20 年。15 年后，我们仍然落后。但是，我们的询问方法正逐渐转向基于科学证据的流程。如果不了解其他地区的做法和不在国际上分享科学发现，我们不可能改进我们的询问方法。作者希望这种沟通在未来继续蓬勃发展。

参考文献

❶ Ackil, J. K. and Zaragoza, M. S. (1988) "Memorial consequences of forced confabulation: age differences in susceptibility to false memories," *Developmental Psychology*, 34: 1358-72.

❷ Aldridge, J. and Cameron, S. (1999) Interviewing child witnesses: questioning techniques and the role of training. *Applied Developmental Science*, 3: 136-47.

❸ Asada, K. (1998) "Nenshosha no shogen to kantei" ["Child testimony and expert testimony"], in A. Idota, H. Niwayama, K. Mitsudo, T. Odanaka, and Y Ode (eds), *Gohan no boshi to lyusai* [*Prevention of miscarriage and its Relief*]. Tokyo: Geidai jinbun Sha, pp. 341-70.

❹ Brady, M. S., Poole, D. A., Warren, A. R., and Jones, H. R. (1999) "Young children's responses to yes-no questions: patterns and problems", *Applied Developmental Sciece*, 3: 47-57.

❺ Brown, D. A., Lamb, M. E., Lewis, C., Pipe, M. E., Orbach, Y., and Wolfman, M. (2013) "The NICHD Investigative Interview Protocol: an analogue study," *Journal of Experimental Psychology: Applied*, 19: 367-82.

❻ Bruck, M., Ceci, S. J., and Hembrooke, H. (2002) "The nature of children's true and false narratives," *Developmental Review*, 22: 520-54.

❼ Cassel, W. S., Roebers, C. E. M., and Bjorklund, D. F. (1996)

"Developmental patterns of eyewitness responses to repeated and increasingly suggestive questions," *Journal of Experimental Child psychology*, 61: 116 –33.

⑧ Committee on the Rights of the Child (2010) *Consideration of Reports Submitted by States Parties Under Article* 12 (1) *of the Optional Protocol to the Convention on the Rights of the Child on the sale of Children, Child Prostitution and Child Pornography.* United Nations Convention on the Rights of the Child, 11 June 2010.

⑨ Fisher, R. P. and Geiselman, R. E. (1992) *Memory-Enhancing Techniques for Investigative Interviewing: the Cognitive Interview.* Springfield, IL: Charles Thomas.

⑩ Fisico, S. and Scoboria, A. (2010) *Instructions from Interviewers Regarding "Don Know" Responses Increase Response Accuracy.* Paper presented at the 3rd Annual Conference of the International Investigative Interviewing Research Group (iIIRG) "Program and Abstract." Norway, 22 –24 June, p. 40.

⑪ Fulcher, G. (2004) "Litigation-induced Trauma Sensitisation (LITS): a potential negative outcome of the process of litigation," *Psychiatry, Psychology and Law*, 11: 79 –86.

⑫ Harley, K. and Reese, E. (1999) "Origins of autobiographical memory," *Developmental Psychology*, 35: 1338 –48.

⑬ Hershkowitz, I., Horowitz, D., Lamb, M. E., Orbach, Y., and Stemberg, K. J. (2004) "Interviewing youthful suspects in alleged sex crimes: a descriptive analysis," *Child Abuse and Neglect*, 28: 423 –38.

⑭ Home Office/Department of Health (1992) *Memorandum of Good Practice or Video Recorded Interviews with Child Witnesses for Criminal Proceedings.* London: The Stationery Office.

⑮ Huffman, M. L., Warren, A. R. and Larson, S. M. (1999) 'Discussing truth and lies in interviews with children: whether, why, and how?' *Applied Developmental Science*, 3: 6 –15.

⑯ Kasahara, H. and Ochi, K. (2006) "The effect of enhanced imagination strategy on eyewitness memory recollection," *Japanese Journal of Criminal Psychology*, 44: 9 – 17.

⑰ Kikuno, H. (1993) "Effects of verbal questions on visual memory of children," *Japanese Journal of Educational Psychology*, 41: 99 – 105.

⑱ Lamb, M. E., and Fauchier, A. (2001) "The effects of question type on self-contradictions by children in the course of forensic interviews," *Applied Cognitive Psychology*, 15: 483 – 91.

⑲ Lamb, M. E., Orbach, Y., Hershkowitz, I., Esplin, P. W., and Horowitz, D. (2007) "A structured forensic interview protocol improves the quality and informativeness of investigative interviews with children: a review of research using the NICHD Investigative Interview Protocol," *Child Abuse and Neglect*, 31: 1201 – 31.

⑳ Lamb, M. E., Stemberg, K. J., Orbach, Y., Hershkowitz, I., Horowitz, D., and Esplin, P. W. (2002) "The effects of intensive training and ongoing supervision on the quality of investigative interviews with alleged sex abuse victims," *Applied Developmental Science*, 6: 114 – 25.

㉑ Leichtman, M. D., and Ceci, S. J. (1995) "The effects of stereotypes and suggestions on preschoolers' reports," *Developmental Psychology*, 31: 568 – 78.

㉒ London, K. and Nunez, N. (2002) "Examining the efficacy of truth/lie discussions in predicting and increasing the veracity of children's reports," *Journal of Experimental Child Psychology*, 83: 131 – 47.

㉓ Ministry of Justice (2011) *Achieving the Best Evidence in Criminal Proceedings: Guidance for Vulnerable and Intimidated Witnesses, Including Children*. London: Ministry of Justice.

㉔ Miyazaki, H., Yokoshima, K., Nishida, H., Shiga, Y., Kondo, K., Satoh, K., and Echigo, N. (2013) "Kodomo to mukiau: Hubo no hunso no kachu niaru kodomo no shinjo haaku ni tsuite" ["Meeting with a child: on understanding the feelings of a child who is in the dispute of parents"], *Kasai Chosalan Kenkyu Tenbo* [*Kacholyo Journal*] 40: 58 – 74.

㉕ Mori, T., Sugimura, M., and Minami, M. (1996) "Effects of prior knowledge and response bias upon recognition memory for a story: implications for children's eyewitness testimony," *Japanese Psychological Research*, 38: 39 – 46.

㉖ Naka, M. (2007) "Kyojutsu to iu kaiwa no tokushitsu: yoho wo minogasanai jijo choshu" ["Characteristics of utterances in testimony: investigative interviews not to miss signs"], in N. Uchida and A. Sakamoto (eds). *Risuku Shakai wo Ikinuku Komunikeshon Ryoku* [*Communication ability to Survive in Insecure Society*] Tokyo: Kaneko Shobo, pp. 149 – 69.

㉗ Naka. M. (2011) "The effect of forensic interview training based on the NICHD structured protocol," *Japanese Journal of Child Abuse and Neglect*, 13: 316 – 25.

㉘ Naka, M. (2012) "Effect of interview techniques on children's eyewitness reports and subsequent memories of a viewed event," *Japanese Journal of Psychology*, 83: 303 – 13.

㉙ Naka, M. (2013) "Psychology and law in Japan: recent developments," *Annual Report of Educational Psychology in Japan*, 52: 115 – 27.

㉚ Naka, M. (2014a) "A training program for investigative interviewing of children," in R. Bull (ed) *Investigative Interviewing*. New York: Springer, pp. 103 – 22.

㉛ Naka, M. (2014b) *Information to Deal with in Forensic Interviews: Practitioner's View Before and After the Training*, International Congress of Applied Psychology, CAP14-ABS1975, Paris, 8 – 13 July.

㉜ Naka, M., Itsukushima, Y., and Itoh, Y. (1996) "Eyewitness testimony after three months: a field study on memory for an incident in everyday life," *Japanese Psychological Research*, 38: 14 – 24.

㉝ Naka, M., Itsukushima, Y., Itoh, Y., and Hara, I. (2002) "The effect of repeated photo identification and time delay on the accuracy of the final photographic identification and the rating of memory," *International Journal of Police Science and Management*, 4: 53 – 61.

㉞ National Police Agency (2012) *Torishirabe (Kiso Hen)* [*Interviewing (The Basics)*].

㉟ National Police Academy (2013) Available at: https://www.npa.go.jp/keidai/keidai.html.

㊱ Nelson, K. (2000) "Memory and belief in development," in Daniel L. Schacter and Elaine Scarry (eds), *Memory, Brain, and Belief*. Cambridge, MA: Harvard University Press, pp. 259-89.

㊲ Ochi, K. (2011) "Forensic interview and the training for reduction of children's suggestibility," *Japanese Journal of Child Abuse and Neglect*, 13: 326-30.

㊳ Orbach, Y. and Lamb, M. E. (2001) "The relationship between within-interview contradictions and eliciting interviewer utterances," *Child Abuse and Neglect*, 25: 323-33.

㊴ Perner, J. and Ruffman, T. (1995) "Episodic memory and autonoetic consciousness: developmental evidence and a theory of childhood amnesia," *Journal of Experimental Child Psychology*, 59: 516-4.

㊵ Roberts, K. P., Lamb, M. E., and Sternberg, K. J. (2004) "The effects of rapport-building style on children's reports of a staged event," *Applied Cognitive Psychology*, 18: 189-20.

㊶ Saywitz, K. J. and Snyder, L. (1996) "Narrative elaboration: test of a new procedure to interviewing children," *Journal of Consulting and Clinical Psychology*, 64: 1347-57.

㊷ Saywitz, K., Camparo, L. B., and Romanoff, A. (2010) "Interviewing children in custody cases: implications of research and policy for practice," *Behavioral Sciences and the Law*, 28: 542-62.

㊸ Schacter, D. L., Kagan, J., and Leichtman, M. D. (1995) "True and false memories in children and adults: a cognitive neuroscience perspective," *Psychology, Public Policy, and Law*, 1: 411-28.

㊹ Shepherd, E. (2007) *Investigative Interviewing: The Conversation Management Approach*. New York: Oxford University Press.

㊺ Shing, Y. L., Werkle-Bergner, M., Brehmer, Y., Muller, V., Li, S. C., and Lindenberger, U. (2010) "Episodic memory across the lifespan: the contributions of associative and strategic components," *Neuroscience and Biobehavioral Reviews*, 34, 1080–91.

㊻ Shiraishi, H., Naka, M., and Ebihara, N. (2006) "The cognitive interview and a modified cognitive interview: recall for a witnessed event and source recognition of repeated misinformation," *Japanese Journal of Cognitive Psychology*, 4: 33–42.

㊼ Sternberg, K. J., Lamb, M. E., Hershkowitz, L., Yudilevitch, L., Orbach, Y., Esplin, P. W., and Hovav, M. (1997) "Effects of introductory style on children's abilities to describe experiences of sexual abuse," *Child Abuse and Neglect*, 21: 133–46.

㊽ Uematsu, T. (1958) *Shinban saiban Shinrigahu no Shoso* [*Forensic Psychology: A New Version*]. Tokyo: Yushindo.

㊾ Watanabe, Y. (1992) *Muzai no Hakken: Shoko no Bunseki to Handan Kijun* [*Finding the Innocence: Analysis of Evidence and Criteria of Judgment*]. Tokyo: Keiso Shobo.

㊿ Westcott, H. L., Kynan, S., and Few, C. (2006) "Improving the quality of investigative interviews for suspected child abuse: a case study," *Psychology, Crime and Law*, 12: 77–96.

(51) Yamamoto, T. (2013) *Kodomo kara no higai no uttae wo kiku: Seido to shiteno shihous mensetsu wo jitsugen suru tameni* [*Listening to Child Victims: To Establish a System for Forensic Interviews*]. Paper presented at 19th Annual Meeting of the Japanese Society for the Prevention of Child Abuse and Neglect, Matsumoto, Nagano Japan, 13–14 December.

(52) Yuille, C., Hunter, R., Joffe, R., and Zaparniuk J. (1993) "Interviewing children in sexual abuse cases," in G. S. Goodman and B. L. Bottoms (eds), *Child Victims, Child Witnesses: Understanding and Improving Children's Testimony*. New York: Guilford Press, pp. 95–115.

第05章

韩国对儿童被害人的调查询问

李美顺（Misun Yi）

赵恩京（Eunkyung Jo）

迈克尔·E. 兰姆（Michael E. Lamb）

简介

在韩国，对儿童被害人的调查询问在过去几十年中发生了巨大变化。一些涉及误判的备受瞩目的案件，与调查询问人员的不当行为直接相关，这导致了立法和警方政策的改变。此外，国家儿童健康和人类发展研究所（NICHD）的调查询问方案在最近被选中作为韩国询问儿童被害人的适当准则［大韩民国性别平等和家庭部（MGEF），2010］。尽管本卷书的重点是对所有被害人和证人实施的询问，但由于缺乏相关研究和已知的实践，在本章中，我们只关注性虐待案件中的儿童被害人，而不是其他类型的事件或被害人，如成人或残疾人。因此，在本章中，首先，我们将描述对儿童的性侵犯案件，其已经促使立法变革和引入新的询问程序；其次，解释调查儿童被害人的制度和程序流程；最后，我们通过总结最近的一项实证研究［李（Yi）等人，审稿中］以表明NICHD询问方案在韩国的适用性，重点介绍警方的实践做法和培训。

导致改变儿童性虐待案件法律程序的两起案件

◆ 密阳（Miryang）轮奸案[①]

2004年12月，密阳地区44名高中男生轮奸5名少女，震惊全国。一名住在蔚山（Ulsan）（离密阳约25英里[②]）的14岁女孩在一年左右的时间内多次被一群男孩绑架、抢劫和强奸。他们威胁这个女孩要保守秘密，并命令女孩只要他们要求她都必须到密阳去。然后她被命令将她的妹妹和表姐妹带到密阳，她们也进一步成为了被害人。她不能透露这一年的虐待，因为男孩们胁迫她，威胁说如果她告诉任何人，将在互联网上公布她被强奸的照片。

当警察介入时，这项野蛮的罪行只是变得更糟。当女孩们来到密阳接受询问时，警察指责被害人说，她们"使她们的家乡蒙羞"，并无视了少女要求接受女性警察询问的要求。相反，女孩们不得不公开看到并辨认几十名罪犯。此外，当被害人在警察局接受询问时，男孩们的父母围困被害人，威胁还会袭击她们。女孩不得不到警察局9次，每次忍受7~8个小时的询问。

在被指控的44名男孩中，只有20名男孩被起诉到法院，而其他男孩被释放。4名男孩被判处3~4年的有期徒刑，到青少年监狱服刑，其余16人因接受强制性社会和性教育服务而被判缓刑，因为这些男孩的家庭在未经女孩和她母亲同意的情况下向主要被害人的父亲支付了补偿金。在案件结束后，女孩们受到这起可怕事件余波的折磨。由于警方的疏忽，女孩们的个人信息[包括照片、社交网络服务（SNS）、电子邮件地址和电话号码]在互联网上被公布，导致女孩们无法返回校园。

◆ 赵斗淳（Cho Doo-Soon）案

娜英（Nayoung，化名），当她的生殖器官和结肠遭受不可恢复的损害时

[①] 有关本案更多信息，参见 http://koreajoongangdaily.joins.com/news/article.aspx?aid=2503972。

[②] 1英里=1.609千米。

年仅8岁，由于被57岁的赵斗淳（Cho Doo-Soon）殴打、折磨和强暴，她的余生将依赖结肠造瘘袋生活。2008年12月，在她上学的路上，赵斗淳把娜英诱骗进了一个公共厕所，反复插入她的生殖器官、肛门和耳朵，其后女孩被殴打和勒颈。为了从娜英的肛门中清除他的精液，赵斗淳用厕泵暴力抽出精液，导致她的大肠破裂并对她的生殖器官造成永久性损伤。最后，赵斗淳清洗了女孩的身体并把她扔在冷水中。

虽然赵斗淳在袭击的几天后被逮捕，但可怜的女孩的悲剧并没有结束。她在医院里遭受了深度的身体和心理伤害的同时，还遭受了不必要的、麻木不仁的和反复的调查询问。检察院调查员传唤了她4次，以不可原谅的理由问她同样的问题，"以前的询问没有录像"或者"声音太微弱"等。令人难以置信的是，赵斗淳仅被判入狱12年，法院接受了酒精减轻他的责任能力的抗辩。

◆ 两起案件中得到的教训

当这些性侵犯案件在2004年和2008年12月向公众批露后，整个韩国社会都感到愤怒，不仅是因为案件如此可怕，而且因为政府、调查官员和法院的行为如此不负责任。在社会和儿童福利倡导者的压力下，国民议会同意修改关于对待犯罪被害人的程序，从而确保了这两起悲剧案件引发的法律体制和有关韩国儿童性虐待法律的重大变革。

密阳案导致2005年颁布了《犯罪被害人保护法》，以及2006年颁布了《保护儿童和青少年免遭性虐待法》，两者共同为保护和支持犯罪被害人提供了一个框架。针对警察调查中的不当行为，包括被害人和犯罪嫌疑人之间的当面对质，不专业的询问技巧和程序，以及警察对强奸案被害人的诽谤、责怪和攻击行为导致的二次伤害，韩国国家警察厅引入了"性侵害调查系统"，让女性警官负责调查涉及对妇女、儿童和残疾人性虐待的案件（韩国国家厅，2013）。他们还加速建立了一站式援助中心，确保在一个地点为性侵害和家庭暴力犯罪的成人及儿童被害人提供体检、调查询问、社会福利和法律援助。

赵斗淳案的结果之一是娜英及其家人起诉了政府，要求索赔因与不适当调查相关的有害经历而受到的损害。法院裁定支持了娜英和她的家人的诉讼请求。检察官办公室为他们没有准备好记录而进行的多次询问正式向娜英和她的家人道歉。此外，赵斗淳案引起了 2010 年修订《防止性暴力和保护被害人法》，提高了对儿童性虐待犯罪的刑罚，取消了以前取决于性犯罪的严重性的为期 1～15 年的刑期限制。据此，法院不得再允许因为罪犯声称受到酒精的影响要求宽大处理而减轻对性罪犯的刑罚。

对儿童性虐待案件的调查

◆ 一站式援助中心

基于对无效且创伤性的调查和询问程序的批评，设立了一站式援助中心，在同一地点为受到性和家庭暴力虐待的成人、儿童和弱势群体被害人提供综合服务。如美国的儿童宣传中心（CACs）（国家儿童联盟，2014；全国儿童宣传中心，2014）和英国的性侵害转介中心（SARCs）（卫生部，2005），一站式援助中心促进了多机构之间的协调，向报称受害的人提供各种服务，包括医疗、社会、法律和心理援助以及调查。在 2005 年国家警察医院成立第一个一站式援助中心之后，2006 年又建立了 14 个中心，2013 年在全国共有 25 个中心在运营（KNPA，2013）。尽管在 2006 年只向这些中心报告了 4764 起案件，但报告的案件数量在 2011 年迅速增加到 13 625 起（KNPA，2013）。

这些中心设在医院内，以增加医疗专家和医疗设施的可获得性，从而有助于及时收集未被污染的性虐待证据，同时确保立即提供医疗救助以治疗身体和心理创伤。虽然服务的可获得性因此增加，但它们仍然是保密的，犯罪嫌疑人和其他无关人员不得进入。等候室和接待区拥有亲近儿童的装饰，配有玩具和儿童书籍。有一个医疗检查室，用以收集医学证据。询问室设有视频录制系统，以便在警察进行调查询问时，其他相关专业人员，如心理医生、被害人的公设辩护人和中间人[①]（intermediaries）可以从监控室观察询问。

[①] 中间人，指相关领域的专家，在询问中帮助改善询问人员和弱势证人（如学习障碍者和儿童）之间的沟通。——译者注

一站式援助中心与多学科人员合作，包括调查、医疗、社会、法律和心理支持团队。警务人员、社会工作者和护士每天24小时分三班在中心工作，心理医生和被害人的公设辩护人在必要时到场。所有服务均免费提供给报称受害的人。预期的做法总结在图5-1中。

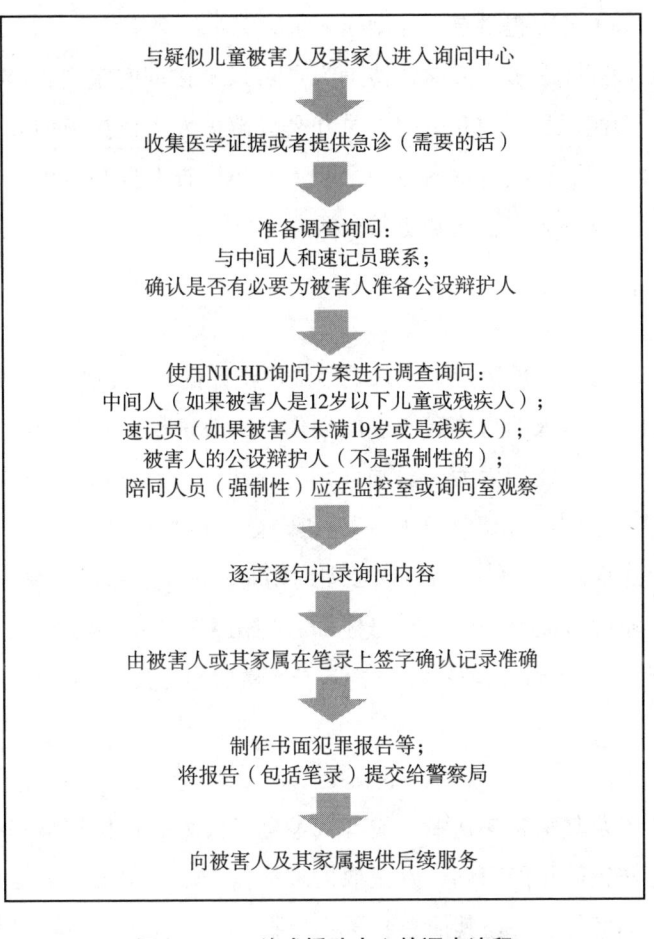

```
与疑似儿童被害人及其家人进入询问中心
          ↓
收集医学证据或者提供急诊（需要的话）
          ↓
准备调查询问：
与中间人和速记员联系；
确认是否有必要为被害人准备公设辩护人
          ↓
使用NICHD询问方案进行调查询问：
中间人（如果被害人是12岁以下儿童或残疾人）；
速记员（如果被害人未满19岁或是残疾人）；
被害人的公设辩护人（不是强制性的）；
陪同人员（强制性）应在监控室或询问室观察
          ↓
逐字逐句记录询问内容
          ↓
由被害人或其家属在笔录上签字确认记录准确
          ↓
制作书面犯罪报告等；
将报告（包括笔录）提交给警察局
          ↓
向被害人及其家属提供后续服务
```

图5-1 一站式援助中心的调查流程

◆ **调查协助团队**

调查协助小组由女警官领导，指挥对儿童被害人的调查询问以及一般的调查程序。告知被害人及其家属（或陪护人员）被害人的权利，并在调查初期说明调查过程和可能的审判程序。为了准备调查询问，警察还安排速记员和中介组织人员，以帮助弱势证人与警方的沟通。在必要时，他们在询问期间提供建议，而后写一份关于询问的适当性和被害人可信度的报告（KNPA，2013）①。自《惩治性犯罪和保护被害人法》（第 21 条第 3 款）颁布以来，该法涵盖了对未满 19 岁或有残疾的被害人的询问，并规定必须视频录像，以便：①防止不必要的重复询问；②防止性暴力被害人可能受到的二次伤害；③向法院和有关各方提供录音和询问记录。

在警察询问儿童被害人时，协助人员可以坐在询问室内，以缓解相关的心理压力，而速记员、中介组织人员和公设辩护人在监控室内通过闭路电视的连接观察询问。这些警察的另一个职责是与调查案件和审讯犯罪嫌疑人的警局以及检察官办公室合作和协调。

◆ 医疗协助团队

通常，需要紧急的医疗干预来收集法医学证据，这必须由专家仔细收集，并且及时治疗被害人的身体和心理的创伤。一般来说，每个中心有一个或两个护士在工作，并使用由大韩民国性别平等和家庭部（MGEF）制作和分发的"紧急情况下强奸证据收集工具"收集医学证据（MGEF，2002）②。当被害人需要治疗身体、产科、妇科或心理创伤时，他们会被转移到邻近的医院。被害人及其家属可以获得与治疗身体和心理伤害、检查和治疗性传播感染病（STIs）或性传播疾病（STDs）、紧急避孕、堕胎等有关费用的帮助。

◆ 社会工作团队

当被害人及其家属来到中心或者从警察局或相关机构转移到中心时，社会工作者会进行简短的问询，以获取大致的信息。一旦案件被受理，社会工作者负责管理案件，并与其他必要的社会服务机构合作，如收容所或"犯罪被害人援助中心"③（该中心向被害人及其家属提供经济援助，包括生活、住

---

① 参见 http://kcvc.or.kr/new/05_sub/5c_sub01.php?mode=view&number=1750&page=1。
② 参见 http://www.mogef.go.kr/korea/view/news/news03_01.jsp?func=view&currentPage=285&key_type=&key=&search_start_date=&search_end_date=&class_id=0&idx=163666。
③ 参见 http://kcvc.or.kr/new/05_sub/5c_sub01.php?mode=view&number=1733&page=1&b_name=data。

宿和教育费用）或"向日葵儿童中心"①，在这里受性虐待的儿童可以获得长期的心理治疗和咨询。

◆ **法律援助团队**

在整个法律诉讼程序期间，从调查的早期阶段到审判期间，向 19 岁以下的受到性虐待的儿童和青少年被害人提供法律服务，由法律援助团队负责。当被害人要求法律援助时，检察官应任命公设辩护人。这些服务涵盖整个过程，包括为法律诉讼和司法询问提供咨询，参加调查询问和审判等（司法部，2012）。

◆ **心理援助团队**

通过向日葵儿童中心或通过与当地医院联络，为被害人及其家庭提供心理评估和治疗。向日葵儿童中心为 19 岁以下的被害人提供心理评估和治疗。最近，向日葵儿童中心的功能已被纳入一站式援助中心。到目前为止，25 个一站式援助中心中有 7 个与向日葵儿童中心相结合，仍有 8 个向日葵儿童中心保持独立（KNPA，2013）。

韩国对儿童被害人的调查询问

有关《性犯罪的惩罚和保护法》的修订使得从 2003 年开始对调查询问进行视频录像记录，允许被害人提供的主要证据通过单独房间中的 CCTV 或者通过先前在警察局对询问过程录制视频的形式提交给法庭。虽然不能评估早期调查询问的质量，但在该法颁布之后进行的调查询问必须适当地进行，以便在法庭上得到采信。制定了针对儿童被害人的指导准则（司法部，2003；KNPA，2008），以促进以证据为基础的最佳询问做法。以前的指导准则更多地强调了录像程序而不是询问策略，所以尽管指导准则有所改变，但警察仍然无法在日常询问中应用（MGEF，2010）。此外，由于没有系统地培

---

① 参见 http://www.womannchild.or.kr/en/sub01_1.asp。

训韩国警察根据新的最佳询问做法指导准则进行询问，他们往往无法从儿童被害人那里获得准确和丰富的信息。调查询问人员显然需要业务操作指导，而这些需要通过引入 NICHD 询问方案来实现。

◆ NICHD 询问方案

NICHD 询问方案是一个基于证据的结构化的调查询问程序，用来对涉嫌受虐待的儿童进行询问［兰姆（Lamb）等人，2008；奥巴赫（Orbach）等人，2000］。该询问方案的所有阶段都被设计为通过充分利用相关研究结果［兰姆（Lamb）等人，2008；奥巴赫（Orbach）等人，2000］，最大限度地从儿童证人的自由记忆中获得信息。使用该询问方案，询问人员介绍自己并阐明规则（尽可能多地描述事件细节，只告诉真相，说出"我不知道""我不记得"和适时纠正询问人员）。询问人员然后建立融洽关系和练习情景记忆恢复，向儿童展示如何描述过去的经历以回应开放式提示。在询问的实质性部分，警察应当尽可能多地使用开放式提示来询问事件。在询问人员审查缺失的信息，并计划询问的其余部分时，让儿童休息。最后，在询问结束时，在感谢儿童之前让他们有机会披露更多的信息，并将讨论的重点转向一个中立的主题。几个不同国家的实证研究表明，使用该询问方案可提高从疑似被害人处获得的信息的质量和数量［西尔和兰姆（Cyr and Lamb），2009；兰姆（Lamb）等人，2009；奥巴赫（Orbach）等人，2000；斯滕伯格（Sternberg）等人，2001］。

在韩国，NICHD 询问方案最早由本章第三作者在 2010 年通过教师班和研讨会的方式引入。该询问方案被翻译成韩语，分发给一站式援助中心的警察（MGEF，2010）。在警方被告知在其询问中开始使用这一询问方案之后，第一个以该询问方案效用为重点的培训项目由 KNPA 主办，并于 2011 年 4 月进行。最近，有学者开展了第一次实证研究，旨在确定使用该询问方案的培训是否提高了儿童调查询问的质量［李（Yi）等人，审稿中］。在下面的章节中，我们通过概述李（Yi）和她的同事所进行的研究结果（审稿中），来描述对警察的培训程序和他们的询问实践。

◆ 警察培训计划

2011年4月，本章第一和第二作者为所有一站式援助中心的警察举办了为期两天的培训课程（见表5-1）。

表5-1　NICHD询问方案的培训课程表

	第一天	第二天
9：00—9：15	登记	练习询问1及反馈
9：15—10：30	综述：儿童证人的优点和局限性	
10：30—10：45	休息	休息
10：45—12：00	开放性问题以及问题类型练习	审查询问儿童录像
12：00—13：00	午餐	午餐
13：00—14：30	NICHD询问方案	练习询问2及反馈
14：30—14：45	休息	休息
14：45—16：45	建立融洽关系以及情景记忆训练	练习询问3及反馈
16：45—17：00	讨论	讨论

培训项目旨在解释概念背景，并向警察展示该询问方案的实际效用。这些项目内容包含了已公开的关于儿童被害人调查询问的建议［见兰姆（Lamb）等人，2008：253-66］，强调对询问方案本身、实施询问方案的机会以及询问方案各个阶段的练习提供非常详细和具体的解释，并以诸多实际案件为例。培训期间和培训之后的反馈也包括在内。在第一天，警官们被教授于儿童发展方面的心理学研究成果，而这可能影响儿童的记忆和报告。在所有培训课程中都强调了使用适当类型的问题的重要性，通过描述推荐建议的概念性正当理由，显示正确和错误地使用问题的示例，并提供指导性练习分析他们以前的一些询问中使用过的问题类型。还详细解释了该询问方案每个阶段的概念和实证基础。第二天主要包括通过询问教师和同事来练习使用该询问方案的机会，然后由他们及时提供反馈。此外，还介绍了对询问的视频记录，以说明如何在实践中使用该询问方案。

作为培训的一部分，警察们收到了关于他们的询问的书面反馈。在培训开始时,他们被要求提交一份对某个14岁以下儿童的询问记录。这些询问的详细反馈由本章的第一和第二作者以及已经接受过使用NICHD询问方案和分析问题类型的培训的研究生提供。反馈包括使用的问题类型的图示比较,对询问人员使用的每个正确的和不适当的问题的评价以及关于更好替代方案的建议(见图5-2)。还向他们提出了改进以后询问工作的进一步建议。共有77名女警察参加了三次完全相同培训中的一次。所有警察都提供了接受培训前的关于其某次询问的详细书面记录,并在课程后三个月内收到书面反馈。

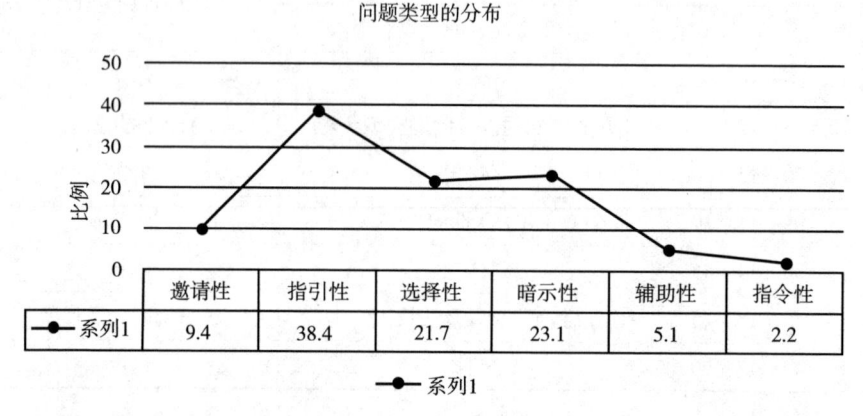

问题类型的分布

	邀请性	指引性	选择性	暗示性	辅助性	指令性
系列1	9.4	38.4	21.7	23.1	5.1	2.2

此图显示了询问期间使用的问题类型。分析表明,在提出的所有问题中,邀请性问题占比约为10%,指引性问题约为38%,选择性问题约为22%,暗示性问题约为23%,辅助性问题和指令性问题分别为5%和2%。使用了相当典型比例的邀请性和指引性问题,但暗示性问题的比例非常高。由于年龄较小的儿童比年龄较大的儿童和成年人更容易受到这些暗示性问题的影响,因此,当提出更多的焦点问题时,应该非常小心。我们建议使用提示邀请性问题,而不是如此多的选择性和暗示性的问题。

图5-2 反馈示例:问题类型的分布及对基本情况的评价

◆ **韩国警察的询问表现**

在培训课程之后,我们进行了一项研究,以确定NICHD询问方案培训的效果[李(Yi)等人,审稿中]。比较了18名警察在培训前后进行的36次询问记录。为了评估警察的询问表现,对询问中实质部分中所运用的问题类型,使用兰姆(Lamb)和他的同事介绍的编码系统和定义进行分类[兰姆(Lamb)等人,2007]。结果表明,在培训之后,警察更多地使用了邀请性和辅助性提问,比在培训之前更少地使用暗示性提问。具体来说,这些韩国警察在培训前只使用了少量邀请性（$M=3.54$，$SD=4.73$）和辅助性提问（$M=1.86$，$SD=2.69$），大多依赖指引性提问（$M=39.06$，$SD=13.37$）和选择性提问（$M=30.81$，$SD=11.59$）。培训后平均频率变化显著，邀请性提问的平均频率增加到10.65%（$SD=6.54$），同时暗示性问题降低到18.89%（$SD=10.39$）（见表5-2）。

表5-2 询问人员使用的问题类型的平均比例

M（SD）	培训前	培训后	t
邀请性	3.54（4.73）	10.65（6.54）	-3.47**
辅助性	1.86（2.69）	4.38（4.48）	-2.10*
指引性	39.06（13.37）	36.62（7.85）	0.82
选择性	30.81（11.59）	35.42（26.14）	-0.92
暗示性	24.73（8.87）	18.89（10.39）	1.99+

** $P<0.01$
* $P=0.05$
+ $P=0.06$
[李（Yi）等人，审稿中]

这个结果与先前研究中获得的结果一致［兰姆、奥巴赫（Lamb, Orbach）等人，2002；兰姆（Lamb）等人，2000；奥巴赫（Orbach）等人，2000；普赖斯和罗伯茨（Price and Roberts），2011］，尽管这是第一个表明询问方案改变了具有非西方人种和文化背景的询问人员和疑似被害人的行为的研究。

当前的情况和今后的趋势

韩国警察正在全国范围内开始培训和使用 NICHD 询问方案。自2011年提供第一个培训项目以来，已经建立了如何对儿童性虐待案件进行调查询问的培训课程，作为每年在韩国警察调查学校[①]向警察提供的例行方案。最近，KNPA（2013）调查了一站式援助中心的所有警察，以更好地了解他们的实

---

① 了解培训项目详情请访问 http://www.kpia.go.kr/。

际情况，分发了 89 份问卷，完成了 70 份（占 78.7%）。根据调查，一站式援助中心有 87.1% 的警官参加了有关 NICHD 询问方案的培训课程。此外，60 名（85.7%）回复者报告说他们在询问儿童被害人时使用了该询问方案，只有一名警察（1.4%）表示她没有使用该询问方案，9 名警察（12.9%）未能回答这个问题（KNPA，2013）。

然而，虽然每年提供培训，但课程仍然未能标准化，教官不知名，因此提供的培训质量无法保障。此外，虽然大多数警察报告说他们使用了该询问方案，但他们的实际做法可能与推荐的做法并不一致。之前的研究表明，警察即使在他们认为已经遵守了询问方案的情况下，也不会充分利用培训中推荐的调查询问方法。因此，需要监督和反馈，提高对警察实际做法的了解，并促进对询问方案的遵守。最近的调查（KNPA，2013）还显示，41 名（41%）调查对象收到了一些反馈，约 80% 的调查对象表示反馈是有用的，因为：①反馈帮助他们认识到在进行询问时没有意识到的问题；②使他们理解了与使用不适当类型问题（如暗示性问题）相关的风险；以及③反馈允许他们纠正不当的询问行为。虽然这些反馈建议是有用的，但目前没有系统化的反馈制度。反馈的成本很高但却是不可或缺的。因为只有当询问人员被给予持续的监督和反馈时，才有可能对司法询问的质量进行重要的改进［兰姆、斯滕伯格（Lamb，Sternberg）等人，2002；兰姆（Lamb）等人，2000；奥巴赫（Orbach）等人，2000；斯滕伯格（Sternberg）等人，2001］，应当向韩国警察提供这种反馈和监督。

只有少量研究直接关注在韩国对疑似的儿童被害人进行的调查询问。这可能是由于在这一领域缺乏韩国学术专家以及缺乏相关机构的支持。通过完善培训和反馈制度，学术研究直接关注有效的调查询问策略及影响儿童记忆和叙述的发展因素，将额外有助于在韩国建立强大的调查和询问机制。最近，已收集了下一轮研讨会的数据，研究人员与警察局合作，计划并开展数个关于调查询问的项目。

此外，尽管在对作为被害人和证人的儿童的询问方面取得了一些进展，但仍然存在其他潜在的弱势群体证人没有从法律和实践中的类似进展中获得益处的情况。韩国仍在进行法律程序的根本性变革。我们希望对调查询问的研究和实践的未来将是光明的。

> 参考文献

❶ Cyr, M. and Lamb, M. E. (2009)'Assessing the effectiveness of the NICHD investigative interview protocol when interviewing French-speaking alleged victims of child sexual abuse in Quebec', *Child Abuse and Neglect*, 33: 257–68.

❷ Department of Health (2005) *National Service Guidelines for Developing Sexual Assault Referral Centres (SARCs)*, Department of Health Publication 270788.

❸ Korean National Police Agency (2008) *A Manual for Investigative Interviews of Alleged Sexual Abuse Child Victims.* National Police Agency, Republic of Korea.

❹ Korean National Police Agency (2013) *Improving Ways to Prevent Sexual Assault.* Korean National Police Agency, Republic of Korea.

❺ Lamb, M. E., Hershkowitz, I., Orbach, Y. and Esplin, P. W. (2008) *Tell Me What Happened: Structured Investigative Interviews of Child Victims and Witnesses.* Hoboken, NJ and Chichester: Wiley.

❻ Lamb, M. E., Orbach. Y., Hershkowotz, I., Esplin, P. W. and Horowitz, D. (2007)'A structured forensic interview protocols improves the quality and informativeness of investigative interviews with children: a review of research using the NICHD Investigative interview Protocol,' *Child Abuse and Neglect*, 31: 1201–31.

❼ Lamb, M. E., Orbach, Y., Stemberg, K. J., Aldridge, J., Pearson, S., Stewart, H. L., Esplin, P. W. and Bowler, L. (2009)'Use of a structured investigative protocol enhances the quality of investigative interviews with alleged victims of child sexual abuse in Britain', *Applied Cognitive Psychology*, 23: 449–67.

❽ Lamb, M. E., Orbach, Y., Sternberg, K. J., Esplin, P. W. and Hershkowitz, I. (2002)'The effects of forensic interview practices on the quality of information provided of information by alleged victims of child abuse', in L. Westcott, G. M. Davies and R. Bull (eds), *Children's Testimony*. Chichester: John Wiley & Sons, pp. 131 – 45.

⑨ Lamb, M. E., Sternberg, K. J., Orbach, Y., Esplin, P. W. and Mitchell, S. (2002)'Is ongoing feedback necessary to maintain the quality of investigative interviews with allegedly abused children?', *Applied Developmental Science*, 6: 35 – 41.

⑩ Lamb, M. E., Sternberg, K. J., Orbach, Y., Hershkowitz, I., Horowitz, D. and Esplin, P. W. (2000)'The effects of intensive training and ongoing supervision on the quality of investigative interviews with alleged sex abuse victims', *Applied Developmental Science*, 6: 114 – 25.

⑪ Ministry of Gender Equality and Family (2010) *Guidelines on Investigative Interviewing of Child Victims*. Ministry of Gender Equality and Family, Republic of Korea.

⑫ Ministry of Justice (2003) *Understanding Child Investigation*. Ministry of Justice, Republic of Korea.

⑬ Ministry of Justice (2012) *Guide to Public Defenders*. Ministry of Justice. Republic of Korea.

⑭ National Children's Advocacy Center (2014) Accessed April 2014 at: http://www.nation-alcac.org/history/history.html.

⑮ National Children's Alliance (2014) Accessed April, 2014 at: http://www.nationalchild-rensalliance.org/index php? s = 6.

⑯ Orbach, Y., Hershkowitz, I., Lamb, M. E., Sternberg K. J., Esplin, P. W. and Horowitz, D. (2000)'Assessing the value of structured protocols for forensic interviews of alleged child abuse victims', *Child Abuse and Neglect*, 24: 733 – 52.

⑰ Price, H. L. and Roberts, K. P. (2011)'The effects of an intensive training and feedback program on police and social workers' investigative interviews of children', *Canadian Journal of Behavioral Science*, 43: 335 –44.

⑱ Sternberg, K. L., Lamb, M. E., Orbach, Y., Esplin, P. W. and Mitchell, S. (2001) 'Use of a structured investigative protocol enhances young children's response to free-recall prompts in the course of forensic interviews', *Journal of Applied Psychology*, 86: 997 –1005.

⑲ Yi, M., Jo, E., Lamb, E. M. and Kim, A. (under review) 'Effects of the NICHD Protocol training on child investigative interview quality in Korean police officers', *Journal of Police and Criminal Psychology*.

澳洲

第06章

澳大利亚对证人的询问

简·图德-欧文（Jane Tudor-Owen）

阿德里安·J. 斯科特（Adrian J. Scott）

简介

自从20世纪90年代初以来，在调查询问模式的开发、实施和评估方面，已有很多国际著作。然而，在澳大利亚，所谓的调查询问在大多数司法管辖区直到10年后才被采纳，在某些辖区几乎20年后才被采纳。尽管在对成年人进行询问的背景下，从英格兰和威尔士将调查询问引入到澳大利亚，但澳大利亚各个司法管辖区都改造了询问方法以适应当地的需要。在英格兰和威尔士发展调查询问的动力，至少部分归因于一些广为人知的误判案件。相比之下，在澳大利亚，引入调查询问模式的动机主要归因于个别司法区注意到了国际做法中的进步，并因此追求本地区的变革。

询问证人[①]的重要性不能夸大，轶事证据表明，询问证人被认为不如讯问犯罪嫌疑人重要，但承认薄弱的证人证词可能削弱被起诉的案件。正如费希尔（1995）所述，完整和准确的证人陈述能够最大限度地提高犯罪者被成功起诉的可能性，进而最大限度地减少错误定罪的可能性。承认证人询问的重要性以及承认为了实现公正结果而在法庭上做出的相应陈述，使得有关方面更加努力地提高询问证人的质量。

---

① 在这一章中，"证人"这一术语包括证人和被害人，"弱势证人"这一术语包括弱势成年人与儿童。

在澳大利亚有八个警务管辖区，其中七个由在新南威尔士州（NSW），北领地（NT），昆士兰州（Qld），南澳大利亚州（SA），塔斯马尼亚州（Tas），维多利亚州（Vic）和西澳大利亚州（WA）的警察部门组成。此外，联邦事务由澳大利亚联邦警察（AFP）处理，澳大利亚联邦警察部门被纳入澳大利亚首都地区（ACT）。本章将首先讨论在澳大利亚对询问实践的规制，包括询问证人的法律规定。然后将讨论澳大利亚调查询问实践的发展，并具体地介绍对警察询问的培训。询问证人的最佳做法和相关文献将被纳入整个章节，为这些讨论提供背景。最后，本章将探讨与在澳大利亚落实调查询问方法相关的一些挑战，以及司法管辖区试图克服这些挑战的途径。

对询问实践的规制

澳大利亚和新西兰警务咨询局（ANZPAA）成立于2007年，为澳大利亚和新西兰的警务管辖区提供警务咨询服务（ANZPAA，2010）。ANZPAA和澳大利亚新西兰警察职业化委员会（ANZCoPP）正在制定一个促进职业发展的警务实践标准模式，这将巩固和进一步建立以证据为基础的警务实践（ANZPAA，2013）。尽管取得了这些进展，但在对证人的询问中，在通过商定的最佳做法和有限的法律规定相关方面仍然存在司法自由裁量权的问题。虽然现在有关于拘留和讯问犯罪嫌疑人的条件的立法［如2006年《刑事调查法》（WA）］，但没有相应的规制询问证人的立法。

但是，每个澳大利亚司法管辖区都有法律规定，允许在涉及弱势证人的某些案件中使用预先录制的陈述作为证据。使用预录陈述作为证据意味着，可能只需要对一名弱势证人进行一次询问，如果该询问满足了相关的证据规则，就可以在法庭上使用。重复询问可能会增加证人回忆的细节数量［塞西和布鲁克（Ceci and Bruck），1995；马丁和汤姆森（Martin and Thomson），1994］，且重复询问这种做法同时存在着可能会造成额外的创伤并污染证人记忆的问题。鉴于弱势证人容易受到暗示的影响，官员的偏见和非故意使用诱导问题会增加污染回忆细节的风险［梅利尼克（Melnyk）等人，2007］。尽管仍然存在在一些情况下，弱势证人接受了多次询问，但重要的是，警察必须善于进行双重目的的询问，以便尽可能有效地捕获与案件调查和起诉有关的信息［韦斯泰瑞（Westera）等人，2011］。为此目的，建议向询问人员提供有关询问的调查目的和证据目的的培训，以及参与法院程序的潜在的利益相关者的意见，如公诉方、辩护律师和司法机构［鲍威尔（Powell），2002］。

没有任何政府性的机构提供有关澳大利亚调查询问最佳做法的文件和建议［格林（Green），2012］，尽管ANZPAA目前正在为警方制定相关做法的标准。因此，考虑到在澳大利亚采用了与英格兰和威尔士类似的调查询问做法，参考《获得刑事诉讼最佳证据指南》（*Achieving Best Evidence for Criminal Proceedings Guidelines*）（ABE，司法部，2011）是适当的。鉴于ABE的范围宽和细节多，本章不会详细介绍它的每个方面。相对而言，ABE中所包含的内容与澳大利亚司法管辖区的实践之间的相似性和差异的关键领域将会被突出。

ABE将弱势证人定义为18岁以下的人和/或有精神障碍的，有学习障碍和/或有身体残疾以及受到恐吓的证人（其证据价值可能由于恐惧或悲痛而被削弱的人）。建议向这些证人提供特别措施，包括预录陈述以作为证据使用。ABE的根本问题是，采用最合适的特别措施，以使所产生的证据质量最佳（司法部，2011）。

与ABE建议的内容一致，澳大利亚法律改革委员会（1997）提交的报告——《看到和听到：法律程序中儿童的优先权》，建议所有司法管辖区都应当就视频记录对儿童的询问制定法规，使其在法庭程序中被承认。尽管现在所有的州和地区都承认了儿童的预录陈述可作为证据，但是对儿童的界定在各个地区有所不同。儿童可能被界定为16岁或以下，也可能被界定为18岁或以下，而且，在某些司法管辖区，儿童的预录陈述能够有资格作为证据被采纳之前需要满足额外的条件。例如，在塔斯马尼亚州，如果儿童年龄在18岁或以下，需要是特定罪行（包括性暴力和严重暴力罪行）的证人，其预录陈述才能够被承认［《2001年证据法（儿童和特别证人）》（Tas）］。

在精神障碍、学习障碍和/或身体残疾方面，不同司法管辖区之间也存在差异。有一些司法管辖区允许在证人有类似于学习障碍的认知或精神损害的情况下采纳预录陈述，但与儿童的证据相似，在某些司法管辖区，他们的预录陈述能够有资格作为证据被采纳之前需要满足额外的条件。例如，在维多利亚州，一个人的预录陈述可以作为证据，前提是该人有心理障碍，并且是性犯罪或袭击犯罪的证人［《2009 年刑事诉讼法》（Vic）］。然而，昆士兰州是唯一对身体受损的证人的预录陈述被采纳作为证据做出具体规定的司法管辖区，如果证人的这种身体损害可能会不利于作证［《1977 年证据法》（Qld）］。最后，关于受到恐吓的证人的规定，其特征大体上为可能经历了特殊的不利事件或情感创伤的证人［如《1939 年证据法》（NT）］，或涉及特定罪行，如有组织犯罪［如《1929 证据法》（SA）］或者性和/或暴力犯罪［如《1991 年证据法（杂项规定）》（ACT）］。

显然，在澳大利亚，与询问弱势证人有关的法律规定在不同的司法管辖区有所不同。然而，应当给予弱势证人特别规定以便于他们参与刑事司法系统的原则在澳大利亚范围内保持不变。指出"弱势证人"（或等同的人）的不同定义很重要，因为它们决定了基于调查和证据的目的需要询问哪些证人。在考虑向询问弱势证人的询问人员提供专门的培训以及将这些专业询问人员分派到哪些岗位时，这种区别也是很重要的。在昆士兰州，每个区域都有"儿童友好型"询问室可用，在西澳大利亚州有专业询问人员指定的儿童询问设施。然而，重要的是，应当考虑建设其他弱势证人接受询问的场所（如精神受损的成年人）。例如，是否有专业的询问人员被指派到询问其他弱势证人的场所，或者是否在指定的儿童询问地点询问弱势成年证人。为了能就恰当地询问弱势证人做出决定，警方必须能够尽早地识别出弱势证人［马奥尼（O'Mahony）等人，2011］。虽然可以通过询问过程来识别特定的弱势性［库克和戴维斯（Cooke and Davies），2001］，但是重要的是，在询问之前就辨识出来，这样才能为之后作为证据使用而进行视频记录。

调查询问的引入和发展

在澳大利亚对成年人的询问方面，调查询问的引入和发展在一些司法管辖区是类似的。例如，在昆士兰州和维多利亚州，各警察局的个人成员在英格兰和威尔士接受了培训，因此他们能够在各自所在的州开展培训课程。在询问模式初步实施之后，通过国际专家定期来访的方式向澳大利亚警察机构提供补充培训。

在昆士兰，调查询问的原则最初于 1993 年提出，而在维多利亚州和塔斯马尼亚，调查询问原则直到 20 世纪 90 年代末和 21 世纪初才开始引入。在西澳大利亚，直到 2009 年，调查询问才作为 Anticus 项目的一部分正式实施，而 Anticus 是一个以提高调查结果为目的的全州项目（西澳警察局，2009）。2007 年，昆士兰警方对他们的询问培训进行了审查，并根据英格兰和威尔士调查询问的新发展更新了他们的课程。同样，维多利亚警方自调查询问引进以来已经更新了自己的课程，更加重视对证人的询问并使用在线学习方式。西澳大利亚警方的课程自 2009 年推出以来还在继续发展，2012 年发布了针对证人询问的特定培训大纲。

概括地说，在澳大利亚司法管辖区对成年人进行询问采用（包括改编后采用）的是在英格兰和威尔士被称为 PEACE 的询问模式。PEACE（准备和规划；建立关系和解释；叙述、澄清和质疑；结束；评估）是在英格兰和威尔士受国家认可的询问模式，适用于询问证人和犯罪嫌疑人（警察局长协会，2012）。重要的是，在 ABE 中独立提出的阶段性询问模式包含了一个类似于 PEACE 模式［警察局长协会，2009；米尔恩（Milne）等人，2007］勾勒的询问框架。

与这些讨论相关，新南威尔士州、昆士兰州、塔斯马尼亚州、维多利亚州和西澳大利亚州各自引入了 PEACE 询问模式作为主要的调查询问模式。在新南威尔士、昆士兰州和西澳大利亚州的警务文献中，PEACE 模式清楚地被用于告知询问结构，在询问的陈述阶段使用自由回忆、强化的认知询问和会话管理模式。三种模式的使用取决于询问环境和询问对象的情况。鼓励将询问对象主导的自由回忆和强化的认知询问模式应用于被害人和合作的证人，后者还用于在复杂案件或涉及严重罪行的案件中的犯罪嫌疑人。相比之下，会话管理模式是询问人员主导的模式，用于对不合作的证人和犯罪嫌疑人的询问。

除了弱势证人，对于其他认知能力有限的人群，需要采用定制的询问方法。在询问培训中,有专门的文化意识部分,突出在询问土著居民和托雷斯海峡岛民以及来自非英语背景的人时应注意的具体问题。例如,在昆士兰州,由于社会文化因素,土著居民和托雷斯海峡岛民在询问中被认为有"特殊需要"(昆士兰警察局,1995)。此外,在整个澳大利亚,有关对土著居民和托雷斯海峡岛民询问的政策承认"安农古规则"(Anunga Rules)(R. v. Anunga, 1976)。与证人询问相关的这些指导方针建议在询问现场有翻译和/或询问对象的一名亲友,以及使用非暗示性提问技巧。在为土著居民和托雷斯海峡岛民提出的询问指南的第一篇文章中,鲍威尔(2000)概述了PRIDE询问模式。PRIDE代表的含义是:提前了解询问对象和更广泛的背景知识(Prior Knowledge);与询问对象建立融洽关系(Rapport);解释性帮助(Interpretative);关于事件的一系列不同的假设(Diverse);以及有效的提问技巧以引出自由叙述(Effective)。PRIDE询问模式强调在询问前确定语言和文化差异的重要性,并随后做出适当安排;如聘请翻译。重要的是,鉴于有大量的土著居民和托雷斯海峡岛民这种语言群体,警察必须意识到多个群体之间的差异,同时意识到能够确保提供足够的独立于当事人的翻译服务。在新南威尔士州,详细的指南提供给了警察,包括何时需要翻译,以及如何在翻译介入时进行询问(新南威尔士州警察局,2012)。此外,在新南威尔士州和昆士兰州,建议尽量聘用"官方专业翻译人员",并建议谨慎地使用多语言家庭、朋友圈或工作人员担任这一角色(新南威尔士州警察局,2012;昆士兰州警察局,1995)。

  ABE建议针对询问现场的其他参与者进行专门培训,例如,翻译和/或支持人员。在澳大利亚有关询问的文献中,翻译在询问中的使用受到了越来越多的关注,可能是由于在澳大利亚有越来越多的人具有非英语背景[韦克菲尔德(Wakefield)等人,2014]。这种认识强调了对有效地利用翻译的需求,也就是考虑到由于另一方参与询问而引起的动态变化。尤其应当注意的是,警察仍然担心,有翻译在场的询问时间较长,需要修改询问策略并涉及额外的费用。关于ABE的指导准则,韦克菲尔德(Wakefield)等人(2014)在研究中调查的昆士兰官员表示支持进行进一步培训,以便翻译员在场参与询问。有人认为,这种支持可能部分是由于对询问需要翻译的被害人存在理解困难，因为在询问中可能会有一个更加情绪化和更为冗长的叙述。昆士兰州官员目前在二级询问培训期间接受了关于聘用翻译的具体指导，而在西澳大利亚，经验丰富的询问人员在询问环境中监督翻译的参与。

将研究结果投入到面向弱势证人的实用询问模式的操作在询问领域面临着特别的困难［布尔（Bull），2010］。然而，采用一种与弱势证人合作的专门方法符合 ABE 概括的建议，即询问人员需要特别考虑这些人的需求。与在澳大利亚跟跟跄跄地采纳调查询问的过程不同，在很短的时间内，许多司法管辖区已经采用了询问弱势证人的发展成果。现在已经开发出了一个用于培训弱势证人询问人员的集中模式，用于澳大利亚司法管辖区在这个专门领域的询问，这使在澳大利亚范围内实现标准化的询问做法成为可能。

国家儿童健康和人类发展研究所（NICHD）的《调查询问方案》（*Investigative Interviewing Protocol*）已在国际上被采纳用于询问弱势证人［兰姆（Lamb）等人，2007；派普（Pipe）等人，2013］。在澳大利亚，询问弱势证人的方法已经受到这一领域的先前研究的影响，特别是来自美国的研究，强调将基本询问技巧与对询问的证据性要求的理解结合在一起。在心理和法律原则方面培训询问人员的目的是使他们能够有效地获得基于调查和证据目的所需的足够信息。值得注意的是，鼓励询问人员获得足够的信息，以便在相关情况下进行特定化，但不侧重于确定日期和时间，以避免损害询问质量。这种方法反映了研究结果，表明法律专业人员本身在具体化的要求上有所不同，也就是说，所需的信息是为了区分重复的虐待事件［瓜达尼奥（Guadagno）等人，2006］。

培 训

ABE 建议制定各方达成一致的协议，并制定成政策，以确保询问人员的技能和询问质量能够得到持续改进。就像调查询问的实际应用一样，询问培训在澳大利亚各不相同。在许多方面，每个司法管辖区都独立于其他管辖区运作。但是，有一些跨司法管辖区的信息共享。例如，塔斯马尼亚警方的会话管理材料来源于维多利亚警方，而西澳大利亚警察局从新西兰和昆士兰警察局处获取材料，作为他们调查询问培训手册的基础。此外，2011年，召开了首次合作研究会议，集合了来自澳大利亚许多州管辖区和国际上的警察代表，还有来自澳大利亚海关、边境保护局、澳大利亚犯罪委员会和澳大利亚联邦警察局的代表。

在新南威尔士州、昆士兰州、塔斯马尼亚州、维多利亚州和西澳大利亚州，各种警察部门提供的询问培训通常是内部的，邀请外部的培训人员做客座讲座和举办研讨会。培训的设置因司法管辖区而异，例如，西澳大利亚通过侦探培训学校提供所有的询问培训，但儿童评估和询问小组的培训除外。其他管辖区培训的设置更加分散。例如，在昆士兰州，新警职员通过新人培训单位接受一级询问培训，其他一级询问培训则由地区教育和培训办公室提供。所有其他的询问培训，包括专门的儿童询问培训，由专家调查和情报发展部负责协调和提供。在塔斯马尼亚州，新警职员通过新人培训机构接受培训，官员通过职业发展机构接受培训。在维多利亚州，大部分对新警职员和官员的询问培训由调查员培训中心提供，但专门的儿童询问培训由性犯罪和虐待儿童调查小组（SOCIT）提供。在新南威尔士州，培训官员询问弱势证人的方法与其他司法管辖区不同，是通过由专门的虐待儿童和性犯罪团队之外的官员被选中参加由本地指挥部组织的对儿童证人进行询问的研讨会形式。

询问培训主要通过包括练习询问在内的研讨会的形式进行。对于询问证人的培训，这些研讨会可能包括在练习询问之后指定时间来实施并获得证人陈述。在一些司法管辖区，还需要进行现场评估。例如，在昆士兰州、维多利亚州和西澳大利亚，新警职员和官员在向相关培训机构提交工作成果之前需要完成分配的任务，并接受其指导者的反馈。为了鼓励在合适的条件下继续改进，以及缓解训练效果的减退，昆士兰州和塔斯马尼亚州提供了一些独立的和复习性进修培训。此外，一些司法管辖区，包括维多利亚州和西澳大利亚，目前正在开发面向在线询问培训的资料，这将有助于大幅度的跨地区培训。这些战略旨在通过参与培训使警察官员最大限度地提高对询问技能的学习和保留。它们也符合相关建议，即调查询问培训包括明确的基于科学研究的可操作的做法；在培训期间有练习技能和接受反馈的机会；以及后续培训；例如，需要在实地完成的复习性进修培训课程和/或额外任务［克拉克和米尔恩（Clarke and Milne），2001；鲍威尔（Powell），2002］。由于在大多数司法管辖区，警方职员已经接受过多年的调查询问培训，因而，接下来的培训需要认识到警察官员的现有技能和目标技能的不足［希尔和莫斯顿（Hill and Moston），2011；斯科特（Scott）等人，2014］。

在反映澳大利亚警察日益专业化的发展中，在昆士兰州、塔斯马尼亚州和维多利亚州为新警职员和官员提供的培训，有助于满足第三方教育资格证书的要求。公共安全培训包为澳大利亚各地的紧急服务专业人员提供了标准化培训。特别是有关公共安全（警务）资格证书和公共安全高级资格证书（警务调查）的培训，这两个资格培训都包含了与询问有关的内容。在昆士兰州，成功完成侦探培训项目的警官将获颁公共安全高级资格证书（警务调查）。这个资格是警察获得侦探级别警官的先决条件。在维多利亚州，新警职员在结束试用期的基础上毕业后获得公共安全（警务）资格证书，与昆士兰州的做法类似，警官在侦探培训学校毕业后获得公共安全高级资格证书（警务调查）。在塔斯马尼亚州，对新警职员的培训符合社会科学学士（警察学）学位的部分要求，额外的学习作为在职提升途径的一部分，也有助于满足该学位的要求。在新南威尔士州，虽然目前还在讨论审查中，但新警职员毕业后会获得警务实践的专科学位。将调查询问培训纳入更广泛的课程是理想的，因为它使新警职员和警官能够理解到高质量的询问在整体警务工作中的重要性。特别是，与讯问犯罪嫌疑人相比，在讨论证人陈述对案件的调查和起诉起到的作用时，这种培训使强调询问证人重要性存在的一些阻力得到了缓解。

对于起源于英格兰和威尔士的五级询问培训，由于缩减到三/四级［格林（Green），2012］，各个司法管辖区已经调整了它的内容以便在澳大利亚使用。例如，在西澳大利亚，修订后的模式包括四个层次：对大量、简单的犯罪案件的询问；对严重和复杂犯罪的询问；专家询问；以及询问顾问。在新南威尔士州、昆士兰州、塔斯马尼亚州、维多利亚州和西澳大利亚州向新警职员提供一级培训，为警官提供更专业的培训作为特定的提升途径。一级培训包括讲授自由回忆或自由叙事模式、基本的记忆恢复方法以及通用交流技巧的使用。在昆士兰州、维多利亚州和西澳大利亚州，对警员有额外的要求，目的是成功地完成他们的试用期。在昆士兰州和西澳大利亚州，警员需要在进行实战询问的基础上完成附加的评估。在维多利亚州，警员需要在试用期结束时参加为期一天的专业性复习进修课程。

根据管辖权，二级培训可以作为"独立"调查员课程的一部分或者作为侦探和/或警官晋升途径的一部分。二级询问培训因司法管辖区而异。例如，在昆士兰州，在第一级培训中学习的询问方法会被扩展并具体运用于严重和复杂的案件调查。相比之下，在维多利亚州，培训包括使用认知询问技术和更高级的记忆恢复技术的教学。除了教授先进的记忆恢复技术，昆士兰州的三级培训引入了强化的认知询问方法，并开发专业知识，包括与询问弱势成年证人有关的技术。维多利亚州三级询问培训的结构目前正在审查中，拟定的课程时长会增加。在西澳大利亚州，向儿童评估和询问小组提供专业的三级培训。维多利亚州和西澳大利亚州（在昆士兰州也提议采用）提供的四级培训使警官能够胜任特定工作领域的询问顾问，类似于原来 PEACE 培训中四级和五级的结合，合并了监督和咨询的角色［格林（Green），2012］。

关于询问弱势证人，相关询问培训提供在网上。这种培训方法在澳大利亚是独一无二的，因为培训是集中的，来自于多个管辖区的官员能够同时进行培训。培训旨在协作，共享信息和资源是一个重要组成部分。这种方法是警察（和其他法律专业人员）和学者之间优势合作的一个例子。一些司法管辖区已经与学术和业界专家协商，以便修订政策和程序。除了在询问弱势证人方面的发展实例之外，新南威尔士警方 1998 年在制定《羁押、权利、调查、管理和证据实施规程》（CRIME）时征求法律语言学家、社会工作者、法律专业人员和民族事务委员会的意见（Gibbons，2001）。因此，在澳大利亚对证人的询问受到心理学原则、对相关法律的认识和了解以及对特殊群体需求的理解的影响。

当被问及在实施询问方案和开展培训方面面临的挑战时，各司法管辖区在他们的提案中针对有限的资源发表了意见。一些司法管辖区关注于有必要将培训集中在各自警察部门内，并培养具有高超技能的人员，以知情和参与的方式实施询问培训。警务工作人员的流动也被认为是正在开发和实施的询问培训课程的一个关注点。由于系统性地轮换警务官员而失去专业知识可能是潜在的阻碍当前在澳大利亚调查询问实践取得更大进展的关键问题之一。参与设计和实施培训的警务官员转移到其他服务领域，尽管有全面的移交程序，但失去了一定程度上的专业技能。警务官员轮换政策的目的是有效的，包括防止腐败［麦克库斯科（McCusker），2006］，但如果能对这一特定服务领域做出例外规定，它将有助于询问培训的开展。

改变文化传统也对各个管辖区的询问提出了挑战。之前所使用的方法，包括更具对抗性的询问方法，并没有完全从实践中消失。在昆士兰州，有一项战略主要是向经验丰富的警官提供培训，目的是帮助他们淘汰过时的做法和采用现行的询问方法。此外，新警职员和新任警官认为询问的调查方法过于耗时，这也是询问培训人员面临的挑战，尤其是他们认为询问过程中使用记忆恢复技术的时间可以更好地利用在别的地方。虽然这些方法的好处可以在培训中得到阐明，但是在进行实际询问之前，官员们不太可能理解这些技术背后的基本原理。因此，对于培育一种新的询问文化来说，至关重要的是，高级官员们在实际使用和推进调查询问。

最后，重要的是要认识到，调查询问方案并不能为糟糕的询问做法提供完全的保障。尽管采用标准化做法是一个积极的措施，但是，使它们被融入良好的案件调查实践，才是询问达到卓越的关键。例如，官员们在他们的询问中可能会遵守询问方案，但只用来探究证人的回忆中能够确认的可能存在偏差的特定方面。因此，必须强调询问所具有的更为广泛的调查目的，而且官员必须对其表现进行批判性分析。这一过程要求官员在询问之前意识到所有可能的偏差，并聚焦于获取所有可获得的事实，无论是归罪的还是无罪的，而不是仅仅遵守询问方案。在对报称的虐待儿童案的被害人进行询问时，询问问题尤为重要，因为他们可能在接受警察询问之前已经进行了多次信息揭露。警方必须收集所有的被害人在警察询问之前披露的信息，因此，在询问过程中可以弄清看护人的动机和/或偏见［科克曼（Korkman）等人，2014］。自然，在对弱势证人的询问记录中包含这些细节，也将允许辩护律师提出有关记忆受到不良影响的任何质疑。

结 论

由于在任何司法管辖区都没有对询问证人进行管理的立法，这给在澳大利亚形成统一的询问做法造成了困难。有建议提出，加强合作和采用集中的方式开发询问方案和管理培训将有助于改进询问做法［鲍威尔（Powell），2008］。为此，ANZPAA 和 ANZCoPP 的建立为开发标准化询问做法提供了机会，尽管在保留了一定程度自主权的管辖区可能具有一些优点。由于澳大利亚人口多样性的日益增加，可能最适合采用混合式的方法，在国家层面制定一个总体框架，但是各司法管辖区在适用和执行任何建议方面享有自主决定权。

将调查询问作为整个澳大利亚的标准做法，显然各个管辖区正在开发自己独特的培训方法和推广方法。正如澳大利亚对询问弱势证人采用集中性的询问培训所证明的，澳大利亚警务管辖区热衷于利用国际和地方资源。虽然有人对培训后技能的减退甚至是对强化方案的规定表示了担忧［鲍威尔（Powell），2002］，但各个司法管辖区的培训实践推广方面仍然有相当大的创新。随着各司法管辖区之间共享知识和资源的趋势的发展，将会有更多的空间来改善培训的质量和落实。

承认弱势证人的预录陈述具有证据资格的法律规定强有力地表明了弱势证人参与澳大利亚刑事司法系统的优先权。但是，如果只是为了表明在对待弱势证人方面的公平性，在所有司法管辖区内制定统一的规定是有帮助的。ABE 建议记录警察对关键证人的询问，以增加"从证人那里获得的信息的数量和质量"（司法部，2011：9）。在现在要求强制性地记录对犯罪嫌疑人的警察询问之后，司法部门可以考虑要求强制性地记录对证人的询问。到目前为止，没有法律规定将关键证人（他们不满足特定管辖区内的弱势证人标准）的警察询问记录认可为可以被采纳的证据。在昆士兰州，虽然这些记录不能作为证据（昆士兰警察局，1995），但在被认为对案件调查有利的情况下，可以记录对那些不被认为是弱势证人的询问。记录警察对证人的询问的好处当然是提高了所产生的证人证词的质量，消除了在询问前辨别弱势证人的不确定性。强制记录对证人的所有询问还将在法庭程序中提供透明度，并为辩护律师提供机会，以评估在寻求特定调查时对证人的询问。

来自澳大利亚一些司法管辖区的坊间评论认为，在以简要形式提供的作为证据的证人陈述方面，其质量需要有显著的改进。正如来自一个司法管辖区的询问培训人员所指出的，有罪答辩有时"掩盖"了证人证词糟糕的质量，因为他们没有接受辩护律师或司法机构的审查。进一步的建议是，在对抗性询问方法到调查询问方法的转变过程中最有影响力的发展是在询问室安装视频录制设备。尽管存在后勤方面的问题，如果问责制被认为是在微观层面实施变革的主要动机，强制记录对证人的询问是进一步提高澳大利亚对证人的调查询问质量的下一个合理步骤。

致　谢

作者联系了澳大利亚和新西兰警务咨询局（ANZPAA）和澳大利亚所有警务管辖区，以了解询问证人的做法和对询问人员进行培训的相关情况。作者感谢 ANZPAA 和新南威尔士州、昆士兰州、塔斯马尼亚州、维多利亚州和西澳大利亚州警察局提供的信息和材料。同时需要强调的是，本章中所表达的观点仅仅是作者个人的观点，并不必然代表各个机构或警察部门的意见。作者还要感谢来自迪肯大学的唐纳德·汤姆森（Donald Thomson）教授，他对本章的早期版本进行了严格的审查。

参考文献

❶ Association of Chief Police Officers（2009）*National Investigative Interviewing Strategy*, Briefing Paper. London：Association of Chief Police Officers.

❷ Association of Chief Police Officers（2012）*Practice Advice on Core Investigative Doctrine*, 2nd edn. London：Association of Chief Police Officers.

❸ Australia New Zealand Policing Advisory Agency（2010）*About Us*. Retrieved from：https：//www. anzpaa. org au/.

❹ Australia New Zealand Policing Advisory Agency（2013）*Australia New*

Zealand Police Professionalisation Strategy 2013 – 2018. Retrieved from: https://www.arpa.org.au.

❺ Australian Law Reform Commission. (1997) *Seen and Heard: Priority for Children in the Legal Process*, Report 84. Retrieved from: https://www.alrc.gov.au.

❻ Bull, R. (2010) 'The investigative interviewing of children and other vulnerable witnesses: psychological research and working/professional practice', *Legal and Criminological Psychology*, 15: 5 – 23.

❼ Ceci, S. J. and Bruck, M. (1995) 'The effects of repeated questioning', in S. J. Ceci and M. Bruck (eds), *In Jeopardy in the Courtroom: A Scientific Analysis of Children's Testimony*. Washington, DC: American Psychological Association, pp. 107 – 25.

❽ Clarke, C. and Milne, B. (2001) *National Evaluation of the PEACE Investigative Interviewing Course*, Police Research Award Scheme, Report No PRAS/149. London: Home Office.

❾ Commonwealth of Australia (2014) *Information Publication Scheme*. Retrieved from: http://www.afp.gov.au.

❿ Cooke, P. and Davies, G. (2001) 'Achieving best evidence from witnesses with learning disabilities: new guidance', *British Journal of Learning Disabilities*, 29: 84 – 7.

⓫ Criminal Investigation Act, Western Australia (2006).

⓬ Criminal Procedure Act, New South Wales (1986).

⓭ Criminal Procedure Act, Victoria (2009).

⓮ Evidence (Children and Special Witnesses) Act, Tasmania (2001).

⓯ Evidence (Miscellaneous Provisions) Act, Australian Capital Territory (1991).

⓰ Evidence Act, Northern Territory (1939).

⓱ Evidence Act, Queensland (1977).

⓲ Evidence Act, South Australia (1929).

⓴ Evidence Act, Western Australia (1906).

⓴ Fisher, R. P. (1995) 'Interviewing victims and witnesses of crime', Psychology, *Public Policy, and Law*, 4: 732 – 64.

㉑ Freedom of Information Act, Commonwealth (1982).

㉒ Gibbons, J. (2001) 'Revising the language of New South Wales police procedures: applied linguistics in action', *Applied Linguistics*, 22: 439 – 69.

㉓ Green, T. (2012) 'The future of investigative interviewing: lessons for Australia', *Australian Journal of Forensic Sciences*, 44: 31 – 43.

㉔ Guadagno, B. L., Powell, M. B. and Wright, R. (2006) 'Police officers' and legal professionals' perceptions regarding how children are, and should be, questioned about repeated abuse', *Psychiatry, Psychology and Law*, 13: 251 – 60.

㉕ Hill. J. A. and Moston, S. (2011) 'Police perceptions of investigative interviewing: training needs and operational practices in Australia', *British Journal of Forensic Practice*, 13: 72 – 83.

㉖ Korkman J. Juusola, A. and Santtila, P. (2014) 'Who made the disclosure? Recorded discussions between children and caretakers suspecting child abuse', *Psychology, Crime and Law*, 20: 994 – 1004.

㉗ Lamb. M. E., Orbach, Y., Hershkowitz, I., Esplin, P. W. and Horowitz, D. (2007) 'Structured forensic interview protocols improve the quality and informativeness of investigative interviews with children: a review of research using the NICHD Investigative Interview Protocol', *Child Abuse and Neglect*, 31: 1201 – 31.

㉘ Legislation Act, Australian Capital Territory (2001).

㉙ Mccusker, R. (2006) Review of anti-corruption Strategies, Technical and Background Paper No. 23. Australian Institute of Criminology. Retrieved from: http://www.aic.gov.au.

㉚ Martin S. E. and Thomson, D. M. (1994) 'Videotapes and multiple interviews: the effects on the child witness', *Psychiatry, Psychology and Law*, 1: 119-28.

㉛ Melnyk, L., Crossman, A. M. and Scullin, M. H. (2007) 'The suggestibility of children's memory', in M. P. Toglia, J. D. Read, D. E. Ross and R. C. L. Lindsay (eds), *The Handbook of Eyewitness Psychology. Volume I. Memory for Events*. London: Lawrence Erlbaum Associates, pp. 401-27.

㉜ Milne, B., Shaw, G. and Bull, R. (2007) 'Investigative interviewing: the role of research', in D. Carson B. Milne, F. Pakes, K. Shalev and A. Shawyer (eds), *Applying Psychology to Criminal Justice*. Chichester: John Wiley & Sons, pp. 65-80.

㉝ Ministry of Justice (2011) *Achieving Best Evidence in Criminal Proceedings: Guidance on Interviewing Victims and Witnesses, and Guidance on Using Special Measures*. London: Home Office.

㉞ New South Wales Police Force (2012) Code of Practice for CRIME (Custody, Rights, Investigation, Management and Evidence) Sydney: New South Wales Police Force.

㉟ O'Mahony, B. M., Smith, K. and Milne, B. (2011) 'The early identification of vulnerable witnesses prior to an investigative interview', *British Journal of Forensic Practice*, 13: 114-23.

㊱ Pipe, M. E., Orbach, Y., Lamb, M. E., Abbott, C. B. and Stewart, H. (2013) 'Do case outcomes change when investigative interviewing practices change?', *Psychology, Public Policy, and Law*. 19: 179-90.

㊲ Powell, M. B. (2000) 'PRIDE: The essential elements of a forensic interview with an Aboriginal person', *Australian Psychologist*, 35: 186-9.

㊳ Powell, M. B. (2002) 'Specialist training in investigative and evidential interviewing: is it having any effect on the behaviour of professionals in the field?', *Psychiatry, Psychology, and Law*, 9: 44-55.

㊴ Powell, M. B. (2008) 'Designing effective training programs for investigative interviewers of children', *Current Issues in Criminal Justice*, 20: 189 – 208. Retrieved from: http: //heinonline. org.

㊵ Queensland Police Service (1995) *The Operational Procedures Manual.* Brisbane: Queensland Police Service.

㊶ *R. v. Anunga*, 11 ALR 412 (1972).

㊷ Scott, A. J., Tudor-Owen, J., Pedretti, P. and Bull, R. (2014) 'How intuitive is PEACE? Newly recruited police officers' plans, interviews and self-evaluations', *Psychiatry, Psychology and Law.* Advance online publication.

㊸ Wakefield, S. J., Kebbell, M. R., Moston, S. and Westera, N. (2014) 'Perceptions and profiles of interviews with interpreters: a police survey', *Australian and New Zealand Journal of Criminology.* Advance online publication.

㊹ Westera, N. J., Kebbell, M. R. and Milne, B. (2011) 'Interviewing witnesses: do investigative and evidential requirements concur?', *British Journal of Forensic Practice*, 13: 103 – 13.

㊺ Western Australia Police (2009) *Annual Report '09.* Retrieved from: http: //www. police. wa. gov. au.

第07章

新西兰对证人的询问实践

尼娜·J. 韦思泰瑞（Nina J. Westera）

雷切尔·扎亚克（Rachel Zajac）

戴尔德丽·A. 布朗（Deirdre A. Brown）

简介

新西兰是一个小岛链国家，实际面积与日本或英国相似，但居民人数却少很多（440万）。新西兰警察是一个在单一管理结构下运作的国家组织。该组织有近12 000名成员，其中约75%为宣誓就职（新西兰警察署，2012）。新西兰警察被分为12个地理管辖区，由位于首都惠灵顿的国家警察总部管理。每个地区都有一个地区指挥官和一个地区指挥官团队，负责日常工作管理。警察的行政长官被称为警察总监，总督代表新西兰由女王任命。警察总监负责警务活动的管理并对警务部长负责，但在执法决策方面新西兰警察是一个独立的机构。

自2007年以来，新西兰警察对调查询问的政策和做法进行了大量改革。改革在引入PEACE询问模式方面大量借鉴了英格兰和威尔士在这方面的发展［PEACE是指调查询问的五个阶段：计划与准备；建立关系与解释；叙述、澄清和质疑；结束；评估。参见克拉克和米尔恩（Clarke and Milne），2001］。然而，由于新西兰只有一个警察部门，而这一特征与其他国家不同，这使得在新西兰由国家组织变革成为可能。因此，随着国家询问政策和标准的发展，在新西兰，调查询问已经在国家层面得到管理和资源支持。改革还带来了一项关于询问能力项目的实施，项目内容包括监督、培训和评估，目的是尝试解决与培养和维持询问技能相关的困难［参见鲍威尔（Powell）等人，2005］。

在本章中，我们回顾、探讨导致改革的警务实践，改革形成的警察询问实践的变化，以及这些变化对学术研究、政策制定和实践的影响。

新西兰对证人的询问

新西兰警方每年进行超过 180 万次调查询问。如果加上大约 274 000 个对嫌疑人的询问，新西兰警方每年调查询问的成本约为 13.5 亿美元。询问约占警察平均工作时间的 1/5 ［斯科勒姆（Schollum），2006a］。

然而，直到最近，新西兰的警察都只是接受了极少的询问培训。大约有 23 个小时（2.8%）的新警职员培训时间专门用于培训询问，大部分培训时间用于处理操作要求，而不是用于培训能够使警员最大限度地提高工作完整性和准确性的具体方法。

在 2004 年年底，新西兰警察执行委员会委托进行了一次全国性的对警方调查询问的检讨。这项检讨的动力来自各种渠道，包括对有关询问的科学研究中的新近发展的认可，警员在询问实践中存在的缺陷和对询问知识的缺乏，以及目前在新西兰工作的前英国官员对二者做出的不利对比［斯科勒姆（Schollum），2006b］。

执行委员会最初委托对国际上关于调查询问的文献进行全面综述，这在 2005 年 9 月完成。该报告挑选出了英格兰和威尔士所有警察部队的承诺，即承诺使用警察局长协会（ACPO）的调查询问策略和随后广泛采用的 PEACE 询问模式开展符合道德要求、可靠和有效的询问［斯科勒姆（Schollum），2005］。根据这项文献综述，委员会下令对新西兰警方的调查询问进行系统评价。具体而言，该委员会要求：

（ⅰ）确定在警方政策、实践、培训、技术和管理方面的差距；

（ⅱ）与国际最佳询问做法进行比较；以及

（ⅲ）提出的建议应确保询问具有足够的标准，以便能提供最佳证据的机会最大化。

[斯科勒姆（Schollum），2006b]

这个项目组建了一个包括警察和平民的项目小组，以期完成实现这些目标所需的工作，并使新西兰的警察询问进入国际最佳做法之列。除了对现有数据、案例法以及与调查询问相关的其他政策和文件进行全面检索外，该小组还收集了关于询问的看法和询问绩效的当代数据[参见斯科勒姆（Schollum），2006a]。这一过程涉及范围广泛，包括多种信息来源和各种数据收集方法。

数据表明，在各种信息来源内部和之间对询问的态度存在很大差异。警务人员抱有的一个常见误解是，询问实际上只对侦探才具有重要的作用，而一线的巡警没有时间或者说没有必要对证人进行全面询问。其他人则看到了证人询问是至关重要的，当案件进入到决定是否起诉的时候，就会发现合格的询问的深远影响。

在参加全国调查的 279 名宣誓警察中，有 91% 以上的警察描述自己为"受过专门训练的"或者"训练有素的"调查员；只有 9% 的警察认为他们需要更多的询问培训。尽管有这些耀眼的自我评价，但警察之间并没有给他们的同事一样高的能力评价。例如，虽然 90% 的警察说他们通常表现出良好的倾听能力，但他们对其他警察的评级只有 30%。当然，有警察指出，在一些情况下询问工作缺乏支持（如询问弱势证人）。警察还指出，缺乏对警察询问表现的监督和反馈。事实上，有 46% 的警察表示，他们从未从同行或上司处得到关于他们询问表现的建设性的反馈。

值得注意的是，许多警察有一个独特观点，即询问不是可以被教授的东西。依照这种态度，警察对良好询问的基础展现出了贫乏的理解。重要的是，只有 30% 的警察认为关于记忆如何发挥作用的知识在进行良好询问中"非常重要"，相比而言，有 68% 的警察认为关于肢体语言的知识在询问中非常重要。

为了规范目前的做法，从五个管辖区随机选出的警察被要求各自提交一份询问证人的录音录像带以进行分析。一个项目团队（包括一名未宣誓的警方研究员，五名经验丰富的侦探和两名心理科学家，包括本文作者之一雷切尔·扎亚克），使用英国的PEACE询问模式作为标准对提交的每个询问进行了多个维度的评估。结果表明，尽管询问通常都是以专业的方式进行，但明显的是，警察所运用的询问方法在很大程度上是由他们在工作中被教授或者在工作中发展形成的方法所决定，并没有达到最佳做法的标准。总体而言，64%的询问表现被评为"差"，主要表现为规划不足、探查或话题展开不充分、缺乏灵活性、不当打断证人陈述和糟糕的提问风格。

鉴于警察的询问技巧存在相当大的不足，审查评估的审视阶段以一个对PEACE询问方法的试点研究作为了终结［斯科勒姆（Schollum）等人，2006］。一名英国培训师被引进，培训来自一个警察局的六名工作人员作为PEACE询问方法的教官培训师，然后这些教官培训师为该警察局的所有高级警官或以下级别的工作人员（约110名工作人员）提供了为期一周的培训课程（两名培训师和最多十名受训者）。培训受到了参与者及其上级的高度评价，参与者的反馈大多数为："为什么之前没有人告诉我们这个？"

提出的建议

现在需要采取行动，它应该是决定性的并且会产生深远影响。

［斯科勒姆（Schollum），2006b：32］。

在审查评估的最后一步，斯科勒姆（Schollum）（2006b）建议对调查询问进行有组织性的彻底改革，以使新西兰警务走向以证据为基础的实践。他提出了24项建议，几乎涉及警务的每一个方面——管理、资源、政策、标准、监督、培训和评估。这些建议主要是借鉴了在英格兰和威尔士推广PEACE询问模式的经验教训［如克拉克和米尔恩（Clarke and Milne），2001］。第一项建议于2007年年底实施，成立了一个由三人组成的调查询问部门（包括负责指导、政策、标准和培训的本章作者之一尼娜·J.韦思泰瑞）。根据向全国犯罪管理负责人提交的报告，该团队负责国家调查询问战略的管理和实施。

从 2007 年到 2012 年，该团队实施了几乎所有的建议。这是新西兰询问证人实践第一次被明确定义和被提供了充分资源。警察对所有询问采用了 PEACE 询问框架，并实施了一个道德框架来巩固这一做法。这种询问模式赋予了询问证人是以证据为基础的询问方案。制定了《调查询问准则和调查询问证人指南》（*The Investigative Interviewing Doctrine and Investigative Interviewing Witness Guide*），经同行评议并出版，为调查人员提供官方指导（新西兰警察局，2007，2008a）。尽管建议对所有的证人询问进行视频记录，但由于资源有限，常规情况仍然是使用书面陈述。然而，一个调查警察行为的委员会，包括警察如何调查成年性侵犯案件［贝兹利（Bazley），2007］，领导了在对成年人的询问中，当证人是弱势群体或询问对调查十分重要时，应立即引入视频记录（新西兰警察署，2008a）。① 没有实际场地空间来询问证人的警察局得到资助用以建设专门设计的配备有询问记录设备的讯问室［彭尼（Penney），2010］②。

在这个基础上，新西兰警察逐步实施了四级培训框架的前 3 个级别（第 1 级：基础；第 2 级：高阶；第 3 级：对儿童或成年证人或犯罪嫌疑人的专业询问；第 4 级：询问顾问③）。每个级别都以国家标准为基础，涉及基础学习和面对面培训项目，并且将询问技能实践与专家反馈结合起来（新西兰警察署，2008b）。为了协助培训方案的执行，设立了 3 个全职国家调查询问培训员职位。

在完成培训的基础上，参与者进入一个正在进行的学习和工作场所评估项目，以获得该级别的认证。这一过程包括向指定的评估人提交实际询问的证明，以及对其进行的自我反思评价。这个过程的目的有两个方面：①创建国家标准的统一性；②为询问人员提供促进询问技能进步的专家反馈。评估人员根据国家标准评估每个参与者的询问过程及其自我反思报告，然后提供能力评估和建设性反馈意见。被认定为"未能胜任"的询问人员将与培训人员制订一项计划以解决出现的问题，然后必须提交进一步记录以供评估。虽

---

① 对儿童控告人的询问自 1989 年起进行视频记录。
② 在新西兰，对犯罪嫌疑人的询问从 1992 年起进行视频记录。
③ 第 4 级还未实施。

然培训项目的一般结构在每个级别都是相同的，但具体细节不同，随着级别的增高，培训的强度增加。

能力培训项目

◆ 第1级：证人询问基础

第1级培训的目的使所有警察具备对证人（包括被害人）和优先且大量犯罪的嫌疑人进行询问的能力（新西兰警察署，2008b）。使用的询问模式是自由回忆，一种认知询问（CI）的简化版本。这个模式省略了一些更复杂的CI记忆法，如想象和顺序的改变［参见丹多（Dando）等人，2009］。自由回忆模式包括建立融洽关系、解释询问过程、报告一切，以及情境恢复指导，获得自由陈述报告，提问，使用草图以及询问覆盖任何与调查有关的重要话题。大量关于CI的测试发现，它提高了回忆的完整性，而不损害准确性［参见梅蒙（Memon）等人，2010］。

可以看到，试点培训项目的好处是在2007年至2011年给所有低于督察级别的宣誓警察提供了第1级培训的动力。从英国雇用了培训师，以培训来自新西兰所有警区的24名培训人员。在这个项目的初步执行中，大多数警察都将调查询问作为其职责的一部分接受了第1级培训。一半以上的培训课程致力于关于记忆和沟通的知识，以及学习询问证人的技巧。警察还学会了使用书面形式记录询问过程。以情境为基础的培训课程通常进行五天，有12名学员和两名培训师。随后的工作场所实际询问评估包括参与者在培训后的12个月内向评估者（通常是参与者的指导者）提交两份书面说明。

从2009年起，第1级培训课程被纳入新警培训，由新西兰皇家警察学院的国家培训师传授。由此，所有新入职的警察都接受了培训。目前没有对第1级学习培训项目的有效性进行的结果评估。

◆ 第2级：高阶证人询问

2009年实施了第2级高阶证人询问培训，向调查人员提供询问严重犯罪的证人和犯罪嫌疑人的技能。询问仍然以书面形式记录，但参与者提高了他们引出自由回忆的技巧，并学习到更多的关于两种 CI 记忆法的使用：报告一切和情境恢复。受训学员还学习在更加复杂的情况下应用询问技巧，如应对沉默的证人和使用翻译人员。培训通常由两名国家培训师在为期五天的时间内提供，有 10 名参与者，其后是类似于第 1 级培训中那种工作场所评估，但由第 2 级培训师进行。第 2 级培训课程并非如原来计划的那样成为侦探培训计划的一部分，但很多辖区已实施了这一级培训，培训所有来自刑事调查部门的人员。第 2 级培训项目的效果尚未被正式评估。

◆ 第 3 级（1）：成年证人的专业询问

2007 年实施了第 3 级培训，为重大犯罪，特别是性侵犯案件中的证人询问，培养专业询问能力。在接下来的五年，在认知询问（CI）领域［费希尔和盖泽尔曼（Fisher and Geiselman），1992］培训了全国储备库的 130 名专业询问人员。这一八个阶段的询问过程由米尔恩（Milne, 2004）描述：它围绕 PEACE 框架建模，将包括所有的 CI 记忆法与沟通技能相结合。所有询问都被录音录像记录，《2006 年证据法》的引入意味着这些记录现在可以作为成年人法庭证据的依据［见韦思泰瑞（Westera）等人，2013］。每个地区挑选受训的人员（这些人通常也是受过培训的侦探），参加一个为期五天的寄宿制的国家询问培训课程。这个培训最初由两名来自英国的培训师［包括学术界的贝姬·米尔恩（Becky Milne）博士］承包，后来由本书的一名作者尼娜·J. 韦思泰瑞和另外一名得到认证的 3 级询问人员负责。最近，国家调查询问培训员（他们也是得到认证的 3 级成年证人询问师）担任了这一角色。

在寄宿制的培训课程中，10 位学员从这一领域的学术专家（目前是本书作者之一，雷切尔·扎亚克）那里学习了解 CI 的记忆和科学依据，练习技能并接受培训师的反馈。这一培训和对儿童的专家询问培训项目的一个独有特点（见下一部分）是试图克服在培养和维持询问技能方面的困难。在学习技巧的过程中，与以证据为基础的技能练习［例如，埃里克森（Ericsson）等人，1993；鲍威尔（Powell）等人，2005］一样，通过正在进行的发展和评估过程向受训询问人员提供专家反馈［埃里克森（Ericsson）等人，1993］。

在培训之后，所有询问人员必须完成一个允许他们继续在视频记录下对成人进行询问的年度认证过程。这一过程包括向国家评估员提交两次询问记录（在培训后 6 个月内），同时提交对其询问进行的完整的自我反思评价报告。原国家评估员是本书作者之一尼娜·J. 韦思泰瑞和另外一名 3 级培训师。最近，国家培训者在少数在职 3 级询问人员的支持下接管了这一高强度的职能。评估员每年至少进行一次审核。不符合能力标准的询问人员将被从询问专家库中移除。所有这一级的询问人员还必须每年参加同行评审研讨会，其中包括专业发展和教育会议以及针对询问实践的团队监督。

本章的两位作者雷切尔·扎亚克和尼娜·J. 韦思泰瑞目前正在对 3 级培训项目的有效性进行正式评估。

◆ 第 3 级（2）[①]：儿童证人的专业询问

在新西兰，对儿童和青少年的调查询问由"儿童、青少年和家庭服务机构"的社会工作者或新西兰警察实施。因为这是新西兰唯一一个已经反映出以证据为基础的学习和实践原则的询问项目，这是最后一个需要改革的领域。2010 年之前，培训和职业发展包括参加为期两周的寄宿式培训课程和可选择性地参加年度同行评审会议；本地安排的专业发展和监督机会只是权宜之计。在 2010 年至 2013 年期间，由包括所有作者在内的小组审查评估了对儿童证人进行的调查询问。这项审查导致了培训课程的修订，以体现最近的研究所发现的问题，彻底改革培训推广和认证过程的实施。

新西兰儿童询问模式遵循了 PEACE 询问框架（新西兰警察署，2007）。它包括一个实质性询问的前置阶段，用以确定询问的基本规则、促进和谐关系的建立，并给予儿童一个练习提供有关最近活动的叙述性表达的机会。询问的实质部分符合国际最佳询问实践指南［例如，美国儿童虐待专业协会（APSAC），2012；司法部，2011］以及得到实证研究证实的询问方案，如国家儿童健康和人类发展研究所（NICHD 调查询问方案）［布朗（Brown）等

[①] 原文标题是第 4 级培训，实际上是第 3 级培训中的第 2 个特有内容，即针对儿童证人的专业询问。因此在译文中标为第 3 级（2）。——译者注

人，2013；奥巴赫（Orbach）等人，2000］。语言提示可以通过帮助儿童从精神上恢复事件的情境［迪雅兹（Dietze）等人，2012］，提供额外的回忆。但根据迄今为止的实证研究证据表明，这些提示仅限于促进儿童思考在他们经历中的他们可能看到了什么以及他们可能听到了什么［布朗和派普（Brown and Pipe），2003；普尔和林赛（Poole and Lindsay），1995］。

儿童询问模式允许询问人员采用一系列非言语辅助手段来引出更多细节或澄清儿童做出的模棱两可的回应，尽管这些策略的证据基础并不相同［布朗和扎亚克（Brown and Zajac），2015］。例如，可以使用人体图解和非详细人体结构的玩具娃娃，但只能用于阐明其陈述中的触摸。询问人员还可以选择在儿童叙述困难信息时，向儿童提供绘图材料或提供可选择的关注重点，或者帮助他们表达关于他们经历的具体细节（如空间布局）。

在 2013 年，为从事儿童证人询问的专业人员引入了一种培训模式。参与者现在需要完成四个电子学习模块，这些模块主要由本章两位作者戴尔德丽·A. 布朗和尼娜·J. 韦思泰瑞撰写。

（1）对儿童进行刑事司法程序的询问，照顾和保护。

（2）性和暴力犯罪。

（3）儿童发育和记忆。

（4）从询问理论到实践。

每个模块包括阅读材料，审查问题和评估任务，连同相关的立法、询问方案和政策，以及所提供材料的研究基础。模块有两个练习任务作为补充：参与培训的学员观察询问人员完成完整的询问，并且角色扮演参与"建立关系和解释"阶段。后者的询问视频记录提交给儿童询问国家协调员以获得反馈。一旦参与培训的学员成功完成模块和练习任务，他们就要参加一个四天半的寄宿制培训计划。培训师（包括作者之一戴尔德丽·A. 布朗）在这期间的前两天复习询问模式的每个阶段，然后参与培训的学员用两天半的时间进行练习，最后进行最终评估（对儿童扮演者的询问记录）。

从 2013 年年底起，专业的儿童证人询问人员必须完成年度认证程序，由国家协调员（或其指定的替代人员）评估，以便能够继续从事儿童证人询问。认证程序包括，根据以前的课程和模式参加培训的询问人员完成新的电子学习模块，然后参加为期两天的研讨会（由作者之一戴尔德丽·A. 布朗和国家协调员提供），为认证做好准备。

课程内容由一项评估研究提供，即评估儿童证人询问模式的关键组成部分的存在以及在询问的"叙述"阶段的实践情况［沃夫曼（Wolfman）等人，2014］。虽然儿童证人询问模式的一些方面被一致地实施，但不少的模式中所要求的内容未被使用（如告知儿童，询问人员对所报称的事件一无所知）。虽然主要使用了开放式问题提问，但询问依然严重依靠"wh"类型的指引性问题，而不是基于叙述的、无输入信息的提示（如"告诉我关于那件事的一切"）。常用的询问辅助材料有草图（66%）、人体图（21%）和玩具娃娃（10%）。与以前的研究［拉·鲁伊（La Rooy）等人，2011；鲍威尔和休斯－斯科尔斯（Powell and Hughes-Scholes），2009；史密斯（Smith）等人，2009］一致，询问质量与经验年份或培训后的时间无关。

在这个早期阶段，仍然需要看到认证项目是如何影响已实施的询问的质量。进一步评估是必要的。

对研究、政策制定和实践的启示

上述改革对学术研究、政策制定和实践产生了诸多的启示和影响。首先，学习项目需要得到系统的评估。除了审查每个级别的初次培训在传授基础技能方面的功效之外，了解在新工作场所评估和认证过程中不同程度的基于技能的监督如何影响显而易见的技能培养和维持问题也十分重要［参见鲍威尔（Powell）等人，2005］。特别是，我们需要确定更加强化的第3级课程是否足够——该课程通过持续的专业发展制度超越大多数培训项目。研究已经清楚地表明，定期监督和反馈对于维持询问技能标准的重要性，即使询问人员具有丰富的经验、正在遵循以证据为基础的询问模式，并且已经完成了强化培训［例如，兰姆（Lamb）等人，2002］。事实上，研究表明，经验不能取代询问质量［拉·鲁伊（La Rooy）等人，2011；鲍威尔和休斯－斯科尔斯

（Powell and Hughes-Scholes），2009；史密斯（Smith）等人，2009］。

如果目前的第3级培训项目不足，警察将面临几个挑战。第一，在新西兰这样的小国家，获得合适的监管人员是一项挑战，询问人员表示，管理人员并不总是支持参与监督和其他技能维持活动所需的资源、时间和工作量。因此，未来研究的一个重要方向将是审查其他替代形式的监督活动（如团队监督，自我评价工具）及其对询问实践的影响。如此一来，未来新西兰面对证人询问的另一个挑战可能是在制度规定和机会上实施政策层面的以及自上而下的支持，为所有弱势证人询问人员提供监督和其他形式的专业发展。这可能需要更多的财政投入和长期战略，以在新西兰开发专业知识或者使用通信技术利用海外专业知识。

第二，需要对目前的询问培训和实践的功效进行测试。至少在儿童询问中，询问人员正在使用一系列询问技巧，其中一些只有有限的或者没有证据基础。没有正式评估，很难知道在成年人询问中是否发生类似的做法。审查在询问实践中如何使用询问技术但没有对其进行功效测试（如在儿童询问中使用草图帮助回忆），如对证人叙述的准确性和完整性的影响，这是一个重要的问题。虽然一些询问方法可能对获得最佳证据是有害的，但其他的询问技巧可能是询问人员为应对询问的复杂性（如特别抵触的儿童或痛苦的证人）而做出的有效创新。

第三，大多数询问仍然被记录在书面陈述上。这种方法不仅不可靠［例如，兰姆（Lamb）等人，2000；科恩肯（Köhnken），1995］，它也使对询问人员的实际做法进行有效审查变得不可能，因为它不能捕获询问人员所提问题的类型。值得注意的是，准备陈述的需求延长了询问过程，并且可能会鼓励询问人员通过恢复不良询问做法来控制信息流［例如，打断证人，提出诱导性问题：克拉克和米尔恩（Clarke and Milne），2001；科恩肯（Köhnken），1995］。因此，证人要经受一个冗长的询问过程，而且可能会因为不可靠的书面记录而受到交叉询问。新西兰警方最近采用的智能设备能够通过视频记录证人询问，这为做出取消书面陈述的政策决定提供了一个机会。

最后，警方和学者需要共同努力，确保警察能够获得这些询问方法，对这些方法的学习也能够不断适应警务工作的复杂需求。例如，在儿童询问培训项目中，一系列主题内容已经被标记为"高级"培训课程，目的是满足警察处理更具挑战性的案件的需要。这些高级主题包括与有智力障碍的儿童和成年人合作，这样就会出现新的证据基础，使政府机构能够开发出合理的询问方法。

结 论

新西兰警方表现出了对投资新项目和与调查询问学者合作的坚定承诺。这一承诺为询问实践迈向以证据为基础奠定了基础。与任何警察组织一样，由于学习询问技巧的复杂性，新西兰警方不可能有足够的资源使所有雇员都能够进行最高级别的证人询问。因此，警方面临的挑战是如何最有效地利用其有限的资源。这为学者创造了一个双重的挑战：加强询问方法的效用，以满足不断变化的警务需求，同时熟悉支持询问人员有效学习这些方法并在实践中一致地运用这些方法的最佳途径。

参考文献

❶ American Professional Society on the Abuse of Children（2012）*Practice Guidelines*：*Investigative Interviewing in Cases of Alleged Child Abuse*. Chicago：APSAC.

❷ Bazley，M.（2007）*Report of the Commission of Inguiry into Police Conduct*. Retrieved from：http：//www. cipc. govt. nz/cipc. nsf/.

❸ Brow，D. and Pipe，M. E.（2003）'Individual differences in children's event memory reports and the narrative elaboration technique'，*Journal of Applied Psychology*，88：195.

❹ Brown，D. A. and Zajac，R.（2015）'The Impact of Visual Aids on Children's Responsiveness in Forensic Interviews：A Review'. Manuscript under review.

❺ Brown，D. A.，Lamb，M. E.，Lewis，C.，Pipe，M. E, Orbach，Y. and Wolfman，M.（2013）'Evaluating the NICHD Investigative Interview Protocol：a laboratory study', *Journal of Experimental Psychology*: *Applied*, 19: 367 – 82.

❻ Clarke, C. and Milne, R. (2001) *National Evaluation of the PEACE Investigative Interviewing Course*, Police Research Award Scheme, Report No. PRAS/149. Institute of Criminal Justice Studies, University of Portsmouth.

❼ Dando. C. Wilcock, R. and Milne, R. (2009) 'The cognitive interview: novice police officers' witness/victim interviewing practices', *Psychology, Crime and Law*, 15: 679 – 96.

❽ Dietze, P. M., Powell, M. B. and Thomson, D. M. (2012) 'Examination of the effect of mental reinstatement of context across developmental level, retention interval and type of mnemonic instruction', *Psychiatry, Psychology and Law*, 19: 89 – 10.

❾ Ericsson, K. A., Krampe, R. T. and Tesch-Romer, C. (1993) 'The role of deliberate practice in the acquisition of expert performance', *Psychological Review*, 100: 363 – 406.

❿ Fisher, R. P. and Geiselman, R. E. (1992) *Memory Enhancing Techniques for Investigative Interviewing: The Cognitive Interview.* Springfield, IL: Thomas.

⓫ Köhnken, G. (1995) 'Interviewing adults', in R. Bull, and D. Carson (ed.), *Handbook of Psychology in Legal Contexts.* New York: John Wiley & Sons, pp. 215 – 33.

⓬ La Rooy, D., Lamb, M. E. and Memon, A. (2011) 'Forensic interviews with children in Scotland: a survey of interview practices among people', *Journal of Police and Criminal Psychology*, 26: 26 – 34.

⓭ Lamb, M. E., Orbach, Y., Sternberg, K. J., Hershkowitz, I. and Horowitz, D. (2000) 'Accuracy of investigators verbatim notes of their forensic interviews with alleged child abuse victims', *Law and Human Behavior*, 24: 699 – 708.

⓮ Lamb, M. E., Sternberg, K., J., Orbach, Y., Esplin, P. W. and Mitchell, S. (2002) 'Is ongoing feedback necessary to maintain the quality of investigative interviews with allegedly abused children?', *Applied Developmental Sciene*, 6: 35 – 41.

⑮ Memon, A., Meissner, C. A., and Fraser, J. (2010) 'The Cognitive Interview: a meta-analytic analysis and study space analysis of the past 25 years', *Psychology, Public Policy, and Law*, 16: 340 – 72.

⑯ Milne, R. (2004) *The Enhanced Cognitive Interview: A Step-by-step Guide.* Portsmouth: University of Portsmouth.

⑰ Ministry of Justice (2011) *Achieving Best Evidence in Criminal Proceedings: Guidance on Interviewing Victims and Witnesses, and Guidance on Using Special Measures.* London.

⑱ New Zealand Police (2007) *Investigative Interviewing Doctrine.* Wellington: NZ Police.

⑲ New Zealand Police (2008a) *Investigative Interviewing Witness Guide.* Wellington: NZ Police.

⑳ New Zealand police (2008b) *Investigative Interviewing: Accreditation Policy.* Wellington: NZ Police.

㉑ New Zealand Police (2012) *Annual Report: NZ Police 2011 – 2012.* Wellington: NZ Police.

㉒ Orbach, Y., Hershkowitz, I., Lamb, M. E., Sternberg, K. J., Esplin, P. W. and Horowitz, D. (2000) 'Assessing the value of structured protocols for forensic interviews of alleged abuse victims', *Child Abuse and Neglect*, 24: 733 – 52.

㉓ Penney, J. (2010) *Investigative Interviewing: Witness Interview Room and Equipment Set-up Guide.* Wellington NZ Police.

㉔ Poole, D. A. and Lindsay, D. S. (1995) 'Interviewing preschoolers: effects of non-suggestive techniques, parental coaching, and leading questions on reports of non-experienced events', *Journal of Experimental Child Psychology*, 60: 129 – 54.

㉕ Powell, M. B. and Hughes-Scholes, C. H. (2009) 'Evaluation of the questions used to elicit evidence about abuse from child witnesses', Australian study', *Psychiatry, Psychology, and Law*, 16: 369 – 78.

㉖ Powell, M. B. , Fisher, R. P. and Wright, R. (2005) 'Investigative interviewing', in N. Brewer and K. Williams (eds), *Psychology and Law: An Empirical Perspective*. New York: Guilford, pp. 11 – 42.

㉗ Schollum, M. (2005) *Investigative Interviewing The Literature*. Wellington: NZ Police.

㉘ Scholium, M. (2006a) *Investigative Interviewing: The Current situation*. Wellington: NZ Police.

㉙ Scholium, M. (2006b) *Investigative Interviewing. The recommendations*. Wellington: NZ Police.

㉚ Schollum, M. , Westera, N. , Grantham, R. and Chartres, M. (2006) *Investigative Interviewing : Evaluation of the Manurewa Trial*. Wellington: NZ Police.

㉛ Smith, R. M. , Powell, M. B. and Lum, J. (2009) 'The relationship between job status, interviewing experience, gender, and police officers' adherence to open-ended questions', *Legal and Criminological Psychology*, 14: 51 – 63.

㉜ Westera, N. , Kebbell, M. and Milne, B. (2013) 'Losing two thirds of the story: a comparison of the video recorded police interview and live evidence of rape complainants', *Criminal Law Review*, issue 3 [online].

㉝ Wolfman M. , Jose, P. and Brown, D. A. (2014) 'Evaluation of specialist child witness interviewing in New Zealand', Final Report to New Zealand Police and Child, Youth and Family.

欧洲

第08章

比利时对被害人和证人的询问

米歇尔·卡曼斯（Michel Carmans）

皮埃尔·帕蒂尼（Pierre Patiny）

简介

作为被害人或证人，比利时公民一般会迅速与警察部门联系。因此，采集证人或被害人陈述能够尽可能多地收集关于事实、地点和线索的信息，以便确定和讯问犯罪嫌疑人。

司法程序中的询问是检察官或预审法官实施调查过程中的基本要素之一。程序是盘问性和书面的。在调查框架内接受询问的每一个人，无论是被害人、证人还是犯罪嫌疑人，都应被简要告知他/她将被听取的事实。询问应当有一份书面记录，并由警察注明日期和签字。

询问包含了知识、技巧和生活技能。询问人员了解基本的语言和非言语沟通方式，通过运用这两种沟通方式，非选择性地聆听询问对象的陈述和始终表现出对其尊重的态度；也应对询问对象表现出同情。此外，询问人员应掌握选择性听取的能力，并制定开放式和非暗示性问题；掌握释义、重述、综合和使用情感性重述的能力和技巧。这些技能适用于对被害人、证人和犯罪嫌疑人进行司法询问的框架体系。

含义界定与相关规定

警方询问是警察与可能直接或间接涉及司法权事件的人之间进行并正式

记录的会话，目的是在法律规定的范围内收集所有相关的线索以发现真相［博克斯特勒（Bockstaele），2011］。司法询问的方法并没有法律确定。

然而，关于询问的合法性、诚信和沉默权存在一般原则。合法性原则审查司法的正确性，诚信原则与诚实和客观地处理证据有关。如果不遵守询问中有关获得律师协助的权利（2013年宪法法院判决）、使用语言（德语、法语和荷兰语）的权利，如果在询问中尝试不同的方法对询问对象施加压力或者持有偏袒或偏见的态度，如果使用任何形式的威胁、欺骗、谎言、承诺或表演（staging）时，可能会导致询问行为无效。

对于审判法官而言，警察询问对情报有示范价值。其重要性在得到证明后确立，否则会受到质疑。法官不会受到承认询问真实性的约束，而犯罪嫌疑人可以撤回或改变他/她的供词。

当询问某人、被害人或证人时，应遵守以下规则（见《刑事诉讼程序规则》第47b条）：

（1）在询问开始时，简要告知被询问的人，他/她将被听取的有关事实。实例：

现在告知你，你现在作为上周一受到攻击的被害人接受询问。我们通知你：

（a）你可以要求我们所有的提问和你所有的回答都以使用中的术语记录；

（b）你可以要求特定的调查或询问；

（c）你的声明可能被用作司法证据；

（d）你不能被迫指控自己。

这些项目需要在询问记录中准确记明。

（2）询问对象可以使用他们拥有的所有文件，虽然这不能使询问被推迟。在询问当时或以后，他们可以要求将这些文件附在询问报告上或者存放在法院登记处。

（3）警察的询问报告要说明询问的开始时间，重新开始和结束的时间，以及是否中断。报告中应准确地记明介入询问的人的身份或者部分介入询问的人到达和离开的时间。还应当记明询问对象做出的新陈述情况以及做出新陈述时的具体背景情况。

（4）在询问结束时，应将警方报告交给询问对象阅读，除非他/她要求大声朗读报告。应当询问他/她是否需要更正或补充陈述。

（5）被询问的人，被害人或证人会被告知他/她作为"受害方"的身份。这样的告知能使他/她了解将要参与的进一步程序。

（6）如果询问对象希望使用另外一种语言，则可以要求宣誓翻译人员到场，或者用他/她的语言记录他/她的陈述，或者要求他/她自己记录他/她自己的陈述。当翻译人员在场协助进行询问时，应记明他/她的身份和法律地位。

如果在询问最初不被认为是犯罪嫌疑人的期间，出现了一些要素表明案件事实可以归因于他/她，该人将被告知他/她作为犯罪嫌疑人的权利，同时启动另一个程序以尊重其辩护权。

检察官获得的信息是秘密的。任何被要求提供帮助的人都受到专门保密的约束。任何违反此保密义务的人都可能受到规定的刑罚处罚（《刑事诉讼程序规则》第458条）。

在不偏离特定法律规定的情况下，应当告知询问对象他/她可以要求免费获得询问的副本。此副本应当在询问后立即提供或者在询问后1个月内送达给他/她。但是，在特殊情况下，预审法官或检察官可以在合理的决定中裁定，推迟副本的送达，最多推迟3个月，可以延长一次，该推迟决定须记录在档案中。如果涉及某个18岁以下的人，并且显然存在有被剥夺获得副本的权利或者不能保护其个人权利的风险时，检察官或预审法官可以在合理的决定中做出裁定并记录在案，拒绝交付副本。在这种情况下，未成年人可在公诉机关被害人部门的律师或司法助理的陪同下，查阅询问记录的副本。但是，在严重和特殊情况下，查阅的时间可以延期最多3个月，并可以延长一次。检察官或预审法官可以做出决定向未成年人的律师提供询问未成年人记录的免费副本。

为了公众利益，检察官可以向新闻界发布信息。但他应确保遵守无罪推定原则，尊重犯罪嫌疑人的辩护权，尊重被害人或第三方当事人的诉讼权利，以及维护个人的隐私和尊严。在尽可能的情况下，不公布案件记录中记载的个人身份信息。同样，出于维护当事人的利益需要时，律师也可以在相同的条件下向媒体发布信息。

目前的实践：对成年被害人或证人的书面记录询问

除上述例外情况外，警察对一名成年人（18岁或以上的人）、被害人或证人的询问通常是书面记录的形式。他的陈述被记录下来，并将记录发送给检察官或预审法官。对于违反公共道德的罪行（如猥亵侵犯、强奸等），被害人可在询问期间选择一名成年人陪同。预审法官可以做出不同于这一规定的合理命令，例如，当身体健康可能受到威胁时。我们注意到《萨尔杜兹法》（"*Salduz*" *Act*）（2011年8月13日，指的是欧洲人权法院关于对萨尔杜兹诉土耳其案的裁决，2008年11月27日第36391号申请）没有提到被害人或证人的律师应在询问期间在场。如果证人或被害人要求如此，警察应参考要求进行调查的检察官或预审法官的决定。

正如所教授的，询问方法遵循典型的询问业务蓝图（PEACE询问模式），其主要是通过由开放式和非诱导性问题组成的问题来获得最大化的自由叙述：

- 导入（introduction）部分介绍包括询问对象的法律角色和权利。我们称之为建立关系。
- 自由叙述（free story）阶段："按照时间顺序告诉我们，上周一你发生了什么，从……开始……"
- 在提问（questioning）阶段，我们要对自由叙述阶段中的某些部分进行澄清："描述一下袭击你的人的……""告诉我们袭击者使用的汽车……""明确事件的时间"等。
- 用与下一步程序相关的信息结束（closing）询问："告诉我们你想谈谈什么话题，或者我们还没有谈到的话题"……"你想给我们提供附加到你的询问记录的文件吗？"……"你希望哪些人受到询问？"……"你想修改询问记录或补充些什么吗？"

目前的实践：对成年被害人和证人的视频记录询问

当一个人处于弱势地位（受到打击、创伤后综合征、精神残疾）时，检察官或预审法官可以要求进行视频记录询问［《刑事诉讼程序规则》第112条（第1节至第7节）］。

立法者没有给出这种询问方式的定义。然而，在这种询问后必须写一份书面声明。记录的媒介可以被视为证据的一部分。只要检察官或预审法官认为有必要时，可根据事实的严重性来实施或命令对被害人和证人进行视频记录询问。适用范围没有限制。

《刑事诉讼程序规则》［（第二部分"视频和音频记录询问"），2007年7月7日的法律第5节修订］规定，检察官或预审法官有权命令视频或音频记录询问（《刑事诉讼程序规则》第112条），该决定在询问开始之前下达。预审法官可以自己进行询问或者任命一名警官进行询问（实际上，大多情况下是由一名警官实施询问）。

询问必须制作一份报告，报告应包括没有侵害询问对象享有的法律所规定的权利（《刑事诉讼程序规则》第47条之二），询问的主要组成部分，并在可能时包括最重要段落的文字记录本。报告中还写明对询问进行录像或录音的原因。

检察官、预审法官、询问对象或该诉讼过程中的其他参与人可以要求对询问进行逐字逐句的文字记录。这一文字记录将被尽快地添加到案件档案中。

询问记录会制作两份副本，均与原件一样有效。他们可作为诉讼证据存放在法院登记处。

录音录像可以由专业参与初步调查（在检察官的指导下）、调查工作（在预审法官的指导下）或与司法档案有关的裁决者以及程序的各方当事人和询问对象来查看或听取。未被羁押的罪犯和民事当事人（可能是被害人）可以向预审法官提出请求要求终止这一程序（《刑事诉讼程序规则》第61条之三)。

所有诉讼参与人均有权视具体情况而定,在程序规则的要求(《刑事诉讼程序规则》第61条第1款)进行之后查看或听取询问记录。

测谎仪测试是一项被认可和受到监管的(来自检察官学院的通知,第3栏,2003年6月5日)警察技术。视频询问主要用于犯罪嫌疑人。

"2012—2015年国家安全计划"(1998年12月7日法律第4节)组织建立了一个综合性警察部门,结构分为两级(LPI)。内政部长和司法部长就国家安全计划(PNS)达成共识,"共同确保一个安全和可持续的社会"。该计划明确规定,必须特别注意对人身安全的侵犯,特别是在涉及妇女的情况下。该计划列举了优先处理的犯罪现象,特别提到了家庭暴力和对妇女的暴力。该计划要求采取必要的措施以便以定性的方式行动:警官有一个询问框架,使他们能够优化收到信息的质量。

警察必须将犯罪通知被害人,并将被害人移交给被害者支持服务机构[阿德里森斯(Adriaensens)等人,1997年]。

◆ 对警察的培训

在他们的一般训练期间,警察申请人参加一个关于询问方法的20小时课程。初次培训后,申请人参加一个有关询问技巧的36小时课程。所有的教师都是警察。

为所有警察提供实用的司法培训,使他们能够获得证书,允许他们在当地调查科或联邦司法警察执业。在培训期间,学生参加基于调查询问理论和实践的16小时培训课程。教师是联邦警察国家研究学院(DSER)认可的讲师。他们都是警察或校外人员(如治安法官、司法专家)。

对未成年被害人或证人的视频记录询问

在比利时,询问未成年人(被害人、证人或犯罪嫌疑人)的目的是尽可能收集完整和准确的信息。为了实现这一目标,比利时联邦警察(国家研究院)的行为科学部(GWSC)通过在该国不同司法区进行询问、教育和组织实施项目的方式开发了一套综合性询问方法。

在过去几十年里,比利时并没有有效地推进新做法来收集儿童应当说出的信息。1996年司法部长启动了第一个试点项目:在四个司法区,安装视听设备用于询问未成年人。全国儿童性虐待委员会(根据部长委员会2006年8月30日的决定设立)在其最终报告(全国儿童性虐待委员会,最终报告,1997年10月23日)中鼓励使用视频记录对儿童的询问。所谓的"迪特鲁"(Dutroux)事件(1996)是使用视频记录询问的加速器,目的是为了收集儿童的证词。依据《刑事诉讼程序规则》的"2000年未成年人刑事保护法"和"关于对作为犯罪被害人或证人的未成年人的询问进行视频记录的通知"(2001,见上文)规定了这种技术的使用。2001年,在司法警察总指挥部框架内设立了GWSC,使得能够有效地执行对作为犯罪被害人或证人的未成年人进行询问的法律原则和方法。比利时最近的发展被认为导致2011年有关权力关系中性虐待和恋童癖的立法改进。这些改革举措进一步加强了对视频的使用,尤其是改进了特定犯罪(如猥亵侵犯和强奸、唆使未成年人和介绍卖淫、残害女性性器官)中,针对报称是未成年的被害人或证人的询问方法。

◆ 含义界定和相关做法

除了普通法之外,立法者还对作为犯罪被害人或证人的未成年人的询问做出了特殊规定。根据这些规定,作为犯罪被害人或证人的任何未成年人有权在询问期间选择他人陪同:该人被称为"信任顾问"(confidential advisor)(《刑事诉讼程序规则》第9bis条)。未成年人必须清楚地被告知这项权利,他/她的选择必须记录在询问记录中。但是,如果信任顾问的存在可能损害未成年人的权益(例如,顾问是之后必须被收集证词的人),扰乱询问的进行(如顾问害怕说话)或者不利于揭露真相(如顾问具有忠诚冲突),询问人员应告知检察官或预审法官,由他们决定是否有必要通过做出合理的裁定排除使用信任顾问。

询问人员还必须向未成年人解释视频记录询问的原因,他可以随时要求中断视频记录(《刑事诉讼程序规则》第95条)。询问人员应以适合未成年人年龄和认知发展的语言告知他/她的陈述可能在法庭上被用作证据(《刑事诉讼程序规则》第 47 条之二）。询问人员不能通过保证对所揭露事实严格保密而做出虚假的承诺。他/她应告知未成年人，录音录像在调查框架内或在庭审调查期间可以由第三方查看。在询问未成年人时，不需要父母的同意。然而，未成年人必须明确地同意录音录像（《刑事诉讼程序规则》第 92 条）。如果未成年人未满 12 岁，询问人员应告知他/她其陈述将被记录。最后，未成年人可随时要求中断视频记录（《刑事诉讼程序规则》第 95 条第 2 款）。其要求应当被记下，并且视频记录必须立即停止。

目前的实践：对未成年被害人和证人的视频记录询问

询问人员、未成年人和可能存在的信任顾问在房间里坐下后，形成了对询问室的全景视图时，询问开始记录。在记录期间，询问的日期和时间持续地显示在视频上，这样就可以完全控制询问人员和未成年人之间的关系以及询问期间信任顾问的态度。当询问人员和未成年人完成询问并离开询问室时，结束录制。如果发生可能的中断，应当避免未成年人和其他与询问有关的人之间的任何沟通（例如，"当我在监控室时，我会要求你不要与你选择的作为信任顾问的人谈话"）。

关于对作为犯罪被害人或证人的未成年人的询问进行视听记录的通知（2001）建议询问的结构分为四个步骤（阶段）实施：导入、自由叙述阶段、提问和结束。在提问期间以及结束阶段，询问人员使用概括性的和开放式的问题，其次是具体的封闭式问题。这一询问原则今天仍在使用，被称为"尊重的、非暗示性的和逐步的询问方案"［尤尔（Yuille）等人，1992］。但有几项研究［塞德堡（Cederborg）等人，2000；兰姆（Lamb）等人，2007］显示了该询问方案的局限，因为该询问方法存在大量的封闭式、指导性或选择性问题［西尔（Cyr）等人，2003］。

自 2010 年以来，根据在 NICHD 询问指南中被更好地界定的原则［兰姆（Lamb）等人，2000；法语翻译西尔（Cyr）等人，2002］，对询问结构和提问进行了诸多改进。目前的询问方案分为五个阶段："萨尔杜兹"（Salduz）、导入、自由叙述、提问和结束。

所谓的萨尔杜兹阶段旨在查验未成年人的身份、年龄和居住地,并向其提供与成年询问对象相同的信息,即关于他/她被询问的原因事实的简要信息(《刑事诉讼程序规则》第 47 条之二第 1 段)。

导入阶段第一部分的目标是,使未成年人熟悉设备、人员和法律规定。提及所有在场的人(询问人员、监控室的警察、司法专家、翻译人员、信任顾问),并且向其说明对询问进行视频记录的原因(例如,一般来说,原因是讨论事件或案件,未成年人只需要出席一次)。提醒未成年人,他/她有权拥有一个信任顾问,并解释信任顾问的任务(在情绪情感方面支持未成年人):未成年人必须确认信任顾问在询问过程中是否在现场。未成年人将被告知他/她有中断询问的权利,并且他/她的陈述可能会被作为司法证据(例如,"你告诉我的一切将在我的报告中记录下来,检察官可以使用它做出决策")。

询问人员将告知未成年人哪些人有权查看对他/她的询问记录,并且他/她有权不指控自己(例如,"警察会当面听取所有人的回答,每个人都有自己的故事版本。告诉我每个人做的所有事情以及每个人在其中的角色。由你来决定你告诉我什么或你不想告诉我什么")。询问人员必须征得 12 岁及以上的未成年人的同意才能拍摄和记录(例如,"你同意拍摄和记录吗,我将要求你以是或否来回答")。在导入阶段的第二部分,询问人员与未成年人建立工作联盟〔赫伯特(Hébert)等人,2011〕。

询问人员介绍询问过程中的基本规则:

- 未成年人不得被强迫回答(例如,"如果你不想回答,你说'先生,我不想回答'");
- 确保询问对象能够理解(例如,"如果你不明白这个问题,你说'先生,我不明白这个问题',我会用另一种方式提出问题");
- 避免猜测(例如,"如果你不能回答问题,你说'先生,我不知道答案'");
- 未成年人有权更正或补充这些陈述。

在介绍了这些基本规则之后,询问人员将询问引导至中立主题(例如,"告诉我你的爱好""告诉我关于……的一切"),以减轻未成年人的压力,并使询问过程变得更加放松。询问人员还应该尝试通过使用开放式提问和引导性的问题（例如，"告诉我关于……的一切"）来刺激询问对象对一个或多个事件的回忆，进而帮助建立与未成年人的融洽关系。

自由叙述阶段提醒未成年人进行询问的原因，正如在萨尔杜兹（"Salduz"）阶段描述的，随后提出提示性问题（例如，"告诉我关于那件事的信息"）。未成年人的自由叙述由询问人员使用非选择性、非言语性的倾听技巧（例如，沉默、嗯嗯）或言语性技巧（例如，"以及""之后呢""后来呢"，等等）。在这个陈述阶段结束时，询问人员提供陈述的摘要，并给予未成年人补充、修改或更正其陈述的机会。

在提问阶段，询问人员澄清并更深入了解得到的陈述。作为一个优先事项，他/她通过细分、情节［赫伯特（Hébert）等人，2011］以及目标等方式提出开放式问题，如果必要，可以使用指引性甚至是暗示性的问题。

在结束阶段，询问人员向未成年人提供机会，给他/她的初始陈述添加新内容并进行可能的更正。最后，询问人员感谢未成年人来到警察局，并告知他/她关于进一步的司法程序和可能的协助。

对警察的培训

与"询问未成年人技巧（TAM）"相关的培训是 DSER 的责任，它对组织和行为科学部的培训内容负责。最初的培训，称为职能培训，可接纳 16 名志愿警察。培训包括两部分：理论和实践。在理论部分（57 小时），可接触到不同的方面（方法、司法、心理和性方面的），这对于询问儿童很有用。在第一部分结束时，会组织一个关于知识的认证评估。通过评估才进入实践部分（47 小时）是有必要的，在那里学生能够通过几种实践练习环境培养技能。在第二部分结束时，进行第二次最终认证评估。如果警察成功通过这一阶段，他/她就可以对作为可疑犯罪的被害人或证人的未成年人进行视频询问。

获得认证后，询问人员有义务每年参加为期三天的后续培训，使他/她能够保持、提高或进一步发展技能。与此制度并行的是，在经验丰富的 TAM 训练师的协助下，询问人员被提供个性化辅导，他/她可以在其中交流经验并表达任何困难，以优化他/她的询问实践技能。

最后，对于那些在上一年不能执业的人，在自愿的基础上提供复习培训。这项培训，包括 12 名询问人员，提供理论和实践方面的质量升级，以优化他们以前获得的技能。

结 论

对于被害人和证人、未成年人或成年人的询问在司法调查过程中特别重要。最初陈述的质量对于接下来的调查是决定性的。了解法律程序和询问方案、了解介入询问的第三人的任务，以及了解询问的任务和目的，能够使每个人都感受到尊重、避免对自己的角色感到困惑。关于这一主题的国际研究推动询问人员不断审查询问做法并不断改进。没有什么可以被认为是理所当然的，一切都可以被改进。

致 谢

作者感谢 J. 德米伦尼和 P. 森珀斯（J. Demelenne and P. Sempels）在比利时司法警察部科技警察局局长劳伦特·库克（Laurent Coucke）的授权下将本章翻译成英语。

参考文献

❶ Adriaensens, P., Cappelaere, G., Hasevoets, Y. H., Swartele, F., Tulkens F. and Vandermeersch, D. (1997) *Rapport Final de la Commission nationale contre l'exploitation sexuelle des enfants*（*Final Report from the National Commission against Child Sexual Abuse*）. Brussels：Inbel.

❷ Bockstaele, M. (2011) *Processen-verbaal*. Antwerp Maklu, p. 335.

❸ Cederborg, A.-C., Orbach, Y., Sternberg, K. J. and Lamb, M. E. (2000), 'Child witnesses in Sweden', *Child Abuse and Neglect*, 24：1355–61.

❹ Circulaire 12/2011. du 23 novembre 2011, du Collège des procureurs généraux près les Cours d'appel, relative à l'organisation de l'assistance d'un avocat a pair de la premiere audition dans le cadre de la procédure pénale belge-Situation des mincers d'ăge et des personnes suspectées d'avoir commis un fait qualifié infraction avant l'ăge de dix-buit ans.

❺ Circulaire 8/2011 du Collège des procureurs généraux près les Cours d'appel (version révisée 13. 06. 2013) relative à Organisation de l'assistance d'un avocat à partir de la première audition dans le cadre de la procédure pénale Belge.

❻ Circulaire ministéricle du 16 juillet 2001 relative à l' enregistrement audiovisuel de l'audition des mineurs victimes ou témoins d'infractions (2001) Ministère de la Justice, M. Verwilghen, du 16 juillet 2001.

❼ Cyr, M. Bruneau, G., Perron, A. and Vignola, V. (2003) 'Application d'un guide d'entrevue d'investigation aupres de jeunes victimes d'agression sexuelle: résultats d'une expérience québécois', in M. Tardif (ed) *L'agression sexuelle: Coopérer au-delà des frontières*. Ebook from CIFAS (2005) available at: http://www3. unil. ch/wpmu/cifas 2011/cifas-precedents/gatineau-2005/.

❽ Cyr, M., Dion, J., Perreault, R. and Richard, N. (2002) *Guide NICHD d'entrevue d'investigation en matiere d'agression sexueile envers les enfants*. Montréal: Centre de Recherche Interdisciplinaire sur les Problemes conjugaux et les Agression sexuelles (CRIPCAS).

❾ De Valkeneer, Ch. (2005) *Manuel de l'enquete pénale*. Brussels: De Boeck and Larcier, 143 – 174.

❿ Hébert, M, Cyr, M. and Tourigny, M. (2011) *L'agression sexuelle envers les enfants*. Québec: Presses de l' Université du Quebec.

⓫ Judgment by Constitutional Court (2013) Affecting the Belgian Bulletin of Acts (2011) and modifying the Criminal Code and the 07. 20. 1990 Act about Preventive Custody in Order to Confer Rights of Assistance and Consultation of a Lawyer, to Every Interviewed and Arrested Person.

⓬ Lamb, M. E., Orbach, X., Hershkowitz, I., Esplin, P. W. and Horowitz, D. (2007) 'A structured forensic interview protocol improves the quality and informativeness of investigative interviews with children: a review of research using the NICHD Investigative Interview Protocol', *Child Abuse and Neglect*, 31: 1201 – 3.

⑬ Loi du 28 novembre 2000 relative à la protection pénale des mineurs (2000) Moniteur Belge, du 17 mars 2001, p. 8503.

⑭ Loi du 30 novembre 2011 modifiant la législation en ce qui concerne l'amélioration de l'approche des abus sexuels et des faits de pédophilie dans une relation d'autorité. Moniteur belge, du 20 janvier 2012, p. 4386.

⑮ Plan National de Sécurite 2012 – 2015.

⑯ St-Yves, M. and Tanguay, M. (2007) *Psychologie de l'enqueter criminelle: le recherche de lavérit*é (*Partie I Les Entrevues d'enquet*) . Cowansville, Québec: Edition Yvon Blais.

⑰ Yuille, J. C. , Hunter. R. , Joffe, R. and Zapamuik, J. (1992) 'Interviewing children in sexual abuse caases', in J. Van Gijseghem (1993), *L' enfant mis à nu*, *L'allégation d'abus sexuel: la recherché de la vérité.* Montréal: Méridien, pp. 69 – 113.

第09章

英格兰和威尔士的调查询问

——询问成年证人、儿童证人以及为儿童证人提供帮助的做法

吉纳维芙·沃特豪斯(Genevieve Waterhouse)

安妮·里德利(Anne Ridley)

雷切尔·威尔科克(Rachel Wilcock)

雷·布尔(Ray Bull)

简介

本章将概述目前在英格兰和威尔士用于警察对犯罪被害人和证人(以下均称为证人)进行询问的指导准则。其中包括关于询问"典型"成年证人的当前最佳做法,以及为询问儿童证人和向儿童证人提供社会帮助的更为具体的准则。我们还将审视有关社会帮助措施有效性的研究。

选择这一重点是因为儿童询问在英格兰和威尔士至关重要,询问儿童不仅是作为案件调查的证据来源,同时也因为(与典型的成人询问不同)对儿童的调查询问是有录像记录的,经常被当作主要证据在刑事审判中使用。虽然这减少了控方在法庭进行深入询问的必要性,但是辩方可能会就本次询问中提供的证据对儿童进行交叉询问。因此,进行这些询问以及向儿童提供的帮助可能对陪审员的决策和判决产生直接影响。

虽然有越来越多涉及儿童被害人和证人的案件被提交至法院,但仍然有许多案件没有被提交到法院。2012—2013年,有73 900名16岁以下的儿童报称是性虐待的受害者(全国防止虐待儿童协会,2014)。然而,警察在同一时期只记录了18 700起儿童性虐待犯罪,随后有3600名被告被起诉到

法庭，被指控实施了儿童性虐待，最终 2100 名被告人被判决有罪。如此一来，提出了是否存在与涉及儿童证人和被害人的调查有关的问题，如询问儿童证人和向其提供帮助的质量，这些问题都需要被解决。本文将探讨其中一些问题。

英格兰和威尔士对被害人和证人的调查询问

PEACE 模式是目前在英格兰和威尔士使用的调查询问模式［警务学院（CoP），2013］。1992 年推出的 PEACE 询问模式基于会话管理技术［谢泼德和米尔恩（Shepherd and Milne），2006］，PEACE 是调查询问几个阶段的首字母缩略词。其中，计划和准备是指组织询问本身，获得关于询问对象的信息并制订询问计划。询问计划确定询问的目的和目标以及需要证明的问题。在适当的时候，中间人的询问前评估也将被包括在计划和准备阶段（"中间人"的定义在表 9-1 中，同时会在下文中更加详细地描述）。然后警察实施询问。询问从建立关系和解释阶段开始，包括解释询问的目的和主要目标，并描述将如何进行询问（如自由回忆，然后提问）。随后鼓励询问对象主动做出叙述。这包括自由回忆，在询问对象自由回忆期间，询问人员不应打断，应积极地倾听和合理地使用简单的提示（如点头）来激励询问对象尽可能详细地提供信息。作为叙述阶段的一部分，在自由回忆之后，询问者有机会进行"澄清和质疑"，在此期间询问人员提出问题。询问人员会被鼓励使用特定类型的问题（见表 9-2），以从询问对象的叙述中获得更加详细的信息。在询问结束时，询问对象有机会补充、扩展他们的叙述，询问人员总结证人所提供的信息。如果证人的陈述是适当的，将在结束阶段记录下来并签字认可。询问者的最后阶段是评估。询问人员应考虑在询问期间证人和自身的表现，并将获得的证人陈述放在其余调查活动的背景中。询问人员还应当就调查中下一步应该处理的事情做出决定（CoP，2013）。

表 9-1 含义界定

社交帮助（Social Support）	"社交互动或沟通促进询问对象的舒适感"［戴维斯和博顿斯（Davis and Bottoms），2002：186］
认知帮助（Cognitive Support）	帮助儿童描述和回忆事件细节的帮助形式
中间人（Intermediary）	相关领域的专家，在询问中帮助改善询问人员和弱势证人（如学习障碍者和儿童）之间的沟通
询问协助者（Interview Supporter）	询问对象认识的人，在询问中为询问对象提供情感支持

表 9-2 关于问题类型的描述

问题类型	描述	示例	在调查询问中可否使用
开放性问题（Open-ended）	允许询问对象自由回忆并控制他们披露的信息	"告诉我发生的每一件事。"	√
具体限定性问题（Specific-closed）	要求对事件的特定方面进行更为狭义的解释	"谁在房间里？"	√
强制选择性问题（Forced-choice）	包含多个选项，询问对象应从中选择他们的答案	"你想喝茶还是咖啡？"	×
多重问题（Multiple）	在一段问话中提出多个问题，或者在一段问话中询问关于多个主题的信息	"你看见他了吗？他在哪里？他穿了什么衣服？他看上去是什么样的？"	×
诱导性问题（Leading）	在问题中暗示某个答案是正确的（无论其是否正确），或者在问题中包含了之前没有被询问对象提到过的信息	"你见到了这把枪，是不是？" "这把枪在哪里？"（询问对象之前并没有提到一把枪）	×

引入 PEACE 询问模式的意图是阻止对指引性提问（directive questioning）（提出的问题严格限制询问的方向，从而限制询问对象的回答）的广泛使用，以及使用得到实证证实的方法从证人处获得最为准确和最为丰富的细节［谢泼德和米尔恩（Shepherd and Milne），2006］。因此，在 PEACE 询问模式中

的证人叙述阶段，采用了增强认知询问（ECI）技术。这一询问方案使用了一系列经验支持的心理技术以鼓励合作的证人全面回忆［拉·鲁伊（La Rooy）等人，2013；米尔恩和布尔（Milne and Bull），1999］。

有四个认知组成部分：

（1）报告每一件事——在初次回忆之前，询问对象会被明确指示回忆他们所记住的任何事情和一切，无论他们认为它有多么不重要。

（2）对情境的心理重构——在初次回忆之前，询问人员应通过要求询问对象回忆事件及其所有感官方面感受到的东西（包括他们所看到的），鼓励询问对象在心理上重构犯罪时的情境。

（3）改变视角——在额外的尝试回忆期间，要求询问对象从不同的人的角度来描述犯罪。

（4）改变时间顺序——在进一步的尝试回忆期间，要求询问对象以不同的顺序回忆事件，如从犯罪结束到开始的顺序。

此外，ECI还包含一些其他技术，例如，建立融洽关系（见下文的讨论），通过说明询问对象掌握全部信息，因此应当成为询问的主要力量，从而将询问的控制权从询问人员转移给询问对象，同时确保使用与询问对象的记忆轨迹兼容的提问方式，以及采用与询问对象的初始回忆相同的提问顺序。研究已经证明，与控制询问相比，统计数据显示，ECI使回忆的正确性有了显著的提高［梅蒙（Memon）等人，2010］。

在英格兰和威尔士，对所有警方询问人员的培训都是根据分层级的专业化调查项目（PIP）（警察局长协会，2009）进行的，其中包括PEACE询问模式和ECI的要素，取决于完成了哪一层级的培训。所有的询问人员都必须至少接受PIP一级的培训，接受这一级培训后使他们能够对不太严重的一般犯罪（大量的犯罪属于这类）的证人进行询问。PIP二级培训适合对严重和复杂的犯罪进行询问以及专业询问人员，如儿童询问，PIP三级培训涉及询问的监督和管理。在英格兰和威尔士，大多数对证人的询问都是由这些接受过训练的警察执行的，尽管在特殊情况下，其他受过训练的专业人员（如社会工作者）可能会共同领导询问。使用的询问技巧根据犯罪的严重性而有所不同。对于大量和相对轻微的犯罪，可以采用正式的书面陈述，然而对于更严重的犯罪（如儿童性虐待或谋杀），调查人员可能进行包括 ECI 和全面规划的完整询问。

尽管认知询问十分成功［梅蒙（Memon）等人，2010］，研究表明，询问人员使用 ECI 的某些方面，例如"报告一切"的指令，比其他更为普遍，如"对情境的心理重构"［丹多（Dando）等人，2009］。这可能是由于询问人员认为有些技术更有效和/或耗时更少［丹多（Dando）等人，2008］，因此，尽管经过培训，但 ECI 中的一些技术在实践中可能不会经常被使用。然而，对于儿童询问，研究表明并不是所有的 ECI 技术都是适用的［对于询问，参见梅蒙（Memon）等人，2010］。例如，"改变视角"和"改变时间顺序"的指令可能使年幼的儿童证人难以充分理解。

但是，在调查询问期间，还可以采取其他措施帮助儿童证人，以确保他们获得司法方面的救助。目前在英格兰和威尔士全境使用的"获得最佳证据"（ABE）指南（司法部，2011）详细介绍了应当如何对证人进行询问，特别是针对包括儿童在内的弱势证人采取的特别措施，成为本章其余部分的重点①。除了在认知过程上帮助儿童的方法外，ABE 还以多种方式解决了询问人员——询问对象之间的关系，询问人员的风格以及在询问中向儿童提供社会帮助（见表9-1关于帮助类型的界定）。它建议询问人员：

- 在所有询问开始时建立融洽关系；
- 避免权威性的举止，但应显得自信和有能力；
- 表现出同情、尊重以及必要时做出保证；
- 在对非常年幼和心理紊乱的儿童进行询问时使用"温暖的举止"（P.177）；
- 适当的时候，在询问中间引入中间人或询问协助者。

---

① ABE 指南是第二级专业询问 PIP 培训的基础，包含了上述优良询问和增强的认知询问的一般原则。

提出这些建议是为了让询问人员避免出现证人过于顺从、默许或因经历的事件而感到胆怯，并帮助减少询问人员和询问对象之间的权力不对等，当询问对象是儿童时，这种情况当然更加明显。

对儿童证人的询问帮助

接受调查询问对于许多人来说是一种创伤性的经历。他们经常需要向一个完全陌生的人描述使他们痛苦和困惑的经历。这种询问可能使证人感到尴尬和焦虑，如果不以同情的方式进行，这种经历会再次伤害询问对象。对于不了解法律程序的证人尤其如此，例如，由于证人的年龄而导致的这种情况。利安德（Leander）等人（2007）发现，执法专业人员常常认为儿童对于揭露性虐待犯罪的情绪障碍（如感到不适、害怕被误解或不被相信）大于他们的认知障碍。因此，似乎意识到在调查询问期间有必要在情绪情感上帮助儿童证人。然而，关于儿童证人询问中社会帮助效果的实证依据仍然有限。

在心理学文献中，社会帮助通常被作为由询问人员提供的询问特征来审查，因此将审视询问人员的言语和非言语性的支持性行为，包括建立融洽关系。然而，为了进行这项审查，亦会审查其他询问参与者提供社会帮助的能力（中间人和询问协助者）。虽然证人的心理健康很重要，但是调查中回忆的准确性和全面性也非常重要，因此将讨论询问帮助选项对证人情绪和回忆事件的影响。本章的其余部分将审查对与询问儿童证人有关的不同帮助类型（融洽关系、言语和非言语帮助、中间人和询问协助者）的研究。

建立融洽关系

建立融洽关系是一种由 ABE 鼓励的言语支持形式（司法部，2011）。它被认为会带来一种更舒适的"询问人员—询问对象"关系，改善询问的氛围

[柯林斯（Collins）等人，2002]。蒂克尔－迪格能（Tickle-Degnen）和罗森塔尔（Rosenthal）（1990）将二者关系描述为由三个组成部分构成：相互注意（注意和参与另外一个人所说的话）、积极性（相互友好）和协作（双方应该能够一起为工作而合作）。他们认为，尽管协作对于在询问关系中早期发生的会谈不那么重要，但正如针对儿童的司法询问经常所做的那样，所有的三个组成部分都必须存在。ABE（司法部，2011）在其指导方针中包括了积极性和相互注意的概念，建议建立关系应包括讨论积极或中立的主题和主动倾听。然而，对实际调查询问的研究发现，这种培训没有被有效地转化为实践。韦斯科特和基能（Westcott and Kynan，2006）利用儿童询问记录样本发现，融洽关系的建立经常以"列表式"的方式进行，而不是作为联结询问人员和询问对象的机会。此外，在儿童保护机构对儿童性虐待案件中的疑似被害人的询问中，伍德（Wood）等人（1996）经常发现询问人员在他们的关系建立中是"机械的"，依靠答案简短的问题（例如"你最喜欢的科目是什么？"）并且以冷淡的方式做出回应。如果没有适当地建立融洽关系，询问对象可能会觉得询问人员对他们所说的内容没有真正感兴趣，并可能会因此而报告不太重要的信息。

几乎没有什么研究比较与儿童建立和没有建立融洽关系的询问。据我们所知，包括这种必要控制条件的唯一研究是柯林斯（Collins，2012）的博士论文。在她的研究中，她发现，与没有融洽关系建立阶段相比，包含有关于中立主题的开放性问题[如ABE（司法部，2011）所建议的]的融洽关系建立阶段，对于儿童的回忆或他们的易受暗示性没有显著影响。相反，研究中发现，如果有玩游戏这类建立融洽关系阶段，儿童和询问人员一起完成了诸如拼图的游戏任务，会使得儿童在随后的模拟司法询问中提供更详细和更准确的信息，并且还会正确地回答误导性问题（暗示有不正确答案的问题）。这表明，与ABE目前鼓励的程序（司法部，2011）相比，替代性融洽关系建立程序可能对儿童的回忆产生更为有利的影响。柯林斯（Collins，2012）也审查了儿童自我报告的焦虑状态和他们的心率差异性，并没有发现这些在建立融洽关系不同条件之间的显著差异，这表明建立融洽关系可能不会导致儿童的焦虑。

最近的一项实地研究考察了儿童询问期间加强融洽关系建立的行为，并将其与NICHD询问方案中倡导的那些行为相比较［赫什科维茨（Hershkowitz）等人，2013］①。需要注意的是，NICHD询问方案本身在建立融洽关系方面比ABE推荐的程序更为广泛。NICHD询问方案包括鼓励儿童谈论他们喜欢和不喜欢的事物，以及在建立关系阶段回忆过去的中立事件，而ABE只是建议简要地讨论中立话题。除了标准的NICHD建议，加强关系建设涉及更多地考虑儿童的情绪和对儿童的情绪感同身受，对他们的经历表现出兴趣和积极加强他们的努力。赫什科维茨（Hershkowitz）等人（2013）发现，这种增强措施导致了与NICHD标准的关系建立相比，被怀疑遭受性虐待的儿童受害者披露性虐待的抵触情绪更少，尽管在询问中回忆的信息总量没有差别。因此，可能ABE（司法部，2011）建立关系的技术根本不足以充分支持儿童。然而，更全面的程序可能比ABE建立关系平均需要更长时间，并且发现长时间的关系建立对儿童的回忆有负面影响，与儿童的更简短和更粗略的回答相关［戴维斯（Davis）等人，2000；赫什科维茨（Hershkowitz），2009］。因此，对赫什科维茨（Hershkowitz）等人（2013）使用的两种形式的关系建立进行比较研究是有意义的，无关系建立和标准的ABE关系建立，以确定使用这些增进关系的技术是否更有效，或花费更多时间是否会对儿童的回忆产生负面影响。

然而，赫什科维茨（Hershkowitz）等人（2013）提出的融洽关系强化方案倡导的不仅是在建立关系阶段提供更多的支持，而是要贯彻在整个询问过程中。赫什科维茨（Hershkowitz）等人（2013）认为，这对于鼓励儿童在询问过程中尽可能多地提供详细信息很重要，同时还认为，与标准的NICHD询问方案中的融洽关系建立相比，经历强化的融洽关系建设的儿童并没有在整体上显著提供更多信息，其原因是询问人员在实质性询问

---

① 国家儿童健康与人类发展研究所（NICHD）询问方案，详见兰姆（Lamb）等人（2011）和拉·鲁伊（La Rooy）等人（2013）。

阶段不再提供更多帮助。这也是一个可以包括在 ABE 询问指南中的改进：在建立融洽关系之后，询问人员可以通过他们的言语和非言语行为在整个询问过程中提供帮助。

实质性阶段中询问人员的言语和非言语支持行为

在询问的实质阶段，询问人员的支持可能对儿童询问对象的身心健康产生重大影响。例如，阿尔梅里亚高格纳（Almerigogna）等人（2008）发现，儿童认为那些面带微笑和没有表现出烦躁的询问人员更加友好，认为相反表现的询问人员更加严厉、无聊或者让他们紧张。其他研究已经使用了多种不同的行为来改变支持询问的方式。这些在表 9-3 中列出，该表仅集中于自 2001 年以来的实验研究，因为较早的研究发现被认为已经并入了早期版本（2002）的 ABE 中。

在表 9-3 中列举的大多数研究结果已得到证明，即支持行为对儿童回忆有积极的或至少是中性的影响。对于误导性问题的回答和降低焦虑程度尤其如此。唯一显示出有一些不良影响的研究是布尔和科兰（Bull and Corran，2003）的研究，其中包括"正确引导"问题（暗示正确答案的问题）。在他们的研究中，36 名 7~14 岁的儿童观看了一个短片，其后给出了 12 个标准化的特定回忆问题（4 个误导、4 个引导和 4 个中立问题），以命令或非命令的方式提出。对于年幼的参与者，命令的方式增加了他们对关于视频的正确引导问题和中立性特定问题的正确回复的数量。然而，这项研究并没有控制询问人员的导入或者融洽关系的建立（与其他研究不同），这可能能够解释这些不同的结果。因此，可能其他的非言语性支持行为与对询问的支持性导入相结合同样有效。

表 9–3 2001 年以来关于询问人员对儿童回忆的支持性行为效果的实验研究结果

研究	样本年龄	支持性行为								效果（+/0/−：积极/中性/消极）				
		身体姿势	位置靠近	非正式着装	眼神交流	表现出"友好"	介绍/建立融洽关系	不经意的夸奖/语言鼓励	微笑	声音温暖	自由回忆	误导性问题	诱导性问题	特定问题	指引性问题（误导和特定问题）	减少焦虑
阿尔梅里亚高格纳（Almerigogna）等人，(2007)	8~10	√		√	√	√		√			+		0			+
布尔和科兰（Bull & Corran, 2003）	7~14	√						√	√		+	−[1] 0[2]	−[3] 0[4]			
戴维斯和博顿斯（Davis & Bottoms, 2002）	6~7	√	√			√		√	√	0	+		0			+
彼得-哈格勒（Peter-Hagene）等人，(2014)	7~8	√	√		√		√		√	√	+					
*戴维斯和博顿斯（Davis & Bottoms, 2002）一年后的样本																
库阿斯（Quas）等人，(2004)	4~6	√		√	√		√	√							+[5] −[6]	
库阿斯和连奇（Quas & Lench, 2007）	5~6	√	√		√		√	√	√		0				+	

1. 7~11 周岁；2. 12~14 周岁；3. 7~8 周岁；4. 10~14 周岁；
5. 自主反应性高的儿童；6. 自主反应性低的儿童。

＊表示未提供数据。——译者注

虽然目前已知的实验研究大多赞成在儿童询问中使用支持性行为，但仅仅依赖的是实验结果的方法，而这些实验经常使用视频录制的犯罪行为或者使被害人缺乏情绪影响的现场性的非犯罪事件，从生态角度来看缺乏有效性。在已知的安全环境中向询问人员回忆电影中的片段产生的焦虑与受害者在未知环境中，如询问室，向警务人员叙述遭受虐待或遗弃而产生的焦虑是不能相提并论的。因此，单独将这些实验中的社会支持结果应用于实际询问涉嫌遭受性虐待的儿童的效果并不一定理想。因此，实地研究是非常宝贵的，但很遗憾，很少有人进行关于这方面的儿童调查询问的实地研究。那些已经这样做的人报告了积极的效果。特奥和兰姆（Teoh and Lamb, 2013）发现，与非支持性的询问人员相比，那些接受支持性询问人员询问的儿童，无论年龄如何，都会提供更多的信息（例如，提供更具证明价值的信息）。不过，他们也发现警务人员提供的支持性行为并不一致，对年龄较大的儿童比对年幼的儿童提供了更多的支持。赫什科维茨（Hershkowitz）等人（2006）也发现，在询问中得到更多言语支持的儿童比那些得到支持较少的儿童提供了更多的信息反馈。然而，在这个样本中也发现，询问人员在询问的实质阶段，相比于没有披露信息的儿童，对那些披露了信息的儿童给予了更多支持。可能的原因是，由于缺乏支持，未披露信息的儿童在实质阶段越来越不愿意提供信息或抗拒询问人员的提问。此外，埃亨（Ahern）等人（2014）发现，当询问人员使用增强的融洽关系建立方案［如赫什科维茨（Hershkowitz）等人，2013，在上文所讨论的］，并且在询问的实质阶段对儿童的抵触情绪提供支持性行为时，儿童明显比使用该方案但是没有对儿童的抵触提供支持性行为表现出较少的抵触。相比之下，当询问人员使用标准的 NICHD 询问方案［如赫什科维茨（Hershkowitz）等人，2013］时，实质阶段提供的支持对儿童持续的抵触心态没有影响［埃亨（Ahern）等人，2014］。因此，从开始和贯穿整个调查询问的一致和持续的支持可能有益于儿童提供证词。

尽管赫什科维茨（Hershkowitz）等人（2006）和埃亨（Ahern）等人（2014）在研究中选用的所有询问都涉及可信的指控，但是儿童证词的真实性是无法确定的。因此，这些儿童可能没有在询问中提供额外的准确信息，而是提供了更多能使友好的询问人员满意并填补对话的空白的信息。此外，没有一项研究实地考察衡量了儿童的情绪健康（emotional well-being），只是审查了言语支持。询问人员的非语言行为可能与言语行为并不一致，所以他们整体上的支持程度可能没有得到准确评估。事实上，询问人员的非言语支持可能与言语支持表达的程度相同或比言语支持更为强烈。然而，这些现实生活中的发现与实验研究结合（见表 9-3）确实表明了，在儿童询问中使用友好和平易近人的言语和非言语行为可能存在的功效。询问人员自己显然有机会通过建立融洽关系和支持性的言语和非言语行为来支持儿童。然而，在询问时，还可以有更多的人在场来帮助儿童，这正是我们正在努力的方向。

中间人和询问协助者的作用

所有弱势证人都有资格获得询问协助者和中间人。是否实施这一特别措施取决于警务人员进行的询问以及调查。

询问协助者的作用只是为询问对象提供情感支持。除了让询问对象感觉心理舒适之外，他们不得以任何方式打断询问（ABE：司法部，2011）。询问协助者可以是没有卷入调查的询问对象感到舒适的任何人。询问协助者可以不接受任何培训，虽然专业机构（如被害人援助组织）可以提供志愿者作为询问协助者，他们接受过关于帮助证人和被害人[①]的一般培训。

另一方面，中间人在警察询问和法庭出庭期间，可以协助询问人员和询问对象之间的沟通。根据库珀（Cooper，2012）的调查，在英格兰和威尔士的 144 名注册中间人中大多数是语言治疗师，但也有些来自心理学、教育或其他相关背景。他们在询问中的作用是：

1. 对询问对象进行询问前评估，并就他们是否能够表达其证据提供建议；
2. 就如何最好地询问被害人提供指导；以及
3. 在调查询问期间在场，以监督和促进询问人员和询问对象之间的

[①] 新西兰和美国也向它们的儿童证人提供类似的帮助［麦考利夫（McAuliff）等人，2013；新西兰司法部（NZMoJ），2010］。

沟通和交流。

在询问人员提问期间，中间人应当限制自身对询问的干预，仅限于当中间人感觉到询问对象不能或没有理解问题时，和/或他们觉得他们应该对询问对象采取行动以帮助他/她集中注意力时（司法部，2012）。因此，虽然中间人的作用并没有明确地包括对证人的情绪情感支持，但他们在询问中的工作也可以达到类似的目的。普洛尼科夫和沃尔夫森（Plotnikoff and Woolfson，2007）对刑事审判期间中间人的工作进行了评估（此时中间人在继续协助沟通中）并支持了这一观点。他们发现，许多弱势证人的照看者报告说，中间人的存在减少了法庭上弱势证人的压力，因此中间人的存在可能在调查询问中也会有这种有益的影响。此外，律师和中间人都认为，提出不适当的问题可能会通过削弱儿童的信心从而影响到儿童的情绪健康［克雷恩布尔（Krähenbühl），2011］。因此，中间人可能明白他们的工作对于积极地影响儿童情绪有意想不到的积极结果。

与英格兰和威尔士相比，许多国家和地区根本不向儿童证人提供中间人，包括西澳大利亚（尽管有法律规定）［亨德森（Henderson），2010］和新西兰（尽管他们正在考虑实施）［汉纳（Hanna）等人，2013］。即使在目前使用中间人的国家，中间人往往也只限于在法庭内工作｛如澳大利亚（NZMoJ，2010）、南非和美国［亨德森（Henderson），2012］｝。另一方面，一些国家使用专家进行儿童询问。这些人通常是经过特别训练的警察｛如澳大利亚（NZMoJ，2010）、挪威和法国［亨德森（Henderson），2010］｝，但也可能拥有社会工作背景｛如以色列的"青年讯问人员"［赫什科维茨（Hershkowitz），2009］｝。因此，中间人在英格兰和威尔士的作用在目前是独一无二的。

尽管在 ABE 中纳入这些理论上的支持性方法作为选项具有道德意义（证人可能已经有了创伤性的经历，应该尽可能简单和舒适地披露这种创伤经历），但是，支持这些方法的研究很少，而且并不总是有一致的结果。我们在本章下述部分中审查这些证据。

◆ 注册中间人

在《1999年青少年司法与刑事证据法》中引入了中间人，作为改善询问对象与刑事司法系统之间沟通的"特别措施"之一，在法庭审判或询问环境中使用。文献表明，这种改进是非常必要的。许多研究表明，儿童难以理解调查询问中提出的问题［例如，卡特（Carter）等人，1996；科克曼（Korkman）等人，2008］，并在问题被重新表述为与发展心理相适应的问题时能给出更准确的答案［英霍夫和贝克-沃德（Imhoff and Baker-Ward），1999］。

克雷恩布尔（Krähenbühl，2011）发现，中间人在儿童询问和交叉询问的模拟记录中比律师识别出了两倍以上的不当陈述或问题。不过，她的研究并没有考察中间人的实际行为，所以不清楚他们是否会在每个不恰当的问题之后介入或进行干预（正如他们的角色所建议的那样）。对涉及调查询问弱势证人的25名注册中间人的调查显示，有72%的中间人表示他们在询问中几乎没有或根本没有进行干预，其中56%的询问对象认为他们应该进行更多干预。

这表明中间人可能意识到了质量不高的询问，但在他们认为不合适的提问之后并没有干预。这可能是由于中间人担心会过于频繁地打断询问人员，这是一个困难的任务，因为他们的介入会中断询问人员的流畅表述，或者让询问人员感到中间人过于苛刻［普洛尼科夫和伍尔夫森（Plotnikoff and Woolfson），2007］。然而，在中间人的帮助下，详细规划的警方询问应当意味着大多数询问问题已经适合于证人的认知水平。也就是说，在克雷恩布尔（Krähenbühl）的研究（2011）中确认的，许多中间人针对儿童发展心理不当的问题提出的建议性解决方案，涉及将这个问题重新设计成一个封闭的，通常是强制性选择或者是/否形式的问题。但这些形式的提问在现在的询问指南中是不建议的。因此，中间人可能会无意地以对证据质量不利的方式对弱势证人进行简单的询问。对此问题的一种解决方案是让中间人完成警察询问培训（只有9%的人报告这样做）［普洛尼科夫和伍尔夫森（Plotnikoff and Woolfson），2007］，或者将初步培训延展到涵盖这些问题。

实地研究和实验研究都没有审查中间人的存在对证人回忆或其健康的影响。然而，警务人员报告了中间人工作的好处，包括提醒他们证人的理解能力水平（通常被高估），并帮助规划适合询问对象的问题［普洛尼科夫和伍尔夫森（Plotnikoff and Woolfson），2007；库珀（Cooper），2009］。此外，里德利（Ridley）等人（2015）进行了一项研究，其中模拟陪审员、律师和警察评估了两个版本的警务人员实施的虚构的儿童证人询问记录。其中的一个版本包括有中间人的出席，中间人要求澄清警察提出的一些问题。第二个版本没有中间人出席。总的来说，中间人的存在对于考量询问的各个方面都有积极或中立的影响，特别是在警察和律师中间，中间人的在场对于儿童证人的感知可信度没有任何负面的影响。

尽管警方对中间人普遍抱有积极的看法，但普洛尼科夫和伍尔夫森（Plotnikoff and Woolfson，2007）强调，他们很少仅仅根据证人的年龄要求中间人出席（14%）；相反，他们主要针对有额外弱点的儿童（如存在学习障碍）和弱势成年证人（约占请求的76%）而要求中间人提供协助。尽管儿童是有资格获得中间人的最大的证人群体［普洛尼科夫和伍尔夫森（Plotnikoff and Woolfson），2007］，然而，所有弱势证人要求提供中间人的数量似乎在增加，2009年至2012年期间有3318项请求，而2004年至2009年期间约为2000项［库珀（Cooper），2012］。总体数字的增加可能是包括了更多的儿童询问。

正如本次审查所强调的，有关中间人对儿童询问和刑事司法程序的影响的研究是有限的。进一步的研究将有助于确定中间人方案的有效性，不管是对于加强与弱势证人沟通的既定目标，还是对于提供心理支持的非计划性的结果。

◆ 询问协助者

据ABE（司法部，2011），所有的弱势证人都有资格获得询问协助者。然而，据我们所知，在英格兰和威尔斯的调查询问中，对询问协助者使用的频率和质量几乎没有研究，也没有最新数据。因此，我们主要参考其他国家类似计划的依据。

在美国，被害人/证人帮助人员（VWAs）是专业人士，他们或是自己作为儿童的协助者，或者在其职业角色中，能够对其他人（如儿童的亲属）帮助儿童证人的程度发表意见。麦考利夫（McAuliff）等人（2013）对 414 个 VWAs 进行了一项调查。他们认为，尽管相信协助者的存在减轻了儿童证人的压力，并提高了儿童的准确性和可信度，但在调查询问期间，协助者"很少"被"使用"。在苏格兰，普洛尼科夫和伍尔夫森（Plotnikoff and Woolfson, 2000）报道说，在审查的 45 次警察询问中，有 25 次协助者陪同了儿童，但并不总是会询问儿童证人他们是否需要一名协助者。

关于这个课题的实验文献似乎完全限于使用同龄人作为询问协助者［参见格林斯托克和派普（Greenstock and Pipe），1997；莫斯顿（Moston），1992］。虽然这些研究一般都发现同龄人表现出了中立或积极影响，但是将另一个儿童纳入调查询问的实际困难和法律困难意味着这不是支持儿童的可行方法。

然而，在芬兰进行了一次实地调查，其中 27 例由儿童亲属担当询问协助者。桑提勒（Santtila）等人（2004）发现亲属的存在对询问对象和询问人员的行为都有负面影响。询问人员更多地提出暗示性问题并且说话较多，而儿童说话较少，提供的细节和描述也较少，与儿童独自接受询问相比，其亲属在场时，儿童会提供更多无意义的答案。此外，麦考利夫（McAuliff）等人（2013）的研究，报告了父母作为询问协助者本身的消极情绪。VWAs 普遍认为，在法律环境中帮助子女的父母对儿童的压力水平没有积极的影响，反而往往会干扰儿童的证词，其受到的培训不足以担当协助者。这些对儿童健康的中性影响和对儿童证词的消极影响可能是由于亲属在场和儿童与亲属先前的关系而导致的尴尬和焦虑增加。然而，这可能并不意味着除父母以外的询问协助者也将对调查询问中儿童的表现产生负面影响。在威尔士进行的一项研究中，奥尔德里奇和伍德（Aldridge and Wood, 1998）表示，"附属"成年人（与儿童有个人联系的某个人，如父母一方）认为很难不参与询问，要么通过主动提供信息要么儿童期望他们提供帮助而参与询问。因此，他们认为，"附属"成年人的存在可能不仅对儿童，而且对提供帮助的成年人的心理健康和证据的认知质量都是有害的。为了避免这种情况，他们建议询问时"无情感联系"的成年人的在场（如社会工作者）可能更有益。

然而，这些研究有一些局限性：麦考利夫（McAuliff）等人（2013）认识到，由于研究的自我报告性质，VWAs 的抽样和可能的应答偏差有局限性。桑提勒（Santtila）等人（2004）指出，他们的芬兰样本没有代表性，来源的询问质量受到质疑，涉及准实验设计，这意味着有询问协助者和没有询问协助者的儿童询问之间可能存在显著差异。奥尔德里奇和伍德（Aldridge and Wood，1998）的建议是基于 100 个儿童询问记录的样本，没有关于有多少询问协助者这样的细节。

根据我们对询问协助者的有限研究的考察，有证据表明，使用父母或亲戚作为询问协助者可能是不适当的。至少，在英格兰和威尔士，针对证人协助者的简要指南，以及以提高这种服务的专业化行动（符合美国的 VWAs 计划）是需要考虑的。

对研究、政策制定和实践的启示

- 基于良好的心理学研究，在调查询问中询问成人和儿童的有效方案已经制订，并在英格兰和威尔士广泛采用。
- 关于这样的研究很有限：确保在调查询问期间为儿童证人提供的社会保障条款既适合目标，又能实现既使儿童感到舒适，也能改善或至少不削弱所提供证据的质量的双重目的。
  - ——对不同的询问方案中建立融洽关系阶段的比较，将阐明更长时间的融洽关系建立和更多涉及情感方面的融洽关系建立（表现出更多的同情和对儿童生活有更多的兴趣）的相对优缺点。
  - ——关于中间人和询问协助者对儿童证人健康和回忆的影响的研究是必要的。存在这项研究的机会，因为这些特别措施已经在刑事司法系统中运行。
- 应该鼓励在询问实质性阶段使用持续的社交支持行为，包括微笑和频繁使用眼神接触等非言语行为。将它们纳入警察询问培训将是增加向儿童证人和被害人提供社交帮助的相对简单的方法。
- 倡导对中间人进行扩展培训，包括询问技巧，以确保在儿童理解问题的需要和（尽可能）避免封闭或诱导性问题之间达到适当的平衡。这将有利于中间人投入调查询问规划和有利于询问本身。

• 从现有的研究中可以看出，需要对询问协助者进行培训或提供信息。另一种选择是以与美国被害人/证人帮助人员类似的方式，为所有儿童询问引入职业询问协助者的角色。

参考文献

❶ Ahern. E. Hershkowitz, I, Lamb, M. E, Winstanley, A. and Blasbalg, U. (2014) *Interviewer Support and Alleged Child Abuse Victim Reluctance in the Pre-substantive Phase of investigative Interviews: Revised vs. Standard NICHD Protocols.* Paper presented at the meeting of the American Psychology-Law Society, New Orleans, Louisiana.

❷ Aldridge, M. and Wood, J. (1998) 'Establishing rapport', in M. Aldridge and J. Wood, *Interviewing Children: A Guide for Child Care and Forensic Practitioners.* Chichester: Wiley & Sons, pp. 25–69.

❸ Almerigogna, J., Ost, J., Akehurst, L. and Fluck, M. (2008) 'How interviewers' nonverbal behaviors can affect children's perceptions and suggestibility', *Journal of Experimental Child psychology*, 100: 17–39.

❹ Almerigogna, J., Ost, J., Bull, R. and Akehurst, L. (2007) 'State of high anxiety: how non-supportive interviewers can increase the suggestibility of child witnesses', *Applied Cognitive Psychology*, 21: 963–74.

❺ Association of Chief Police Officers (2009) *National investigative interviewing: Briefing Paper.* Retrieved from: http://www.acpo.police.uk/documents/crime/2009/200901CRINSI01.pdf.

❻ Bull, R. and Corran, E. (2003) 'Interviewing child witnesses: past and future', *International Journal of Police Science and Management*, 4: 315–22.

❼ Carter, C. A., Bottoms, B. L. and Levine, M. (1996) 'Linguistic and socioemotional influences on the accuracy of children's reports', *Law and Human Behavior*, 20: 335–58.

⑧ College of Policing (2013) *Investigative Interviewing*. Retrieved from: http://www.app.college.police.uk/app-content/investigations/investigative-interviewing/.

⑨ Collins, K. (2012) 'Rapport Building in Child Investigative interviews'. Unpublished doctoral dissertation, University of Stirling, Scotland.

⑩ Collins, R., Lincoln, R. and Frank, M. G. (2002) 'The effect of rapport in forensic interviewing', *Psychiatry, Psychology and Law*, 9: 69-78.

⑪ Cooper, P. (2009) *Tell Me What's Happening: Registered Intermediary Survey* 2009, Project Report. Retrieved from: http://eprints.kingston.ac.uk/26963/.

⑫ Cooper, P. (2012) *Ten years of Registered intermediaries in England and Wales*. Retrieved from: http://www.city.ac.uk/_data/assets/pdf_file0010/150688/Ten-years-of-Registered-Intermediaries-in-England-and-Wales-Jun-2012.pdf.

⑬ Dando, C., Wilcock, R. and Milne, R. (2008) 'The Cognitive Interview: inexperienced police officers' perceptions of their witness/victim interviewing practices', *Legal and Criminological Psychology*, 13: 59-7.

⑭ Dando, C., Wilcock, R. and Milne, R. (2009) 'The Cognitive interview: novice police officers' witness/victim interviewing practices', *Psychology, Crime and Law*, 15: 679-96.

⑮ Davies, G. M., Westcott, H. L. and Horan, N. (2000) 'The impact of questioning style on the content of investigative interviews with suspected child sexual abuse victim', *Psychology, Crime and Law*, 6: 81-97.

⑯ Davis, S. L. and Bottoms, B. L. (2002) 'Effects of social support on children's eyewitness reports: a test of the underlying mechanism', *Law and Human Behavior*, 26: 185-215.

⑰ Greenstock, J. and Pipe, M. (1997) 'Are two heads better than one? Peer support and children's eyewitness reports', *Applied Cognitive Psychology*, 11: 461-83.

第 09 章　英格兰和威尔士的调查询问

⑱ Hanna, K., Davies, E., Henderson, E. and Hand, L. (2013) 'Questioning child witnesses exploring the benefits and risks of intermediary models in New Zealand', *Psychiatry, Psychology and Law*, 20: 527 – 42.

⑲ Henderson, E. (2010) 'Innovative practices in other jurisdictions', in K. Hanna, E. Davie, E. Henderson, C. Crothers and C. Rotherham, *Child witnesses in the New Zealand Criminal Courts: A Review of Practice and implications for Policy*. Auckland, NZ: Institute of Public Policy.

⑳ Henderson, E. (2012) 'Alternative routes: other accusatorial jurisdictions on the slow road to best evidence', in J. R. Spencer and M. E. Lamb (eds), *Children and Cross-examination: Time to Change the Rules?* Oxford: Hart, pp. 43 – 74.

㉑ Hershkowitz, I. (2009) 'Socioemotional factors in child sexual abuse investigations', *Child Maltreatment*, 14: 17281.

㉒ Hershkowitz, I., Lamb, M. E., Katz, C. and Malloy, L. C. (2013) 'Does enhanced rapport-building alter the dynamics of investigative interviews with suspected victims of sexual abuse?', *Journal of Police and Criminal Psychology*, 30: 6 – 14.

㉓ Hershkowitz, I., Orbach, Y., Lamb, M. E., Sternberg, K. J. and Horowitz, D. (2006) 'Dynamics of forensic interviews with suspected abuse victims who do not disclose abuse', *Child Abuse and Neglect*, 30: 753 – 6.

㉔ Imhoff, M. C. and Baker-Ward, L. (1999) 'Preschoolers' suggestibility: effects of developmentally appropriate language and interviewer supportiveness', *Journal of Applied Developmental Psychology*, 20: 407 – 29.

㉕ Korkman, J., Santtila, P., Drzewiecki, T. and Sandnabba, N. K. (2008) 'Failing to keep it simple: language use in child sexual abuse interviews with 3 – 8 – year – old children', *Psychology Crime and Law*, 14: 41 – 60.

㉖ Krähenbühl, S. (2011) 'Effective and appropriate communication with children in legal proceedings according to lawyers and intermediaries', *Child Abuse Review*, 20: 407 – 20.

㉗ La Rooy, D. J. , Brown, D. and Lamb, M. E. (2013) 'Suggestibility and witness interviewing using the cognitive interview and NICHD protocol', in A. M. Ridley, F. Gabbert and D. J. La Rooy (eds), *Suggestibility in Legal Contexts*:*Psychological Research Forensic Implications.* Chichester:Wiley-Blackwell.

㉘ Lamb, M. E. , La Rooy, D. J. , Malloy, L. C. and Katz, C. (2011) *Children's Testimony*:*A Handbook of Psychological Research and Forensic Practice*, 2nd edn. Chichester:Wiley-Blackwell.

㉙ Leander, L. , Christianson, S. Å. , Svedin, C. G. and Granhag, P. A. (2007) 'Judges', lay judges', and police officers' beliefs about factors affecting children's testimony about sexual abuse', *Journal of Psychology*, 141:341 – 58.

㉚ Mcauliff, B. D. , Nicholson, E. , Amarillo, D. and Ravanshenas, D. (2013) 'Supporting children in U. S. legal proceedings:descriptive and attitudinal data from a national survey of victim/witness assistants', *Psychology*, *Public Policy*, *and Law*, 19:98 – 113.

㉛ Memon, A. , Meissner, C. A. and Fraser, J. (2010) 'The cognitive interview:a meta-analytic review and study space analysis of the past 25 years', *Psychology*, *Public Policy*, *and Law*, 16:340 – 72.

㉜ Milne, R. and Bull, R. (1999) *Investigative Interviewing.* Chichester:Wiley.

㉝ Ministry of Justice (2011) *Achieving Best Evidence in Criminal Proceedings*:*Guidance on Interviewing Victims and Witnesses*, *and Guidance on Using Special Measures.* Retrieved from:http://www.justice.gov.uk/downloads/victims-and-witnesses/vulnerable-witnesses/achieving-best-evidence-criminal-proceedings.pdf.

㉞ Ministry of Justice (2012) *Registered Intermediary Procedural Guidance Manual.* Retrieved from:http://www.cps.gov.uk/publications/docs/RI_ProceduralguidanceManual_2012.pdf.

㉟ Moston, S. (1992) 'Social support and children's eyewitness testimony', in H. Dent and R. Flin (eds), *Children as Witnesses*. Chichester: Wiley & Sons, pp. 33 – 46.

㊱ National Society for the Prevention of Cruelty to Children (2014) *The Criminal Justice Response to Child Sexual Abuse*. Retrieved from: http://www.nspcc.org.uk/globalas-sets/documents/research-reports/how-safe-children-2014-criminal-justice-response-child-sexual-abuse.pdf.

㊲ New Zealand Ministry of Justice. (2010) *Alternative Pre-trial and Trial Processes for Child witnesses in New Zealand's Criminal Justice System*. Retrieved from: http://www.justice.govt.nz/publications/global-publications.

㊳ Peter-Hagene, L., Bottoms, B. L., Davis, S. L. and Nysse Carris, K. L. (2014) *Social Support Effects on Children's Suggestibility After One Year*. Poster presented at the meeting of the American psychology-law Society, New Orleans, Louisiana.

㊴ Plotnikoff, J. and Woolfson, R. (2000) *An Evaluation of Child Witness Support*. Edinburgh: Scottish Executive Central Research Unit.

㊵ Plotnikoff, J. and Woolfson, R. (2007) *The 'Go-Between': Evaluation of Intermediary Pathfinder Projects*. London: Ministry of Justice.

㊶ Quas, J. A. and Lench, H. C. (2007) 'Arousal at encoding, arousal at retrieval, interviewer support, and children's memory for a mild stressor', *Applied Cognitive Psychology*, 21: 289 – 305.

㊷ Quas, J. A., Bauer, A. and Boyce, W. T. (2004) 'Physiological reactivity, social support, and memory in early childhood', *Child Development*, 75: 797 – 814.

㊸ Ridley, A., Van Rheede, V. and Wilcock, R. 2015 'Interviews and interventions: barristers', police officers' and mock jurors' perceptions of a child witness interview with and without an intermediary', *Investigative Interviewing Research and Practice*, 7: 21 – 35.

㊹ Santtila, P., Korkman, J. and Sandnabba, N. K. (2004) 'Effects of interview phase repeated interviewing, presence of a support person, and anatomically detailed dolls on child sexual abuse interviews', *Psychology, Crime and*

Law, 10: 21-35.

㊺ Shepherd, E. and Milne, R. (2006) '"Have you told management about this?" Bringing witness interview into the twenty-first century', in A. Heaton-Armstrong, E. Shepherd, G. Gudjonsson and D. Wolchover (eds), *Witness Testimony: Psychological, Investigative and Evidential Perspectives*. Oxford: Oxford University Press, pp. 131-51.

㊻ Teoh, Y. S. and Lamb, M. (2013) 'Interviewer demeanor in forensic interviews of children', *Psychology, Crime and Law*, 19: 145-59.

㊼ Tickle-Dignen, L. and Rosenthal, R. (1990) 'The nature of rapport and its nonverbal correlates', *Psychology Inquiry*, 1: 285-93.

㊽ Westcott, H. L. and Kynan, S. (2006) 'Interviewer practice in investigative interviews for suspected child sexual abuse', *Psychology, Crime and Law*, 12: 367-82.

㊾ Wood, J. M., McClure, K. A. and Birch R. A. (1996) 'Suggestions for improving interviews in child protection agencies', *Child Maltreatment*, 1: 223-30.

㊿ Youth Justice and Criminal Justice Act 1999. Retrieved from: http://www.legislation.gov.uk/ukpga/1999/23/contents.

第10章

爱沙尼亚对证人的询问

克里斯蒂安·卡斯克（Kristjan Kask）

> **简介**

爱沙尼亚是一个位于北欧波罗的海地区的国家，人口130万。1991年苏联解体后恢复独立，同时开始了司法制度改革。爱沙尼亚的司法制度是建立在具有历史联系的德国模式的基础之上的。在第一审级（县法院）中，涉及第一级刑事犯罪中的犯罪案件由主审法官和两名非职业法官（在法庭庭审中拥有法官的全部权力）组成合议庭进行审理。涉及第二级刑事犯罪中的犯罪案件和适用简易程序的犯罪案件由独立的法官[《刑事诉讼法典》（CCP）§18，RT I，04.10.2013]进行审理。第一级刑事犯罪是指《刑法典》中规定的最高刑罚为五年以上监禁、终身监禁或死刑的犯罪，第二级刑事犯罪是指《刑法典》中规定的最高刑罚为五年或五年以下监禁或罚金的犯罪[《刑法典》（PC）§4，RT I，04.04.2012]。

2002年刑事立法进行了重大修改，一部新的《刑法典》取代了以前的《犯罪行为法》（其来源于爱沙尼亚苏维埃社会主义共和国时期，当时爱沙尼亚是苏联的一部分）。根据新的《刑法典》，有几个基本方面发生了变化。例如，对抗制因素被纳入了刑事诉讼程序。[1] 爱沙尼亚立法规定，被害人在询问中与证人具有相同的权利和义务（尽管一般而言，被害人的权

---

[1] 在本章中，用"询问"这一术语替代了"审讯"（在爱沙尼亚语言中表示对被害人/证人以及犯罪嫌疑人的询问）。并且，"证人"这一术语通常涵盖了"被害人"。

利更广泛)。在预审过程中,对被害人和证人的询问根据《刑事诉讼法典》的规定进行。

在本章中,将介绍目前在爱沙尼亚对成年人和儿童进行询问的做法,以及对立法的一些见解。还将介绍对调查人员的培训情况。然后,将回顾有关最佳询问实践做法的相关文献(在同行评审的国际期刊上所发表的)和新兴做法(在爱沙尼亚当地的科学期刊和相关学生论文中所发表的)。最后,介绍了对研究、政策制定和实践的影响。

当前的询问做法

CCP 并没有说明在询问成年人或儿童时应当采用哪些技术或方法〔如认知询问〔费希尔和盖泽尔曼(Fisher and Geiselman), 1992〕〕。林德美(Lindmäe, 1998)指出,询问应从准备工作开始,然后应遵循程序(日期、时间、参与者、权利和义务);收集所有证据的必要部分(谁、何时、如何、用什么工具、原因)之后,提出问题澄清细节。克鲁格(Krüger, 2008)也提出了类似的指导准则,同时指出,询问人员应当介绍自己,解释询问的目的,表明信任,介绍和解释权利和义务,感谢询问对象提供了回答,在询问结束后提供联系方式,并控制好他/她的非言语交流。

根据克鲁格(Krüger, 2008)的研究,调查人员还应考虑到其他一些问题。必须向证人说明询问是否由视频或音频记录。调查人员必须回答询问对象有关询问的提问。在询问时,应使用符合证人语言水平的适当语言,因为语言对于不同的人可能有不同的含义。如果出现了语义不清的情况,应当澄清语句的含义。应当提出可以用完整句子回答的问题,即倾向于用开放性问题提问;"为什么"和暗示性问题应当避免。首先应鼓励证人说出他/她知道的有关所发生事件的一切;应当使用口头提示来敦促证人说出更多。当提出问题时,应当对证人提供的第一次陈述进行记录,并且在进入下一轮陈述之前应当仅针对有关该陈述提出问题。陈述中的不同要素应逐一检查。应谨慎地做出结论,并且应当根据陈述进行推断。

有时候会进行非正式的询问(即解释)(在后续的诉讼程序中不能用作

证据）。证人必须同意参与解释，而且不能损害证人的基本权利和自由。当成年证人被询问时，警察通常会在计算机上同时书写一份询问备忘录。关于询问技巧，自由回忆与问答式形式都会被使用。在询问备忘录中的表述可能会被修改为与谁、何时发生、发生了什么等按时间顺序排列的陈述。还制定了关于编写备忘录的格式的指导准则［克鲁格（Krüger），2008］。

◆ **对儿童的询问**

儿童证人的特殊处遇在 CPP 的几个部分中有所涵盖，如宣布不公开审理（不允许所有不属于庭审的人留在法庭——这可以用于未成年人也可以用于成年人），以及考虑了在预审程序和法庭上询问儿童的特殊性。在 2011 年 9 月 CPP 部分要素的修改中，引入了与询问有关的几个方面。根据卡斯克（Kask，2011a）的分析，目前正在更深入地讨论这些法律变化的影响。

如果儿童在预审程序中提供的陈述将在法庭上被用作刑事诉讼的证据，则应对询问儿童过程进行录像。但是，仅有以下情况才可以将预审程序中的录像陈述在法庭上作为证据使用：儿童在 10 周岁以下，反复询问可能对儿童的心理状态有负面影响；儿童有残疾（有听力或语言障碍或精神上有缺陷）；或者儿童年龄小于 14 周岁，但涉及的犯罪与性犯罪或家庭暴力有关。犯罪嫌疑人在预审程序中有权查阅询问记录，然后有五天时间提交关于他/她向证人提出的问题的申请。检察机关随后决定该申请是否应当得到批准（这些问题是否已经在初次录像询问中得到了回答，或者是否应当对同一个儿童进行另外一次视频录制的询问）。另外一个可以在法庭上使用预审程序中做出的陈述作为证据的程序是陈述存档（在初步调查中，在初步调查法官在场的情况下对证人进行的询问，并且遵循了交叉询问规则；这种做法也适用于成年人）。但是，这意味着询问对象是在法院由初步调查法官和当事方陪同的情况下，依照交叉询问规则接受询问。

在 2011 年 9 月以前，只能在预审阶段对儿童进行录像询问，这可能导致儿童证人仍然不得不在法庭上作证，并重复在预审程序中给出的证词，除非法医精神病学家和/或心理学专家给出建议，再次记起这些事件会伤害儿童，才可以在法庭上使用预审程序中给出的陈述。

目前，各辖区均有专门针对儿童的配备有录像设备的专门询问室。2004年在首都塔林（Tallinn）成立了第一个调查侵害未成年人权益的严重犯罪（性虐待和身体虐待，家庭暴力）的特别部门，这是视频记录儿童证人陈述的起点。询问过程可以部分或全部进行录像或录音，但CPP要求应告知证人询问过程被记录。在录像记录中，儿童必须被告知针对他/她最亲密的人的指控他/她有权不作证，而且应当确认该儿童理解他/她只应该说出事实真相（以及儿童理解真相与谎言之间的区别）。

立法还允许对成年证人的询问进行录音或录像记录。然而，通常不会这样实施，因为这种记录在法庭上不能被用作证据。大多数情况下，视频记录用于与陈述相关联的特殊情况，即儿童和成年证人被带回至犯罪现场，以便向调查人员解释说明犯罪的具体情形（因为在现场）。视频技术还有可能在法庭上用于远程听证，通过这种方式，证人可以在法院或其他地点的单独房间通过视频连接接受询问。如果将证人带至法院出庭成本昂贵或者是有特殊困难，则使用远程听证；它也用于保护被害人和证人的利益。对于儿童，实践中，在有些情况下使用便携式屏幕（以防止证人看到被告人），而儿童证人也使用从安全的房间连接到法庭的视频。

如果警务人员没有接受过询问儿童的专门培训，那么如果儿童的年龄小于10周岁，由于反复询问可能对儿童的心理状态造成负面影响；或者儿童有残疾（有听力或语言障碍或精神上有缺陷）；或者儿童的年龄小于14周岁，但涉及的犯罪与性犯罪或家庭暴力有关，则必须有一名专家（如儿童保护工作者、社会工作者、心理学家、教师）参与预审程序。

对专家的使用是由于调查人员没有接受过培训的历史情况，他们没有接受如何对儿童进行询问的培训。专家在预审程序和法庭上的责任主要是（通常是）保护儿童的权益（例如，对理解困难的问题重新措辞表达）。在2011年9月CPP变革之前，在轻罪中使用专家（如盗窃移动电话）也是强制性的，这对在犯罪后迅速组织询问造成了困难。目前，如果调查人员仍然需要专家在询问中提供帮助，那么他/她可以要求得到协助。询问中的主要角色作用仍然依赖于调查人员，但参与的专家可以帮助与儿童更好地交流。在法庭审判中儿童也会被提供专家服务，专家观察儿童的年龄和能力，并在需要时重新表述问题。最近，司法部已经印刷好了关于在法庭上将要发生的事情的宣传册，可以在听证会前发送或分发给儿童证人。

当儿童在法庭上发表他/她的陈述时，法官可以建议儿童说出他/她记得的关于发生的事情的一切情况。儿童这样做完之后，控方和辩护律师将会对儿童提问。一旦儿童提供了其证词，儿童将从法庭退场。此外，法院可以中断听证会，依据自身的职权或根据不同当事方准备的书面问题进行提问。在预审程序中，不允许向儿童或成年证人提出暗示性问题（例如，用儿童之前尚未提及的信息来对儿童提问）。但是，对于儿童来说，为了澄清儿童难以回答或难以理解的一些问题，如果法庭允许，可以提出暗示性的问题。在法庭上，儿童证人可以坐在检察官、父母或专家身边，而不必站在证人席位上，因为尽管爱沙尼亚的刑事诉讼程序已经转变为对抗制，但是在法庭设置上大多数还是纠问式布局。最后，如果法庭认为交叉询问会影响证人的身体或心理状态，则不能对证人使用；在任何情况下都不允许对 14 周岁以下的证人使用交叉询问。

◆ 对调查人员的培训

在培训期间，警务人员在警察学院或安全科学院获得关于询问的基本技能。在警察学院提供的基础培训是职业中等教育，合格的候选人可以在塔林的警察学院安全科学院继续本科和硕士水平的学习。

调查人员被教授询问证人的技巧，尽管这主要是出于立法角度［基于认知询问的原则的延伸，参见克鲁格（Krüger），2008］。练习课程主要针对询问，以取得合格的证据并遵守法律程序。关于询问的研究已表明，认知询问［费希尔和盖泽尔曼（Fisher and Geiselman），1992］或 NICHD 询问方案［奥巴赫（Orbach）等人，2000］等结构化询问方法能够使得对事件的描述更为详细。然而，在爱沙尼亚，调查人员没有接受专门的结构化询问培训，例如认知询问，作为其所受教育的一部分，尽管已经有一些为调查人员提供的关于认知询问的成人培训课程正在运行中，但这些培训课程很少见。

对调查人员询问儿童的专门培训时间为三周。在培训期间，其中有一天时间专门用于受训人员学习应用记忆研究的理论原理以及 NICHD 询问方案的基础知识［奥巴赫（Orbach）等人，2000］，有一天时间用于基于视频记录的角色扮演训练，会有来自其他参与者和老师的反馈。在一些辖区，监督小组每年举行一次或两次调查，在调查中，专门从事儿童询问的调查人员会观看几段他们在实践工作中的询问录像，并从策略方面和立法方面讨论如何更好地实施询问，以及如果发生类似情况，将来怎样才能做得更好。还向检察官和法官提供了关于如何询问儿童的培训课程（在刑事和民事案件中）。

关于询问的最佳做法

卡斯克（Kask，2011b）使用基于卡辛（Kassin）等人（2001）以及怀斯和塞弗（Wise and Safer，2004）的问卷，调查了69名爱沙尼亚执法官员（法官、调查人员、处理青少案件的警察）对证人证词的了解。在这些爱沙尼亚样本中，关于询问和记忆的一些调研报告与以前的科学研究结果一致，例如，态度和期望对记忆的影响、事件后信息的影响、遗忘曲线的影响、提问措辞和儿童的易受暗示性的影响。但是，执法官员的评估与专家之间在有些问题的看法上存在较大差异。例如，关于儿童证人的准确度（"幼儿证人的证言不如成年人那么准确"）47%同意，44%不同意该表述；对于老年证人（"老年证人证词的准确度低于年轻人"），52%同意，28%不同意。在专业人士中对证人陈述的评级没有重大差异，这表明他们的教育过程一致。执法官员对证人陈述的评级与外行人员的评级相似，表明仍有接受培训的空间以提高其关于证人证言问题的知识水平（目前他们关于证人证言的知识主要是一些常识性原理）。

爱沙尼亚的调查人员对认知询问和问题类型原理的了解已经得到了研究［卡斯克（Kask），2012a］。卡斯克（Kask）考察了哪种认知询问技术调查人员（在刑事诉讼程序中专门从事调查针对未成年人和/或成年人的犯罪行为）使用最多，并且考虑了这些技术的有效性。此外，对调查人员在调查询问中对问题类型的了解进行了分析。卡斯克（Kask）发现，调查人员倾向于使用他们认为有效的技术，并且他们使用的技术更多的是与询问的沟通和过程相关，而不是涉及认知记忆改善的技术。调查人员最经常使用并认为是有效的技术包括：建立融洽关系以及在解释询问目的后提供最后一次回忆的机会，建议证人用自己的语言进行描述；询问儿童是否能够辨别真相和谎言，并告知儿童如果不知道答案或者不理解问题可以说出来。最少被使用的技术是改变视角和意象（imagery）①。关于问题类型，调查人员在识别解释和口头肯定方面的问题是正确的。指引性问题和选择性问题造成了很多困难，邀请性和暗示性问题最难以正确识别。

卡斯克和库班德（Kask and Kübard，2014）审查了证人在爱沙尼亚一起枪击事件中的回忆，多名目击证人看到了一名男子企图谋杀并导致了女学生死亡。他们得出结论，证人应当被迅速隔开并得到技能娴熟的询问以保存所有细节，最大限度地减少共同目击者信息的影响。

关于儿童，卡斯克（Kask，2012b）审查了在身体和/或性虐待案件中，爱沙尼亚警方对儿童进行询问时使用的不同问题类型的动态。分析了2004年至2008年间对66名儿童进行调查询问的记录（儿童平均年龄为8岁10个月，范围为4～14岁）。结果发现，强迫选择问题和指引性问题最常使用，但是，自由回忆才能产生更多的信息；呈现出年龄差异，4～7岁的儿童比年龄较大的儿童被提问了更多的暗示性问题（询问人员可能希望引导他们谈话）。此外，每个询问人员的表达都存在多个问题。很大一部分询问是从特定问题开始的，自由叙述阶段结束得太快了。

当对询问的不同部分进行比较时，随着询问的进程，每次询问的解释和提出自由回忆问题的平均次数在减少，而暗示性问题和强制选择问题的数量有所增加。有趣的是，卡斯克（Kask）还发现，无论儿童年龄如何，调查人员都提出了相似类型的问题，这表明警察可能会以类似的方式进行询问，尽管如前所述，年龄较小的儿童会比年龄较长的儿童被问及更多的暗示性问题。得出的结论是，调查人员可能会受到与调查询问相关的法律要求的压力（例如，如果他们没有从儿童那里得到质量良好的陈述，犯罪者将不会被起诉）。

---

① 认知询问方法中有五个要点：建立融洽关系（establish rapport）、语景重构（context reinstatement）、报告全部细节（report everything）、改变回忆顺序（change order）、改变视角（change perspective）。——译者注

新兴的做法

关于实践中的最新发展情况，有一些综述性论文从法律角度讨论了儿童询问中存在的问题｛例如，哪些问题应当在询问中考虑到以形成可被法庭接受的证据［蓝莫（Rammo），2006］｝，以及从心理学视角｛如结构化询问方法在询问儿童证人中的优势［卡斯克（Kask），2007］｝。接下来，介绍安全科学研究院的有关研究成果。

努多梅茨（Raudmets，2011）审查了预审程序中和法庭上的记忆问题，发现在她的 15 例样本（2005 年至 2010 年期间）中的 14 例出现了记忆错误。当事件发生的时间和法庭听证会之间的时间延迟较短时，会减少记忆中的错误数量。立法规定，如果事件没有按照预审程序规定的陈述要求被回忆，则这些陈述不能在法庭上用作证据。错误的主要来源涉及事件发生的时间和先后顺序，以及数字和名称（将事实与确凿证据进行比较）。

在法庭交叉询问期间的暗示性问题导致了三分之一案件的错误。在三分之二的案件中，证人表示，由于过去时间太久，他们在预审程序中对事件的记忆更好（或者根本不记得事件）。值得注意的是，预审程序与法庭听证会之间的平均延迟时间为 12 个月；在事件发生和预审程序询问之间的平均延迟时间为三天。关于立法，被害人（但不作为证人的被害人是诉讼参与人）可以阅读预审程序文档，因此他/她在法庭上的陈述可能受到文档中信息的影响［克甘德伯格（Kergandberg）等人，2004］。

内特拉安（Lehtlaan，2007）研究了在爱沙尼亚 30 名调查人员的调查中将认知询问（CI）引入实践的可能性。他发现近四分之三的参与者不知道认知询问是一种询问方法。一半的调查对象回复说 CI 方法会增加询问时间。当被问及应用 CI 的可能性时，有人指出，在任何时间点上询问室的条件都不会引发更好的回忆。三分之一的调查人员回答说，他们可以使用专门的询问室；然而，证人仍然主要在调查人员的办公室接受询问，因为在那里可以使用计算机编写陈述报告。四分之一的调查对象在证人做出陈述的同时没有输入计算机，而其他四分之三的人做到了同步输入。

塔尔（Thal，2009）分析了 2005 年至 2008 年间在南部地区的 25 次询问录像，发现经常出现违反规定的情况，如儿童没有被告知他们有不作证指控其近亲属的权利（如继父）。询问的质量在很大程度上取决于询问人员的技能。有时候，对儿童的承诺是无法保证的（"你再也不用说这些事了"）。还出现了几乎没有询问准备的表现（可能是由于当时有限的询问培训造成的）。塔尔认为，在遵循规则方面的错误是由于粗心大意——有时参与询问的人员没有被介绍，询问的目的没有被澄清，或者只是粗浅地介绍了权利和义务问题。不过，她指出，2008 年的询问与法规的兼容性（哪些问题应当被告知证人以获得证据）比 2005 年做得更好。有时候可能在正式的录像记录询问前对儿童进行非正式询问（在法律上被接受为解释），这可能导致儿童需要重复已经说过的内容甚至拒绝说话。

最近，帕罗加（Paluoja，2012）调查了视频录像在询问中的使用情况，发现除了询问儿童，大多数视频录像都是在警察局外面使用的，用于将陈述与事态相结合（一种对证人和犯罪嫌疑人进行的程序）。警察们认为，询问录像方案要求制作询问视频记录的文字记录副本（记录将非常耗时），但是，立法和检察机关都不需要它（国家审计署，2003）。

塔古（Tagu，2013）建议，在某些情况下录像记录询问应该是强制性的，而且应当可以在法庭上作为证据使用。塔古（Tagu）认为这样的发展可以提高证据的可信度（特别是在不可能进行交叉询问的情况下）。不过，应当承认这样的做法会引起违反被告人辩护权的担忧。此外，应当允许使用部分陈述作为证据——目前，陈述被视为一个整体，如果不一致，整个陈述会被排除。

奥斯丁（Osting，2011）调查了类似的主题，发现录像记录询问很少被使用。国家审计署（NAO，2003）发现，检察机关和法官要承受内容或长或短的询问录像，这可能会拖累司法程序。奥斯丁（Osting）的发现与 NAO 结果形成对比，表明询问录像的表述是梗概的。实践中的做法差别很大，影响了询问录像的质量。所有的回答都可以在录像中记录，因此录像可能很长，并且从程序的角度来看包括了不必要的细节。奥斯丁（Osting）认为，专家询问人员（检察官）对询问录像的质量并不满意；询问是表面的，没有得到重要的细节。询问规划薄弱。询问专家指出，最好的策略是首先让证人自由回忆，然后提出询问方案中列出的具体问题。询问专家说，记录提问的确切措辞很重要。例如，证人没有回答的问题未被记录。对更长时间和详细的询问录像几乎没有任何批评，因为通常不清楚这些陈述是在哪些基础上形成的。检察官和调查部门的负责人都支持使用录音录像设备。有人指出，在涉及儿童的案件中，稍后的询问转录有助于保存重要的语言和非言语信息。总之，在必要的录音录像设备、培训以及用音频或视频记录陈述方面都存在缺陷。

对研究、政策制定和实践的启示

近年来，关于询问成年证人和儿童证人的相关法律已经有了重大修改［卡斯克（Kask），2011a］。在法律的适用方面可以指出不足之处。应鼓励更好地适用 CCP 培训，因为 CCP 没有被完全适用。例如，调查人员可能仍然在手工录入证人的陈述，尽管可以先录像记录询问，然后书写。后者将需要更多的时间和资源，但获得信息的数量和质量会明显提高。

已有关于如何从法律角度以形成优质证据为目的的证人询问指导准则［克鲁格（Krüger），2008］。然而，爱沙尼亚缺乏相关研究文献，特别是有关记忆和其他可能对证人陈述产生影响的心理学问题［卡斯克（Kask），2007］。为了使调查询问更加有效，有关询问的良好示例和最佳做法应被用于培训课程，在培训课程中调查人员必须评估所使用的问题类型或在自己的询问中使用的问题类型。此外，应大力支持调查人员参加后续培训课程和监督，以保持培训中所学到的技能。

目前 NICHD 询问方案被用于培训那些已经完成了学习得更有经验的调查人员，他们已经开始在专门询问儿童的少数部门中工作。然而，也应该将询问儿童的结构化询问方法，如认知询问法加入到警察学员的基础培训课程中。

爱沙尼亚需要有一个更加发达的证人支持系统。目前，大部分是由检察官在法庭上照顾证人的需要。对于儿童来说，这些权利可以被专家监督，也可以由专家保护，但专家可能不熟悉法庭程序。然而，弱势成年证人在法庭上也需要一名支持人员，在这种情况下，他/她将确保向证人解释法院系统的结构以及如何为听证进行准备等。

未来的研究应当集中在询问成年证人的方法上。调查结果［卡斯克（Kask），2012a］表明，爱沙尼亚有关证人问题的知识很缺乏，而且不知道在爱沙尼亚的实践中是如何询问成年证人的。近年来，对询问儿童的调查人员的培训有所增加，审视近年来对儿童进行的询问是否与21世纪头10年所进行的询问有所不同将会是有价值的。

致 谢

本章作者感谢安全科学学院的乌尔马斯·克鲁格（Urmas Krüger）和北区检察院办公室的萨斯基亚·卡斯克（Saskia Kask），他们为本章内容的撰写提供了宝贵意见。

参考文献

❶ Code of Criminal Procedure-RT1，04.10.2013，4（in Estonian）.

❷ Fisher，R. P. and Geiselman，R. E.（1992）*Memory Enhancing Techniques for Investigative Interviewing：The Cognitive Interview.* Springfield，IL. Charles C. Thomas.

❸ Kask，K.（2007）'Arengupõhiseit sobivad meetodid laste küsitiemisekks'［'Developmentally appropriate interviewing techniques of children'］，*Juridica*，4：229–38.

❹ Kask，K.（2011b）'Comparison of knowledge of law enforcement and lay people regarding eyewitness testimony'，*Juridical International*，18：161.

❺ Kask，K.（2012a）'I use what I use：Estonian investigators' knowledge of investigative interviewing'，*Juridical International*，19：161–9.

❻ Kask，K.（2012b）'Dynamics in using different question types in Estonian police interviews of children'，*Applied Cognitive Psychology*，26：324–9.

❼ Kask，K. and Kübard，K.（2014）'An analysis of the eyewitnesses' memories of a shooting incident', *Investigative Interviewing: Research and Practice*, 6: 32 – 41.

❽ Kask, S. (2011a) *Lapstunnistaja erikohtlemine kriminaalmenetluses* [*Special Treatnent of Child Witness in Criminal Proceedings*]. Master's thesis, Tallinn University, Institute of Social Work.

❾ Kassin, S. M., Tubb, V. A., Hosch, H. M. and Memon, A. (2001) 'On the "general acceptance" of eyewitness testimony research: a new survey of the experts', *American Psychologist*, 5: 405 – 16.

❿ Kergandberg, E., Järvet, T., Ploom, T. and Jaggo, O. (2004) *Kriminaalmer. Teine, muudetud trükk* [*Criminal procedure*], 2nd edn. Tallinn: Academy of Security Sciences.

⓫ Krüger, U. (2008) *Ülelamulamine kohtueelses menetluses: Õiguslikud aspektid* [*Interrogation in the Preliminary Proceedings: Juridical Aspects*]. Tallinn: Sisekaitseakadeemia.

⓬ Lehtlaan, A. (2007) *Kognitivne intervjuu ja selle rakendamine eesti Politseis* [*The Applicability of Cognitive Interview in Estonian Police*]. Bachelor thesis, Academy of Security Sciences, Tallinn.

⓭ Lindmäe, H. (1998) *Menetlusmetoodika* [*Methods of Procedure*]. Tallinn: Juura.

⓮ National Audit Ofice (NAO) (2003) *Kuritegude kohiueelne menetlemine* [*Pre-trial Procedure of Crimes*], Audit raport no. 2 – 5/03/133. Retrieved from: http://www.riigikontroll.ee/tabid/206/Audit/1735/Area/14/language/et-ee/Default.aspx (11 December 2013).

⓯ Orbach. Y., Hershkowitz, I., Lamb, M. E., Sternberg, K. J., Esplin, P. W. and Horowitz, D. (2000) 'Assessing the value of structured protocols for forensic interviews of alleged abuse victims', *Child Abuse and Neglect*, 24: 733 – 52.

⓰ Otsing, M. (2011) *Uurimistoimingu käigus antavale ütluste kajastamine ja talletamine Põhja Prefektuuri näitel* [*Saving and Preserving Statements in In-*

vestigative Activities in the Example of Northern Prefecture]. Bachelor thesis, Academy of Security Sciences, Tallinn.

❼ Paluoja, E. (2012) *Videosalvestis ütluste talletamise moodusena Pōhja prefektuuri näitel* [*Videorecording Statements as a Method in the Example of Northern Prefecture*]. Bachelor thesis, Academy of Security Sciences: Tallinn.

❽ Penal Code-RT I, 04. 04. 2012, I (in Estonian).

❾ Rammo, R. (2006) 'Alaealise ülekuulamine kriminaalmenetluse kohtueelses staadiumis' ['Interrogation of minors in preliminary proceedings of criminal procedure']. *Juridica*, 5: 317 –28.

❿ Raudmets, P. (2011) *Mäletamise arvestamine isikulise toendi kogumisel* [*Remembering in Collecting Evidence.*]. Bachelor thesis, Academy of Security Sciences, Tallinn.

⓴ Tagu, A. (2013) *Tunnistaja ütlused tōendina kriminaalmenetluses* [*Witness' Statements as Evidence in the Criminal Proceedings*]. Bachelor thesis, Academy of Security Sciences, Tallinn.

㉒ Thal, E. (2009) *Alaealise kannatanu ülekuulamine ju selle videosalvestamine kohtueelses menetluses* [*Interviewing Minor Victim and Videorecording It in the Preliminary Investigation*]. Bachelor thesis, Academy of Security Sciences, Tallinn.

㉓ Wise. R. A. and Safer, M. A. (2004) 'What US judges know and believe about eyewitness testimony', *Applied Cognitive Psychology*, 4: 427 –43.

第11章

法国询问证人和被害人的
历史、当前实践和研究

塞缪尔·德马基（Samuel Demarchi）

阿娜伊斯·塔蒂（Anaïs Taddeï）

劳伦特·范东（Laurent Fanton）

赫维·法布里奇（Hervé Fabrizi）

史蒂芬妮·塔玛森（Stefania Tamasan）

简介

19世纪末，法国发生了几起极为恶劣的罪行。例如，在瓦彻尔（Vacher）案中，一名临时工人谋杀然后强奸和残害了许多儿童和年轻人。仅仅根据目击者的描述他被定罪［案件描述见苏斯特瑞·德·孔达（Soustre de Condat），2013］。

20世纪初被认为是将科学研究应用于目击证人证词的里程碑。美国和欧洲（主要是德国和英国）出版了占绝大多数的相关刊物。研究人员在开发新的询问方法时，仍然需要考虑到一些研究成果，例如，由于封闭式提问引起的记忆的连续失真［比内特（Binet），1900；斯特恩（Stern），1902；惠普尔（Whipple），1909，1913］。

除了艾尔弗雷德·比内特（Alfred Binet）关于儿童易受暗示性（1900）的研究外，这一时期的少数出版物主要是历史学家、哲学家、律师以及更少的心理学家的产物。拉贵尔·德·班塞勒斯（Laguier de Bancels，1905）在一个关于目击证人证词的评论中指出："忽视他们没有很大的损害"

第 11 章　法国询问证人和被害人的历史、当前实践和研究

(P. 159)。科学家和司法专业人士对用于证词的科学方法的兴趣并没有发生在法国。与这种趋势相反,缪斯特伯格(Munsterberg)的著作引发了美国科学界的一些旋涡[1908;综述,见博斯坦和梅斯纳(Bornstein and Meissner),2008]。比内特(Binet, 1904)批评了法国同行对其关于审讯格式、提问和无障碍记忆重要性的著作的冷淡反应:"……我的关于暗示性的书在法国没有任何回音,我甚至相信没有研究者考虑到它……在德国,相关理论却开始发展"(P. 130)。比内特(Binet)也试图解释:"我可以说出我们失败的原因之一:司法行政当局对我的反对的惯性"(P. 131)。

为了介绍当前法国证人询问领域中方法程序的状态,我们首先讨论本领域中现有的、被专业人士掌握的科学研究。其次,我们专注于实践做法和为专业人士(警察、国家宪兵、法医)提出的培训,并强调研究人员和专业人员之间缺乏交流。最后,我们简要介绍被害人在司法调查中接受的询问。

科学研究的主要成果

法律心理学确实在法医[拉卡萨宁(Lacassagne),1906;拉卡萨宁和马丁(Lacassagne and Marin),1906a,1906b]、治安法官[格尔菲(Gorphe),1924]和心理学家之间产生了一些共鸣,他们定期发表关于证词的评论[例如,克拉帕雷德(Claparède, 1905)提出建议,遵循格罗斯(Gross, 1905)使用犯罪学术语解释法官的心理状态]或对外国论文的批判性评价,这些评价主要发表在评论性刊物《心理学年鉴》(*L'Année psychologique*)。然后,在过去几十年里,只有少数罕见的科学论文以法文出版[例如,1951 年迈锡尼(Mycenae)的综述],但是在 20 世纪的第一阶段,在法国确定对证人和被害人听证进行组织性研究项目是不可能的。

这种不足可能是法律或监管框架缺乏关于证人询问实践做法的信息的结果,或者正如开罗(Cario, 2008)所认为的那样,统计数据的缺乏和错误使得不可能对法律圈进行研究。法律机构不允许对纵向统计处理采取后续行动。但最令人不安的是法国立法者对证词问题的淡薄的兴趣。除了对存款人的可信性评估/评价外,对这一基本调查程序似乎没有任何特别的权重;然而,许

多专业人士每天都在使用它，无论是作为司法警察的调查人员、治安法官、法医还是社会工作者！

法国有关目击证人证词的科学出版物在20世纪90年代重现。在法国，第一个成果涉及对认知询问的法语改编［吉内特（Ginet），1998；吉内特和皮（Ginet and Py），2001；吉内特（Ginet）等人，2014；皮和吉内特（Py and Ginet），2001；皮（Py）等人，1997］，它与催眠的比较［皮和费尔南德斯（Py and Fernandes），1995］，以及对证人可信度的评估［拜伦德（Biland）等人，1999］。从那时起，有几项成果得到支持，涉及对儿童的听证［维尔坎普特（Verkampt），2009］，适应职业限定的方法［科隆（Colomb），2011］以及证人和被害者对犯罪的描述［德马基（Demarchi），2003］。

关于认知询问，研究人员希望实践达到标准化，坚持在每个指导之后进行一次自由回忆的系统化［例如，科隆和吉内特（Colomb and Ginet），2012］。但实践中的做法仍然应该是灵活和适应性的。例如，可以根据其他研究成果［例如，赖特和霍利迪（Wright and Holliday），2007；多恩伯格和麦克丹尼尔（Dornburg and McDaniel），2006；罗伯茨和海厄姆（Roberts and Higham），2002］而只使用几种记忆方法［例如，科隆和吉内特（Colomb and Ginet），2012；吉内特和维尔坎普特（Ginet and Verkampt），2007］。他们还建议始终在开始时制作一份报告，然后再附上"全面报告"和"心理语境重构"的指导。这样，证人必须首先进行自由回忆。询问的后续根据之前收集的要素而有所不同。调查人员然后可以使用互补的记忆方法，包括改变顺序和改变视角。

现在在法国进行的研究主要是围绕创造和评估新的指导（instructions），用于补充现有指导。例如，德马基和皮（Demarchi and Py，2009）提出了两种记忆方法来加强对犯罪分子的描述。一种旨在获取一般信息（性别、种族、胖瘦程度等）和犯罪者的轮廓，而另一种则侧重于犯罪者的面部信息。它们被共同使用，可以使信息量增加一倍，同时不会降低准确性。这些指导无疑可以在认知询问结束时被使用，特别是当调查人员向证人询问犯罪者的外貌时。

法国团队建议的大多数新指导涉及获取案件事实信息。因此，科隆和吉

第 11 章　法国询问证人和被害人的历史、当前实践和研究

内特（Colomb and Ginet，2012）提出了可以在第一次回忆之后使用的"引导周边重点"（Guided Peripheral Focus）指导。其优点是使用证人在之前的回忆中已经报告的提取线索作为信息。调查人员通过列出她或他刚刚提供的事件的重要组成部分来帮助证人，这与费希尔和盖泽尔曼（Fisher and Geiselman，1992）所述的兼容性的证人提问是一致的。对于每个组成部分，调查员将要求证人闭上他或她的眼睛，并根据主要信息和细节创建一个心理图像。科隆和吉内特（Colomb and Ginet，2012）提出了以下表述公式："我希望你闭上眼睛，形成一个非常清楚和详细的犯罪现场的心理画面，不要只把重点放在行为和中心要素上，特别要注意更周边的要素"（P.38）。第一项评估显示出，与最低限度的指导或改变顺序和视角的指导相比，这一指导具有重要价值，特别是对人和地点的描述。然而，也同时观察到了错误的增加。

最近布鲁内尔（Brunel）等人（2013）提出了"开放深度"（Open Depth）指导（OD），这能够使证人通过改变回忆策略来检索记忆［托尔文（Tulving），1974］。基于记忆痕迹的多组成部分这一原理［鲍尔（Bower），1967］，OD 允许证人避开了在叙述时过度集中于行为的问题。该指导的表述公式如下："在第一次回忆期间，人们通常专注于某些类型的细节，主要是行为，不能报告他们所知的一切。请再次告诉我你看到/记住的一切事情，把注意力集中在你没有机会报告的所有小细节上"（P.849）。与"激励性回忆"（Motivated Recall）指导［戴维斯（Davis）等人，2005］相比，OD 使得正确的信息量增加，但没有增加错误的信息量。只观察到一例对人描述的准确性降低。

然而当儿童接受询问时，必须应用一些变量。在有关易受暗示性的研究中，维尔坎普特和吉内特［Verkampt and Ginet，2010；另见维尔坎普特（Verkampt）等人，2010］引入了一个新的指导名为"提示回忆"（Cued Recall，CR）。维尔坎普特和吉内特（Virkampt and Ginet）提出了 CR 替代改变视角的指导，改变视角通常被排除在儿童询问之外，因为它会导致失去重要信息［海耶斯和德拉莫斯（Hayes and Delamothe），1997；霍尼尔（Holliay），2003a，2003b］。该指导的表述公式如下："我希望你最后回忆一次关于绘画课的一切，但这一次，你将从你记得的第一件事开始，告诉我之

177

后发生的事情"（P.1284）。在回忆期间，使用非暗示性提示（如"之后发生什么事情"）。作者指出，一个认知询问，包括语境重构，一份包含所有指导的报告和CR指导，构成了使完整性方面表现最佳的配置。他们也建议放弃改变顺序的指导，因为，尽管儿童有可能忍受这个提议，但却难以理解。最后，作者在使用这种新版本的方法后没有观察到任何增加或减少的易受暗示性。

◆ **科学研究：可使用的专业人员出版的成果**

在最近一个阶段，用法语撰写的有关目击证人证词的研究成果通过不同类型的出版物传播：书籍［例如，贝尔托内（Bertone）等人，1999；格里尔特和伯努瓦（Guéniat and Benoit），2013；万·大·普拉斯和玛格罗特（Van de Plas and Magerotte），2012］，科学评论［德马基和皮（Demarchi and Py），2006；皮和吉内特（Py and Ginet），1995］，大众评论［例如，皮和德马基（Py and Demarchi），2004；德马基（Demarchi），2011］以及网站（例如，http：//www.pschotemoins.inist.fr）。德马基和皮（Demarchi and Py，2006）提供了法文版认知询问的说明，并提供了一些实施建议。但由于专业图书馆缺乏原始文件，专业人士有时难以获得某些外语（英语）文件和研究材料。英语有时是专业人士的难题。然而，他们可以利用其他的法语出版物，特别是比利时、瑞士和加拿大魁北克的法语出版物［西尔和迪奥（Cyr and Dion），2006；圣-伊夫和兰德瑞（St-Yves and Landry），2004；圣-伊夫和坦圭（St-Yves and Tanguay），2007；圣-伊夫和柯林斯（St-Yves and Collins），2011］。

◆ **国家研究机构和专家出版的成果**

"国家宪兵"已经发布了数篇报道和专家报告，但是这些文件并不提供给该机构以外的工作人员/其他人员。网站包含了文件，但其科学质量可能会受到质疑。更具体地说，专业人员掌握了许多同行撰写的研究成果，这些研究成果报告了他们的观察结果和实践做法［例如，克莱芒和波特利（Clément and Portelli），2001；迪亚兹、冯特罗德和迪法吉斯（Diaz, Fontanaud and

Desfarges，1994）；热沃当（Gévaudan），1980］。但是对科学作品的参考似乎不存在，这可能导致我们认为询问的做法主要是以常见的方式完成的，一般通过与同事的交流来学习。事实上，缺乏程序和标准会损害实践做法的同质性和实际效果的评估。一项实验性成果表明，实地做法低于国际标准的要求［吉内特和皮（Ginet and Py），2001］：进行的询问包括许多程序上的偏差，如缺乏未被询问人员的提问打断的第一次自由回忆，几次谈话中断，以及许多封闭式问题和经常提出指引性问题。这些结论符合对其他国家的同一主题的研究结果［如费希尔（Fisher）等人，1987］，证明了培训询问方法的必要性。

培训和实践

◆ 培训

大约从 20 年前开始，在国立学校进行了初次和连续的专门关于询问的培训。警察学员、行政人员（警察长官）和治安法官在询问实践中提高意识或接受培训。培训时间持续数小时或数天。内容几乎相同，特别涉及应该去除或加强的偏见和做法。大多数培训中心使用情境设置，使学员对主要的偏见保持敏感。同时还使用视频演示、分发文件来培训。一些中心通过认知询问方法来改善记忆，但很少提出全面的认知询问培训课程。

据我们所知，近 10 年来，只有全国警察教育和信息中心提出并提供了为期一周的培训，首先是评估调查人员的初始和持续能力。来自中心的培训人员和科学家团队进行了一项研究，该科学家团队创建了第一个法国适用的认知询问方案，研究显示，调查人员，即使是几十年来在该领域活跃的调查人员，仍然使用少于两句话来介绍询问，解释询问目的（例如，"我听你说，发生了什么事情"）。另外，只有 29% 的受训人员给证人留下足够的时间进行完整的、不被打断的陈述。第一次打断平均发生在第 62 秒时，最快的仅在 3 秒钟后就出现。在这一点上，研究人员记录了大量的个体间差异，因为有近 28% 的讯问人员打断了证人陈述 4 到 10 次，有人甚至在 15 分钟内达到 31

次！关于这些问题，研究人员分析归纳了 15 分钟询问时间内（或每隔 22 秒）出现的大约 40 个问题，其中有 35% 的指引性（Directed）问题，11% 的开放性（Open-ended）问题，44% 的封闭性（Closed）问题，10% 的否定疑问句（Negative Question）。在全球范围内，未经培训的调查人员在标准的警察询问中平均每隔 28 秒犯一次错误（最多的每 11 秒 1 次，最少的每 50 秒 1 次）。

在展示了非指引性询问中的最佳做法后，培训人员根据受训人员实施的询问录像，对模拟情况进行了全面的分析。然后再进行新的模拟，以确保良好实践应用的建议得到采纳和运用（如建立融洽关系、与证人匹配的提问，将对询问的控制转移给证人，心理意象）。经过为期两天的培训后，认知询问课程开始。开发法语版培训的团队介绍了认知询问的科学基础（记忆流程、记忆障碍等）和各种说明，然后播放了一系列视频，以解释、澄清培训的目标和各种可能的形式。正式培训是根据他们自己的科学工作，考虑预期的优点而完成的。

最后，这一周的培训带来的好处是询问人员的偏见显著降低，并且增强了与法语版本中得到验证的认知询问的结构和指导的一致性。目前，大学和司法专科学校（国立法学院、国家宪兵等）提出了同样的培训。

◆ **实践**

在法国，对成年人和儿童的实际询问是如何进行的仍然是一个悬而未决的问题。据我们所知，除了最近关于询问现场表现的评估和调查人员对认知询问法的看法的文献之外，没有关于证人和被害人询问实践的公开资料［科隆（Colomb）等人，2013］。调查人员发现，与证人相比，该方法对被害人的效果更好，与结构化询问（+29.3 信息单元）或标准警察询问（+30.4）相比，增加了司法性的相关信息量。此外，调查人员表达了在将来会增加对该方法的兴趣。这些结果证实了法国版本的认知询问在实际情况下的实用性和利用率，与其他国家进行的研究相符。

在法国，其他专业人员和医师对暴力案件被害人的询问是司法检查的一部分，特别是在性侵犯案件中。他们的做法与法律调查人员的做法是不同且互补的。

◆ 在司法调查中对被害人的询问

在法国，法医的任务是：①法医解剖（死亡学）；②对暴力被害人的法医检查（临床法医学）。2010年的法医改革聚焦于大学医疗中心、死亡学、临床法医学、法医培训以及"社区"网络组织（司法部，2012；司法与自由部，2010）。在大学医疗中心组建的同时，建立了一个基于健康服务业务和专门从事被害人管理培训的医生组成的社区网络。这种设置与其他国家，特别是英语国家的情况不同，其中法医的活动往往局限于法医解剖，被害人的管理被委托到紧急服务或多学科研究中心［沙里奥（Chariot）等人，2010］。

对暴力被害人的法医管理的第一个目标是尽可能精确地评估其身体和心理伤害，维护所有可能符合法律利益的因素，特别是在性暴力的情况下（法国卫生部，卫生总局，2005）。第二个目标是确定被害人"完全丧失工作能力"的期限，这是一种医疗法律措施，可能会影响法庭审理案件，从而影响刑罚的严重程度［马拉欧尔（Manaouil）等人，2011］。最后，法院可以要求法医评估被害人对案件的说辞与医疗结果的兼容性。检查被害人的所有证据均以书面报告方式的形式交给调查人员或法官。在调查或审判期间，法医可能会就报告内容受到质询。

与任何其他医疗行为一样，对被害人进行检查，首先要进行询问，尽可能遵守卫生部的指导方针（卫生总局，2005）。第一步是介绍护理人员，并解释检查程序和需要检查的内容。第二步，法医需要获得被害人接受检查的同意，才能取样和进行拍摄。第三步收集信息，收集的信息不仅涉及报称的事件，还应涉及病史。关于报称的事件，卫生部（卫生总局，2005）有专门的规定，不探究细节内容，在报告中法医应使用引号作为转述句陈述：

"X声称是……的被害人"

"被害人声称……"

"据被害人……"

值得注意的是，实际的问题选择由医师负责，询问的时间长短也是如此。因此，被害人开始时对事件进行自由陈述，不被打断；医务人员只能在澄清对证据的分析时提出与事实有关的问题。这些问题也可能用于提炼检测结果的解释：最后一次自愿的性关系的日期，有或没有保护措施，有或没有暴力威胁的侵害，有或没有身体攻击，事件发生后衣服的变化或冲洗等。在询问结束时，医务人员也将解释后续的医疗和法律行动，并向被害人提供援助协会的联系信息。

然而，除了上述卫生部的一般准则（法国卫生总局，2005）外，据我们所知，目前还没有确定的良好实践的指导方针，以在形式和内容方面列出询问的确切程序。同样，与司法询问领域相比，在医学领域还没有寻求评估和改进询问技巧的科学研究。在实践中，医务人员学习并改进他们的询问技巧，作为其初步临床培训的一部分，然后在多学科的专业培训课程中学习，这里的学习汇集了治安法官、调查人员、心理学家和医生，这种学习通常由被害人援助协会营运。但是，不能证明这些培训的目标和内容符合相应的国际标准（世界卫生组织，2003、2004）。

法医界可以应对缺乏具体询问方法的挑战。可以建立实践训练的周期，因为有效倾听的方法需要模拟练习，经常得到来自培训人员的反馈，以便迅速掌握该技能。已经证明这种训练对调查人员和治安法官都是有效的。

然而，医务人员与调查人员之间进行的询问没有相关的比较。他们的目标是不一样的：调查人员实施询问的目的是澄清事件的过程，以确定刑事责任，而医务人员则是帮助确定事件的真实情况。即使如此，鉴于法医询问之后会由调查人员进行询问，并与被害人援助机构取得联系，相关研究应当进行，以确保实现两个基本的司法目标：第一，避免由于不恰当的行为或言语导致暴力行为的心理后遗症恶化，相反，第一步应当进行心理治疗；第二，避免以不适当的程序干扰调查，因为不当的程序存在导致改变被害人记忆的风险。

结　论

在法国，询问实践总体上仍然是经验性的（未经科学验证的），并且是基于与同行的沟通和组织/培训。要想实现包含最新科学研究成果的培训是困难的——甚至非常困难的。此外，培训内容仍然存在问题，因为培训内容主要由不了解研究领域的专业人员提供。（请注意，对于该领域的实践，专业人员对研究人员的看法可能做出完全相反的批评。）完全不能确保培训课程符合国际标准。另外，进行评估性研究是非常罕见的，当进行评估性研究时，通常也只是评估在实用性和适用性方面已经形成并且格式化的可感知内容，更多的是基于常识而不是科学来源和知识。

然而，关于询问证人和被害人方法的科学研究可以说是新生的和动态的。自 2010 年以来，已经出版了十多篇科学论文或著作章节，但均为英文版本，专业人员在该领域对这些科学论文的使用受到抑制。

要克服这个问题，有必要确保专业人员和研究人员之间的动态交流。专业人员必须接受最新科学研究成果的指导和培训，研究人员必须提出方法上的改进，才能更好地评估培训以及评估法国管理工作与立法框架的一致性。

参考文献

❶ Bertone, A., Mélen, M., Py, J., and Somat, A. （1999） *Témoins sous infuences: recherches de psychologie sociale et cognitive.* Grenoble: Presses Universitaires de Grenoble.

❷ Biland, C., Py, J., and Rimboud, S. （1999） "Evaluer la sinceritè d'un témoin grâce â trois techniques d'analyse, verbales et non verbale," *European Review of Applied Psychology*, 49: 115 – 22.

❸ Binet, A. （1900） *La Suggestibilité.* Paris: Schleicher Frères.

❹ Binet, A. （1904） "La science du témoignage," *Lannée psychologique*, 11: 128 – 36.

❺ Bornstein, B. H. and Meissner, C. A. （2008） "Basic and applied issues in eyewitness research: a Munsterberg centennial retrospective", *Applied Cognitive Psychology*, 22: 733 – 6.

❻ Bower, G. H. （1967） "A descriptive theory of memory," in D. P. Kimble （ed.）, *The Organization of Recall.* New York: New York Academy of Sciences, pp. 112 – 85.

❼ Brunel, M., Py, J., and Launay, C. (2013) "Cost and benefit of a new instruction for the cognitive interview the open depth instruction," *Psychology, Crime and Law*, 19 (10): 845 – 63.

❽ Cario, R. (2008) *Introduction aux sciences criminelles*. Paris: L' Hamattan.

❾ Cenac, M. (1951) *Le Témoignage et sa valeur au point de vue judiciaire*. Paris: Masson.

❿ Chariot, P., Saint-Martin, P., and Lorin de la Grandmaison, G. (2010) "Organisation de la médecine légale dans le monde", in P. Chariot and M. Debout (eds), *Traité de médecine légale et de droit de la santé à l'usage des professionnels de la santé et de la justice*. Paris: Vibert, pp 24 – 31.

⓫ Claparède, E. (1905) "La psychologie judiciaire," *L' Année psychologique*, 12: 275 – 302.

⓬ Clément, S. and Portelli, S. (2001) *L' Interrogatoire*. Paris: Sofiac.

⓭ Colomb, C. (2011) " L' Entretien cognitif sous infuence: Du développement d' un protocole modiné à son étude en interaction avec trois variables sociales". Unpublished doctoral dissertation, Université Blaise Pascal, Clermont-Ferrand, France.

⓮ Colomb, C. and Ginet, M. (2012) "The Cognitive Interview used with adults: an empirical test of an alternative mnemonic and of a modified protocol", *Applied Cognitive Psychology*, 26 (1): 35 – 47.

⓯ Colomb, C., Ginet, M., Wright, D., Demarchi, S., and Sadler, C. (2013) "Back to the real efficacy and perception of a modified cognitive interview in the field", *Applied Cognitive Psychology*, 27 (5): 574 – 83.

⓰ Cyr, M. and Dion, J. (2006) "Quand des guides d'entrevue servent à protéger la mémoire des enfants: l'exemple du protocole NICHD", *Revue québecoise de Psychologie*, 27 (3): 157 – 75.

⓱ Davis, M. R., Mcmahon, M., and Greenwood, K. M. (2005) "The efficacy of mnemonic components of the cognitive interview: towards a shortened variant for time-critical investigations", *Applied Cognitive Psychology*, 19: 75 – 93.

⑱ Demarchi, S. (2003) "Conception et évaluation, selon une démarche d'ingenierie psycho-social, d' un outil de recueil d'informations concermant l'apparence physique des personnes". Unpublished doctoral dissertation, Université Paris 8, Saint-Denis, France.

⑲ Demarchi, S. (2011) "Les témoignages, pièges a conviction," *Pour la scierce*, 72 – 7.

⑳ Demarchi, S. and Py, J. (2006) "L'entretien cognitif: son efficacité, son application et ses spécificités," *Revue Québécois de Psychologie*, 27: 177 – 96.

㉑ Demarchi, S. and Py, J. (2009) "A method to enhance person description: a field study," in R. Bull, T. Valentine, and T. Williamson (eds), *Handbook of Psychology of Investigative Interviewing: Current Developments and Future Directions*. Wiley: Chichester, pp. 241 – 56.

㉒ Diaz, C., Fontanau, D., and Desfarges, M. (1994) *Le livre du crime: un juge et deux commissaires enquêtent sur l'homicide*. Paris: Calmann-Lévy.

㉓ Dornburg, C. C. and Mcdaniel, M. A. (2006) "The cognitive interview enhances long term free recall of older adults," *Psychology and Aging*, 21 (1): 196 – 200.

㉔ Fisher. R. P. and Geiselman, R. E. (1992) *Memory Enhancing Techniques for Investigative Interviewing: The Cognitive Interview*. Springfield, IL: Charles C. Thomas.

㉕ Fisher, R. P., Geiselman, R. E., and Raymond, D. S. (1987) "Critical analysis of police interview techniques", *Journal of Police Science and Administration*, 15: 177 – 85.

㉖ Gévaudan, H. (1980) *Flic: les vérités de la police*. Paris: J. C. Latès.

㉗ Ginet, M. (1998) "Etude d' une nouvelle technique d'audition destinée à améliorer les souvenirs des témoins: l'entretien cognitif." Unpublished doctoral dissertation, Université Blaise Pascal, Clermont-Ferrand, France.

㉘ Ginet, M. and Py, J. (2001) "A technique for enhancing memory in eyewitness testimonies for use by police officers and judicial officers: the cognitive interview", *Le travail human*, 64: 173 – 91.

㉙ Ginet, M. and Verkampt, F. (2007) "The cognitive interview: is its benefit affected by the level of witness emotion?", *Memory*, 15 (4): 450 – 64.

㉚ Ginet, M., Py, J., and Colomb, C. (2014) "The differential effectiveness of the cognitive interview instructions for enhancing witnesses memory of a familiar event," *Swiss Journal of Psychology*, 73 (1): 25 – 34.

㉛ Gorphe, F. (1924) *La Critique du témoignage*. Paris: Dailoz.

㉜ Gross, H. (1905) *Criminal Psychology: A Manual for Judges, Practitioners, and Students*. Leipzig.

㉝ Guéniat, O. and Benoit, F. (2013) *Les secrets des interrogatoires et des auditions de police*. Lausanne: Presses Polytechniques et Universitaires Romandes.

㉞ Haute autorité de santé (2005) *Recommandation de bonne pratique. Certificat initial concernant une victime de violence*. Retrieved 10 October 2014 from: http://www.has-sante.fr/portailljcms/c_1120330/fi/certificat-medical-initial-concernant-une-personne-victime-de-violences.

㉟ Hayes, B. K. and Delamothe, K. (1997) "Cognitive interviewing procedures and suggestibility in children's recall", *Journal of Applied Psychology*, 82: 562 – 77.

㊱ Holliday, R. (2003a) "The effect of a prior cognitive interview on children's acceptance of misinformation," *Applied Cognitive Psychology*, 17: 443 – 57.

㊲ Holliday, R. (2003b) "Reducing misinformation effects in children with cognitive interviews: dissociating recollection and familiarity," *Child Development*, 74: 728 – 51.

㊳ Lacassagne, A. (1906) *Précis de médecine légale*. Paris: Masson.

㊴ Lacassagne, A. and Martin, E. (1906a) "Les données de la statistique criminelle," *Archives de l'anthropologie criminelle*, 21: 836 – 50.

㊵ Lacassagne, A. and Martin, E. (1906b) "État actuel de nos connaissances en anthropologie criminelle pour servir de préambule à l'étude analytique des travaux nouveaux sur l'anatomie, la physiologie, la psychologie et la sociologie des criminals," *Archives d'anthropologie criminelle*, 21：104 – 14.

㊶ Larguier des Bancels, J. (1905) "La psychologie judiciaire," *L'Année psychologique*, 12：57 – 232.

㊷ Manaouil, C., Pereira, T., Gignon, M., and Jardé, O. (2011) "The total work incapacity (TWD) in the French penal code," *La revue de médecine légale*, 2：59 – 71.

㊸ Ministère de la justice (2012) Circulaire du 25 avril 2012 relative à la mise en oeuvre de la réforme de la médecine légale, April (NOR：JUSDI221959C). Paris：Ministere de la Justice.

㊹ Ministère de la Justice et des Libertés (2010) Circulaire du 2 7 décembre 2010 relative à la mise en ceuvre de la réforme de la médecine légale, December (NOR：JUSD1033099C). Paris：Ministère de la Justice et des Libertés.

㊺ Münsterberg, H. (1908) *On the Witness Stand*. New York：Doubleday.

㊻ Py, J. and Demarchi, S. (2004) "Quelle fiabilité accorder aux témoignages?" *Pour la science*, April, pp. 26 – 3.

㊼ Py, J. and Demarchi, S. (2006) "Utiliser i'entretien cognitif pour décrire et détecter les criminels," *Revue Québécois de Psychologie*, 27：197 – 215.

㊽ Py, J. and Fernandes, C. (1995) "L' hypnose et Ientretien cognitif：deux techniques efficaces d'amelioration de la mémoire des témoins," *Psychologie Francaise*, 40：281 – 94.

㊾ Py, J. and Ginet, M. (1995) "L'entretien cognitif：un bilan de douze années de recherches appliquées," *Psychologie Francaise*, 40 (3)：255 – 80.

㊿ Py, J. and Ginet, M. (2001) "Évaluer l'eficacité de techniques pour améhiorer ies souvenirs des témoins ou victimes à l'usage des professionnels de la justice," *European Review Applied Psychology/Revue Européenne de Psychologie Appliquée*, 51 (1 – 2)：121 – 31.

㊱ Py, J., Ginet, M., Desperies, C., and Cathey, C. (1997) "Cognitive encoding and cognitive interviewing in eyewitness testimony," *Swiss Journal of psychology*, 56：33 – 41.

㊾ Py, J., Ginet, M, Demarchi, S., and Ansanay-Alex, C. (2001) *Une démarche psychosocial d'évaluation des procédures d instructions.* [*A Psychosocial Assessment of Judicial Investigation*]. Retrieved from la Mission de Recherche Droit et Justice website: http://www.gip-recherche-iustice.fr/catalogue/PDF/syntheses/65 - qualitepy.pdf.

㊿ Roberts, W. T. and Higham, P. A. (2002) "Selecting accurate statements from the cognitive interview using confidence ratings," *Journal of Experimental Psychology: Applied*, 8 (1): 33 - 43.

54 Soustre de Condat, B. (2013) *Le Saccage de la chaire*. Paris: Mosesu.

55 Stern, L. W. (1902) "Zur Psychologie der Aussage" ["On the psychology of testimony"], *Zeitschrift fuer die gesamte Strafrechtissenschaft*, 22: 315 - 70.

56 St-Yves, M. and Collins, P. (2011) *Psychologie de intervention policière en situation de crise*. Montreal: Éditions Yvon Blais.

57 St-Yves, M. and Landry, J. (2004) *Psychologie des entrevues d'enquête: de la recherche à la pratique*. Montreal: Éditions Yvon Blais.

58 St-Yves, M. and Tanguay, M. (2007) *Psychologie de l'enquête criminelle: la recherche de la vérité*. Montreal: Éditions Yvon Blais.

59 Tulving, E. (1974) "Cue-dependent forgetting," *American Scientist*, 62: 74 - 82.

60 Van De Plas, M. and Magerotte, S. (2012) *Manuel de l'audition policière: technique de base Vol.* 6. Brussels: Politeia.

61 Verkampt, F. (2009) "Entretien cognitif: son adaptation pour Audition des très jeunes enfants dans un cadre judiciaire." Unpublished doctoral dissertation, Université Blaise Pascal, Clermont-Ferrand, France.

62 Verkampt, F. and Ginet, M. (2010) "Enhancing childrens testimonies using cognitive interview: which of its variations is the most efficient?" *Applied Cognitive Psychology*, 24: 1279 - 96.

63 Verkampt, F., Ginet, M., and Colomb, C. (2010) "L'entretien cogni-

tif est-il efficace pour aider de très jeunes enfants à témoigner d'un Événement répété dans le temps," *L'Année Psychologique*, 110 (4): 541 – 72.

㉔ Whipple, G. M. (1909) "The observer as reporter: a survey of the psychology of testimony," *Psychological Bulletin*, 6: 753 – 70.

㉕ Whipple, G. M. (1913) "Psychology of testimony and report," *Psychological Bulletin*, 10: 264 – 8.

㉖ World Health Organization (2003) *Guidelines for Medico-legal Care for Victims of Sexual Violence.* Geneva: World Health Organization.

㉗ World Health Organization, Department of Reproductive Health and Research, UNFPA and UNHCR (2004) *Clinical Management of Rape Survivors: Developing Protocols for Use with Refugees and Internally Displaced Persons.* Geneva: World Health Organization.

㉘ Wright, A. M. and Holliday, R. E. (2007) "Enhancing the recall of young, young-old and old-old adults with cognitive interviews," *Applied Cognitive Psychology*, 21 (1): 19.43.

第12章

德国对证人的调查询问

——当法律优于实践做法时

雷纳特·沃尔伯特（Renate Volbert）

比安卡·贝克（Bianca Baker）

> **简介**
>
> 调查证人的心理学研究在德国有着悠久的历史传统。1903年，威廉·斯特恩（William Stern）创立了一本名为 Beitrgäe zur Psychologie der Aussage [《证言心理学文集》（Contributions to the Psychology of Testimony）] 的杂志，并于1904年写了一篇题为 Die Aussage als geistige Leistung und Verhörsprodukt （《证词：作为一个脑力成果和询问策略的结果》）的里程碑式文章。100多年前，他已经区分了自由陈述和询问，发现自由陈述中包含的错误少于对询问提问做出的回答中所包含的错误。斯特恩（Stern）认为这一结论对于儿童和成年人的陈述都是成立的。然而，在儿童的陈述中，诱导性问题的负面影响更加明显，因为儿童比成年人更容易受到影响。因此，"实施询问的方式可能对证人和犯罪嫌疑人的陈述产生重大影响"这一理念已经在德国存在了一个多世纪。40多年前就已经制定了如何设计询问形式（format）的建议，目的是通过自由叙述和开放式提问尽可能多地获取信息 [例如，阿恩岑（Arntzen），1970]。

法律规定

像犯罪嫌疑人一样，在德国，证人没有义务出现在警察面前。但是，《刑事诉讼法》［第161a条（StPO）］规定他们有义务在被传唤的情况下出现在公诉机关办公室或者出庭［第48条（StPO）］。然而，对犯罪嫌疑人和证人的法律规定有一个区别，证人有义务给予全面、真实的陈述。如果他们不遵守这一规定，并在14岁周岁或以上，他们将会被起诉。但是，这项法律规定也有一些例外。人们有权以个人理由拒绝作证，如果他们是①被告人的未婚夫（妻）或被告人做出承诺形成民事伴侣关系的人；②被指控人的配偶或民事伴侣，即使婚姻或民事伴侣关系不再存在；或③被告人的直系亲属或有姻亲关系的人，三代以内旁系亲属，或两代以内有姻亲关系的人［第52条（StPO）］。一些人在被问及基于职业信任或职责范围内获得的信息时，可以以职业理由拒绝做证（如牧师、律师、税务顾问、医生、心理治疗师），除非他们已脱离保密义务［第53条（StPO）］。不允许询问属于上述例外且拒绝作证的证人。如果这些证人已经向警方做出陈述，而后决定行使其拒绝作证的权利，他们在警察询问中做出的任何陈述内容不得在法庭程序上被使用。

证人也有权拒绝自证其罪。如果答复会使他们或其亲属之一面临被起诉的风险，他们可以拒绝回答任何问题。在这种情况下，他们不能完全拒绝作证，但可以拒绝回答特定的问题［第55条（StPO）］。

与讯问犯罪嫌疑人［沃尔伯特和贝克（Volbert and Baker），2015］相反，《刑事诉讼法》还包含有针对询问证人的具体规定和法律。证人被要求前后一致、条理清楚地（通过自由叙述的方式）将他们所了解到的关于询问主题的一切情况表达出来。如果需要，还可以提出进一步的问题，以澄清和补充陈述，并确定证人了解信息所依据的基础［第69条（StPO）］。这项法律规定既适用于警察询问也适用于司法调查。

询问方法的培训

根据德国宪法，德国的警察管辖权主要在 16 个州内。[1] 这意味着每个州都有自己的州警察，有自己的警察法律和组织，它们遵循类似但不完全相同的结构。因此，开发培训的责任也取决于各州而并不统一。为此，所有州在询问证人和犯罪嫌疑人方面的培训并不统一，因为缺乏明确和/或强制性的询问培训课程。有些州提供标准化的询问培训，而其他州则提供理论教育以及就业培训。这意味着在实践中，警察通过与更有经验的同事一起学习如何询问。对证人（包括弱势证人）的调查询问由警务人员实施。

针对上述法律所要求的背景，德国关于证人询问的文献一致提出，调查询问应首先引起并积极支持证人对事件的自由回忆。在自由回忆之后，询问转变为漏斗形的提问，从开放式问题转向需要具体回复的问题［例如，阿恩岑（Arntzen），1970；布罗克曼和舍多尔（Brockmann and Chedor），1999；格罗伊尔（Greuel），2008；赫布罗克和东泽尔曼（Heubrock and Donzelmann），2010；斯特勒和博伊丘克（Steller and Boychuk），1992］。

警方询问证人最为广泛表述的德国指南可以在伯瑞思海姆和韦伯（Berresheim and Weber，2003）制订的对证人的结构化询问模式 PCFQCE（准备、交流和情况介绍，自由报告，提问，结论，评估）中找到，它是基于英国的 PEACE（规划与准备，建立关系和解释，叙述、澄清和质疑，结束，评估）模式的。由于与英国模式极为相似，下面仅简要概述该模型。

- 准备。准备阶段包括获取关于事实和相关人员的情况。然后确定具体的询问目标，并评估询问设置的注意事项（询问是由一名还是两名官员进行，是否需要口译员等）。

---

[1] 联邦刑事警察局（Bundeskriminalamt）作为德国的中央警察机构，协调国家和国际上的犯罪行为。一般来说，它负责与执法和司法当局以及其他国家的其他公共当局的警务通信。因此，联邦刑事警察局是德国警方的信息和通信中心。此外，德国警方与其他国家之间的所有官方通信均通过联邦刑事警察局处理。另一方面，联邦警察（Bundespolizei）负责边境和运输安全，保护宪法机关等工作。

- 交流和情况介绍。这一步骤包括建立融洽关系，关于规则（如权利和义务）的说明，以及对询问过程的解释，使情况透明和易于理解。

- 自由陈述。询问的这个阶段包括要求证人自由报告/陈述。它还包括两个记忆方法（如同在认知询问中），"语境重构"和"报告所有内容"[盖泽尔曼和费希尔（Geiselman and Fisher），1997]。一个重要的内容是，询问人员不得打断证人的自由报告，也不应该在证人说话的间歇立即提出问题。相反，自由报告阶段是为了提醒证人报告更多的细节。

- 提问。在自由回忆期间，证人提供的每条信息都被分配到按时间顺序排列的单个行为序列。这个时间表形成了提问阶段的结构。需要多少信息来澄清每个不同的行为序列取决于案件的具体情况。在这个阶段，再次根据上述漏斗形结构提问。也就是说，它开始于更宽泛的问题，类似于自由回忆，但会具体到某些主题。随后的问题尽可能以开放性的方式提出，主要用于澄清在何处、如何、何时、发生了什么事情以及与谁有关。只有在开放式提问中已经收集到相关信息的重要部分，并且需要更多信息时，才允许使用封闭式问题。任何不一致之处的澄清也只能在询问的最后阶段才能进行。

- 结论。在结论阶段，询问人员总结获得的信息，证人有机会添加细节并澄清任何误解。此外，应该让证人知道剩余的诉讼程序，如果证人仍有任何进一步的资料提供，欢迎对陈述的任何后续补充。

- 评估。最后阶段评估了预先设定的询问目标在多大程度上得到了实现。此外，询问人员必须回顾、反思他或她自己在询问中发挥的作用。

然而，未经培训的警务人员往往认识不到自由报告在方法上的重要性。研究表明，未经培训的询问人员通常会使用"简要地告诉我你对事件的了解"或"简要概述发生了什么"之类的提示。用这样的措辞提示，会让证人去思考、解释询问人员期望证人究竟应成为什么样的证人。这会影响其自由报告中提供的信息量以及提供详细信息的深度。在这种风格的询问中，证人通常只会简要地概述事件的顺序［伯瑞思海姆和韦伯（Berresheim and

Weber),2003；韦伯（Weber）等人，2011］。目击证人结束对事件顺序的简要概述时，这经常会被未经培训的警务人员视为开始询问提问阶段的时机。此外，没有经验的警务人员也经常打断自由回忆，提前转向提问阶段。然而，这种询问过程可能是不充分的，因为信息提取的重点在于提问，而不是在自由回忆阶段［例如，利普顿（Lipton），1977］。

系统性培训可以显著提高询问人员的提问行为。在对结构化的证人询问进行评估时，对警察在接受培训前后所实施的25次模拟询问进行了分析比较［伯瑞思海姆和韦伯（Berresheim and Weber），2003］。结果显示，三分之二的参与者在实际询问中实施了他们接受的培训内容。培训后，平均来说，自由报告是以前的两倍多。但是，即使在接受培训之后，自由回忆仍然只占到总询问时间的15%。证人发言的部分显著增加，而询问的问题数量、对证人的抱怨、打断证人以及询问人员的解释性言语大幅下降。那些实施他们所学内容的警察在询问中获得了比原来多15%的细节，而在询问中没有实施培训策略的警察获得的细节并没有显著增加。虽然正确细节的增加与不正确的细节增加相一致，但不正确的细节与细节总数相比较比例没有变化。在关于实践中如何使用工具的后续跟进研究中发现，同时制作书面文件的需要［见沃尔伯特和贝克（Volbert and Baker），2015］阻碍了对结构化的证人询问的彻底执行［韦伯（Weber）等人，2011］。当然，如果这项研究能有更多的样本将更能满足需要。

韦伯（Weber）等人（2011）进一步指出，在询问中，经验较少的警务人员比经验丰富的询问人员能够更好地执行结构化询问。后者显然更难以改变他们认为成功的策略。然而，询问新手常常因询问要求的复杂性而感到不满。因此，在询问培训期间，参与者将提交一份清单，详细说明每个阶段的具体步骤。在模拟询问中，具体阶段会被重复练习。这使得参与者逐渐获得更多的自信。与此同时，参与者获得观察员工作表，以便他们能够充分学习如何评估观察到的询问行为。这些观察员表格还帮助参与者理解在调查询问中对他们的期望。在北莱茵－威斯特法伦州（16个德国州之一），所有警察询问新手从2002年接受了为期一周的关于对证人进行结构化询问的强化训练。到2010年年底，北莱茵－威斯特法伦州有1300多名警官完成了这项培训。在同一个州，结构化询问现在也成为培训警务人员本科学位课程的一个组成部分［韦伯（Weber）等人，2011］。在德国的其他州，在教育和培训的环境下，提供了一些支持自由报告的开放式询问策略。但是，并不是所有的培训都是系统地实施的。

弱势证人

◆ 对（报称）被害人的询问

如果被询问的证人直接受到事件的影响，则被赋予特定的权利。必须向受到犯罪行为不法侵害的证人提供机会提出有关犯罪行为对他们造成的影响的意见［第69条（StPO）］。所有被侵害的人都可以获得律师协助或者由律师代理，允许法律顾问出席对受侵害人进行的调查询问。他们信任的人也可以被允许出席，除非这可能危及调查的目的［第406f条（StPO）］。受到侵害的人，如性犯罪、贩运人口、绑架、身体虐待、殴打、企图谋杀或过失杀人，也可以作为共同原告人［第395条（StPO）］参与公诉。在这种情况下，律师可以查阅被侵害人的档案，并可以在法庭程序中作为被侵害人的代理人。律师可以提出问题，提供证据证明，提出终结陈词，或者在案件以被告人被宣判无罪终结的情况下提出上诉（或要求审查）。

对报称被害人的警察或司法听证原则上应与上述对其他证人的询问相似。然而，由于暴力和性犯罪的被害人往往格外精神紧张，并因此不能对所发生的罪行进行全面的陈述。在一小部分案件中，还有其他困难：虽然已经提出控告，但是还不能确定所指控的犯罪是否实际发生，以及报称的被害人是否实际上就是所报告的罪行的被害人。在这种情况下，不仅需要帮助证人进行回忆，还要评估他们的证词的可信度（见下文）。

因此，在询问（报称的被害人）时，建立融洽关系特别重要。一方面，询问人员应该对被害人及其在询问中的紧张情绪表示理解；另一方面，同样重要的是应采取中立立场，以便进行公开和公正的询问。考虑到这一点，应当向证人告知并详细说明犯罪事件的重要性。询问暴力和性犯罪被害人的另一个重要方面是谨慎使用"语境重构"，因为这可能触发其在犯罪期间所经历的情绪［布罗克曼和舍尔多（Brockmann and Chedor），1999］。

◆ 对儿童的询问

在德国，对儿童的听证没有最低年龄要求。① 从理论上说，任何可以进行言辞交流的儿童都可以被警方或法庭询问。与此同时，上述做出陈述的义务不论年龄如何——除了与被告之间的关系性质而享有拒绝作证的权利除外——也都适用于儿童。

如果儿童享有证据特权，但由于其缺乏成熟智力，对于拒绝作证的权利的重要性无法足够地理解，因此，只有当他们愿意作证时，并且只有他们的法定代理人也同意对儿童进行询问时，才可以向他们获取证词。如果儿童的法定代理人是被告，他或她不得行使这项拒绝作证的权利。如果父母双方均有权担任法定代理人，上述规定同样适用于未被指控的家长。在这种情况下，另外一人（监护人）可以为儿童做出决定。如果不享有证据特权，原则上，儿童、儿童的父母、监护人都不能拒绝对儿童的听证。但是，由于不能对14岁以下的儿童施加强制措施，对儿童作证的义务最终无法执行。

作为犯罪被害者的未成年人有资格获得上述所介绍的被害人的权利，这也适用于警察询问。另外，未满18岁的未成年人在法庭听证中享有特定的权利，以保护他们免受作证的不利影响。应当指出，德国采取的是职权主义刑事司法制度。这意味着没有任何一方在法庭上提交相关资料，随后由陪审团进行评估。相反，德国的职权主义刑事司法制度认为，法庭的法律程序是调查，即由法院控制的旨在建立真相的对事实的追求。虽然对证据的书面展示与纠问式司法一致，但德国版的职权主义制度强烈地支持口头陈述证据。在判决中，唯一的相关信息是在听证期间引入的信息［对抗制和职权式之间的比较见万·科彭和彭罗德（Van Koppen and Penrod），2003］。因此，证人也必须在庭审中作证，即使他们已经作为证人被警察全面地询问。这也适用于儿童，即使他们是犯罪的被害者。

---

① 成年人法定年龄的起点为18周岁；刑事责任的年龄为14周岁。对于作为证人被询问的儿童没有最低年龄要求。18周岁以下的证人被认为是弱势证人；引入特别法保护这一群体防止二次受害。

特别保护规则适用于对儿童和青少年的司法听证。法院可以排除公众参加询问18岁以下的人的听证［第172条，Gerichtsverfassunggesetz（GVG）（法院组织法）］。如果担心询问18岁以下的未成年人时有被告人在场可能会对未成年证人的健康造成重大不利影响，如感到恐惧，法庭还可以要求被告人离开法庭。在这种情况下，主审法官必须告知被告人在其缺席期间证人提供的证词的基本内容［第247条（StPO）］。18岁以下证人的询问工作必须由主审法官完成。检察机关公诉人、共同原告、辩护律师、其他法官、陪审员和被告人等其他人员可以要求主审法官向证人提出进一步的问题。主审法官如果认为未成年人的健康不会受损害，他/她还可以允许这些人直接向证人提出问题［第241a条（StPO）］。

1998年12月生效的《证人保护法》引入了录像记录陈述的使用。如果那些参加主要听证程序的人员在场的情况下，对证人进行询问有可能对证人的健康造成迫在眉睫的严重损害，法院可以要求证人在询问期间仍然待在另一个地方。但必须向法庭提供同步的视听证据传输［第247a条（StPO）］。在涉及性犯罪、凶杀、殴打之类的案件程序中，对18岁以下证人的询问可以替换为展示以前司法询问的录音录像，只要被告人和辩护律师有机会参加这样的询问，并且能够要求法官向证人提出进一步的问题。在法庭上补充的证人询问也具有可采性［第255a条（StPO）］。

在询问儿童时也可以采用上述同样的询问策略，尽管也考虑到了他们的发育水平。在评估儿童作证的认知能力时，应当指出，这并不只是关心儿童是否能够记住过去的事件。儿童们必须有能力对他们所记住的事件做出他们的描述，并且必须能够回复提示并回答进一步的询问。如果只是在回复特定线索的情况下才能回想起来，只要事件毫无疑问地确实发生了，这就不会成为问题。如果知道究竟发生了什么，这些信息可以用作支持性线索。然而，这种情况在司法实践中不会经常发生［沃尔伯特（Volbert），2005］。相反，儿童证人通常会对没有其他信息可获得的事件进行陈述。如果询问必须基于特定的线索并提出特定的问题，那么主要的风险是它首要反映了询问人员关于事件的想法，而不是实际事件的呈现。

◆ 对存在智力障碍证人的询问

　　智力障碍人士有着非常高的风险成为性虐待被害者［贝克（Baker），2015；斯科特（Schröttle）等人，2012］，并因此而进入到刑事司法系统。然而，在德国没有询问存在智力障碍的证人的专门规定。在大多数情况下，对这些证人进行询问时，没有针对警察或法官进行专门的教育或培训。对五名警察的访谈［兰凯尔（Rauchert），2008］表明，他们感到对于询问智力障碍者接受的培训很少，并抱怨说他们缺乏询问指南，或者缺少在这一领域进一步的教育课程。警察还表示，他们倾向于在询问存在智力障碍的人时采用关于如何询问儿童的指南。在澳大利亚、德国和瑞士进行的一项研究表明，在这三个国家对这个问题的研究很少，目前只有很少或根本没有关于询问存在智力障碍证人的准则［尼豪斯（Niehaus）等人，2013］。另一项在瑞士的研究，询问了智力障碍被害人及其照顾者关于他们在刑事司法系统方面的经历［克鲁格（Kruger）等人，2012］。结果显示，他们不得不面对警察缺乏专业知识的后果。虽然他们指出，警务人员真的非常友善，但成年证人却觉得他们被当作儿童一样对待。

评估陈述的可信度

　　当一个陈述在刑事诉讼中与另一个陈述相矛盾时，评估证词的真实性至关重要。这种情况在性犯罪中经常发生：被告否认犯罪，而且由于缺乏实质证据和目击证人——唯一的证据就是被害人的控告性证词。50多年来，德国的法院是通过任命心理学专家在特定案件中就证词的可信度提出专家意见来处理这个问题的。评估这种可信度的基本方法被称为陈述有效性分析（SVA），是在20世纪50年代由德国和瑞典开发的［参见昂德奇（Undeutsch），1967，1982］。

　　简而言之，基本假设是，从实际经历的记忆中得出的证词在内容质量上与基于编造的陈述是不同的。这是因为说谎者不能依靠在记忆中的特定事件来描述；而且，说谎者会通过他们的需求来显得可信，他们比说真话的人更注重策略性的自我表达。因此，说谎者必须处理更重的认知负担，并因此而无法达到与说实话者相同的证言质量。然而，证词的内容质量不仅受陈述的真实性影响，还受到其他（个人的和语境的）变量的影响，在分析单个案件时必须考虑到这些因素。在询问中，出现在有关陈述之前的暗示的影响非常重要，因为这可能导致错误的记忆，反过来，也可能产生高质量的证词。因此，主要的判断方法是比较和对比不同的模型，为给定的资料提供替代解释。这使得有必要审查所讨论的陈述是否可以用除基于实际经验的任何其他方式来解释，或者这种替代说明是否与可获得的资料匹配。如果所有理论上可以想到的不真实假设都与现有的事实不符，就可以将其排除，人们可以接受相反的假设：这个陈述是真实的。

因此，所谓的陈述有效性分析（SVA）提供了全面的表意方法（ideographic approach）。因此，进行 SVA 要求更多的信息而不仅仅是陈述。在德国，心理学专家有权使用所有档案，包括警察、检察机关和法院调查结果的档案；他们可以在审判前自己询问证人；在审判期间，他们不仅可以进一步询问正在被评估陈述的证人，而且还可以询问其他证人或被告人［参见沃尔伯特和斯特勒（Volbert and Steller），2014，以全面了解 SVA］。

启　示

在德国，询问证人的法律框架要求尽可能以自由陈述的形式收集证词，只能在为了澄清之前自由叙述中报告过的内容才能提问。因此，法律反映出良好的心理学研究成果，表明了通过自由报告给出的信息比通过提问获得的信息更可靠。然而，这种方法在实践操作中存在问题，因为德国并没有对这种询问策略进行全国性的系统培训。由于没有专门的培训，询问往往以问 - 答方式进行，尽管这违背了法律要求［伯瑞思海姆和韦伯（Berresheim and Weber），2003］。因此，对未来的建议是向所有实施询问的警务人员提供系统的培训。

参考文献

❶ Arntzen, F. (1970) *Vernehmungspsychologie* (*The Psychology of Interrogation*). Munich: Beck.

❷ Baker, B. (2015) "Do Learning Disabled Sexual Offenders Have a Specific Victim Fixation?" Manuscript submitted for publication.

❸ Berresheim, A. and Weber, A. (2003) "Die Strukturierte Zeugenvernehmung und ihre Wirksamkeit" (The structured interview of witnesses and its efficacy), *Kriminalistik*, 57 (12): 757–70.

❹ Brockmann, C. and Chedor, R. (1999) Venehmung, *Hilfenfür den Praktiker* [*Interrogation: An Aid for Practitioners*]. Hilden: Verlag Deutsche Polizeiliteratur.

❺ Geiselman, R. E. and Fisher, R. P. (1997) "Ten years of cognitive interviewing," in D. Payne and F. Conrad (eds), *Intersections in Basic and Applied Memory Research*. New York: Erlbaum, pp. 291–310.

❻ Greuel, L. (2008) "Zeugenvernehmung" (Interviewing witnesses), in R. Volbert and M. Steller (eds), *Handbuch der Rechtspsychologie*. Göttingen: Hogrefe, pp. 221–31.

❼ Heubrock, D. and Donzelmann, N. (2010) *Psychologie der Vernehmung. Empfehlungen zur beschuldigten-, Zeugen-und opferzeugen-vernehmung* [*The Psychology of Interrogation: Recommendations for Interviewing the Accused, Witnesses, and Victims*]. Frankfurt: Verlag für Polizeiwissenschaft.

❽ Krüger, P., Caviezel Schmitz, S., and Niehaus, S. (2012) "Geistig behinderte Opfer sexueller Gewalt im Strafverfahren-Die Sicht der Betrotfenen" (Intellectually disabled victims of sexual abuse in Hegal proceedings), *Schweizerische Zeitschrift fur Heilpädagogik*, 18 (11–12): 8–14.

❾ Lipton, J. P. (1977) "On the psychology of eyewitness testimony," *Journal of Applied Psychology*, 62: 90–3.

❿ Niehaus, S., Krüger, P., and Caviezel Schmitz, S. (2013) "Intellectually disabled victims of sexual abuse in the criminal justice system," *Psychology*, 4: 374 - 9.

⑪ Rauchert, K. (2008) *Polizeiliche Anhorung von (opfer-) Zeugen mit geistiger Behinderung* [*Police Questioning of Victims with Intellectual Disability*]. Frankfurt: Verlag fur Polizeiwissenschaft.

⑫ Schrötle, M., Hornberg, C., Glammeier, S., Sellach, B., Kavemann, B., Puhe, H., and Zinsmeister, J. (2012) "Lebenssituation und Belastungen von Frauen mit Beeintrachtigungen und Behinderungen in Deutschland" ["The living conditions and stress of women with impairments and disabilities in Germany"], *Journal Netzwerk Frauen-und Geschlechterforschung NRW*, 30: 60 - 4.

⑬ Steller, M. and Boychuk, T. (1992) "Children as witnesses in sexual abuse cases: investigative interview and assessment techniques," in H. Dent and R.. Flin (eds), *Children as Witnesses*. Chichester: Wiley, pp. 47 - 71.

⑭ Stern, W. (1904) "Die Aussageals geistige Leistung undals Verhörsprodukt: Experimentelle Schüleruntersuchungen" ["Testimony as a mental achievement and a result of interrogation tactics: experiments with school children"], in W. Stern (ed), *Beiträge zur Psychologie der Aussage*. Leipzig: Barth, pp. 269 - 326.

⑮ Undeutsch, U. (1967) "Beurteilung der glaubüwrdigkeit von Zeugenaussagen" ["Assessment of the credibility of witnesses' statements"], in U. Undeutsch (ed.), *Handbuch der Psychologie, Band 11: Forensische Psychologie*. Göttingen, Germany Hogrefe, pp. 26 - 81.

⑯ Undeutsch, U. (1982) "Statement reality analysis," in A. Trankell (ed.), *Reconstructing the Past*. Stockholm: Norstedt & Soners forlag, pp. 27 - 56.

⑰ Van Koppen, P. J. and Penrod, S. D. (eds) (2003) *Adversarial Versus inquisitorial Justice: Psychological Perspectives in Criminal Justice Systems*. New York: Kluwer.

⑱ Volbert, R. (2005) "Zur Entwicklung von aussagefahigkeiten" ["The development of the ability to give testimony"], in K. P. Dahleandr Volbert (eds), *Entwicklungspsycrologische Aspekte der Rechtspsychologie*. Göttingen: Hogrefe, pp. 241 -57.

❶❾ Volbert, R. and Baker, B. (in press) "Investigative interviewing of suspects in Germany: defining what not to do", in D. Walsh, G. Osburgh, A. Redlich, and T. Myklebust (eds), *Contemporary Developments and Practices in Investigative Interviewing and Interrogation: An international Perspective*. Volume 11: Suspected offenders. London: Routledge.

❷⓪ Volbert R. and Steller, M. (2014) "Is this testimony truthful, fabricated, or based on false memory? Credibility assessment 25 years after Steller and Kohnken (1989)", *European Psychologist*, 19: 207 -20.

❷① Weber, A., Berresheim, A., and Capellmann, M. (2011) "Die Strukturierte Vernehmung. Die methode fur die Praxis der Polizei in NRW" ["The structured interview: the method for practitioners in North Rhine-Westphalia"], *Kriminalistik*, 65 (3): 169 -75.

第 13 章

意大利对证人的询问

弗朗西斯科·蓬佩达（Francesco Pompedda）
安杰洛·扎帕拉（Angelo Zappalà）
马西莫·斯卡拉贝洛（Massimo Scarabello）
维托里奥·玛丽亚·罗西尼（Vittorio Maria Rossini）

| 简介 |

证人是意大利审判中最重要的"工具"，因为他们在检察官和法官重建案件事实的过程中发挥着中心作用。意大利法律制度要求任何在审判期间提供口头证词的个人必须背诵接受诚实责任的声明。该声明可大致翻译为："我明白我发表陈述所承担的道德和法律责任，我承诺说出全部的事实，而不隐瞒我所知道的任何事情。"① 在每个证人开始作证时，或法官怀疑证词存在虚假时，可以要求证人背诵这段话［《刑事诉讼法典》（CPP）第 497 条第 2 款］。如果证人在口头证词中说谎，他或她就构成了犯罪（第 372 条），但这一规则并不总是有效。证人有权根据被称为"任何人没有义务告发自己"（nemo tenetur se detegere）的原则做出任何陈述，真实或虚假的，为他/她自己进行辩护，② 意思是在任何情况下都没有人应当被强迫说出可能导致他/她自己受到法律控诉的事情。③ 换句话说，犯罪嫌疑人可以对涉及自己责任的事撒谎而不会产生任何后果（第 63 条；CPP 第 372，384 条）。在犯罪信息

---

① 意大利官方刊物（1995）。
② 除非其陈述指控了一项犯罪中的另外一个人，并且明知该控诉是虚假的。
③ 反对自我归罪。

(Notizia Criminis)① 被写在登记册上之后，询问证人就可以开始；对未成年人的听证通常由主管部门［检察机关（PM）、警察部队或 PM 请的专家］负责。然而，在《兰萨罗特岛公约》(*The Lanzarote Convention*)② 之后，2012 年的 CPP 发生了变化，现在规定警察、检察官或法官必须使用儿童心理学或精神病学方面的专家（例如，2012 年第 172 号立法；第 351、第 362、第 391 条）。听取未成年人的陈述被称作"保护性听证"（audizione protetta），是为了强调儿童健康的重要性，由法官决定在什么时候、在哪里和如何进行询问（第 398 条之五），为儿童的利益做出最佳选择。然而，在很多情况下，询问是由不同的人多次进行的，因为意大利制度在听证儿童这一阶段没有提供听证的规定或说明。可能会发现在有关专家听证中也同样缺乏明确性。也就是说，在询问儿童时应使用哪些技术，专家也没有达成一致。这样的结果就是，进行询问的人的能力和专业知识变得非常重要，整个案件依赖于缺乏指导的选择。

关于在意大利如何对证人进行询问的情况并不完全清楚，而且，最重要的是，询问行为和培训并不是国家统一规定的。因此，询问有不同的做法（几乎每个法庭都有自己的做法），这使得总体上难以总结实践。同样，本章虽然对成年证人的询问会有一些涉及，但由于一些原因，本章的主要焦点将集中在儿童询问。第一个原因是儿童作为证人的作用：儿童因为容易受暗示和误解的弱势性而被视为需要更多关注和特定规则的特殊类型的证人。在意大利，对儿童必须被视为特殊类型证人的认识相当深刻。非常明显的是，有大量关于如何进行儿童证人询问的指导方针和规则。相比之下，在意大利，专注于成年证人询问可能会导致对于实施询问的不完善的情况产生不彻底和过于简单的看法。本章对儿童证人的关注并不意味着我们将完全忽视对成年证人的询问，但是我们将给予儿童证人询问更多的空间，因为这样可以向读者以更清晰的方式呈现意大利的情况。

在本章中，我们将重点介绍在意大利询问被害人和证人使用的技巧和方

---

① 是指关于犯罪的信息已经正式被检察机关（PM，如检察官）接管。类似于我国的立案程序。——译者注

② 《欧洲理事会保护儿童免遭性侵害和性虐待公约》(2007 年 10 月 25 日)。

法，特别是在报称儿童受到性虐待的案件中询问未成年人的技巧和方法，因为这些案件的询问对调查起着核心作用［塞西和布鲁克（Ceci and Bruck），1995；兰姆（Lamb），1994］。如前所述，对目前在这些案件中使用程序的情况不太清楚；然而，根据最近该领域的国际文献，[①] 已经制定了一些指导方针，但是对于涉及对不同人的培训还没有任何进展。当前的培训主要是基于个人选择使用哪些方法。此外，在大多数警察或法官的培训中，通常不会提供特定的心理培训。

儿童作为证人的历史以及相关指导准则

当法官必须对证据进行评估时，即使不考虑多伯特（Daubert）原则[②③]，认为询问这些证人获得有力的科学依据十分重要，已成为专家和法官之间的一致观点。1996年期间收集了第一个具体指导准则［《诺托宪章》（*Carta di Noto*）］，其中强调了审判期间儿童证人的证词问题。最重要的领域，即涉及儿童性虐待（CSA）案件的专家（律师、法官、心理学家、精神病学家、犯罪学家、法医学家）在诺托（Noto，意大利）进行了会晤，商讨起草一份公约，以便制定一个适用于儿童性虐待案件的"良好做法的备忘录"。该文件已经更新了两次，2002年是第一次，第二次是在2011年国际刑事科学高等研究院的会议期间。该指导准则的修改是根据研究的发展和意大利立法的变化。在上述指导准则修改的同时，近几年已经颁布了许多其他规定：

- 关于儿童性虐待的指引（SINPIA，2007）；
- 关于儿童作为证人的指引（罗马警察署，2011）；
- 在法律领域听取儿童陈述（"联合国儿童基金会手册"，2011）；
- 科森扎（Cosenza）方案（SISF，2014）。

---

① 仅针对儿童证人。
② Daubert V. Merrell Dow Pharmaceuticals, Inc. 509 US 579（1993）。
③ 联邦证据规则，第702条。

205

这些方案强调了使用以下方法的重要性：

- 基于多伯特（Daubert）原则以证据为基础的方法、测试和技巧（*Carta di Noto*，第 1a，1b 条）；
- 根据国际研究的启示使用询问方案｛*Carta di Noto*，第 7 条［兰姆（Lamb）等人，2008］｝；
- 对询问过程录音录像（*Carta di Noto*，第 10 条）。

合法法院[①]就《诺托宪章》（*Carta di Noto*）发表了一项声明，该宪章在某种程度上与现在意大利所有的准则有关。该声明指出，《诺托宪章》提出的建议只是技术参考，并不是法律。换句话说，违反询问方案中所建议的内容不影响证据的合法性。经过近两年的会议，2012 年，所有这些不同的指导准则在"国家儿童听证指南"中被融合。不同领域的专家代表的不同的科学协会在罗马进行会晤，起草了文件。参与起草文件的科学协会有：意大利犯罪学学会、意大利法医学学会、意大利儿童神经精神病学学会、意大利神经心理学学会、意大利精神病学学会和法医心理学协会。制定这些准则的原因之一在"国家指南"中列举如下：

> 制定这个共识准则的原因之一是，许多专家对在审判期间进行评估的人员（应当被称为专家）的有限能力以及对没有使用以证据为基础的测试和方法的共同关切（国家指南，2012）。

本文中的所有建议均符合最新的国际研究成果［例如，兰姆（Lamb）等人，2007；兰姆（Lamb）等人，2008］，帮助意大利能够在该领域与时俱进，采纳最新的研究成果。对作为证人的儿童询问彻底改变的第一步是通过适用《兰萨罗特岛公约》（*The Lanzarote Convention*）提出的原则。它们于 2012 年 4 月 12 日由意大利议会通过，并于 2012 年 10 月 23 日批准。在所有新的建议中都是关于儿童证词的建议（《兰萨罗特岛公约》第 35 条）[②]：

[①] Cass., sez. Ⅲ, 16 dicembre 2010 n. 15157, CED Cass., n. 249898 nello stesso senso anche Cass., sez.. Ⅲ, 10 aprile 2008, n. 20568, CED Cass., n. 239879 e Cass., sez. Ⅲ, 14 dicembre 2007 n. 6464, CED Cass., n. 239091.

[②] 欧盟官方公报，L 101/9 2011。

- 案件事实报告给主管当局后，对儿童的询问不应当有任何不合理的迟延。
- 对儿童进行询问，在必要时，应当在专门设计的场所或者基于询问目的改装的场所。
- 对儿童进行询问，在必要时，应当由为此目的而接受过培训的专业人员实施。
- 如果可能且适当的情况下，应当由同一组人员对某一儿童进行所有的询问。
- 询问次数应当尽可能限制，只有出于犯罪调查和诉讼程序的目的，在确有必要的情况下才能进行二次或多次询问。
- 儿童可以由代理人陪同，或者在适当的条件下，由儿童选择的成年人陪同，除非对该陪同人做出了相反的合理决定。

在《兰萨罗特岛公约》和2012年第172号法令的其他重要变化中，在对儿童证人的询问中专家的作用也变得更加重要（第351条，CPP）；现在明确要求警方使用外部专家来援助和支持询问（相比之下，之前这仅仅是被建议作为一种选项）。

法律规定的现行做法

在这一部分中，我们将首先描述法律对询问证人的规定，以及明确在询问证人期间询问人员可以或不可以做什么。之后，我们将分别描述询问成年证人和儿童证人的技巧和方法。

正如《刑事诉讼法典》（*Codice di procedureura penale*）[①]（Gazzetta Ufficiale，1988）所述，必须避免以下事项：

- 任何可能影响犯罪嫌疑人自决权（如酷刑）的方法或技术；

[①] 一套专门用于指导刑事诉讼各阶段的规则。（应为1988年《意大利刑事诉讼法典》。——译者注）

- 改变他的记忆或评估事实能力的任何方法或技术（如催眠、麻醉分析、测谎）①；
- 可能干扰回答真实性的问题；②
- 暗示性问题。③

缺乏其他更为严格的指导是不同法院之间差异的原因。

对成年证人的询问与讯问实践

本部分介绍在询问成年证人期间使用的最常用方法。

在审判期间，证人接受直接和交叉询问的询问。④ 直接询问由传唤证人出庭作证的一方主持。在直接询问中，禁止提出诱导性问题。⑤ 这种禁止能够防止证人可能提供最初提问方式中所暗示的答案。如果一方当事人传唤的证人在询问中变得抱有敌意，法律规定，在这种情况下，允许提出诱导性问题。经直接询问后，证人由另一方交叉询问。这时，由于律师试图妨碍证人回忆，问题往往是诱导性的。律师可能利用几种技巧。对于询问证人，尤其重要的是，律师将重点放在被询问者的行为方面。所有的情况，从语调和身体语言到证人对来自不同当事方（法官和对方律师）所提问题的反应都应被纳入考虑范围。重要的是要记住，律师也可以在审判期间的任何时候引入文件，但必须是在审判的辩论阶段⑥之前。这可以作为一种策略来攻击证人陈述的可信度。引入可能与证人证词有矛盾的文件是律师为了测试证人的反应而最常使用的策略之一（主要是在他们怀疑证人在撒谎时使用）。如果两名证人，甚至两名共同被告人之间存在矛盾的证词，律师有可能要求法官同时传唤两人。两人同时在场使得法官可以询问他们以解决相互矛盾的信息。如

---

① 即使犯罪嫌疑人同意使用这些方法，也允许这种禁令。换句话说，这一权利不能被犯罪嫌疑人放弃。
② 《刑事诉讼法典》第 499 条第 2 小段。
③ 《刑事诉讼法典》第 499 条第 3 小段。
④ 如果证人是儿童，不准使用交叉询问（盘问）。
⑤ 诱导性问题是指能够引导证人答案的问题。
⑥ 等同于美国审判程序中的终结辩论部分。

果矛盾持续存在，法官可以要求双方通过公开讨论来尝试解决这个问题。律师将根据所涉及的事实和涉案个人对每个案件进行评估，并使用这些技术为任何情况制定最佳策略。

对儿童证人的询问实践

在这一部分中，我们将描述意大利目前在询问儿童证人方面的做法。正如本章前面所强调的，对询问有不同的指导准则。然而，由于这些准则并不完全由法律规定，目前的情况类似于不同技术和方法的组装，其中一些缺乏经验依据。目前最常用的询问儿童证人的方法是认知询问法［塞维茨（Saywitz）等人，1992］。

认知询问（CI）是一种技术，用于帮助证人尽可能多地获取信息，并基于四种不同的记忆恢复方法。其中两种方法尝试增加对事件的记忆记录与记忆提取辅助手段之间的特征重叠，而另外两种则鼓励使用多种记忆提取途径［塞维茨（Saywitz）等人，1992］。CI 的标准步骤［茹瓦夫斯基（Zulawski）等人，2001］如下：

（1）建立融洽关系。询问人员通过与证人建立起融洽关系开始询问。

（2）重建事件的环境。询问人员要求证人重建事件是如何开始的以及事件发生之前的情况。询问人员指导证人思考环境是什么样的，证人也被要求回忆他/她在事件发生时的情绪心态。

（3）指导证人报告一切。鼓励证人回忆所有细节，即使看起来微不足道。

（4）以不同顺序回忆事件。询问人员指示证人从事件的中间或结尾开始，向前或向后回忆事件。

（5）改变视角。询问人员要求证人转换成在事件现场的另外一人的角色或位置来回忆。

通常会安排对儿童的心理评估，以评估其证词的可信度［马佐尼和罗崔昆斯（Mazzoni and Rotriquenz），2012］，有时使用陈述有效性分析（SVA）［尤里和柯特薛尔（Yuille and Cutshall，1989］和基于标准的内容分析量表［斯特勒和科恩肯（Steller and Köhnken），1989］。

科学理论和实践支持

已在实验室对认知询问进行了很好的研究，尽管在实地研究方面还有所欠缺［克里福特和乔治（Clifford and George），1996；盖泽尔曼（Geiselman）等人，1985；科恩肯（Köhnken）等人，1994］。一般来说，与标准的警察询问相比，使用认知询问增强了证人回忆信息的质量和数量［丹多（Dando）等人，2008］。一些研究报告了在错误的回忆信息量上略有增加［例如，梅蒙和海厄姆（Memon and Higham），1999］；然而，总体准确率[①]已经被发现是良好的和几乎完全相同的[②]［科恩肯（Köhnken）等人，1999］。应当注意的是 CI 方法的限制条件之一是不能对 6 岁以下的儿童使用。这是因为 6 岁以下的儿童没有这种询问方法所需的认知能力，他们也没有足够的词汇量［古诺塔和库缇卡（Gulotta and Cutica），2009］。

培 训

在意大利，警察和检察官（POPP）没有接受过任何关于调查询问或刑事审讯的方法或策略［如使用证据的策略、认知询问、沙尔夫（Scharff）方法］方面的专门培训。已有培训的目标是提供更多关于法律框架而不是心理学方面的集中教育。POPP 没有受到任何关于审讯心理学或证人证词的专门教育。POPP 既缺乏理论背景知识，也缺乏对基于经验的研究结果的了解，即不了解哪些方法和策略在调查询问和刑事审讯中有效。培训的教学方法主要依靠讲座和案例研究。在北部进行的一项研究［卡佐拉里和迈什蒂茨

[①] 正确细节的比例与报告细节的总数有关。
[②] 使用 CI 的准确率为 85％，而使用标准方法的准确率为 82％［丹多（Dando）等人，2008］。

（Calzolari and Mestitz），2000〕显示，该地区 90% 的专家缺乏必要的培训。在培训过程中，整体上很少采用角色扮演和其他有效的实训学习方法。在涉及对儿童或青少年的调查询问和刑事审讯中，POPP 通常会接受专门的讲座和案例研究培训。然而，POPP 没有获得有关实施方案的专门培训。相关国际研究显示了结构化询问方案在提升询问效果方面的重要性：

- 儿童披露的信息量程度；
- 使用开放式问题并限制暗示性问题的使用。例如，NICHD 询问方案〔兰姆（Lamb）等人，2007〕被认为能够有效地将专业建议转化为操作指南。

对于缺乏培训的可能解释是，在某种程度上可能是由于没有严格的规则来指导专家的方法或技术；法官没有义务（根据法律）拒绝基于"一般认可性"的一项证据或者其他没有坚实科学知识依据的证据。在进一步的推理之后，我们可以说，这解释了对更新和良好培训（对专家）的需求的缺乏。显然这是一个普遍的假设。如前所述，对询问选择保持更新和良好培训不是强制性的，而是落在个人身上的责任，这反过来又意味着意大利既有掌握科学方法知识、与时俱进和训练有素的专家，也有缺乏这一关键知识的从业者。

目前在意大利有良好的指导准则，但没有国家性的培训计划。这里的风险在于缺乏培训可能会导致询问人员犯错误。正如国际研究所强调的，以有效和适当的方式询问儿童证人的知识是不足的〔奥尔德里奇和卡梅隆（Aldridge and Cameron），1999；沃伦（Warren）等人，1999〕。

接下来，我们将展示在 1995 年至 2006 年期间，从儿童性虐待（CSA）案件的审判期间所做的询问的书面记录中提取的摘录。为了澄清，我们将只展示在询问期间各种各样的错误提问，以强调这些形形色色的错误提问对儿童询问的有害性，而造成这些错误提问的原因很有可能是由于没有受到适当的培训。

- 摘录 1（儿童：9 岁；被定罪者：门卫）[1]

---

[1] I：询问人员；C：儿童。

I："你的妈妈告诉我你的身上发生了一些很不好的事情，你愿意跟我说说吗？"

C：（沉默）

I："如果你不告诉我真相的话，那些事也会发生在别的小朋友身上。"

● 摘录2（学前儿童，没有人被定罪）

I："有没有大人强迫你做不好的事？"

C："没有。"

I："那么你就是在撒谎。你知道谁在说谎吗？"

C："你。"

I："那么……你真的在撒谎。"

C：（保持沉默）

I："我再问一遍……有一些人伤害了你，这是真的吗？"

C："不是真的！"

● 摘录3（学前儿童，没有人被定罪）

I："所以……我希望你告诉我关于发生在你身上的事情的全部真相……你的爸爸在那儿吗？你的叔叔在那儿吗？你的（异父母）兄弟在那儿吗？你的爸爸在那儿吗？"

● 摘录4（儿童：5岁；被告人：家人的朋友）

I："他摸你的时候你在哪里？你是在家里还是在别的地方呢？"

C："在家。"

I："你是一个人吗？"

C：（保持沉默）

I："还是只有你们两个人①？"

C：（保持沉默）

I："那里还有别人吗？"

---

① 不明确的问题。

C："有一个很高大的人①。"

I："他脱掉自己的衣服了吗？"

C：（保持沉默）

I："他让你看他的生殖器（willy）了吗？②③"

C："我不记得了。"

在第一段摘录中，询问人员使用了"你的妈妈告诉我"这一语句。这种问题必须避免，因为它可以让儿童更容易同意妈妈说的话，即使并不是事实。在第二段摘录中，询问人员一开始提出了一个高度暗示性的问题，暗示事情真的发生了，然后以强烈的方式表明他/她不相信儿童的说法，迫使儿童说出他或她期望听到的内容。在第三段摘录中，有一个不清楚和长句问题的例子，询问人员在同一陈述中使用了四个不同的问题和一次重复。在第四段摘录中，询问人员开始提出了一个暗示和不清楚的问题，他或她在整段摘录中使用了一种暗示性的询问风格。另一个显著使用了不可靠的询问风格的是最后一个问题："他让你看他的生殖器了吗？"询问人员在使用这个问题时提到了一个儿童没有提过的细节，存在着造成虚假细节的风险。

结　论

在意大利，证人证词方面还有很大的改进空间，但也有一些积极的方面。虽然几乎不存在培训，或者，即使有培训，往往也是无效的。值得注意的是，为了应对过去引起关注但管理不善的案件，已经制定了大量的指导准则。此外，通过"兰萨罗特岛公约"表明了对这个存在问题的重要领域已经有广泛的关注。很明显，在意大利，与其他国家一样，询问标准可能很低④。专家们通过制定一些最新的指导准则来应对这个问题，但提供最新的培训方案确实也是非常重要的。人们可以认为，有关提高意大利儿童证人询问质量的过

---

① 没有这一主题，因为儿童没有提到。
② 儿童没有提过这一细节。
③ Willy（口语词）表示阴茎。
④ 斯滕伯格（Sternberg）等人（2001）。

程有三个阶段：第一阶段涉及国家对这个问题的认识；第二阶段涉及创建最新和科学的指导准则；第三阶段涉及建立一个机构，在监督和更新实践指导准则的同时，对参与这类案件的专家进行高质量的培训。第一阶段到第二阶段的过渡需要一段时间，第二阶段和第三阶段之间的过渡也是如此，我们认为，如今正是意大利的过渡期。

参考文献

❶ Aldridge, J. and Cameron, S. (1999) "Interviewing child witnesses: questioning strategies and the effectiveness of training," *Applied Developmental Science*, 3 (2): 136 – 47.

❷ Calzolari, M. G. and Mestitz, A. (2000) "Interrogatorio del minore vittima e/o testimone di reato da parte di polizia giudiziaria, pubblici ministeri e giudici nel nord Italia. Psicologia e giustizia," *Rivista Italiana on line di psicologia giuridica* (http://www.psicologiagiuridica.com).

❸ Ceci, S. J. and Bruck, M. (1995) *Jeopardy in the Courtroom: A Scientific Analysis of Children's Testimony*. Washington, DC: American Psychological Association.

❹ Clifford, B. R. and George, R. (1996) "A field evaluation of training in three methods of witness/victim investigative interviewing," *Psychology, Crime, and Law*, 2: 231 – 48.

❺ Cornell University Law School (n. d.) Federal Rules of Evidence. Rule 702: Testimony by expert witness. Retrieved from: http://www.law.cornell.edu/rules/fre/rule_702.

❻ Dando, C., Wilcock, R., and Milne, R. (2008) "The cognitive interview: inexperienced police officers' perceptions of their witness/victim interviewing practices," *Legal and Criminological Psychology*, 13 (1): 59 – 70.

❼ Diritto e Giustizia Minorile. Year II, Vols 2 – 3, 2013, 112 – 121. Retrieved from: http://www.dirittoegiustiziaminorile.it/wp-content/uploads/2014/01/Rivista-2e3-2013.pdf.

❽ European Union (2011) Directive 2011/36/EU of the European Parliament and of the Council of 5 April 2011 on preventing and combating trafficking in human beings and protecting its victims, and replacing Council Framework Decision 2002/629/JHA. *Official Journal of the European Union L* 101/9. Retrieved from http://eur-lex europa. eu/Lexuriserv/Lexurisery, do? uri = OJ: L 2011: 101: 0001: 0011: EN: PDF.

❾ Gazzetta Ufficiale Italiana (1988) *Decreto del president della repubblica* 22 *settembre* 1988. *n.* 447. Retrieved from Gazzetta Uficiale Italiana.

❿ Gazzetta Ufficiale Italiana (1995) *SENTENZA* 4 – 5 *maggio* 1995, *n.* 149. Retrieved from Gazzetta Uficiale Italiana.

⓫ Geiselman, R. E., Fisher, R. P., Mackinnon, D. P., and Holland, H. L. (1985) "Eyewitness memory enhancement in the police interview: cognitive retrieval mnemonics versus hypnosis," *Journal of Applied Psychology*, 70: 401 – 12.

⓬ Gulotta, G. and Cutica, I. (2009) *Guida alla perizia in tema di abuso sessuale e alla suca critica* (Vol. 39). Giuffre editore.

⓭ International Institute of Higher Studies in Criminal Sciences (2011) *Carta di Noto III.* Noto, Italy. Retrieved from http://www. psicologiaforense. it/ Noto3. pdf.

⓮ Köhnken, G., Thurer, C., and Zoberbier, D. (1994) "The cognitive interview: are the investigators' memories enhanced too?" *Applied Cognitive Psychology*, 8: 13 – 24.

⓯ Köhnken, G., Milne, R., Memon, A., and Bull, R. (1999) "The cognitive interview: a meta-analysis," *Psychology, Crime and Law*, 5 (1 – 2): 3 – 27.

⓰ Lamb M. E. (1994) "The investigation of child sexual abuse: an interdisciplinary consensus statement", *Child Abuse and Neglect*, 18: 1021 – 8.

⓱ Eamb, M. E., Hershkowitz, I., Orbach, Y., and Esplin, P. W. (2008) *Tell Me What Happened: Structured Investigative Interviews of Child Vic-*

tims and Witnesses. Chichester: John Wiley & Sons.

⑱ Lamb, M. E., Orbach, Y., Hershkowitz, L., Esplin, P. W. and Horowitz, D. (2007) "A structured forensic interview protocol improves the quality and informativeness of investigative interviews with children: a review of research using the NICHD investigative Interview Protocol," *Child Abuse and Neglect*, 31 (11): 1201-31.

⑲ Linee Guida Nazionali (2012) *L'ascolto del minore testimone.* Rome, Italy. Retrieved from: http://scuolasuperioreavvocatura.it/wp-content/uploads/2014/09/linee-guida-nazionali-Lascolto-del-minore-testimone.pdf.

⑳ Mazzoni, G. and Rotriquenz, E. (eds) (2012) *La testimonianza nei casi di abuse sessuale sui minori* (Vol. 53). Giuffrè editore.

㉑ Memon, A. and Higham, P. A. (1999) "A review of the cognitive interview," *Psychology, Crime and Law*, 5 (1-2): 177-96.

㉒ Saywitz, K. J., Geiselman, R. E., and Bornstein, G. K. (1992) "Effects of cognitive interviewing and practice on children's recall performance," *Journal of Applied Psychology*, 77 (5): 744.

㉓ Società italiana di neuropsichiatria dell'intanzia, and dell'adolescenza (SINPIA) (2007) *Linee guida in tema di abuso sui minori.* Edizioni Erickson. Retrieved from: http://www.psicologiagiuridica.net/wp-content/uploads/2008/06/sinpia.pdf.

㉔ Spanger G. (2012) *Codice di procedura penale.* G Giappichelli Editore.

㉕ Steller, M. and Köhnken, G. (1989) "Criteria-based statement analysis," in D. C. Raskin (ed.), *Psychological Methods in Criminal Investigation and Evidence.* New York: Springer-Verlag, pp. 217-45.

㉖ Sternberg, K. J., Lamb, M. E., Davies, G. M. and Westcott, H. L. (2001) "The memorandum of good practice: theory versus application," *Child Abuse and Neglect*, 25 (5): 669-81.

㉗ UNICEF (2012) *L'ascolto dei minorenni ir ambito giudiziario.* Italy. Retrieved from: http://www.unicef.it/Allegati/ Ascolto_minori_ambito_giudiiziario_2012_1. pdt.

㉘ US Supreme Court (1993) *Daubert v. Merrell Dow Pharmaceuticals, Inc.* 509 US 579. Retrieved from: http://supreme.justia.com/cases/federal/us/509/579/#annotation.

㉙ Warren, A. R., Woodall, C. E., Thomas, M., Nunno, M., Keeney, J., Larson, S., and Stadfeld, J. (1999) "Assessing the effectiveness of a training program for interviewing child witnesses," *Applied Developmental Science*, 3 (2): 128–35.

㉚ Yuille, J. C. and Cutshall, J. (1989) "Analysis of the statements of victims, witnesses and suspects," in J. C. Yuille (ed.), *Credibility Assessment*. Dordrecht: Kluwer Academic, pp. 175–91.

㉛ Zulawski, D. E., Wicklander, D. E., Sturman, S. G., and Hoover, L. W. (2001) *Practical Aspects of Interview and Interrogation.* CRC Press.

第14章

荷兰对证人的询问

伊姆克·里斯彭斯（Imke Rispens）
詹妮·范·德·斯林恩（Jannie van der Sleen）

▎简介▎

在荷兰，根据《刑事诉讼法典》（第338 Sv 条），只有在法庭听证会上确信了合法证据内容的情况下，才可以假定犯罪嫌疑人犯有他被指控的罪行（直接性原则）。只有以下合法的证据才会被承认（第339 Sv 条）：法庭的观察、被指控人的陈述、证人证言、专家声明、书面文件。证人证言，是指在法庭调查过程中他本人就其所观察或经历的事实或情况所提供的信息（第342 Sv 条）。然而，自1926年以来，由于接受传闻陈述（传闻证据）（最高法院裁决，1926年12月20日，NJ 192, 85——关于传闻的裁决），荷兰刑事诉讼中的直接性原则已经被大大削弱。在传闻陈述中，证人要证明他从另一个人那里听到了什么。最高法院在1926年裁定，传闻陈述的内容可以成为证据的一部分。在这个特别判决中，最高法院也接受调查人员的报告作为证据，其中包括证人陈述。

荷兰的刑事诉讼法没有规定"最佳证据规则"。如果证人的陈述被包含在官方报告中，法官无须在听证会上听取证人陈述。法庭可以仅仅依靠正式的警方报告。此外，审判听证会上的证人证言并不比证人先前提供给警方的陈述具有更多的证据价值。这意味着在荷兰被调查法官询问或需要出席听证会的证人相对较少。只有辩护方或检察官提出有动因的请求，证人才会被传唤要求出席听证会。

这样做的结果是证人对警察做出的陈述受到高度重视。因此，警方对以正确的方式询问证人并尽可能地记录好负有重要责任。

历 史

荷兰从19世纪80年代初才开始关注培训警务人员进行询问的沟通技能。最初，他们只练习了一些特定的沟通技巧（包括关注行为、开放性提问、归纳总结、如何应对询问对象的感受）。在对侦探进行培训时，也教授了关于感知和记忆的基本理论课。这些课程主要集中在侦探对这些问题的认识：证人陈述易受到感知和记忆错误的影响，因此不能简单地认为陈述表面价值（face value）是真实的而予以接受。证词内容和调查人员在记录期间适用的沟通技巧之间的关系尚未清楚地确定。

由于心理学家开始参与了对侦探的教育培训工作，所以将在美国实施的研究结果，如伊丽莎白·洛夫特斯（Elizabeth Loftus）[洛夫特斯（Loftus），1979] 进行的研究，加入了在荷兰进行的对侦探的培训。此外，还有一些有影响力的荷兰学者，如瓦赫纳尔（Wagenaar）、克罗姆巴格（Crombag）和范·科彭（Van Koppen），他们致力于法律心理学，包括关注关于证人证言的问题。在1988年第一次面世的侦探教科书《学习如何调查》（*Learning to Investigate*）[犯罪调查学院，祖特芬（Zutphen），1988] 中，非常重视对证人的询问方式。该书明确地讨论了"证人自己的故事/自由回忆"的重要性。此后，询问证人领域有了巨大的发展。近年来的科学研究，尤其是在国外进行的研究，结合了实际经验，催生了两种目前正在对侦探进行培训的证人询问模式："通用型证人询问模式"和"询问弱势证人的情景模式"。

1991年起，警察学院开发了"通用型证人询问模式"[阿梅尔斯福特（Amelsvoort）等人，2015]。阿姆斯特丹警方最早开始对弱势证人的询问采用情景模式，为侦探对儿童的询问奠定了基础。最初，在荷兰询问儿童是由护理人员（心理医生和特殊教育者）完成的。然而，到了1989年，普遍开始认为在调查中询问儿童应当如同询问成年证人一样，是警方的一项工作。由此，警方在阿姆斯特丹启动了一个培训计划，最初是针对一小群副侦探，建立了一个对儿童友好的询问工作室，并配备了视听记录设备。1991年，对侦探的培训转移到警察学院，并在全国范围内展开。除了对儿童进行询问外，对精神上有缺陷的证人的询问也是培训的一部分。自2013年以来，还开始关注其他类型的弱势证人，如有认知障碍或精神障碍的证人。设立了更多的配备了视听记录设备的对儿童友好的询问工作室（目前在荷兰有11个这样的询问工作室）。这些独立的元素被整合成一个结构化的询问模式：询问弱势证人的情景模式［德肯斯和范·德·斯林恩（Dekens and Van der Sleen），2013］。

指导准则

在法律界，人们越来越相信可证实性对询问证人方式的重要性，特别是存在受到询问人员影响的风险的情况下。在询问弱势证人的案件中，适格的询问人员也十分重要。这导致了总检察官委员会（公诉机关委员会）发布了的两项主要指令："涉嫌性虐待案件调查和起诉的指令"（2010）以及"对询问知情人、证人和犯罪嫌疑人进行视听记录的指令"（2011）。自2005年和2006年以来，已经分别出现了这两项指示的前身。

"对询问知情人、证人和犯罪嫌疑人进行视听记录的指令"（以下简称AVR指令）规定了应当用录音和/或用视频设备记录询问的情况。询问是否被录音取决于犯罪的性质，证人/犯罪嫌疑人的易受伤害性或调查询问中的具体情况。至少在（军事）刑法典中列出的犯罪，对犯罪嫌疑人的询问以及对证人和知情人进行的有计划的询问，要对询问过程录音记录：

- 如果被害人死亡；
- 如果犯罪行为的刑罚应处12年及以上的监禁；
- 如果犯罪行为的刑罚应处12年以下监禁，但明显有严重的身体伤害；
- 如果涉及性犯罪，且最高刑期为8年及以上，或者涉及亲属关系中的性虐待。

如果还有弱势群体的人员涉及其中，或者是有行为专家实施或帮助进行询问，则必须用视听设备进行记录。以下对象被指定为弱势群体：

- 12 岁以下的未成年儿童（对于这个最年轻的群体有专门的指导准则）；
- 12~16 岁的未成年儿童；
- 有智力障碍的人；
- 有认知缺陷的人。

"涉嫌性虐待案件调查和起诉的指令"（2010）指出，在对 12 岁以下未成年人、智力障碍者和认知障碍者的性犯罪案件的调查询问中，对证人和知情人的询问必须由专业询问人员进行。该专业询问人员应当是一名在儿童友好工作室从事询问的调查人员，并通过了警察学院"询问性虐待案件中弱势证人"培训课程的认证，或正在参与此项训练课程。如果是后者，询问还应当在培训课程的导师的指导下进行。此外，询问人员还必须是合格的（经过认证的）副侦探。如有必要，在询问的准备过程中，可以咨询在智力障碍方面具有专业知识的行为学专家。这可能包括帮助"翻译"在询问中有关证人的任何心理报告的和/或在询问中关于特定沟通方式的建议。如果有必要，这位行为学专家可以在控制室指导询问人员进行询问。在特殊情况下，行为学专家也可以亲自进行询问，例如，只有在采用非常特殊的沟通技巧才能进行询问时。此时，检察官须对这一决定负责。根据 AVR 指令，12~16 岁的儿童被认为是弱势群体，但是该指令（或任何其他指令）中没规定谁应当询问这些儿童和如何询问。

AVR 指令中的指导准则适用于对（弱势）证人的询问，除非是涉及性虐待案件。在这种情况下，"涉嫌性虐待案件调查和起诉的指令"中的指导准则也适用。当儿童或认知障碍者成为性犯罪中的可能被害人时，首先会有一个所谓的"信息沟通会"。由被害者他/她本人进行，但在大多数情况下，是由代理律师、家长或监护人代表其发言。在信息沟通会之后，有一些慎重思考的时间（约两周），之后该人可以提出控告。此时通常是报告方当事人（如儿童）自己接受询问的时间。儿童会在儿童友好询问工作室接受询问。在性虐待案件中作为证人的智力障碍者将由专业询问人员进行询问。询问的地点可以是儿童友好询问工作室，但也可以是一个"正常"的询问室。

在非性侵害案件中，目前并未规定由谁来进行询问。在警务实践中，一般来说，如果有能力的话，或者事先知道涉及智力障碍者，将由专业询问人员实施询问。

当前实践中的做法

◆ 对证人的询问

在荷兰，对询问成年的"正常"（目击）证人和询问弱势证人进行了区分。对于每个群体，都有单独的询问模式。

最常用的询问成年证人/目击者的方法被称为"通用型证人询问模式"［阿梅尔斯福特（Amelsvoort）等人，2015］。这一询问模式包括三个阶段：开始、提出案件指向性问题和结束。每个阶段都包含警察在询问中必须对证人履行的一系列活动。在开始阶段，会对询问以及其后的内容进行解释。询问人员会说明，他/她将在询问中做记录。只有在证人对一切了解清楚，并且任何疑问、意见或情绪都已经经过商讨，以案件为导向的部分才会开始。这种询问方法的开始和结束在这里不会详细讨论，因为它们是相当标准的。对案件为导向的部分由以下六个步骤组成（见表14－1）。

表14－1 通用型证人询问模式——以案件为导向的提问阶段

步骤	内容
1	获得自由回忆，并给出"报告每一件事"的指导
2	确定证人观察事件的观察条件，并提供现场草图
3	确定进一步应该向证人提出什么主题
4	按主题提问： 第一主题 （1）获得提示性（cued）的自由回忆 （2）对自由回忆进行进一步提问，并提出控制性问题 第二主题 第三主题等
5	如有必要，可以根据研究数据和/或经验来提出附加的问题
6	询问证人从第三方获得了什么信息

◆ 步骤 1. 获得自由回忆，并指导询问对象"报告一切"

提问结构开始于提出一个开放性的问题，以从证人那里获得自由回忆。这个问题应当补充强调，向证人做出明确指示，要求说出他/她所经历的一切，每个细节，无论它看起来多么不重要。作为一般规则，证人实际上将会根据他/她认为对警察重要的证词进行选择性的回忆和陈述。询问人员应积极倾听，并记录证人的自由回忆。在他/她的故事结束时，将进行总结，以检查询问人员是否很好地理解了证人的故事。情境恢复可能有助于证人恢复记忆，但这不是该询问方法明确要求的部分。

◆ 步骤 2. 确定观察条件

在评估证人观察的可靠性时，证人观察时的内外条件也很重要。在自由回忆之后，询问人员应向证人询问其观察的条件，并让证人对现场做一个大概的描绘。因此，询问人员应当了解现场的概况，证人可能观察到什么以及是在什么样的情况下观察。证人被要求描绘现场概况的原因是这通常会给与观察条件相关的许多问题提供答案。

询问人员也可以使用犯罪现场图（没有痕迹物证）作为工具。该步骤也可以与步骤 1 组合运用。图 14 – 1 是步骤 2 的示例。

确定观察条件的示例：
"你能为我描述和画出现场的情况吗？"
"你和犯罪者之间的距离是多少？"
"当时的天气是什么样的？"
"现场的光线如何？"
"你看见他有多长时间？"
"你对犯罪者的观察程度有多明确？"
"当时你的感觉是怎么样的？"
"当时你的视野怎么样？"

图 14 – 1 步骤 2 的示例

◆ 步骤 3. 确定进一步询问的主题

证人通常会在自由回忆中提到几个（次）主题。在后续询问中，询问人员必须提及这些主题，并指出每个主题将会有进一步的问题。

◆ 步骤4. 按照主题提问

每个主题都是从一个开放性的问题开始，以获得关于该主题的自由回忆。为了回应证人的陈述，询问人员通过提出控制性问题（询问他如何知道这一点）来询问和评估证人的陈述（见图14-2）。这样一来，证人在自由回忆中所表达的一切问题，都将受到进一步的询问，除非问题与案件调查无关。

提示性自由回忆问题的示例：
"你说你看到一辆车。告诉我关于这辆车的一切。"
"你提到一个有枪的男人。告诉我关于这个男人的一切。"
"告诉我有关武器的一切。"
控制性问题的示例：
"你说你认为犯罪者是苏里南人。为什么你这么认为呢？"
"你说，犯罪者大约身高1.90米。你怎么知道的？"

图14-2 步骤4的示例

◆ 步骤5. 提出其他问题

截至目前，证人已经根据他/她自己的经历和参考框架做出了陈述。通常情况下，询问人员还有必须提出的其他问题。这些问题通常是基于调查数据或者经验，或是补充完善警方档案所必要的，如ViCLAS。此外，可能有与在警方调查中展开各种方案相关的具体问题。由于这些问题可能会影响证人的陈述，因此询问人员应当等待到询问结束后（获得证人陈述后）才提出，同时指导证人不要猜测，并在他/她不知道答案时做出说明。

◆ 步骤6. 询问证人从第三方获得了什么信息

最后，询问人员必须询问证人他/她是否是从第三方获得了信息（事件后的信息）。这可能包括来自媒体和互联网的讯息，来自其他证人的信息和/或来自邻居的流言。阅读或听取有关案件的事后信息或者与某人的交谈可能会影响证人对事件的记忆。提出这个问题的目的是为了了解对证人看法的潜在影响。

当一切都被讨论完后，询问即结束，随后会加入一份报告。这份报告会依据询问记录和/或询问人员的笔记制作。有时甚至会出于实际的原因在询问中就完成。

科学、理论和实践的支持

已经在荷兰进行了两次研究，其中通用型询问模式已经得到检验。蒂克（Thiecke，1997）将通用型询问证人模式的方法与另外一种询问方法进行了比较，即引导记忆法（guided memory）。2003年，有学者对比了三种方法：通用型询问模式、引导记忆和认知询问［范·马斯特里赫特（Van Maastricht），2003］。对比结果显示，所获得的正确和不正确的细节数量没有差异。然而，为了获得相同数量的细节，通用型证人询问模式中需要提出更多的问题。尽管对整个方法的研究有限，但该模式是由独立的部分组成的，组成部分的价值已经被外国的研究或记忆的工作原理证明。例如，鼓励（提示）自由回忆和要求"报告所有事项"［梅蒙（Memon）等人，1997］。让证人描绘现场草图对于恢复记忆是有效的，因为证人不得不使用情境恢复的方法［丹多（Dando）等人，2011］。询问观察条件的目的是为了深入了解可能影响感知的因素，即所谓的估计变量［卡尔特（Culter）等人，1987］。第六阶段，询问是否来自第三方的信息，旨在了解潜在的事件后信息。大量的研究表明，在事件发生之后看到或听到信息可能会影响对该事件的记忆［戴维斯和洛夫斯特（Davis and Loftus），1997；克罗姆巴格（Crombag）等人，1996］。同样，向证人询问这一点很重要，以便在估计证人证词的可靠性时能够考虑到相关因素。

对弱势证人的询问

询问弱势证人的情景模式是一种结构化的询问模式，用于从弱势证人处获得最完整和准确的证词。情景模式是针对性虐待案件（当涉嫌性虐待时）的询问而开发的。然而，这种模式也适用于在其他案件中对弱势证人进行询问。根据具体情况，有时需要进行调整。该模式是基于两本教科书中科学研究的总结：《儿童证言》（*Children's Testimony*）［韦斯科特（Westcott）等人，2002］和《告诉我发生了什么》（*Tell Me What Happened*）［兰姆（Lamb）等人，2008］。该模式还以荷兰25年时间的警务实践中询问弱势证人的经验为基础。情景模式由表14-2所示的步骤组成。

表14-2 情景模式

步骤	内容
1	导入
2	以案件为导向的询问 ● 开放式问题 ● 如果证人立即开始交谈：情景A ● 如果证人不开始交谈：情景B ● 如果情景B中没有产生信息：情景C：直接面对案件信息
3	结束

在导入阶段，询问人员从等候室集合证人及其父母/监护人。然后，带领他们参观询问室和控制室，并向他们解释即将进行的询问程序，以及向他们提供有关记录设备和警务人员在控制室进行监控的信息。随后，父母/监护人回到等候室，证人与询问人员一起去询问室。父母/监护人不能观看询问，因为这可能会影响证人的陈述。询问人员告诉证人，即使他没有穿制服，他也是和警方合作的。他还应当说明，证人可以告诉他任何事情，询问人员永远不会生气，永远不会惩罚证人，也不会将任何事评判为奇怪或不寻常。询问人员然后给证人一个选择：他/她可以马上说出他/她来到这里的原因或者是先聊聊天、画画或玩游戏。如果证人选择聊天，询问人员会尽可能地鼓励证人参与大致的和有提示的自由回忆，话题应当是证人感兴趣的，而不是指向案件的。以这种方式，询问人员训练证人尽可能全面地告诉他发生了什么。这是指向案件的询问所需要的。此外，询问人员通过若干基本规则，并使用示例来测试证人的理解能力。基本规则是：

● "如果你不知道或不记得什么，你可以告诉我。"
● "如果你不明白什么，你可以告诉我。"

- "如果我说错了，你应该纠正我。"
- "一些问题我可能会问两次。那不是因为你第一次给出的答案是错误的，而是因为我忘了答案。然后你可以再次告诉我发生了什么。"

在以案件为导向的询问中，询问人员应当从一个中性的开放性问题开始，例如："你想要告诉我什么？"或者"你想和我谈论什么事情？"然后询问人员要求证人用自己的话来尽可能地报告（自由回忆）。如果证人立即开始谈论案件细节，那么询问人员就从情景 A 开始。他们应反复鼓励证人用自己的话说出尽可能广泛的内容。询问人员通过总结反复检查，确保自己一直很清楚证人要向自己诉说的内容。然后再问一些其他的问题。询问人员应当表明，当原始事件发生时，他并不在场，因此不知道发生了什么，这就是为什么他在问问题。如有必要，在提问期间，询问人员应当重复基本规则。例如，当一个证人花了很长时间回答一个问题时，询问人员可以向证人重复说明，说"我不知道"也是可以的。

如果证人说他不知道为什么他被要求做出陈述，那么询问人员就应当提出所谓的替代性开放问题。总共有四种可能性。对于每一个问题，证人都可能自己开始谈话，然后询问人员就可以继续进行情景 A（见表 14-2）。例如，询问人员问：谁建议证人来到询问室，那个人实际上说了什么。或者询问人员问道："你真的不知道，你是否觉得很难开始，你是否发现它不同寻常，你有没有感觉想做这事情或者还有别的什么事情吗？"另外两个其他的开放性问题是："这是关于你还是关于别人的？"和"这是关于好的还是不好的事情？"如果证人没有回答这些问题，询问人员将从情景 B 开始（见图 14-3）。在这种情况下，询问人员可以更换策略尝试儿童可能感兴趣并愿意交谈的话题。例如，可以提出有关证人日常生活的问题或者证人与中立人士和犯罪嫌疑人关系的问题。如果证人提供与案件相关的信息，那么询问人员将进入情景 A 并要求"自由回忆"。如果没有发生，那么询问人员可以转到情景 C。

情景 B 示例（证人有可能当时被一位叔叔虐待）：
"你在家里是睡在哪里的？有时你会和谁待在一起？你喜欢和谁待在一起？你不喜欢和谁在一起？你最后一次是和谁待在一起？当时发生了什么？"

图 14-3　情景 B 示例

在情景 C 中，询问人员在与控制室中的人协商后，引入了有关指控的相对中立的信息。提问的原则是不得向证人提及犯罪嫌疑人的名字和指控中提到的性行为。并且，信息来源者也不能被提及。这样做的原因是，如果证人信息不正确，必须防止证人感到他正在"被信息来源者抛弃"。例如，儿童可能很难与照顾他的人（如果他们是信息来源）所说的相矛盾。因为如此，证人可能提供不正确的信息。例如，可以提供的是位置或者事件发生的时间。如果证人开始说话，询问人员就转向情景 A。如果证人说他不知道或者说信息不正确，询问人员（可能在简短的后续提问之后）结束询问。

在结束阶段，证人会被问及是否有任何补充或任何问题，他对询问的感受。证人会受到赞扬，例如："谢谢你来这里跟我说话。你做得很好。"

情景模式依赖于三个支撑点：

- 避免影响证人。这是通过提供和执行听取证人陈述的基本规则来实现的，尽可能地要求自由回忆，尽可能少地提出封闭性问题，通过对证人的情绪做出中立的反应，以及避免给予证人正面或负面的反馈。

- 最大可能地收集证据。这意味着，一方面，尽可能收集证人报案所提及的性行为的细节，另一方面，审查证人故事来源的选择性场景。证人在询问之前是否有可能受到影响？可能会有误会，无辜的行为被解释为性虐待？证人有可能编造这个故事吗？

- 适应证人。对于每个证人，必须进行评估，以确定证人需要什么才能够尽可能地说出他/她的故事。例如，导入阶段需要多长时间？询问人员应当如何组织询问？询问的节奏应当是什么样的？询问人员的语言应当如何适应证人？询问需要多久？在以案件为导向的询问部分中，什么程度的休息是必要的？

培　训

警察学院提供询问技能培训，包括对证人的询问。在基本的警务人员培训中，包括了对证人询问模式的初步了解。在侦探训练课程中，共有六个训练日用于证人询问。学员必须首先学习"通用型证人询问模式"的理论以及感知与记忆的有效性。在培训期间，将进一步解释这一理论，其中包括 ZeG，即荷兰版的自我管理询问［参见加伯特（Gabbert）等人，2009］。培训得到实际案件演示的进一步支持。此外，将展示和讨论询问证人的摘录。将重点进行对证人证词可靠性的分析，同时会采用由演员进行角色扮演的形式进行询问证人的培训。

"询问专业培训"课程是为了在复杂案件中进行调查询问的培训，将进行两天以上，涉及的询问理论更加深入。在这门课程中，会练习几个子技能，包括使用情境恢复、自由回忆和提出后续问题。

在"针对性虐待案件的弱势证人询问"培训课程（荷兰称为"VKGZ"）中，提出了对弱势证人的询问。这是一个针对询问的专业培训课程，只面向成功完成了性虐待案件调查研究培训课程的参与者开放。VKGZ 共有 252 小时的学习，分布在 10 个月。课程包括 15 天的课堂学习，3 天询问培训，6 次询问实践，1 个练习训练日，2 次考试和 1 次后续会议。独立学习包括通过电子途径学习教材。在课堂学习中，使用混合学习方式：除电子学习外，还使用不同的教学方法，如讲座、教程、讨论、演示、角色扮演。通过观看对儿童和其他弱势证人的真实询问片段和对实际情况进行讨论，进一步深化和阐明这一理论。此外，在学员们中间或用演员为角色模拟扮演，也有很多实践。在询问培训中，学员可以通过与真正的儿童进行非创伤性事件的对话来练习情景模式。为了学会适应作为目标群体的精神障碍证人，学员必须在一个机构中实习（一天），还可以对机构中的人进行询问，如在精神障碍者生活或工作的机构。在考试中，他们必须展现他们已经掌握了情景模式并且可以正确地运用。从课程培训项目中毕业几个月后，学员们将他们进行的一次询问以及相应的分析发送给指导老师。在由四名学生和一名指导老师组成的小组中，对这些询问和分析进行讨论。

对研究、政策制定和实践的启示

在荷兰，对询问人员进行了深入的培训，特别是询问弱势证人的专门培训相当密集。在世界其他地方，兰姆（Lamb）等人（2002）进行的研究表明，在没有监督和专家反馈的情况下，询问人员都会（有意识或不自觉地）回到过去的询问习惯。此外，他们认为，一旦停止监督，已掌握的询问技巧就会大大退化。加拿大的研究［西尔（Cyr）等人，2012］显示，收到个人书面反馈的询问人员比没有收到任何反馈的询问人员会更多地将学习到的询问方案适用于询问中。此外，收到反馈意见的询问人员更倾向于邀请证人进行自由回忆，证人会提供更多的中心细节。当监督和书面反馈停止时，询问人员则较少使用开放性问题，相应地从证人那里获取的信息较少。因此，在VKGZ中，培训课程包含一个后续课程。之后，询问人员必须自己组织监督。评估自己的询问、同行评议和跟进是至关重要的，可以造就更好的询问［斯梅茨（Smets），2012］。这应该成为标准的警务实践。

虽然通用型证人询问模式的组成部分已经由研究人员进行了单独检测，但是对整个询问方法进行的研究是很少的。有两项研究比较了不同的询问方法。第一项研究将通用型证人询问与引导记忆进行了比较。这项研究发现两种询问方法在报告细节的数量方面没有区别。研究表明了大多数证人在尝试记住一个事件时会使用情境恢复，即使询问人员明确地要求不要这样做［蒂克（Thiecke）等人，1996］。第二项研究比较了三种方法：通用型证人询问模式、引导记忆和认知询问［范·马斯特里赫特（Van Maastricht），2003］。比较表明，通用型证人询问获得了与其他方法相同数量的正确和不正确的细节。此外，除了听取询问人员在培训课程中的经验和指导老师的实践建议之外，还没有对询问方法的实际应用进行实地调查。因此，对通用型询问模式的实际应用效果如何还没有足够的了解。VKGZ培训课程的指导老师在实践中指导了许多对弱势证人的询问，使其更深入地了解了警务实践中的这一专业领域。因此，情景模式仍然可以进一步发展。

随着ZeG的发展，获得了更多实践经验，毫无疑问可以在全国范围实施。这一工具及其应用应当进一步得到发展。

结　论

在荷兰，询问证人有很长的历史。在20世纪80年代，就开始了沟通技巧的基本培训。不久，培训进一步发展成为询问证人的询问模式。20 世纪 90 年代，开展了询问弱势证人特别是儿童的培训，包括一个特别询问模式——情景模式。此后，这些询问模式根据最新的警务实践科学成果和经验进一步发展和更新，正如在这些询问模式中的培训一样：目前正在使用电子学习等现代技术。在对弱势证人进行询问的培训之后，有一个培训的后续跟进，以使询问人员的技能能够与时俱进。证人询问的指导准则更为新近。现在已有关于记录询问和谁应该进行询问的指导准则。对 12 岁以下的年轻证人进行询问被视为专业工作，所以这项询问有更多的指导准则。

参考文献

❶ Amelsvoort, A. van, Rispens, I. and Grolman, H. (2015) *Handleiding verhoor* [*Handbook for Interviewing*]. Amsterdam: Staple and De Koning.

❷ Bertens, T. (2011) *Strafrecht and Strafvordering* 2011/2012, Elfde herziene editie [*Criminal Law and Criminal Proceedings* 2011/2012, 11th revised edn]. Nijmegen: Ars Aequi.

❸ Board of Procurators General (2010) *The Directive for the Investigation and Prosecution of Cases of Sexual Abuse*. Ref: 2010A026.

❹ Board of Procurators General (2011) *Instructions for Auditory and Audio-visual Recording of Interviews of Informants, Witnesses and Suspects*. Ref: 2010a018gp.

❺ Criminal Investigation College Zutphen (1988) *Recherche (le) ren (Learning to Investigate)*. Lelystad: Koninklijke Vermande.

❻ Crombag, H. F. M., Wagenaar, W. A. and Koppen, P. J. (1996) 'Crashing memories and the problem of "source monitoring"', *Applied Cognitive Psycholoy*, 10: 95–104.

❼ Cutler, B. L., Penrod, S. D. and Martens, T. K. (1987) 'The reliability of eyewitness identification: the role of system and estimator variables', *Law and Human Behaviour*, 11: 233–58.

❽ Cyr, M., Dion, J., Mcduff, P. and Trotier-Syivain, K. (2012)

⑧ 'Transfer of skills in the context of non-suggestive investigative interviews: impact of structured interview protocol and feedback', *Applied Cognitive Psychology*, 26: 516 – 24.

⑨ Dando, C. J., Wilcock, R., Belnkle, C. and Mine, R. (2011) 'Modifying the cognitive interview: countenancing forensic application by enhancing practicability', *Psychology, Crime and Law*, 17: 491 – 511.

⑩ Davis, D. and Loftus, E. F. (2007) 'Internal and external sources of misinformation in adult witness memory', in M. P. Toglia, J. D. Read, D. F. Ross and R. C. L. Lindsay (eds), *Handbook of Eyewitness Psychology: Volume 1: Memory for Events*. Mahwah, NJ: Erlbaum, pp. 195 – 237.

⑪ Dekens, K. and J. van der Sleen (2013) *Handleiding het kind als getuige. Derde druk.* Amsterdam: Reed Business Information.

⑫ Gabbert, F., Hope, L. and Fisher, R. (2009) 'Protecting eyewitness evidence: examing the efficacy of a self-administered interview tool', *Law and Human Behavior*, 33: 298 – 307.

⑬ Lamb, M. E., Hershkowitz, I., Orbach, Y. and Esplin, P. W. (2008) *Tell Me What Happened*. Chichester: Wiley.

⑭ Lamb, M. E., Sternberg, K. J., Orbach, Y., Esplin, P. W. and Mitchell, S. (2002) 'Is ongoing feedback necessary to maintain the quality of investigative interviewers with allegedly abused children?', *Applied Developmental Science*, 6: 35 – 41.

⑮ Loftus, E. F. (1979) *Eyewitness Testimony*. Cambridge, MA: Harvard University Press.

⑯ Memon, A., Wark, L., Bull, R. and Köhnken, G. (1997) 'Isolating the effects of the cognitive interview techniques', *British Journal of Psychology*, 88: 179 – 97.

⑰ Maastricht Forensic Institute (2012) *Werkboek Deskundige in Strafzaken* [Workbook Expert in Criminal Cases]. Heerlen: Open Universiteit/University of Maastricht.

⑱ Silbing, R. (1986) 'Beslissing in het rechercheonderwijs: evaluatie van een gesprekstraining' ['Decisions in detective education: evaluation of an interview training session'], *Algemeen Politieblad*, 19: 428 – 31.

⑲ Smets, L. (2012) *Police Investigative Interviewing: A New Training Approach*, Reeks Politiestudies nr. 3. Antwerpen/Apeldoorn: Maklu.

⑳ Thiecke, M. (1997) *Geleide herinnering versus standaard getuigenverhoor* [*Guided Memory Versus Standard Witnesses Examination*]. Zutphen: Rechercheschool [Criminal Investigation College].

㉑ Thiecke, M., Sijlbing, R. and Jackson, J. (1996) 'De opbrengst van het getuigenverhoor-de relatie tussen verhoor en verklaring', *De Psycholog*, pp. 472 – 7.

㉒ Van Maastricht, A. S. (2003) *Maximizing the Accuracy and Completeness of Eyewitness Reports: Which Technique Is Preferred?* Maastricht: University of Maastricht.

㉓ Westcott, H. L., Davies, G. M. and Bull, R. H. C. (2002) *Children's Testimony*. Chichester: Wiley.

第15章

葡萄牙对证人的司法询问

卡洛斯·爱德华多·佩肖托（Carlos Eduardo Peixoto）
卡特里娜·里贝罗（Catarina Ribeiro）
拉奎尔·维鲁多·费尔南德斯（Raquel Veludo Fernandes）
泰尔玛·苏萨·阿尔梅达（Telma Sousa Almeida）

简介

在过去的几年中，葡萄牙的法律和司法程序在证人保护方面发生了许多变化，特别是获得被害人陈述的方式。1999年第93号法律（《证人保护法》，WPL）提出了特别措施，以确保对证人的保护，防止因参与案件而对他们的生命、精神和身体健康以及财产造成危险。立法机关希望通过批准这项法律，以保证证人不会对合作有所保留，并更加可能地在即将到来的司法程序中提供和维持陈述。这项法律建立和规范一些措施，如证人身份保密，使用电话会议和数字录音的方式，警方保护和对弱势证人（如儿童）的特别程序。

尽管如此，这些措施和程序的实际应用似乎没有达到其主要目的，证人仍然是不佳的调查方法的对象，特别是在信息收集方面。此外，直到最近司法询问才获得了更多的实证研究的关注［佩肖托、里贝罗和兰姆（Peixoto, Ribeiro and Lamb），2011；佩肖托、里贝罗和阿尔贝托（Peixoto, Ribeiro and Alberto），2013］。因此，以证据方法为基础的司法询问仍然是葡萄牙司法和理论研究背景下的一个新课题。此外，它对犯罪调查和司法决策提出了重大挑战，并且开启了心理学研究的重要部门的发展。我们将在这一章中分享一些挑战和初步研究成果。迄今为止，大部分研究都侧重于对儿童被害人/

证人的询问，因此我们大部分的总结都是针对儿童的，以及在司法背景下询问儿童引起的特殊挑战。

葡萄牙司法环境中的证人

《葡萄牙刑事诉讼法典》（PCPC）规定了证人证言提供证明的重要性。因此，它规定了如何获得这种证据，并规定不允许有暗示和恐吓的提问。PCPC 还指出，证人的证词是由警方在检察院的授权下获得的。经过书面陈述的悠久传统之后，最近的 2013 年第 20 号法律引入了 PCPC 的变化，规定证人陈述应当是由视频或音频记录，书面陈述应当成为例外。

根据《葡萄牙刑事诉讼法典》（PCPC），证人有权在犯罪嫌疑人是家庭成员或与他们有婚姻关系时拒绝做出陈述。司法当局有权评估证人作证的能力，如当证人有认知障碍、精神疾病或证人为儿童时。

对儿童的询问

葡萄牙的司法系统将儿童视为特殊群体的证人。在司法诉讼中已经实施了一套特定的规则和程序来保护儿童。例如，PCPC 规定，在涉及性犯罪的案件中，审判期间不允许公众参与庭审（第 87 条第 3 款，PCPC）以防止对儿童性犯罪的公开暴露。此外，在这种案件中，被害人陈述期间（第 352 条，PCPC），被告人不得在法庭上出席，而且疑似被害人只接受主审法官（第 349 条，PCPC）的询问。

1999 年，《证人保护法》（WPL）还指出，儿童是属于弱势群体的证人，应当尽可能在最短的时间内对其进行听证（第 28 条），必须采取一切措施来保证其言论的自发性（第 26 条）。在必要时应向证人提供心理帮助，在陈述程序中强制性地要求专家出席帮助证人（第 27 条）。WPL 还指出，应该要求进行名为"Declarações para Memória Futura"①②（DMF）的预期证据特别程序。

DMF 是在调查阶段进行的早期询问，可以作为审判中的证据，因为它是由法官主持的程序，法官在多数时候也实施询问。这个程序的主要目的是避免儿童在法庭上作证。自 2007 年以来，这一程序已经强制适用于涉嫌性虐待案件中的儿童。在 DMF 中，有检察官、犯罪嫌疑人的律师和法律规定帮助儿童的心理学家在场，由法官对儿童进行询问。然而，尽管如此，法律并没有具体规定在 DMF 中心理学家应当担任什么角色以及参与的程度，虽然目前已经提出了一些建议来帮助这些专业人员［卡里达迪、费雷拉和卡尔莫（Caridade，Ferreira and Carmo），2011］。

2012 年 5 月，葡萄牙议会通过了一项决议，批准了 2007 年《欧洲理事会保护儿童免遭性侵害和性虐待公约》。该公约第 35 条主张，在合适的前提下，应当尽可能快地获得儿童陈述，并且应由专业人员进行询问，而且在有必要重复询问的情况下，这些询问应由同一人进行。此外，询问的次数必须被限制，在某些情况下，儿童应由法定代表人或其选择的成年人陪同接受询问。该公约强调了视频记录询问及其在审判过程中被承认作为证据的重要性。

该公约的批准似乎对葡萄牙法律产生了影响。最近，PCPC 发生了变化，允许犯罪调查人员在对证人和犯罪嫌疑人的询问中使用视频记录（2013 年第 20 号法律，2 月 21 日）。这可能是在葡萄牙司法领域开展司法询问的关键一步。使用录像可以充分观察询问人员/询问对象的互动情况，产生质量评估和监督投入的数据。更重要的是，这将允许犯罪调查人员开发出更好的询问技巧，增加信息量的可靠性和全面性。这个改变将有希望减少儿童接受询问的次数。尽管如此，除非是在有检察官或法官在场的情况下实施的询问，否则犯罪调查人员进行视频录像的询问仍不能作为法庭上的证据。这种法律要求在大多数情况下维持了对儿童重复询问的需要。

---

① 在未来使用的陈述。
② 参见《葡萄牙刑事诉讼法典》第 271 条。

对询问和审讯实践的研究

如上所述,对司法询问的研究仍处于初级阶段。然而,在过去10年中,对于证词的研究,特别是对儿童询问的研究,已经成为更为全面和实证研究的焦点。

在成年证人的案件中,研究和公共政策的重点是家庭暴力的被害者。为了处理这一类型的证人,已经公布了几个关于如何处理和询问他们[例如,马尼塔、里贝罗和佩肖托(Manita,Ribeiro and Peixoto)2009]以及警察如何干预的准则(MAI,2013)。内政部(MAI)在2013年制定了《家庭暴力案件警察工作手册》,涉及被害人和其他证人的处理问题。在该手册中,广泛讨论了调查询问的作用及其在家庭暴力案件犯罪调查中的重要性,如家庭暴力的影响(如感到内疚感,对孩子面临的结果的恐惧),实施询问的地点的选择和调整,以及处理抗拒作证和撤回证言等问题都得到了解决。此外,该手册还包含了对认知询问技术的深入描述,总结了一些基础研究,解释了询问步骤并给出了问题的示例。

如上所述,儿童经常在刑事案件中被询问,特别是在性虐待案件中。卡特里娜·里贝罗(Cartarina Ribeiro,2009)在葡萄牙进行了一项开拓性研究,研究了性虐待案件中儿童的表现。在她的研究中,除了其他重要方面之外,重点研究了儿童接受正式询问程序的次数。结果显示,每个儿童平均接受8次询问,这是一个令人不安的调查结果。这些询问由数名具有不同职责的专业人士(如警察、社会工作者、法医心理学家、法医、检察官、法官)进行,而且,明显没有任何特定的询问技术或询问方案。这项研究强调指出,重复提问会使孩子们对调查过程和涉及的专业工作人员产生矛盾情绪、不信任和抵触。

对性虐待案件的研究也表明,即使存在其他类型的证据,也会对儿童进行过多次数的询问。佩肖托(Peixoto,2012)分析了生物学(如在被害人体内发现的被指控的犯罪者的DNA)和物理(如肛门或阴道撕裂)痕迹高度支持性虐待发生的案件。即使在这些案件中,儿童也接受了几名专业人员4~

9次的询问。

其他重要研究已经在进行，主要是关于记忆和易受暗示性方面的研究。科斯塔和皮尼奥（Costa and Pinho，2010）收集到的数据表明，社会需求在确定9岁儿童的易受暗示性方面起着重要作用，主要是与儿童的智力和记忆缺陷有关。库尼亚（Cunha，2010）也发现，高等级的智力似乎可以保护儿童免于易受暗示，智力较好的儿童降低了接受虚假信息的可能性。

询问儿童的指导准则

关于询问儿童的葡萄牙科学文献以有关最佳做法和询问方案的一般性参考为特征。这些参考文献大多被包括在教科书的章节中［马沙多（Machado），2002；马沙多和安图内斯（Machado and Antunes），2005；马沙多、卡里达迪和安图内斯（Machado，Caridade and Antunes），2011；麦哲伦、里贝罗、雅尔丁（Magalhães，Ribeiro，Jardim）等人，2010］，或者关于儿童性虐待指控的法医心理评估或可信度评估的文献综述论文中［马尼塔（Manita），2003；马沙多（Machado），2005；麦哲伦和里贝罗（Magalhães and Ribeiro），2007］。

2002年，葡萄牙被害者帮助协会（Associação de Apoio à Vitima，APAV）发布了适用于性虐待案件的干预准则。这些准则侧重于干预的几个方面，如现行立法和司法程序，关于心理和社会支持的建议，以及如何制作报告和对儿童进行询问等实用建议。关于对儿童进行询问这方面，准则指出了询问的重要特征：发展融洽关系；建立基本规则；要求询问对象只讲真相；使用开放式问题来引出自发性的叙述。然而，这些指导准则仍然只是一般性思路，缺乏更广泛的对儿童的询问方法，如描述或引用基础研究成果及询问方案。

其他指导准则已经被公布，如针对警察（CNPCJR，2011a）和保护儿童专业人员（CNPCJR，2011b）的指导准则。这些指导准则也只是概括性的而且询问不是其唯一的重点。不过，警务人员指导准则（CNPCJR，2011a）描述了认知询问［费希尔和盖泽尔曼（Fisher and Geiselman），1992］的阶段和特点，并提倡将其作为询问儿童的询问方案。

◆ NICHD 询问方案在葡萄牙司法环境中的适用

正如我们已经指出的那样，在葡萄牙以研究为基础的询问方案和做法仍然不足。为了弥补这一缺口，我们开始使用 NICHD 调查询问方案［佩肖托、里贝罗和兰姆（Peixoto，Ribeiro and Lamb），2011；佩肖托、里贝罗和阿尔贝托（Peixoto，Ribeiro and Alberto），2013］对结构化询问方案的实施进行研究。

由于全球范围内的司法询问人员在实践中往往难以在本领域遵循推荐的询问做法，迈克尔·兰姆（Michael Lamb）教授及其同事［兰姆、赫什科维茨、奥巴赫（Lamb，Hershkowitz，Orbach）等人，2008］开发了完全结构化的 NICHD 询问方案。该方案目前已在几个国家（例如，加拿大、以色列、美国部分地区）要求司法询问人员必须使用，被作为"最先进的"指导准则教授（如英格兰、苏格兰、威尔士、瑞典、芬兰），在其他国家（如智利、巴西、韩国、日本）被研究和调整。

鉴于这些原因，佩肖托、阿尔贝托和里贝罗（Peixoto，Alberto and Ribeiro，2011）选择了改编适应葡萄牙司法环境的"NICHD 询问方案"，因为它具有生态效度，复制了许多国家司法询问人员使用的方法，并符合研究和从业者团体提倡的最佳实践指南［兰姆、赫什科维茨、奥巴赫（Lamb，Hershkowitz，Orbach）等人，2008］。改编适应过程包括翻译阶段、语言和认知审查阶段、适用阶段以及测试其法律效用的阶段。

首先，NICHD 询问方案由三位独立译员翻译成葡萄牙语，他们单独进行翻译，并在联合审查后制订成最终的葡萄牙语版本的询问方案。作者确保所使用的每一句话与他们试图推动的认知过程之间存在联系。翻译"告诉我"这个表达就向翻译人员提出了挑战，考虑到它在葡萄牙语中有多种翻译选项："conta-me" "fala-me" "diz-me"。更直观的翻译（"conta-me"）在语义上类似于与幻想和童话故事（"conto"）相关的单词，因此需要进一步的测试。测试使用了 109 个 4~15 岁的样本对三个翻译选项进行比较，分为三组。同一视频显示给每个组，随后让他们接受葡萄牙语版本的询问方案询问。询问人员对每个组只使用"告诉我"的翻译选项之一。与他们的假设相反,作者发现,"conta-me"一词比其他翻译选项引起了更少的错误和臆想。看起来孩子们更熟悉这个表达方式,更愿意回应这个表达方式。因此,最终葡萄牙语版本的 NICHD 询问方案中使用了"conta-me"这个术语来表达"告诉我"。

其次,在实际的司法案件中对葡萄牙语版本的 NICHD 询问方案进行了测试。为了观察 NICHD 调查询问方案的葡萄牙语版本是否会产生与其他版本询问方案相似的结果,进行了 33 次涉嫌性虐待的实际案件的询问。在法医心理评估环境中,所有询问都是针对 4~6 岁的男性 ($N = 6$) 和女性 ($N = 27$)。

在这项研究中,所有询问都是从数字录音中逐字记录的。询问人员或儿童的所有话语(包括诸如"mmhmm"或"嗯"这样的辅导性话语)都被记录。询问根据兰姆(Lamb)及其同事所使用和开发的方案进行编码[兰姆、赫什科维茨、斯滕伯格(Lamb,Hershkowitz,Sternberg)等人,1996;兰姆、赫什科维茨、奥巴赫(Lamb,Hershkowitz,Orbach)等人,2008]。这种编码方案对询问人员的语言和儿童的反应进行了分类。为了本研究的目的,我们专注于每个询问涉及的实质性信息的部分(询问人员的陈述或提问和儿童的回答,侧重于在被调查的事件期间发生的全部事情),因此不包括在开始时的导入性交流询问或实质部分、尝试时与孩子建立融洽关系的部分、闲谈部分,以及在询问结束时试图讨论中立话题的部分。

询问人员的话语被定义为讲述或对话中的"轮"(Turn),被编码为邀请或开放性提示(Invitations or Open-ended Prompts)(例如"告诉我从开始到结束发生的一切"),线索性邀请(Cued Invitations)[例如"你提到了(孩子提到的内容),告诉我这些内容"],指引性提示(Directive Prompts)[属于"线索性回忆"(Cued Recall)的提示,主要是"Wh-"问题:什么人、什么事、什么时间、什么地点、如何发生——例如"你提到……(孩子提到的内容)你的意思是什么?"],选项性提示(Option Posing Prompts)(这些话语是将孩子的注意力集中在孩子以前没有提及的方面,例如"事情发生的时候,玩具是放在桌子上的吗?")或暗示性提示(Suggestive Prompts)(假设事件相关信息在早期的询问中尚未被孩子披露,可以暗示期待特定的回答)。对询问人员使用的每种类型的话语总数和儿童对询问人员回复使用的每种类型的话语总数进行了统计。

对 33 次询问的分析显示,大多数询问人员使用的语言是开放性提示(48%),如邀请或提示性邀请,其次是选项性提示(38%),还有指引性提示(12%)和暗示性提示(2%)。同样地,大多数孩子的回答都是针对开放性提示(66%)提供的,其次是选项性提示(25%),指引性提示(8%),最后是暗示性提示(1%)。这些结果与使用 NICHD 调查询问方案的其他研究结果相似［西尔和兰姆（Cyr and Lamb），2009；兰姆、斯滕伯格、奥巴赫（Lamb, Sternberg, Orbach）等人，2001］。我们的试点研究提供的数据表明，葡萄牙版本的 NICHD 调查询问方案的业绩表现与其他版本相似，特别是在询问人员的行为和儿童回复方面。此外，我们的数据证实了大量的文献，这些文献描述了在对涉嫌被虐待儿童进行询问时使用开放性问题的优势［兰姆、赫什科维茨、奥巴赫（Lamb, Hershkowitz, Orbach）等人，2008；兰姆、拉·鲁伊、马罗伊（Lamb, La Rooy, Malloy）等人，2010；米尔恩和布尔（Milne and Bull），1999；普尔和兰姆（Poole and Lamb），1998；韦斯科特、戴维斯和布尔（Westcott, Davies and Bull），2002］。

改编适应过程的最后阶段包括评估使用本询问方案能够提高葡萄牙司法程序的程度，从而增加儿童提供的信息的数量和质量。为了做到这一点，我们计划比较运用葡萄牙语版本的 NICHD 询问方案实施的询问和没有使用任何询问方案实施的 DMF 询问。正如我们前面所提到的，DMF 是唯一可以在以后的审判中用作证据的询问，因此在本程序中实施结构化的询问方案可能是非常重要和有用的。对现行做法的描述将使我们有一个基准，并更好地了解使用 NICHD 询问方案的收益。数据（使用 DMF 对 3~17 岁男性和女性进行询问）是从全国各地的几家葡萄牙司法机构（如法院、犯罪调查部门）收集的，使用由兰姆（Lamb）及其同事开发的编码方案［兰姆、赫什科维茨、斯滕伯格（Lamb, Hershkowitz, Sternberg）等人，1996；兰姆、赫什科维茨、奥巴赫（Lamb, Hershkowizt, Orbach）等人，2008］。这些数据将与目前采用葡萄牙语版本的 NICHD 询问方案实施的儿童询问进行比较。

总体而言,通过这项研究,我们希望能够促进更好地了解在葡萄牙的司法环境中如何对儿童进行询问,并有助于改善儿童的证词。将 NICHD 询问方案适用于葡萄牙,对于改善目击或亲历了犯罪的儿童接受询问的方式向前迈进了一步。NICHD 询问方案已被确定为在儿童询问中应用科学的最佳示范〔赛维茨、里昂和古德曼(Saywitz,Lyon and Goodman),2011〕,并通过强有力的研究获得了认可〔兰姆、赫什科维茨、奥巴赫(Lamb,Hershkowitz,Orbach)等人,2008〕。研究表明,NICHD 询问方案还增强了可信度评估〔赫什科维茨、费希尔、兰姆(Hershkowitz,Fisher,Lamb)等人,2007;赫什科维茨、兰姆和奥巴赫(Hershkowitz,Lamb and Orbach),2008;兰姆、斯滕伯格、斯普林(Lamb,Sternberg,Esplin)等人,1997〕,增加了与犯罪调查相关的信息量〔派普、奥巴赫、兰姆(Pipe,Orbach,Lamb)等人,2013〕。此外,最近的证据显示,当 NICHD 询问方案被用于询问年轻的被害人和证人时,更有可能提起诉讼,犯罪嫌疑人更有可能在审判中被定罪〔派普、奥巴赫、兰姆(Pipe,Orbach,Lamb)等人,2013〕。

对研究、政策制定和实践的启示

虽然有一些应当如何获得证人证词的指导准则,但葡萄牙的询问人员在司法程序的司法询问中并没有完全遵守国际最佳做法的相关准则,专业人士(如法官和警务人员)也缺乏专门的培训和持续的监督。

此外,即使专业人士认识到了司法询问是犯罪调查进程中的关键步骤,但尚未有规定这一强制性程序的立法。事实上,在葡萄牙,目前获得证人证言的方式上还存在一些方面的问题:

- 不重视使用视频录像记录,仅在 DMF 和法庭程序中使用录音记录,并坚持使用警方的书面陈述;
- 没有强制性的结构化的司法询问方案;
- 缺乏定期的培训和监督﹛例如,警务人员只接受了一般的初级询问和讯问方法培训，仅使用认知询问［费希尔和盖泽尔曼（Fisher and Geiselman），1992］作为范本，犯罪调查人员在他们的专业上接受了更多的培训课程｝；

- 依赖非专业询问人员；
- 在调查阶段结束时进行询问（多数情况下，证人多次向不同的人做出陈述）；
- 有时，在涉及儿童的案件中，尽管有 DMF 存在，也要求他们在审判中出庭陈述。

由于这些原因，葡萄牙司法背景下的司法询问似乎呈现出这样的特征：主要基于经验和一般准则，是一种缺乏支持的做法。虽然葡萄牙的刑事法律强调了证人的重要性和对证人的特别照顾，但这些法律法规在实际案件中的适用遇到了一些障碍。尽管如此，在过去的 10 年中，对于以研究为基础的司法询问方法（主要是针对儿童）的兴趣日益增长，重要的实证数据［佩肖托、里贝罗和阿尔贝托（Peixoto，Ribeiro and Alberto），2011］和建议［佩肖托、里贝罗和阿尔贝托（Peixoto，Ribeiro and Alberto），2013；佩肖托、里贝罗和麦哲伦（Peixoto，Ribeiro and Magalhães），2013］已经产生。在这种情况下，研究、培训和实施结构化的司法询问方案，如 NICHD 调查询问方案，将对葡萄牙儿童接受询问的方式产生决定性影响。

致　谢

本章的撰写得到葡萄牙科技基金会（FCT）（PTDC/MHC-PAP/4295/2012）和竞争要素行动计划（COMPETE）（CCOMP-01-0124-FEDER-029554）提供的支持。

参考文献

❶ Associação Portuguesa de apoio à vitim（pav）（2002）*Manual Core para aterdimento de criangas vitimas de violência sexual.* Lisbon：Artes

Gráficas Simões.

❷ Caridade, S., Ferreira, C., and Carrno, R. (2011) "Declarações para Memória Futura de Menores Vitimas de Crimes Sexuais: Orientações para técnicos Habilitados," in M. Matos, R. A. Gonçalves, and C. Machado (eds), *Manual de psicologia forense: Contextos, práticas e desafios*. Braga: Psiquilibrios, pp. 65 – 85.

❸ Comissão Nacional de protecção de Crianças e Jovens em Risco (CNPCJR) (2011a) *Guia de orientações para os profissionais das forças de segurança na abordagem de situações de maus tratos*. Lisbon: CNPCJR.

❹ Comissão Nacional de protecção de Crianças e Jovens em Risco (CNPCJR) (2011b) *Guia de orientações para os Profissionais da Acção Social na Abordagein de situagoes de Maus Tratos ou Outras Situações de Perigo*. Lisbon CNPCJR.

❺ Costa, A. and Pinho, M. S. (2010) "Sugestionabilidade interrogativa em crianças de 8 e 9 anos de idade," *Análise Psicológica*, 28 (1): 193 – 208.

❻ Cunha, A. (2010) *A sugestionabilidade interrogative em crianças: O papel da idade e das competências cognitivas*. Braga: Universidade do Minho.

❼ Cyr, M. and Lamb, M. E. (2009) "Assessing the effectiveness of the NICHD investigative interview protocol when interviewing French-speaking alleged victims of child sexual abuse in Quebec," *Child Abuse and Neglect*, 33 (5): 257 – 68.

❽ Fisher, R. P. and Geiselman, R. E. (1992) *Memory-Enhancing Techniques for Investigative Interviewing: The Cognitive Interview*. Springfield, IL: Charles C. Thomas.

❾ Hershkowitz, I., Lamb, M. E., and Orbach, Y. (2008) *The Effects of the NICHD Investigative Interview Protocol on the Assessment of Credibility in Child Sexual Abuse Allegations*. Paper presented to the American Psychology-Law Society Conference, Jacksonville, FL.

❿ Hershkowitz. L., Fisher. S., Lamb, M. E., and Horowitz, D. (2007)

"Improving credibility assessment in child sexual abuse allegations: the role of the NICHD Investigative Interview Protocol," *Child Abuse and Neglect*, 31（2）: 99 – 110.

⑪ Home Office（2011）*Achieving Best Evidence in Criminal Proceedings. Guidance on Interviewing Victims and Witnesses, and Using Special Measures.* London: Home Office.

⑫ Lamb. M. E., Hershkowitz, I., Orbach, Y., and Esplin, P. W.（2008）*Tell Me What Happened: Structured Investigative Interviews of Child Victims and Witnesses.* Chichester: Wiley-Blackwell.

⑬ Lamb, M. E., La Rooy, D. J., Malloy, L. C., and Katz, C.（2011）*Children's Testimony Handbook of Psychological Research and Forensic Practice.* Chichester: Wiley-Blackwell.

⑭ Lamb, M. E., Sternberg, K. J., Esplin, P. W., Hershkowitz, I., Orbach, Y., and Hovav, M.（1997）"Criterion-based content analysis: a field validation study," *Child Abuse and Neglect*, 221（3）: 255 – 64.

⑮ Lamb, M. E., Hershkowitz, I., Sternberg, K. J., Esplin, P. W., Hovav, M., Manor, T., and Yudilevitch, L.（1996）"Effects of investigative utterance types on Israeli children's responses," *International Journal of Behavioral Development*, 19（3）: 627 – 38.

⑯ Lamb, M. E., Sternberg, K. J., Orbach, Y., Aldridge, J., Bowler, L., Pearson, S., and Esplin, P. W.（2006）*Enhancing the Quality of Investigative Interviews by British Police Officers.* Paper presented at the Second International Investigative Interviewing Conference, University of Portsmouth, UK.

⑰ Machado, C.（2002）"Abuso sexual de crianças," in C. Machado and R. A. Goncalves（eds）, *violência e vitimas de crime*, Vol. 2 *Crianças.* Coimbra: Quarteto, pp. 40 – 94.

⑱ Machado, C.（2005）"Avaliação da credibilidade de alegações de abuso sexual: Consensos e controvérsias," Revista *"Psicologia Educação Cultura,"* IX（2）: 513 – 34.

⑲ Machado, C. and Antunes, C. (2005) "Avaliação de vitimas de abuso sexual," in R. A. Gonçalves and C. Machado (eds), *Psicologia forense*. Coimbra: Quarteto, pp. 207 – 29.

⑳ Machado, C. , Caridade, S. and Antunes, C. (2011) "Avaliação psicológica de abuso sexual," in M. Matos, R. A. Goncalves, and C. Machado (edds), *Manual de psicologia forense: Contextes, prátices e desafios*. Braga: Psiquilibrios, pp. 91: 122.

㉑ Magalhães, T. and Ribeiro, C. (2007) "A colheita de informação a vitimas de crimes sexuais," *Acta Médica Portuguesa*, 20: 439 – 45.

㉒ Magalhães, T. , Ribeiro, C. , Jardim, P. , Peixoto, C. , Oliveira, R. , Abreu, C. , Pinheiro, F. , and Guerra, C. (2010) "Da Investigação inicial ao diagnostico de abuse," in T. Magalhães (ed.) *Abuso de Criancas e Jovens: Da suspeita ao diagnóstico*. Lisbon-Porto: Lidel, pp, 147 – 88.

㉓ Manita, C. (2003) "Quando as portas do medo se abrem... do impacto psicológico ao (s) testemunho (s) de crianças vítimas de abuso sexual," in *Actas do Encontro Cuidar da Justiça de Crianças e Jovens-A função dos Juízes Sociais*. Coimbra: Aimedina, pp. 229: 53.

㉔ Manita, C. , Ribeiro, C. , and Peixoto, C. E. (2009) *Violência Doméstica: Compreender para Intervir-guia de boas praticas para profissionais das forças de segurança*. Lisbon: CIG.

㉕ Milne, R. and Bull, R. (1999) *Investigative interviewing: Psychology and Practice*. Chichester: Wiley.

㉖ Ministério da administração Intema (MAI) (2013) *Manual de Policiamento da Violência Doméstica*. Lisbon: MAI.

㉗ Orbach, Y. , Hershkowitz, I. , Lamb, M. E. , Sternberg, K. J. , Esplin, P. W. and Horowitz, D. (2000) "Assessing the value of structured protocols for forensic interviews of alleged child abuse victims," *Child Abuse and Neglect*, 24 (6): 733 – 52.

㉘ Peixoto, C. E. (2012) *Avaliação da credibilidade de alegações de abuso sexual de crianças-uma perspectiva psicológica forense.* Porto: FPCEUP.

㉙ Peixoto, C. E., Ribeiro, C. and Alberto, I. (2011) *The Portuguese Adaptation of the NICHD Forensic Interview Protocol: An Analysis of some Psycholinguistic Variables*, in iIIRG International Conference, Dundee, Scotland.

㉚ Peixoto, C. E., Ribeiro, C., and Alberto, I. (2013) "O Protocolo de Entrevista Forense do NICHD: contributo na obtenção do testemunho da criança no contexto portugêus," *Revista do Ministério Público*, 134: 181 – 219.

㉛ Peixoto, C. E., Ribeiro, C., and Lamb, M. E. (2011) "Forensic interview protocol in child sexual abuse. Why and what for?". in T Magalhães (ed.), *Abuse and Neglect Series: To Improve the Management of Child Abuse and Neglect*, Vol. I. Porto: SPECAN, pp. 133 – 60.

㉜ Peixoto, C. E., Ribeiro, C., and Magalhães, T. (2013) "Entrevista forense de criangas alegadamente vitimas de abuso," in T. Magalhães and D. N. Vieira (eds), *Agressões Sexuais: Intervenção Pericial Integrada*, Vol 2. Maia: SPECAN, pp. 75 – 102.

㉝ Pipe, M.-E., Orbach. Y., Lamb, M. E., Abbott, C. B., and Stewart, H. (2013) "Do case outcomes change when investigative interviewing practices change?" *Psychology, Public Policy, and Law*, 19 (2): 179.

㉞ Poole, D. A. and Lamb, M. E. (1998) *Investigative Interviews of Children: A Guide for Helping Professionals.* Washington, DC: American Psychological Association.

㉟ Ribeiro, C. (2009) *A criança na justiça: Trajectórias e significados do processo judicial de criancas vítimas de abuso sexual intrafamiliar.* Coimbra: Almedina.

㊱ Saywitz, K. J., Lyon, T. D., and Goodman G. S. (2011) "Interviewing children," in J. E. B. Myers (ed.). *The APSAK Handbook on Child Maltreatment.* Newbury Park, CA: Sage, pp. 337 – 60.

㊲ Sternberg, K. J., Lamb, M. E., Orbach, Y., Esplin, P. W., and Mitchell, S. (2001) "Use of a structured investigative protocol enhances young children's responses to free-recall prompts in the course of forensic interviews," *Journal of Applied Psychology*, 86 (5): 997–1005.

㊳ Westcott, H., Davies, G., and Bull, R. (2002) *Children's Testimony: A Handbook of Psychological Research and Forensic Practice*. Chichester: Wiley.

第16章

斯堪的纳维亚国家对证人和被害人的调查询问

克里斯蒂娜·凯平斯卡·雅各布森（Kristina Kepinska Jakobsen）

伊瓦尔·A. 法辛（Ivar A. Fahsing）

艾玛·鲁斯·阿夫·叶姆萨特（Emma Roos af Hjelmsäter）

简介

斯堪的纳维亚半岛由丹麦、瑞典和挪威组成，这三个国家都是高度稳定的福利社会，犯罪率非常低，社会透明度高。事实上，这三个斯堪的纳维亚国家在社会、政治和法律上通常都有很多共同点，在警务、立法和许多犯罪调查的做法方面也是如此。在本章中，我们将描述其相似之处，然后描述三国教育与研究的一些差异。

立法和犯罪调查组织

刑法和刑事诉讼法的立法在该地区非常相似。证人和犯罪被害人没有正式的义务向警方提供陈述，然而，在犯罪调查期间，绝大多数的记录和陈述都是如此收集的。要求记录保留所有对调查具有重要意义的细节，调查人员应当立即记下询问摘要。询问对象有机会在询问记录提交存档之前进行核查、改动和签名。对儿童和弱势成年人的询问必须录音和录像。① 对于所有其他证人,录音录像不是强制性的,陈述可以被调查人员用摘要的形式记录。在瑞典和挪威,建议对所有严重犯罪行为的询问进行录音录像记录,并保存录音录像。在所有这三个国家,以有人合理地被怀疑为有罪为起点,检察机关正式负责指挥审前调查。② 在丹麦和挪威,检察机关的一部分被整合到警察组织中,而在瑞典,检察机关是一个完全独立的组织。在日常服务中,负责实际调查工作的组织方式在各个国家之间有所不同,有时甚至是因案而异。三个国家的法庭程序主要是对抗性的,但是具有纠问式因素。调查事实主要是起诉方的职责,但如果不在检察机关提出的正式指控之外,法庭可以要求进一步调查。所有证据均由各方口头直接提交法院。从历史上看,斯堪的纳维亚的犯罪受害者与所有证人具有同等的法律地位;然而,2006年在丹麦和2008年在挪威发生了变化,以加强被害人在刑事法庭程序之前、过程中和之后的权利、情感福利和证据价值。在正式的警察报告之前,所有性犯罪和暴力犯罪被害人都有权获得免费的法律咨询,这是许多重大变革中的一项。在斯堪的纳维亚,儿童不必在法庭上作证,相反,在审前调查期间,儿童会在被称之为"儿童询问房"的地方接受询问,被记录的询问将在法庭上呈现。就调查方法而言,包括询问方法,没有任何一个国家有普遍的国家行为准则;但是,在各种立法文件中也给出了相对详细和健全的指导。即使如此,如何处理这项任务的实际工作仍然由个别人员负责。另外,在涉及儿童和其他弱势证人的询问时,有很多具体严格的规定。

像许多其他国家一样,丹麦和挪威也在20世纪90年代通过案例学习了惨痛的经验教训,当时在治疗中的儿童讲述严重的性侵犯案件。三个"臭名昭著"的案例是 Bjugn,Roum 和 Vadstrupgaard,这三起案件提起了可怕的性虐待指控。然而,在其中的两起案件中,由于对儿童实施的询问不当,几乎所有的指控后来在法庭上被认定为不予采信,这两起案件后来

---

① 在挪威,儿童是指16岁以下的人;在丹麦是指12岁以下的人;在瑞典是指15岁以下的人。在这三个国家,类似的年龄门槛适用于精神残疾的弱势群体。

② 在瑞典,从某人被合理地怀疑实施了犯罪行为开始,由检察官领导审前调查。在较轻的犯罪中(如在商店里偷东西、交通肇事犯罪),自始至终都是由警察负责审前调查。

被认定为是政治迫害（witch-hunt）［坦格（Tange），1995；金斯泰德（Kringstad），1997］。

挪 威

一般来说，警方对证人和被害人的询问的可靠性在挪威没有受到太多的质疑。然而，在1993年所谓的Bjugn案中，Bjugn的小社区受到了大范围的有关性虐待儿童指控的折磨。起初，这些指控是针对学前班的工作人员，但是犯罪嫌疑人很快就扩大到了包括当地社区治安官在内的许多领导成员。当地郡委员会通过向儿童提供经济补偿的方式，表明了对某些指控的相信。不过，最终没有任何一名犯罪嫌疑人被定罪，后来他们都被给予了经济补偿。Bjugn社区的一些儿童，不是全部，后来撤回了他们的指控。身体检查是确定是否发生了虐待的最坚实的证据基础，但现在已经不再被专家意见一致地认为是可靠的。Bjugn案说明了与法院相比，行政机构更可能相信甚至是荒谬的指控的真相。像其他的国际案例一样，挪威的Bjugn案使得1998年在询问儿童和弱势群体的标准和培训制度方面产生了新的规定。

◆ 培训

2002年，挪威的国立大学学院委托进行了基本的调查询问培训课程。该课程名为KREATIV[①]，受到英国PEACE课程很大影响。雷·布尔（Ray Bull）教授和DCI（已退休的）戴维·莫西维特（David Murthwaite）（默西塞德郡警察）被请到挪威，帮助指导教员并启动该计划。教员从警察内部招募，自2002年以来，大约有100名官员完成了为期六周的培训课程，课程涵盖了教育学、人权、合乎道德的询问、询问和沟通技巧（PEACE模式）、目击者记忆、认知询问、询问策略和虚假供述。

英国的PEACE课程由克拉克和米尔恩（Clarke and Milne，2001）进行

[①] KREATIV是首字母缩写，代表这一课程所依据的价值基础：沟通、法律规则、道德和同情心、认同、透明、信息和以科学为基础的原理。

251

了评估，并确定了几个问题。其中一个问题是，英格兰和威尔士新接受教育的警官必须用 PEACE 模式培训其他人，由于他们仅仅完成了一个培训课程，并且很少或没有得到集中的支持。随着时间的推移，当地的培训者逐渐将自己的相关材料纳入其中，因此产生了与 PEACE 模式实际包含内容的混淆。为了防止在 KREATIV 课程中产生同样的问题，国际学者协助指导了挪威的教员。鼓励个别教员在实地培训课程中即兴发挥并示范他们的课程内容。然而，为了确保一致性，并防止被确定发生在英格兰和威尔士的另一个问题［有些地区的询问工作被淡化，而在其他地区又被过分强调——参见克拉克和米尔恩（Clarke and Milne），2001］，挪威培训人员被提供了 22 个简短但是强制性的 PPT 课件。这些课件都是每年接受审查，由培训人员评价并由学者更新，以使 KREATIV 与该领域最新的科学发展情况保持同步。

KREATIV 课程符合鲍德温（Baldwin）的结论（1993），处于"脚踏实地"的水平，没有任何心理学上的先进技巧，现在已经被教授给近 2000 名侦探、NCOs 和检察机关的人员。课程与原来的 PEACE 课程一样，是为期五天的强化培训课程，包括强制提前阅读文献资料。现在这个课程已经被整合，是所有挪威警察的基本警务教育的组成部分——警务学士学位课程。

为了进一步提升专业化水平，挪威的警察大学学院还提供了两个额外的研究生水平的课程。前两个级别（KREATIV 1 和 KREATIV 2）侧重于各种警察询问所需的常识和能力，对犯罪嫌疑人、证人和被害人的询问没有明确区分。尽管有一些形式上和方法上的差异，但从理论上看，所有的调查询问都有很多共同点。

虽然 KREATIV 1 是为期一周的培训课程，但 KREATIV 2 是一个正式的教育项目，估计将包括 280 小时的全日制学习。更专业化的 3 级项目的开发正在进行中。

第二个正式的教育项目面向被认证的专门从事 6~16 岁儿童和其他弱势群体询问的侦探。该项目估计需要 420 小时全日制学习。这个学习项目已经取代了自 1995 年开始的以往的培训课程。以研究和系列式询问过程（a sequential interview process）的理论为基础的专门针对学龄前儿童和精神残疾人士的新研究计划即将推出。该项目估计需要 300 小时的全日制学习。

挪威警方询问培训的理论基础是 PEACE 模式。两种方法之间的区别是介绍了甘斯特和朗博（Gamst and Langballe，2004）开发的询问儿童对话沟通方法（Dialogical Communication Method，DCM）。

除了培训的发展外，从 2006 年到 2012 年，建立了一个全国性的被称为"儿童之家"的网络，所有对虐待和暴力犯罪案件的受害儿童的询问都将在这里进行。在过去的几年时间里，还有一些借鉴了国际研究成果的有意义的发展。2010 年，自我管理询问（Self-Administered Interview）[加伯特（Gabbert）等人，2009]的实践应用在奥尔萨警察局进行了试点。结果是令人鼓舞的，因为警方从中获得了许多有价值的细节，使他们能够优先考虑应该首先接受询问的证人。目前正在推荐全国使用这种询问方式。此外，在 2013 年，检察院负责人公布了对刑事案件中的列队辨认程序进行了修订。新的辨认程序综合了最新研究成果和最佳实践。犯罪嫌疑人的顺序辨认和双盲辨认管理现在被推荐使用。

◆ 研究

近年来，对应用法医心理学的研究越来越多。这种研究涉及儿童询问[梅兰德（Melinder），2004；甘斯特和朗博（Gamst and Langballe），2004；麦克里伯斯特（Myklebust），2009]，可信度评级[柏林莫和韦赛尔（Bollingmo and Wessel），2007]，法官对法医心理学的认识[马格努森（Magnussen）等人，2010] 和目击证人的准确性[法辛（Fahsing）等人，2004]。正在进行的研究中能够提到的是在挪威科技大学进行的法医语言学视角的警察询问，以及几个对 2012 年 7 月 22 日挪威恐怖袭击被害人进行的询问进行评估的不同项目。

丹　麦

丹麦也经历了几起案件，引发了关于虐待儿童和调查这些案件的讨论。这里将介绍两个最具争议的案例。第一起案例是发生在 1990 年被称为"Roum"的案件，其中有七人因三名青少年的证词而被认定实施了性虐待，七人中有两人是精神残疾者。性虐待指控是由同一名治疗师在工作时间之外提出的。1995年，对被告人进行了新的审判，其中六人被无罪释放。另外一起案件发生在1997年，一名男助教被判定性虐待23名儿童，他上诉了但最终加重了对他的刑罚。该案引起广泛的公众讨论，尽管被告人并未被无罪释放，但这一案件推动制定了2001年对儿童和弱势群体询问的新规定、标准和培训制度。

◆ 培训

2014年，基础警察教育被提升为本科学历教育，由国家警察学院提供。询问培训是学生接受的84小时调查教育课程的一部分。依据教学大纲，该方法的灵感来自挪威的KREATIV模式和认知询问。在修改对警务人员的教育之前，询问培训主要集中在有关警察询问的规则和如何撰写正式的报告。

2005年警察学院与全国委员会密切合作，为现役侦探提供为期一周的培训课程。培训由心理学家和经验丰富的侦探共同实施。该集中培训于2010年终止，随后委托给地方警察机关。此后，实践中培训的重点和时长似乎有了显著的区别。有些地区是在其他培训项目中包括了询问技巧的培训，并在这个问题上花费两个课时，而其他地方当局选择了为期四天的培训项目。2014年，国家警察局启动了一个旨在探索当前形势和未来培训需求的项目。此外，该项目的目的是借鉴其他国家，特别是美国和挪威的经验。该项目预计将在不久的将来实施新的培训项目。

12岁以下的儿童和弱势群体由受过专门培训的侦探实施询问。2001年，为儿童询问人员设立了为期两周的培训课程。培训课程涵盖儿童发展心理学、相关法律问题和为期四天的实践询问培训。该方法的灵感来自NICHD询问方案［兰姆（Lamb）等人，2008］。虽然现在的基础警察教育已被认定为本科课程，但进一步的培训课程并不会被作为大学课程进行学习。对儿童的询问是在2012年建立的被称为"儿童之家"中实施的。

◆ 研究

丹麦在这方面的研究很少。已经进行了一些关于询问和证人列队辨认的实验研究［史密斯（Smith），1986］以及关于儿童记忆和易受暗示性的研究［汤姆森（Thomsen），2004；汤姆森和贝恩森（Thomsen and Berntsen），2005］。2006年，一名心理学家研究了15名强奸案件被害人所经历的警察询问以及法律制度的必要要求是否得到实现［古德贝格（Guldberg），2006］。据笔者所知，在丹麦警方对儿童的询问方面，迄今为止还没有进行过之前的或正在进行的研究。2006年，本章的一名作者进行了一次对成年证人和被害人的警察询问的未公开的内部评估［雅各布森（Jakobsen），2007］。该研究对18次询问进行了分析。结果表明，大多数询问人员没有向询问对象介绍询问，没有邀请询问对象提供自由叙述，主要使用封闭式和诱导性问题以及少量开放性问题。令人印象深刻的是，这些缺点是由于询问而未被记录，而且在进行询问时，警方的报告是同时撰写的。

瑞 典

一个众所周知的案例曾经引发了对证人询问话题的大规模辩论：1986年2月在斯德哥尔摩，瑞典前首相奥洛夫·帕尔梅（Olof Palme）被暗杀。奥洛夫·帕尔梅在与他的妻子莉丝贝特·帕尔梅（Lisbeth Palme）从电影院回家的路上被人近距离枪杀。这次谋杀标志着瑞典历史上最大规模的调查的开始，而且，自然地，帕尔梅先生的妻子成为了核心证人。在暗杀过去三年之后，一名之前被定罪的罪犯克里斯特·彼得森（Christer Petterson）因为一枚并不明确的子弹头而被逮捕，将他与一个类似于暗杀所使用的枪支（一把0.357口径手枪）联系在一起。莉丝贝特·帕尔梅（Lisbeth Palme）在辨认中将彼得森（Petterson）确认为凶手，彼得森（Petterson）在1989年被定罪并被判处无期徒刑。然而，同年晚些时候，由于上诉法庭提出缺乏证据，他被释放，如谋杀武器从未被发现。法庭还质疑帕尔梅（Palme）太太作为证人接受的原初询问以及列队辨认的可靠性。对帕尔梅（Palme）夫人的原初询问和随后进行的列队辨认均受到大量批评，主要是因为询问不符合正常程序所要求的方案，以及辨认过程中的列队构成不公平。犯罪嫌疑人在辨认列队中非常醒目，因为他穿着与其他人不同的衣服，并且有粗犷的外表。此外，不能排除帕尔梅（Palme）太太从媒体的传闻报道中了解到，警方怀疑凶手是酗酒者，当她在辨认彼得森（Petterson）时，她确实明确表示过很明显就能辨认出列队中哪一个是酗酒者。彼得森（Petterson）后来因警方的污蔑和无辜入狱服刑被给予了 50 000 美元的赔偿。不久之后，警方公布了一份报告，指导如何进行列队辨认。2005 年发表了一份更新的报告，现在提供了以研究为基础的建议。

最近的一起案件也引起了对证人询问程序的一些争论，即谋杀瑞典外长安娜·林德（Anna Lindh）的案件。2003 年 9 月，林德（Lindh）在一个繁忙的购物中心遭到袭击，被刺身亡。这次袭击有很多目击证人，袭击发生后，这些等待被警方询问的证人聚集在午餐室。当然，证人开始相互交谈，讨论刚刚目睹的刺杀事件。此外，当警方对证人进行询问时，并没有分别进行。这意味着有些证人在他们自己接受询问之前就听说了对其他人的询问，这是非常不幸的。考虑到共同目击证人的讨论以及来自其他人的信息可能实际上已改变了证人的报告［例如，格兰海格（Granhag）等人，2010；奥斯特（Ost）等人，2008］，在某种意义上，他们报告的是别人所说的，而不是他们用自己的眼睛看到的。在安娜·林德（Anna Lindh）的案件中，证人之间传播了有关凶手着装的不正确信息，这一不正确的信息被纳入到在袭击事件不久之后就被送到所有警察部门的国家警报中。在谋杀武器上发现的血迹后来通过 DNA 分析与犯罪嫌疑人联系在一起，但是如果没有这个关键的证据证明，那么拙劣的证人证词可能已经造成了恶劣的后果。

◆ 培训

与丹麦一样，瑞典国家警察局负责制定警察内部的程序、警察培训和警察课程。基本的警察课程是高等教育课程，由学生资金提供支持。它包括五个学期，其中前四个学期是培训课程的全日制学习，最后一个学期是在警察部门进行培训。该教育是基于以问题为基础的学习，旨在通过反思、分析和独立审查来提高学员的技能。理论学习中穿插了实践训练。警察课程包含对课程内容和培训目标的一般描述，但没有具体的指导。相反，是由课程负责人来决定课程的具体内容。虽然这可能具有灵活性，但也会导致多样性，因为缺乏通用的知识基础。课程设置表明，课程学习完成后，学生将会展示对关于"形成与警务工作有关的个人和团体行为基础的心理机制""警务工作中的沟通方法和策略"以及"目前的研究与发展"的了解。此外，学员还应当展示出"以合法、安全的方式收集和分析调查材料""区分研究、既定做法和个人价值观"的能力。除了基础培训外，还有几个由当地警方管理的课程，用于询问方法方面的进一步培训。课程持续一到四周，虽然瑞典目前还没有提供像挪威的 KREATIV 或英国的 PEACE 模式这样的国家询问概念，但绝大多数课程都介绍了 PEACE 模型以及认知询问［费希尔和盖泽尔曼（Fisher and Geiselman），1992］。瑞典国家警察学院目前正在开发基础和高级调查询问方法的新课程。

对于处理儿童案件的调查人员，有三门进修课程。这些课程与斯德哥尔摩大学合作举办。第一个是"侵害儿童和青少年犯罪的调查方法的重点"，估计有 400 小时的全日制学习，其后续课程是"对儿童和青少年的调查询问"，估计包括 200 小时的全日制学习。另外，在前两部分完成后，还有一个 40 小时的循环课程。瑞典的儿童案件调查人员接受基于 NICHD 询问方案［兰姆（Lamb）等人，2008］的结构化询问方法培训。目标是让所有的儿童案件询问人员都通过这个培训课程。然而，2013 年瑞典对儿童之家的评估显示，只有 30% 的儿童案件调查人员参加了所有三个课程［兰德伯格和斯维丁（Landberg and Svedin），2013 年］（瑞典第一所儿童之家成立于 2005 年，到 2013 年全国共有 29 所儿童之家，约有一半的瑞典城市使用儿童之家进行涉及儿童的司法询问）。

2013 年瑞典议会决定重组瑞典警察部门。结果是，2015 年 1 月 1 日，原来的 21 个国家警察部门被一个国家警察机构取代。这项改革的目的是确保警察业务的高质量、低成本、灵活性和行动的合法性。在培训权力下放的制度中，询问方法的教育和培训在不同的课程区域之间有所不同，基础课程和进修课程之间的联系相当薄弱［格兰海格（Granhag）等人，2013］。

◆ 研究

评估瑞典证人询问实践的研究很少。然而，塞德堡（Cederborg）等人

(2000)研究了在儿童司法询问中使用的问题类型。他们发现，超过50%的问题是选项性问题或暗示性问题。只有6%的询问人员使用的用语是开放性提示，获取的信息占总信息量的8%。

哈格堡（Hagborg）等人（2012）分析了对涉嫌遭受性虐待的儿童的询问。他们发现，对年龄较小的儿童（3~6岁和7~12岁）的询问比对年龄较大的儿童（13~16岁）的询问使用了更少的开放性问题。

结　论

似乎很明显的是，严重案件包括调查失败的案件，例如Bjugn、Roum和Palme案，整体上催生了在调查询问证人方面对新知识和专业化的迫切需要，特别是在对儿童的调查询问方面。

在斯堪的纳维亚国家中，截至今天，只有挪威有调查询问的国家级概念。所使用的调查询问模式与英格兰和威尔士的模式相似，以一个基于研究的概念贯穿于从基础学士学位课程到更高级别专业的各个层次。瑞典似乎有同样的科学基础；然而，普遍的看法是，对犯罪嫌疑人的询问与其他询问之间存在很大差异。此外，瑞典还没有将不同的培训涵盖在像挪威那样的国家模式中。在丹麦，新建立的本科教育计划似乎已经造成了有必要加强对研究生的培训的认知，并且，在撰写本文时，正在设计新的培训课程以及询问记录准则。但内容和方法仍然是未知的。

一般来说，警察组织似乎更愿意在证人询问方面进行变革和发展，而不是在犯罪嫌疑人的询问领域，对犯罪嫌疑人的询问可能更深入地植根于警察的身份和文化之中。

尽管三个斯堪的纳维亚国家的警务实践存在实质性的差异，但它们似乎都在为更加科学的询问方法而不断稳步发展，尽管发展缓慢。为了确保使用有效的调查询问方法，建议研究人员和从业人员之间加强合作。此外，在开发新的调查询问模式时，斯堪的纳维亚国家之间的合作是适宜的，因为它们的文化和法律制度是相似的。

第 16 章　斯堪的纳维亚国家对证人和被害人的调查询问

> 参考文献

❶ Baldwin, J. (1993) 'Police interview techniques: establishing truth or proof?', *British Journal of Criminology*, 33: 325 – 51.

❷ Bollingmo, G. C. and Wessel, E. O. (2007) *The Emotional Witness: A Study of Judgments of Credibility*, Doctoral dissertation, University of Oslo, Department of Psychology.

❸ Cederborg, A., Orbach, Y., Sternberg, K. J. and Lamb, M. E. (2000) 'Investigative interviews of child witnesses in Sweden', *Child Abuse and Neglect*, 24: 1355 – 61.

❹ Clarke, C. and Milne, R. (2001) *National Evaluation of the PEACE Investigative Interviewing Course*. London: Home office.

❺ Fahsing, I. A., Ask, K. and Granhag, P. A. (2004) 'The man behind the mask', *Journal of Applied Psychology*, 89: 722 – 9.

❻ Fisher, R. P. and Geiselman, R. E. (1992) *Memory-Enhancing Techniques for Investigative Interviewing. The Cognitive Interview*. Springfield, IL: Charles C. Thomas.

❼ Gabbert, F., Hope, L. and Fisher, R. P. (2009) 'Protecting eyewitness evidence: examining the efficacy of a self-administered interview tool', *Law and Human Behavior*, 33: 298 – 307.

❽ Gamst, K. T. and Langbelle, A. (2004) *Barn som vitner: En empirisk og teoretisk studie av kommunikasjon mellom avherer og barn i domrmeravhɸr: Utvikling av en avhɸrsmetodisk tilncerming*. Doctoral dissertation, University of Oslo, Faculty of Education.

❾ Granhag, P. A., Memon, A. and Roos af Hjelmsater, E. (2010) 'Social influence on eyewitness memory', in P. A. Granhag (ed.), *Forensic Psychology in Context: Nordic and International Approaches*. Cullompton: Willan, pp. 139 – 53.

❿ Granhag, P. A., Strömwall, L. A. and Cancino Montecinos, S.

259

(2013) *Polisens förhör med misstänkta: Svensk utbildning i internationell belysning* [*Police Interviews with Suspects: Swedish Education in an international Context*], Report 2013: 7. Stockholm: Rikspolisstyrelsens utvärderingsfunkt.

⑪ Guldberg, A. (2006) *Er det virkelig shet? En undersogelse af hinders reaktioner pa retspraksis efter politianmeldelse af voldtaegt.* Copenhagen: Center for voldtaegtsofre.

⑫ Jakobsen, K. K. (2007) *Politiets vidneafhoring set i et kognitionspsykologisk perspektiv.* Copenhagen: Rigspolitiet.

⑬ Kringstad, H. (1997) *Bjugn-formelen.* Oslo: Tiden.

⑭ Lamb, M. E., Hershkowitz, I., Orbach, Y. and Esplin, P. W. (2008) *Tell Me What Happened: Structured Investigative Interviews of Child Victims and Witnesses.* Hoboken. NJ: Wiley & Sons.

⑮ Landberg, A. and Svedin, C. G. (2013) *Inuti ett Barnahus: En kvalitetsgranskning av 23 svenska verksamheter* [*Inside a Children's House-A Quality Evaluation of 23 Swedish Facilities*]. Stockholm: Save the Children.

⑯ Magnussen, S., Melinder, A. M., Stridbeck, U. and Raja, A. Q. (2010) 'Beliefs about factors affecting the reliability of eyewitness memory: a comparison of judges, jurors and the genera! Public', *Applied Cognitive Psychology*, 24: 122 –33.

⑰ Hagborg, J., Strömwall, L. A. and Tidefors, I. (2012) 'Prosecution rate and quality of the investigative interview in child sexual abuse cases', *Journal of Investigative Psychology and Offender Profiling*, 9: 161 –73.

⑱ Melinder, A. M. (2004) *Perspective on Children as Witnesses.* Doctoral dissertation, University of Oslo, Department of Psychology.

⑲ Myklebust, T. (2009) *Analysis of Field Investigative Interviews of Children Conducted by Specially Trained Police Investigators.* Doctoral dissertation, University of Oslo, Department of Psychology.

⑳ Ost, J., Granhag, P. A., Udell, J. and roos af Hjelmsater, E. (2008) 'Familiarity breeds distortion: the effects of media exposure on false reports concerning media coverage of the terrorist attacks in London on 7 July 2005', *Memory*, 16: 76–85.

㉑ Smith, E. (1986) *Vidnebeviset. En vurdering af afheringsmetoder og vidneforkdaringer.* Copenhagen, G. E. C. Gads.

㉒ Tange, M. (1995) *Roum-sagen: En omvendt hekseproces?* Copenhagen: Tange.

㉓ Thomsen, Y. (2004) *FΦrskolebΦrns påvirkelighed i en vidnepsykologisk kontekst.* Doctoral dissertation, University of Aarhus, Department of Psychology.

㉔ Thomsen, Y. and Berntsen, D. (2005) 'Knowing that I didnt know: preschoolers' understanding of their own false belief as a predictor of assents to fictitious events', *Applied Cognitive Psychology*, 19 (4): 507–27.

第17章

苏格兰询问证人和被害人的当代发展与实践

安娜贝勒·尼科尔（Annabelle Nicol）

戴维·拉·罗伊（David La Rooy）

斯图尔特·休斯顿（Stuart Houston）

简介

尽管适当地对犯罪案件中的证人和被害人进行询问十分重要，但在苏格兰，仍然有一段时间，如同在英国的其他地区和许多其他国家一样，没有标准化的以证据为基础的调查询问指导准则或者针对调查询问人员的正式培训方法。大多数对警察的培训程序是观看经验丰富的同事实施询问［莫斯顿和恩格尔伯格（Moston and Engleberg），1993］。直到英国的《警察与刑事证据法》（PACE，1984）通过，对犯罪调查的处理，从最初的逮捕和羁押，到调查和询问程序，才得以正式确立，针对警察询问的指导准则才开始发展。1984年的PACE使得PEACE询问模式（计划和准备、建立关系和解释、陈述、结束和评估，1992）开始发展，PEACE询问模式由英格兰和威尔士的警察局长协会（ACPO）引入，并作为官方询问指导准则在英格兰和威尔士使用（更多关于该模式在英格兰和威尔士警务实践中的信息参见本卷第9章）。

考虑到苏格兰有自己的司法体系，与英国的其他地区有一些区别，并且直到1996年PRICE模式（准备、建立融洽关系、收集信息、确认内容，以及评估和诉讼）才被引入了苏格兰警方作为试用性的警察课程，尽管从20世纪 90 年代早期开始，PRICE 模式一直就是苏格兰警察学院侦探培训课程的一部分。PRICE 询问模式实际上与 PEACE 询问模式非常相似。

询问证人和被害人

在苏格兰，对询问人员最初的培训包括两个时长为三天的调查询问培训课程。这一初始调查员课程涵盖了对犯罪嫌疑人和证人的询问以及认知询问。之后还有两天时间的练习应用以评估受培训人员完成课程的情况。PRICE 询问模式被预期能够在苏格兰的调查询问中使用，并且能够同时适用于犯罪嫌疑人和证人。PRICE 询问模式为询问人员提供了一个框架结构，其目的是使所有的询问人员能够在设计好的过程和方式的指导下获得高质量的信息，并且让所有的询问对象获得平等的机会去描述所发生的事件。PRICE 询问模式的关键组成部分如下：

（1）准备。提前研究案件，弄清楚接下来的询问目标和对象，分析预测询问过程中可能会出现的问题，并制定策略来解决这些问题。

（2）建立融洽关系。使询问对象放轻松，通过使用平静和中性的语气和语调、友善和适当的非言语交流方式激发询问对象的交流意愿。解释询问的目的、询问将如何进行以及询问对象的权利。

（3）收集信息。使用开放式问题鼓励询问对象说出他们所知道的情况，并使用辅助性方法保持自由叙述的流畅。不要打断询问对象的自由叙述或者提出没有必要的问题。等到所有的叙述完成之后再试图澄清事件的顺序和细节。尽可能获得可疑事件的完整叙述。

（4）确认内容。充分地阐述以及澄清事件要点，然后归纳总结已经收集到的信息。

（5）评估和确定后续行动。评估从询问中获得的信息，并决定采取适当的方式推进案件诉讼进程（例如，是否需要后续的询问）。

就如何最好地对证人和被害人进行司法询问这个话题而言，伴随着数十年来都指向了同一结论的研究成果，此时已经达成了一个普遍的共识：开发结构化的询问方案，通过程序、设定顺序、提供问题示例作为模板指导询问人员他们需要做好的每一件事情，使询问人员能够最大可能地实施正确的询问。如果不使用结构化的询问方案，询问人员就无法有效控制询问的未来走向；这就意味着询问体验会在不同的询问对象之间有所不同，有的询问对象会比其他人获得更好的机会来诉说他们的故事。

自 PRICE 询问模式被引入以来，其他国家也开发了许多别的询问方案，力图进一步提高警察询问的标准和从询问对象处更好地获取证据，其中有些方案已经在大量的科学研究中被证实，例如 NICHD 询问方案［兰姆（Lamb）等人，2007］。PRICE 询问模式仍需被专门地评估，尽管在内政部的要求下，PRICE 询问模式正在两种不同的环境中接受评估［麦格克（McGurk）等人，1993；克拉克和米尔恩（Clarke and Milne），1999］。

询问弱势证人和被害人

如果标准的询问方法无法适用，如在询问弱势证人和儿童证人的情况下，就必须遵守一些单独的准则。弱势证人包括所有的儿童证人（将单独提到）和任何有精神健康障碍、身体残疾、智力缺陷和/或学习障碍而导致其沟通和社交能力削弱的人。被威胁恐吓的性犯罪证人和被害人也被纳入"弱势证人"的范畴，因为他们的证言质量可能会因为恐吓和压力而削弱。这可能来自于提供证词的过程，或者犯罪嫌疑人对证人的举动、犯罪嫌疑人的同伙和/或案件中的其他证人，甚至是犯罪的性质。

在询问弱势证人或者被恐吓的证人时，询问人员应当遵循《弱势证人（苏格兰）法（2004）》，制定该法的目的是为了指导从业者如何从这一类证人那里获取最佳的证据。询问的专业培训预计将由那些正在询问弱势证人的询问人员承担，包括与中间人合作。中间人本身也将完成一个国家培训项目，学习由苏格兰适当成年人组织（Scottish Appropriate Adult Network）制定的标准。

如果可能，就必须采取特别措施，并且特别措施应当为弱势个人的需求量身定做。比如，面对询问的诸多不同因素，有身体残疾的人可以从中间人的协助中获益,如在询问室和卫生间之间往来,或者提供药物和点心。如果证人的母语不是英语,他们可以选择在接受询问时所使用的语言,此时应当得到翻译人员的协助。对于理解能力有障碍的询问对象,中间人应当确保他们能够了解自己的权利;对于有精神障碍的证人,如果中间人认为证人的精神健康正在恶化(例如,如果证人正表现出痛苦的状态),可以要求休息或者中止询问。

熟悉证人情况(有某些特定疾病,如自闭症和唐氏综合征)的中间人提供的帮助有利于从询问对象处获得最好质量的证词,因为在进行交谈和交流时,他们能够理解该证人的个体特征。然而,在允许一名朋友、亲人或看护人员作为适当成年人在询问期间出席时,考虑到他们可能给询问对象带来的影响,一定要保持警惕。

中间人的工作并不局限在询问室内,中间人也可以在审判期间在法庭上协助证人。特别措施,如使用证人预先录制的陈述作为主要证据也可以适用。

在对弱势证人和被恐吓的证人进行询问方面,没有专门的指导准则可供执行。PRICE 询问模式作为询问方案必须被遵守,除非询问人员能够证明证人在理解能力上有缺陷,对询问造成了足够严重的影响,在这种情况下即可适用苏格兰行政院(2011)制定的儿童询问指导准则。

询问儿童证人和被害人

18 周岁以下的证人和被害人属于"儿童证人"。对于儿童询问的了解已经比过去增加了许多。在苏格兰,对儿童实施调查询问的程序被规定在苏格兰行政院(2011)制定的准则《苏格兰联合调查询问儿童证人指引》中。这一准则要求所有对儿童进行的司法询问应当由社会工作者和警察共同实施。询问人员在本地接受培训,而课程结构在管辖区间又有所差异,预计每一个课程都将按照国家课程(苏格兰行政院,2007)的内容和框架来被设计、教授和管理。

◆ 培训

询问人员接受一周的培训：这可能是不间断的一周或者分成几个时间段，只要能够完成五天课程即可。培训内容包括学习沟通和发展性问题，熟悉指导准则，与成年演员扮演角色练习模拟询问，接受有关模拟询问练习的反馈，以及了解在更广泛的刑事诉讼背景下询问的作用。受训人员可以获得该领域的特邀专家和询问培训师的授课，旨在让受训人员了解儿童虐待和询问的动态发展及其背后的研究进展。然后他们将有机会通过与扮演儿童的成年演员进行询问练习来把理论运用到实践中。

目前，各个司法管辖区受训人员的体验都有所不同，甚至在同一辖区内也有所差别，因为他们获得的询问练习场景彼此不同。向受训人员提供的角色扮演的场景在难易程度上也有差异，可以从身体虐待或性骚扰这种单一事件，到被不同侵害者多次强奸的复杂事件。在年龄（5~15岁）、身份（被害人或证人）以及披露信息的意愿（愿意或不愿意）的安排上也有差别。有些模拟询问场景包含了干扰因素，包括询问人员从一开始就被询问对象的错误指控误导。因此，在培训中一些受训的询问人员会感觉到比其他同事的难度更大。

在询问儿童时，询问人员必须遵守苏格兰行政院的准则，该准则强调了以下几个方面：

●介绍。介绍在询问现场的所有人并解释他们出现的原因，以及询问的目的，但不能介绍询问涉及的指控。注意询问的各个方面，如视频记录设施、询问的基本规则，以及从一开始时明确询问的一般原则。

●建立融洽关系。通过提出中性话题鼓励儿童交谈，如他们喜欢做的事情。这能让儿童适应询问环境并与询问人员建立起联系，有利于儿童在随后谈论实质性话题的时候感到舒适。

●练习叙述。寻求儿童对其经历过的某一中立事件的描述，而且自始至终都应当使用开放性的提示①。这会让询问人员有机会评判儿童的

---

① 提示（prompt），类似于我国询问或讯问中的提问。——译者注

语言和沟通能力，并在必要时调整应当使用的语言和提问。使用开放性的提示有利于寻求该事件在各方面更多的细节——这将使儿童熟悉在接下来的实质性询问阶段需要报告的细节的程度。

● 自由叙述。使用非暗示性的开场白，然后使用开放性提示和提示性邀请继续跟进儿童提供的信息，获得更多的细节。当发生了多个事件时，要挖掘每一个事件从开始到结束时的信息。在儿童详尽地自由叙述之后才能提出焦点问题。通过使用辅助性的话语如"继续"以及附和儿童说的最后几个词语来鼓励儿童继续他们的叙述。绝对不要打断儿童的叙述。

● 提问。一旦自由叙述彻底结束，使用适当的焦点问题提问来弄清儿童所讲故事中的某些方面，或者提问询问儿童没有提到的事情。应当在计划阶段仔细地准备焦点问题，并谨慎地使用。在可能的情况下应当将焦点问题与开放性提示结合使用，不要使用暗示性问题、过于冗长的问题、双重否定、多重命题、抽象/假设性问题或者包含法律术语的问题。

● 结束。总结儿童在询问期间所提出的指控，坦诚及务实地（与年龄相适应的方式）向儿童解释接下来会发生什么，给儿童或第二名询问人员提供提出所有所需问题的机会，给儿童留下警察或者社会工作者的联系方式并感谢他们的参与。最后通过讨论中性话题结束询问，因为儿童不应该在离开时情绪沮丧或者继续留在消极的心态中。即使没有做出任何指控或者询问永久性终止，询问的结束程序也应当完成。

◆ **当前实践中的做法**

迄今为止，已经有两项研究着眼于在苏格兰实践中进行的询问。拉·鲁伊（La Rooy）等人（2012）分析了2003年至2007年期间对37个14~16岁儿童进行的询问的质量（依据苏格兰行政院2003年指导准则的要求）。他们发现，询问人员使用开放性提示仅占总体时间的8%。剩下的问题由39%的指引性问题、36%的选项性问题和17%的暗示性问题组成。他们发现，没有任何询问人员在询问儿童与指控相关的实质性问题之前进行了指导准则所推荐的询问练习。至于在询问开始时对基本规则的沟通，询问人员仅对43%的受访儿童探讨了说实话的重要性，而实践表明在询问中儿童能够对真话和谎言理解的只有30%。24%的询问人员告诉儿童，如果他们不能理解问题要告知询问人员。22%的询问人员告诉儿童在不知道问题答案的情况下，不要猜测，而是要直接说"我不知道"。3%的询问人员向儿童表达了如果询问人员他们自己犯了错误，儿童可以并且应该纠正他们。

拉·鲁伊（La Rooy）等人（2013）跟进了这一研究，考察了2012年在苏格兰对4~16岁儿童进行的19个询问（依据2011年苏格兰行政院制定的新准则的要求）。这次研究发现，就询问练习而言，无法带来改进，因为它们没有被运用到任何询问中去。对开放性提示的使用数量有所提高，达到了15%，剩余的提问包括49%的指引性问题，34%的选项性问题和2%的暗示性问题。至于在询问开始时对基本规则的沟通，作者发现，除了使用练习问题演示儿童对真话和谎言这个概念的理解外，对于其中的一些规则已经有了适度的改进，而前者在当前所有的询问中都是缺乏的。关于说真话的重要性的阐述出现在了74%的询问中，58%的询问人员要求儿童在不理解问题的时候要告知询问人员，47%的儿童被告知在不知道问题答案的情况下应当说"我不知道"而不是猜测答案，16%的询问人员告诉儿童，如果询问人员出现了错误，他们应当提出纠正。

尽管自从新的指导准则被引入苏格兰，在使用开放性问题的数量和与儿童沟通基本询问规则方面似乎已经有了进步，但与最佳做法的询问相比，询问质量还是相对较差的。

在苏格兰，儿童询问者准则在2011年得到更新。对准则做出的最重要的改变之一是移除了附录中的结构化询问方案。之前的准则［苏格兰行政院指导准则（2003）］包含了一个简化版的NICHD询问方案，以供询问人员遵循。NICHD询问方案，已经被证明是在使用时可以从儿童处获得最多的和最准确的答案［兰姆（Lamb）等人，2008］。

2011年的指导准则也规定了只在适当的时候才推荐使用叙述练习。例如，如果儿童表现出想要立刻谈论所指控的事情，建议询问人员应当跳过建立融洽关系和练习的环节。尽管对于"当这种情况发生时什么样的做法才是恰当"的这个问题并没有达成共识，也没有考虑其他可选策略的效果，如向儿童确认"他们想要尽快探讨实质性话题，但在那之前询问人员想要更多地了解他们一些"。叙述练习，对于询问人员和询问对象来说都是非常重要的阶段。它使得询问人员可以评判儿童的语言和沟通能力，如果询问人员觉得自己所使用的语言和所提问题，对于儿童来说太深奥，可以进行调整。这对于实质性询问阶段是非常有利的。因为询问人员会熟悉儿童的能力，帮助确定儿童可能出现的任何问题。例如，如果儿童在练习阶段提供信息后，似乎无法说出实质问题，可能表明儿童不愿意讨论这一问题，而不是儿童缺乏回答这一问题的能力。询问练习，不仅对询问人员有益，对儿童也同样非常有帮助，因为在现实生活中，他们并不会经常被问到开放性问题。因此，通过练习，他们就会熟悉被要求报告的细节的程度，这有利于他们尽可能完整地提供实质性信息。不向某些询问对象提供参与询问练习的机会，可能意味着在随后的询问中他们同样也不会有提供高质量证据的机会。

但是，在"苏格兰行政院指导准则"（2011）中，有一些关于实施询问的建议直接否定了关于询问儿童的研究成果。在准则中建议用于询问练习的话题是电视节目，而相关研究成果倡导避免任何有关虚拟物品（如电视、电脑游戏等任何"编造"的事物）的讨论［例如，兰姆（Lamb）等人，2008］。在询问开始时强调希望儿童说出真相，目的是让儿童只告诉询问人员真实发生的事情。但探讨虚拟的事物，尤其是与年幼的儿童，可能混淆和削弱询问的重点。该准则也规定了使用开放性问题来获取细节，但是随后使用了"谁、什么事、什么地点、什么时间、如何"类型的问题作为开放性问题的示例，但研究文献中将这些问题视为指引性问题，用于激发"线索性回忆"（cued recall）记忆。一个开放性的提示，例如"告诉我发生了什么"激发"回忆记忆"（recall memory），而且不指定儿童应当提供什么信息。开放性提示给儿童提供了可以详尽叙述的机会，但指引性问题，例如"它是什么颜色"规定了所要求的信息，并且只寻求一两个单词的答案。

依据皮戈特（Pigot）的报告（1989），建议对儿童询问进行视频记录，使得视频证据可以在法庭上被使用，由此根除了儿童出现在法庭上接受询问的需要。所有的联合调查询问都有望实现视频记录。在英格兰和威尔士这项措施自 1992 年起就开始应用，但在苏格兰这项措施的做法在各警察部门之间是多样的，在有些管辖区使用 VRI（视频记录询问），有些是对询问录音，其他的则是仅仅依赖笔录（在询问期间由现场的第二询问人员逐字逐句地手写记录）。直到 2011 年年底，在苏格兰，所有的询问才被强制要求进行录音录像。

◆ 新兴的做法

在苏格兰，某些管辖区的新兴做法是参与研究，尤其是关于培训方法的研究。目前在询问练习中使用的是成人演员扮演儿童角色。尼克尔（Nicole）等人的初步分析，涉及来自苏格兰一个行政管辖区的 25 名警察和社会工作者，发现：在询问练习中，受训的询问人员与扮演儿童的成年演员练习询问，会使用大量的最佳做法中的开放性提示（29%），以及更少量的风险较高的问题（27% 的指引性问题，42% 的选项性问题，以及 2% 的暗示性问题）。现在还未解决的一个问题是，虽然询问人员是受过培训的，但是演员没有接受任何如何扮演这些角色的培训。其他国家的研究中，如鲍威尔（Powell）等人（2008）观察了对受过培训的询问对象的使用，研究发现：与受过培训的询问对象进行练习，能够增强询问人员对开放式提问的运用，因为当询问人员提出最佳做法中的问题时，这些询问对象做出了适当的回答，向询问人员提供了信息。

作者已经与一个管辖区合作，研究引入对儿童询问和最佳询问实践有丰富知识的演员，争取增强询问人员与受过培训的询问对象合作的体验，以提升询问人员对最佳提问方式的使用。最终的目标是向所有参与"联合调查询问培训"询问练习的演员提供训练。

◆ 禁止的做法

解剖学中的仪器（玩具）娃娃从 19 世纪 70 年代起被询问人员、临床医生以及儿童保护机构使用，作为辅助工具帮助儿童揭露性虐待信息。对这些玩具娃娃的使用在科学界引起了很多争议，主要集中在其暗示性和询问人员对儿童行为的主观解释的问题上。已有许多研究表明，当使用这些玩具娃娃时，儿童缺乏报告真实接触的能力以及会做出不准确的虚假接触报告［塞维茨（Saywitz）等人，1991；布鲁克（Bruck）等人，2000；布鲁克（Bruck）等人，1995；古德曼（Goodman）等人，1997］。

尽管"苏格兰行政院指导准则"表示只要提供足够的培训，使用玩具娃娃和人体图解是合适的，但在苏格兰还没有对玩具娃娃的使用作出规定的标准方案，也没有对其进行使用方面的培训。因此，尚不清楚询问人员实际上是如何接受使用这些娃娃的培训，也不清楚他们使用这些辅助工具的技能水平。

在苏格兰，还有许多其他无理论根据的做法也在询问中使用。对儿童，尤其是年幼的儿童，使用人体图解存在相同的问题。还有其他不安全的做法也被使用，包括要求有抵触情绪的儿童"写下一个单词"，要求儿童画一幅与事件相关的画，在询问室以外的地方展示由儿童画出或写下的材料，使用"存放秘密的瓶子"以及心灵感应术交流。虽然这些做法并不普遍，但它们对询问的质量和证据的可靠性是有害的。

对研究、政策制定和实践的启示

研究已经表明，在司法询问中，结构化的询问方案提高了儿童提供的信息的质量。基于这一研究结论，建议引入询问成年证人和弱势证人的结构化询问方案。由于"苏格兰行政院指导准则"（2003）附录中的儿童询问方案是以 NICHD 询问方案为基础的，而且该方案已经被大量的研究证实能够从儿童那里获得最长及最精准的回答，因此，我们建议恢复其在苏格兰儿童询问中的使用。目前的儿童询问模式（PRICE）应当被科学地评估，就像 PEACE 模式已经经历了两次评估。能够监控询问质量和在实践中做出以证据为基础的进步是必要的。之前的研究已经证实，在询问训练中，使用受过培训的询问对象提高了司法询问人员对最佳实践问题的使用；因此，我们建议参与这类询问培训的成年演员，应当训练他们自己恰当地回答问题的技能。最后，我们建议终止使用有争议性的询问方法，如使用解剖学玩具娃娃和人体图解，尤其是在询问年幼儿童时。

参考文献

❶ Bruck, M., Ceci, S. J. and Francoeur, E. (2000) 'Children's use of anatomically detailed dolls to report genital touching in a medical examination: developmental and gender comparisons', *Journal of Experimental Psychology: Applied*, 6: 74 – 83.

❷ Bruck, M., Ceci, S. J., Francoeur, E. and Renick, A. (1995) 'Anatomically detailed dolls do not facilitate preschoolers' reports of a paediatric examination involving genital touching', *Journal of Experimental Psychology: Applied*, 1: 95 – 109.

❸ Clarke, C. and Milne, R. (1999) *National Evaluation of the PEACE Investigative Interviewing Course*, Police Research Award Scheme Report no. PRAS/149.

❹ Goodman, G. S., Quas, J. A., Batterman-Faunce, J. M., Riddlesberger, M. M. and Kuhn, J. (1997) 'Children's reactions to and memory for a stressful event: infuences of age, anatomical dolls, knowledge and parental attachment', *Applied Developmental Science*, 1: 54 – 75.

❺ La Rooy D., Earhart, R. and Nicol, A. (2013) 'Joint Investigative Interviews (JIIs) conducted with children in Scotland: a comparison of the quality of interviews conducted before and after the introduction of the Scottish Executive (2011) guidelines', *Scots Law Times*. 31: 4 – 10.

❻ La Rooy, D., Nicol, A., Halley, J. and Lamb, M. E. (2012) 'Joint investigative interviews with children in Scotland', *Scots Law Times*, 30: 175 – 84.

❼ Lamb, M. E., Hershkowitz, I., Orbach, Y. and Esplin, P. W. (2008) *Tell Me What Happened.* Chichester and Hoboken, NJ: Wiley.

❽ Lamb, M. E., Orbach, Y., Hershkowitz, I., Esplin, P. W. and Horowitz, D. (2007) 'Structured forensic interview protocols improve the quality and informativeness of investigative interviews with children: a review of research using the NICHD Investigative Interview Protocol', *Child Abuse and Neglect*, 31: 1201 – 3.

❾ Mcgurk, B. J., Carr, M. J. and Mcgurk, B. (1993) *Investigative Interviewing Courses for Police Officers: An Evaluation*, Police Research Series Paper No. 4. London: Home Officer Police Department.

❿ Moston, S. and Engleberg, T. (1993) 'Questioning techniques in tape recorded interviews with criminal suspects', *Policing and Society*, 3: 223 – 37.

⓫ Nicol, A., La Rooy, D. and Gabbert, F. (2012) *Actor Performance in Joint Investigative Interviewers' Training in Scotland: A Pilot Study*. Poster session presented at 8th National Forrest Conference (Forensic Research and Teaching), Abertay University, Dundee.

⓬ Pigot, T. (1989) *The Report of the Advisory Group on Video Evidence*. London: Home Office.

⓭ Police and Criminal Evidence Act 1984. Available online at: http://www.legislation.gov.uk/ukpga/1984/60/pdfs/ukpga_19840060_en.pdf (accessed 13 May 2014).

⓮ Powell, M. B., Fisher R. P. and Hughes-Scholes, C. H. (2008) 'The effect of using trained versus untrained adult respondents in simulated practice interviews about child abuse', *Child Abuse and Neglect*, 32: 1007 – 16.

⓯ Saywitz, K. J., Goodman. G. S., Nichoias, E. and Moan, S. F. (1991) 'Children's memories of a physical examination involving genital touch: implications for reports of child sexual abuse', *Journal of Consulting and Clinical Psychology*, 59: 682 – 91.

⓰ Scottish Executive (2003) *Guidance Interviewing Child Witnesses and Victims in Scotland*. Edinburgh: Scottish Executive.

⓱ Scottish Executive (2005) *Vulnerable Witnesses (Scotland) Act (2004)*. Edinburgh: Scottish Executive.

⓲ Scottish Executive (2007) *National Curriculum Joint Investigative Interviewing of Child Witnesses Training in Scotland*. Edinburgh: Scottish Executive.

⓳ Scottish Executive (2011) *Guidance on Joint Investigative Interviewing of Child Witnesses in Scotland.* Edinburgh: Scottish Executive.

⓴ Vulnerable Witnesses (Scotland) Act 2004. Available online at: http://www.legislation.gov.uk/asp/2004/3/pdfs/asp_20040003_en.pdf (accessed 13 May 2014).

第18章

斯洛文尼亚犯罪调查程序中向被害人和证人收集信息

廷卡拉·巴甫西奇·梅列夫列（Tinkara Pavšič Mrevlje）

伊戈尔·阿雷（Igor Areh）

萨宾娜·加加（Sabina Zgaga）

简介

斯洛文尼亚共和国，地处奥地利、匈牙利、克罗地亚和意大利之间，在1991年成为独立国家。2004年起，斯洛文尼亚成为欧盟的正式成员国。1991年新宪法颁布后，当时有效的所有法律规定仍然继续有效，除非与人权和基本自由相冲突的法律规定。新的立法，包括基于新宪法的刑事立法，逐渐取代了以前的南斯拉夫法律规定。全新的《刑法典》和《刑事诉讼法》于1995年生效。后来，《刑法典》于2008年被更新，《刑事诉讼法》已修订了多次，但尚未被已经在起草中的全新的立法所取代。这两份法律文件都符合《欧洲人权公约》（ECHR）。

在斯洛文尼亚，对讯问犯罪嫌疑人这个话题的关注比向犯罪行为的被害人和证人收集信息更加受到重视。由于对于询问被害人和证人这个问题缺乏可靠的研究证据，使得难以判断，至少是不能确切地判断，警方调查人员是如何执行这项任务的。因此，我们通过综览经常被引用和在培训犯罪调查人员的过程中被用作学习材料的文献，推断警方调查人员所采用的方法。斯洛文尼亚的第一个培训手册出现于2003年［施蒂恩和波多维斯基（Štirn and Podvršič），2003］，但仅仅是内部、未公开发行的草案，并且严重依赖本章后面介绍的资料。可以假定，在此草案中呈现的信息至少部分会转化为实践。但是，应当记住的是，在大约20年前的斯洛文尼亚和南斯拉夫，其学术著作的水平并不高。引用主要来源是一个例外而不是规则，引用确实存在时，它们往往是不完整的。由于引用很少，很难确定那时作者传播的想法的来源。此外，似乎询问被害人和证人的心理方面主要由法律专业人员而不是心理学家来审查。与成年被害人和证人一样，审查询问儿童和青少年的领域同样也缺乏研究证据和相关资料。

询问成年证人和被害人

奥地利律师罗兰·格拉斯贝格尔（Roland Grassberger）是在南斯拉夫时期经常引用的首要的相关资料来源之一，因此，在斯洛文尼亚，作为南斯拉夫的一部分，也是这样。1950年出版的《刑事诉讼心理学》（Psychology of Criminal Proceedings）在八年后被翻译并引入。从其他材料来源被引用的频率来判断，在讨论犯罪调查方面，格拉斯贝格尔（Grassberger）的著作似乎在20世纪80年代以前发挥了重要的影响。今天，这本书读起来像是一本从业人员手册，充满了用作者假定的论点的逸事证据。

第二个有影响力的作品是由心理学家杜赞·普特尼克（Dusan Putnik）于1973年发表的。在这部著作中，作者用几页篇幅的内容讨论了询问证人的具体特征。提供了证人的类型学：情绪不稳定和稳定的证人，观察型、描述型、澄清型、唠叨型（胡言乱语型）、沉默型、高估型、低估型和欺骗型[普特尼克（Putnik），1973]。作者在处理不同证人类型方面提供了几条建议，但并没有关注向证人和被害人收集信息。由于没有提供类型学的来源，没有提到该类型学所依据的研究，所以假定它是基于作者的常识推理是合理的。

沃迪内利奇（Vodinelić，1987）在大量的工作中引用了更为准确的描述，描述了审查善意的证人或撒谎的证人的技巧。在善意的证人的情况下，作者建议以提出开放性的问题开始询问，并允许证人自由陈述。调查人员应当仔细倾听，确保不要打断询问对象。在询问的第二阶段，调查人员应当首先评

第 18 章 斯洛文尼亚犯罪调查程序中向被害人和证人收集信息

估证词是真实的还是虚假的,然后再提出适当的问题——这些问题必须简短、明确、直接、具体,调整以适应证人并按照可以使证人的答案形成一个整体的顺序排列。作者警告了提出暗示性问题的风险,以及考虑证人身心健康的必要性。作者还强调了,询问人员应当避免给人造成不耐烦或无聊的印象,不得提出荒谬或令人尴尬的问题。此外,沃迪内利奇(Vodinelić, 1987)认为,调查程序中的记忆恢复通常可以采用以下技巧:①

- 询问人员提出与犯罪看似无关的问题,但对询问对象感兴趣,因为他们可能与事件有关。
- 提出的问题应当依据事件发生之前的情况。
- 应当要求证人详细描述他们在关键时间所做的和所经历的所有事情,这被称为先前事件的心理重建。
- 例外地,可以告知证人某些细节或向其出示与该犯罪行为有关的物品。但是,不得向证人告知或出示任何关键细节。其他证人的陈述可以向证人宣读,但宣读的内容只能包含证人忘记了的事件之前和之后的细节。重要的是,证人不能知悉其他证人关于关键事情的陈述。
- 询问是在事件现场进行的,或者可以选择使用模型、地图和素描进行。

沃迪内利奇(Vodinelić, 1987)也建议使用控制性问题来检查收集到的信息的准确性。根据他的建议,应当制定问题来发现证人是否撒谎,问题中应包括已得到核实的关于犯罪的信息,甚至应包括对证人或被害人口头答复的准确性进行衡量的证据。如果证人被发现撒谎,则实施询问的建议与里德(Reid)讯问技术中所提出的建议相似[英博(Inbau)等人,2013]。作者提出了一些实用的建议,但没有提供研究证据的支持,这些建议仍然处于常识建议的层面。令人担忧的是,作者建议使用一种技术,即强制性地要求被怀疑说谎的证人明确地回答一系列问题,直到他们陷入矛盾之中。一旦发生

---

① 遗憾的是,作者没有具体说明这些技巧正在哪里使用,让我们从背景中推断出这是来自国外的调查人员的做法,而不是来自南斯拉夫的做法。

这种情况，证人就会无条件地被告知他们在说谎，并会因此面临刑事责任指控，然后被警告最好的行为方式是说实话。这种技术类似于里德（Reid）技术，该技术被认为在斯洛文尼亚一直是在较小程度上被继续使用。另外，即使是在对犯罪嫌疑人的讯问方面，也难以确切地确定实际使用的是哪种技术。然而，从与高级和退休的犯罪调查人员的讨论中，我们可以假定从教科书到实践的转移是常见的（反之亦然）。

其他研究犯罪调查的作者也讨论了询问证人的话题。例如，阿契莫维奇（Aćimović, 1988）吸收了特瑞克尔（Trankell, 1972）的研究成果和部分昂德奇（Undeutsch, 1982）的研究成果后指出，每个陈述的有效性必须根据具体情况，犯罪的类型和证人的特征、角色和作证动机进行评估。在他的书中，阿契莫维奇（Aćimović）专门关注了目击证人的证词，这在当时是很少见的。

在19世纪80年代末期，调查询问领域最有影响力的作品之一出版。它有许多之前阐明的相同缺点：不一致和鲜有引用，由逸事证据支撑的观点和大多数常识性的建议。罗索（Roso, 1988）在其作品中建议，在对证人进行调查询问时，警方调查人员应当先用轻松的方式与询问对象交谈，以建立起信任和建设性的关系。询问的初始部分应当持续约45分钟，其后才是案件更相关的话题。应当提出的第一个相关的问题是："你知道为什么你在这里吗？"之后立即对询问对象的回复进行分析，以评估其可信度。罗索（Roso）提出的评估询问对象可信度的方法与强制性讯问方法手册中描述的方法相似。此外，他的建议通常与里德（Reid）的讯问方法相似［参见英博（Inbau）等人，2013］。一般来说，询问应当用开放性问题开始，必须尽可能少地打断询问对象，询问人员应当与询问对象建立起平和、同情的关系［罗索（Roso），1988］。最后，罗索（Roso）介绍了认知心理学家伊丽莎白·洛夫特斯（Elizabeth Loftus）的研究成果，在获取目击证人证言的情境下，她强调了情绪、压力、暴力、暗示和潜意识转移在辨认犯罪嫌疑人以及提供证人证词方面的重要性［洛夫特斯（Loftus），1979］。

斯洛文尼亚在1991年独立后，仍然忽视对被害人和证人的询问。自那时以来，不止一部作品出版，可以假定它们像以前的作品一样影响了警察的实践。马韦尔（Maver, 1997）在他的著作中选择性地简要列举了在犯罪嫌疑人辨认中存在的一些心理问题，但作为律师，他对法律方面更感兴趣。此外，阿雷（Areh, 2007）探讨了目击证人证言的问题，但没有提供具体的询问证人和被害人的指导准则。虽然有关这个话题的几篇论文已经在期刊上发表，但很难确定它们对警察实践的影响。本章的作者设法获得了斯洛文尼亚犯罪调查人员内部培训中使用的一些材料，但这些仅仅是未公开发表的草案。不过，所提到的这些材料表明，警务人员熟悉认知询问的原理，但并没有对其实施接受培训，也没有将其应用到实践中。

询问儿童和青少年

可接触到的最早的关于儿童证言的作品之一是前面提到的普特尼克（Putnik, 1973）的著作。在这本书中，作者简要阐述了，根据法律规定，询问人员对于在多大程度上和什么时候相信儿童的证言，以及儿童的年龄是否可以作证这些问题，必须做出独立的决定。重要的是，普特尼克（Putnik）认为，即使是7岁以下的儿童，也可以表达客观的真相，只要满足正确的条件，并且专业地提出问题。沃迪内利奇（Vodinelić, 1987）在其著作中更加详细地说明了从儿童和青少年处收集信息的方法，首先指出了说谎和想象对幼儿的影响的问题。此外，沃迪内利奇（Vodinelić）认为，7~10岁的儿童可以是出色的证人，并且批评那些坚持认为儿童和青少年证词的可靠性严格取决于他们的性别和年龄的作者（青春期前男孩据说是杰出的观察人员，而据称女孩会因为青春期变化的更快发生而更加以自我为中心、更不现实，使她们成为不可靠的证人）。

到20世纪80年代末，南斯拉夫学者也开始对如何调查询问儿童和青少年进行探索并提供了实用性的指导准则［例如，罗索（Roso），1988］。他们认为，除了应考虑到儿童的发育阶段外，应尽快在事件发生后对儿童进行询问（特别是对7岁以下的儿童），而被询问的儿童应该与其生活中的所有权威人物隔离开。询问人员必须做好充分的准备，建议只进行一次询问，并进行录音。准备工作除了其他事项外，还应包括由心理学家或精神科医生获取有关儿童的个性及其生活情况的资料。在评估未成年人的可信度及他或她的精神发展状况时，应主要使用这些专业人员的指导。首先应当允许接受询问的儿童自由地谈论犯罪行为，然后进行非暗示性的提问。最后，罗索（Roso）强调，询问人员必须熟悉教育学、心理学和犯罪调查的理论，也必须是富有同情心和耐心的。尽管这些要素被认为是必要的，但是在这方面并没有组织专门的培训。此外，沃迪内利奇（Vodinelić, 1987）强调了用于验证儿童和询问人员的理解的控制性问题的重要性，并强调了当儿童是主要证人时，在涉及儿童精神或身体状况以及所有涉及性侵犯的案件中，心理学家或精神科医生应当在场。

14～18岁青少年的特定发展阶段特征是在研究这个年龄组时必须考虑的。然而，只有沃迪内利奇（Vodinelić）提供了对青少年进行询问的指导准则，指出青少年的自我中心偏好以及由此产生的感受事件的方式必须加以考虑。首先应当与青少年建立起适当的关系，询问应该以平和但严肃的语气进行，但询问人员应当注意不要伤害青少年的道德和情感，不要刺激他们的想象力［沃迪内利奇（Vodinelić），1987］。在所有提到的作者中，沃迪内利奇（Vodinelić, 1987）在他的著作《犯罪学》（*Criminalistics*）中最重视向儿童和青少年收集信息的技术和方法。他简短地解释了两位作者评估儿童证人可信度的标准：阿恩岑（Arntzen, 1951, in Vodinelić, 1987）和昂德奇（Undeutsch, 1954, 1957 and 1966, in Vodinelić, 1987）。

与询问成年证人和被害人的情况一样，关于在调查程序中询问儿童和青少年这一问题在斯洛文尼亚独立后几乎没有新的资料。一个明显的例外是在通过视频连接的专家会议上起草的关于询问儿童的广泛建议（斯洛文尼亚共和国，2011）。建议在引言中详细说明了提议的立法改革和推荐的询问技术，并对建设儿童友好询问室提出了建议。在询问儿童方面，有两章特别重要。其中第一章建议，应当在事件发生之后尽快地让儿童接受询问，并指定适当的专业人员出席询问，然后建议设立儿童友好询问室。这样一个房间会有明亮的墙壁，尺寸、材质和颜色适合儿童的中性家具，以及为儿童不同发育阶段设计的易于使用的玩具。审前和刑事诉讼询问的关键要素也列在其中。在

第 18 章　斯洛文尼亚犯罪调查程序中向被害人和证人收集信息

第二个相关章节中，两名临床心理学家阐述了在司法程序中与虐待儿童被害人合作的心理方面的内容［莫斯科瑞克和瑞比斯克（Moškrič and Ribičič），2011］。作者首先解释了虐待如何影响儿童人格结构的发展，并指出，超过50% 的受虐待儿童会发展为创伤后症状并有其他情绪和行为障碍。强调了应当重视有关儿童的司法程序，并概述了儿童从学前到青少年发展阶段的特点。在专业文献中首次提到了专业人员参与受虐待儿童询问工作的重要性，同时强调了临床督导的重要性。最后，文中涉及了儿童的易受暗示性和儿童的证词的可信度。

近年来，已经有三篇论文发表，揭示与儿童询问相关的一些重要方面。一篇论文讨论了儿童证言的可靠性和可信度，以及询问人员的关键作用［乌梅克（Umek），2009］。在第二篇论文中，第一次提到了在斯洛文尼亚对儿童进行调查询问的不同类型的询问方案［阿雷（Areh），2012］，并提供了根据儿童心理发展实施司法询问的第三个实用性指导准则［巴甫西奇·梅列夫列（Pavšič Mrevlje），2013］。儿童性虐待调查人员很少有机会接受任何培训，但是当他们接受培训时，他们大多参加关于发展心理学或临床心理学的讲座，没有专门的实践操作展示。

在询问期间对证人和被害人的保护——法律框架

在斯洛文尼亚的刑事诉讼程序中，犯罪行为的受害者"仅"能作为被害人或作为经认可的起诉人。也就是说，在涉及可能受到私人起诉的刑事诉讼案件中，私人起诉人（被害人）是被授权的起诉人。此外，如果检察机关认定没有理由依职权提起刑事诉讼，被害人有权作为附属起诉人起诉被告。但是，在大多数情况下，如果是依法应对犯罪行为提起诉讼的案件，检察机关是起诉方。在大多数案件中，被害人将作为证人作证，因此必须履行证人的义务：出庭、作证和提供真实证词（《1994 年刑事诉讼法》）。斯洛文尼亚刑事诉讼中的证人一般有义务发表三次陈述：首先是在审前阶段向警方提供陈述，其次出于调查目的向调查法官进行陈述，最后是在主要的庭审听证会上向合议庭做出陈述。由于警察不被允许询问证人（最高法院，2007，I Ips

65/2005），审前阶段警方记录的证人陈述不能被法官作为裁决依据，但可以用于评估证人的可信度和弥补证人证词中的差距（最高法院，2013，I Ips 51335/2010 - 116）。

作为一般原则，证人有作证的义务，但这一原则也有例外，即享有特权的证人免除作证的义务。根据《刑事诉讼法》（CPA），除非在特殊情况下，特权证人被认为是被指控人的近亲属以及在履行职责的过程中知晓但负有保密职责的人［霍瓦特（Horvat），2004］。根据最高法院的规定，授予特权证人地位的目的是保护证人与被指控人之间亲密的家庭关系，以及遵守职务保密原则［最高法院，2011，I Ips 159/2010］。该特权证人身份的设置旨在使证人受益，而不是被指控人受益（最高法院，2003，I Ips 259/2003）。① 重要的是，证人必须自行决定是否利用特权证人的身份（最高法院，2011，I Ips 220/2010）。

证人只有在法庭调查期间才能够获得特权证人的身份。因此，警察在审前程序中没有义务通知潜在的特权证人他们享有该权利（最高法院，2010，I Ips 47/2009）。如果证人选择行使特权证人的权利，那么负责证人发表声明的官方程序人员，不得就特权证人向其他部门做出的陈述内容进行询问。这些部门包括检查机构、行政部门、纪律部门、社会福利机构等（最高法院，2002，I Ips 197/2002）。但是，这并不适用于特权证人依其自由意志向其他人做出陈述的情况，如邻居、朋友、记者、养亲、危机中心工作人员等（最高法院，2011，I Ips 4349/2009 - 96）。

在调查期间和在主要的庭审听证会上，由一名调查法官询问证人，这时被指控人可以在场。但是，如果证人不愿在被指控人在场的情况下作证，或者情况表明证人在被指控人面前不会说实话，调查法官可以命令将被指控人从询问中排除（最高法院，2002，I Ips 70/99）。为了将被指控人排除出询问，假设证人不会作证或不会说出真相是不够的（最高法院，2013，I Ips 34239/2010 - 121），或者假设证人在询问期间感到不舒服也是不够的，因为

---

① 判例法对这类证人的证词的可信度表示怀疑，因为他们有动机影响司法程序的结果，并且是在压力下作证（最高法院，2011，I Ips 1008/2010 - 35）。

第18章 斯洛文尼亚犯罪调查程序中向被害人和证人收集信息

大多数证词都是这种情况，尤其是如果他们控告其他人有罪（最高法院，2011，Ⅰ Ips 162/2010）。必须有其他更加充足的原因存在。例如，法官可以根据由教育专家[①]、神经病学家和精神病学专家（最高法院，2013，Ⅰ Ips 34239/2010 – 121）发表的专家意见，决定考虑被害人的心理和身体状况。当两名被害人明确表示不愿在被指控人在场的情况下作证时，也为其请求给出了正当的原因，法官可以做出支持的决定（最高法院，2004，Ⅰ Ips 168/2004）。实际上，这种情况通常包括性侵犯的被害者，特别是15岁以下的被害人（最高法院，2005，Ⅰ Ips 202/2004）。法官在斟酌决定时，会考虑刑事犯罪的性质、被害者的年龄、重新犯罪的可能性、证人与被指控人之间的关系等因素（最高法院，2013，Ⅰ Ips 34239/2010 – 121）。

因此，《刑事诉讼法》（CPA）对某些儿童和青少年证人/被害人（CPA，1994）给予特别保护。不允许在主要的审判听证会上对这些被害人进行直接询问，必须首先阅读先前询问此类被害人的记录，诉讼当事人可以通过调查法官提出间接问题［豪普特曼（Hauptman），1999］。因此，在实践中，通常是在调查阶段，在被指控人的律师、国家检察机关、被害人的授权代表和法庭专家（最高法院，2010，Ⅰ Ips 260/2009）在场的情况下实施询问。此外，《刑事诉讼法》规定，鉴于年龄和智力发展阶段，被认为是特权证人且不能理解拒绝作证权利的意义的未成年人（18岁以下），不得被视为证人进行询问，除非被指控人本人要求进行询问［最高法院，2001，Ⅰ Ips 225/98；苏格曼（Šugman），2001］。作为证人的未成年人是否无法理解拒绝作证的权利这个问题，应由法院决定（最高法院，2010，Ⅰ Ips 260/2009）。再次，法院可以获得专家意见，以协助做出决定（最高法院Ⅰ，2008，Ⅰ Ips 403/2007）[②]。毕竟，法院必须考虑案件的所有情况（最高法院，2008，Ⅰ Ips 403/2007）。例如，法院通过了一项决定，即11岁的被害人能够理解拒绝提供指控其父亲的证词的权利的意义（最高法院，1999年，Ⅰ Ips 282/97），而通常认为，10岁以下的儿童不能明白这项权利的意义［霍瓦特（Horvat），2004］。即使

[①] 专业参与教育或培训的人。
[②] 在这些情况下，法庭通常依赖临床心理学专家（最高法院，2010，Ⅰ Ips 260/2009）或儿童心理学专家的意见（最高法院，2011，Ⅰ Ips 159/2010）。

依据《刑事诉讼法》的规定，明确指明具有特权证人地位的是未成年人，也可以将其适用于智力发展处于儿童阶段的成年被害人［霍瓦特（Horvat），2004］。

对未成年人进行询问，特别是他们在犯罪行为中受到的伤害处于争议中时，必须慎重考虑实施，以避免对他们的心理状态造成有害影响。如有必要，应召集教育专家或其他专家协助询问未成年人（最高法院，2013，I Ips 34239/2010－121）。在这样的案件中，法院允许被害人在教育专家的协助下进行询问，即使被害人在接受询问时是成年人。法庭与教育专家就被害人作证的能力进行了磋商并委托其监督被害人。此外，法庭可以向专家咨询选择对证人/被害人造成最小压力和伤害的询问方法。在这种情况下，需要专家发挥积极作用，以及由专家制定和提出问题（最高法院，2013，I Ips 34239/2010－121）。

结　论

针对在斯洛文尼亚进行的询问证人和被害人的实践做出明确的结论是很难的。由于缺乏可靠的研究证据，这就使得我们只能从最可能反映在警察和犯罪调查人员内部培训中的专业资料来源来推断询问方式。过去，在犯罪调查方面，主要注重对犯罪嫌疑人的审讯，仅将极少的关注放在对证人和被害人进行有效和合乎道德的询问上。从2003年出版的警察手册的内容来看，这在过去的10年中体现得十分清楚，其中共有82页关于对犯罪嫌疑人的审讯，相比较而言，仅有半页专门针对目击证人的问题。在这份手册中，斯蒂恩和波多维斯基（Štirn and Podvršič，2003）强调了记忆恢复的不可靠性。

从事询问儿童和青少年的斯洛文尼亚调查人员很少有机会参加本领域的专业培训。前面提到的阅读材料大部分总结了国外作者的研究成果，尽管它们可以帮助斯洛文尼亚的调查专业人员，但这显然并不足以确保实践的高标准。在与儿童和青少年合作方面，斯洛文尼亚的犯罪调查人员不得不主要依靠自身的智慧和努力，因为内部的专业支持体系十分薄弱。

第 18 章　斯洛文尼亚犯罪调查程序中向被害人和证人收集信息

从法律的角度来看，特别是在判例法方面，询问证人的问题似乎都是关于在保护被指控人的辩护权和审查证人对其指控作证之间找到一种折中办法，以及对特定类别证人的保护。这些类别的证人得到法庭的特别关照，尤其是性侵害案件中的儿童被害人——不得在被指控人在场的情况下被询问，以及有权自己决定是否想要作证的特权证人。在确定证人的作证能力，以及在询问尤其是弱势类别的证人时，法院可以向专家征求意见。在证人保护方面，所有努力的目的都是减少证人与被指控人之间的直接接触，并排除对证人的多次询问。

参考文献

❶ Aćimović, M. (1988) *Psihologija zločina i sudenja* [*Psychology of Crime and Trial*]. Beograd：Savremena administracija.

❷ Areh, I. (2007) *Psihologija za varnostno področje* [*Psychology and Security Studies*]. Ljubljana：University of Maribor.

❸ Areh, I. (2012) 'Protokoli preiskovalnih intervjujev za ugotavljanje spine zlorabe otrok' ['Investigative interview protocols with children as alleged victims of sexual abuse'], *Varstvoslovje*, 14 (1)：97 – 112.

❹ Criminal Procedure Act 1994, *Official Gazette of the Republic of Slovenia*, 63/94 and later.

❺ Grassberger, R. (1950) *Psychologie des Strafverfahrenzs*. Vienna：Springer-Verlag.

❻ Hauptman, P. (1999) 'Oškodovanec v kazenskem postopku' ['The victim in criminal procedure'], *Pravosodni bilten*, 20：63 – 76.

❼ Horvat, Š. (2004) *Zakon o kazenskem postopku s komentarjem* [*Criminal Procedure Act with Commentary*]. Ljubljana：GV.

❽ Inbau, F. E., Reid, J. E., Buckley P. and Jayne, B. C. (2013) *Criminal Interrogations and Confessions*, 5th edn. Chicago：John, E. Reid & Associates.

❾ Loftus, E. F. (1979) *Eyewitness Testimony*. Cambridge, MA：Harvard University Press.

⑩ Maver, D. (1997) *Kriminalistika* [*Criminalistics*]. Ljubljana: Uradni list republike Slovenije.

⑪ Moškrič, B. and Ribičič, V. (2011) *Zlorabljeni otrok v sodnem postoplu-psihološki vidiki. Priporočila Razgovor z otrokom s pomočjo videoconference in drugih tehničnih sredstey* [*Child Abuse Victims in Judicial Proceedings-Psychological Aspects. Recommendations: Child Interview via Video Conference and Other Technical Means*]. Liubliana: Ministry of Justice.

⑫ Musek, J., Polič, M. and Umek, P. (1992) *Uvod v psihologijo* [*Introduction to Psychology*]. Ljubljana: Ministry of the Interior.

⑬ Pavšič Mrevlje, T. (2013) 'Razvojne značilnosti otrok v okviru forenzičnega razgovora' ['Children's developmental characteristics in the forensic interview'], *Psihološka Obzorja*, 22: 167–75.

⑭ Putnik, D. (1973) *Psihologija* [*Psychology*]. Belgrade: Viša škola unutrašnjih poslova.

⑮ Republic of Slovenia, Ministry of Justice (2011) *Priporočila: Razgovor z otrokom s pomočjo videokonference in drugih tehničnih sredstev* [*Recommendations: Child Interview via Video Conference and Other Technical Means*]. Ljubljana: Ministry of Justice.

⑯ Republic of Slovenia, Ministry of the Interior (2003) *Gathering Information from the Suspect-Amendment to the Criminal Procedure Act*. Ljubljana: Ministry of the Interior.

⑰ Roso, Z. (1988) *Informativni razgovor i interyju* [*Informative Interview*]. Zagreb: Republički sekretariat za unutranšjeposlove SR Hrvatske.

⑱ Štirn, M. and Podvršič, I. (2003) 'Zbiranje obvestil od osumljenca' ['Gathering Information from suspects']. Ljubljana: Ministry of the Interior (unpublished).

⑲ Šugman, K. (2001) 'Kazenski postopki, povezani z nesrečami in nasiljem-še posebej glede na otroka' ['Criminal procedures involving accidents and violence with special emphasis on children'], in T. Samec and V. Slodnjak (eds), *Psihične travme v otroštvu in adolescence.* Ljubljana: Inštitut za psihologijo osebnosti, pp. 184 – 9.

⑳ Supreme Court of the Republic of Slovenia (1999), I Ips 282/97.

㉑ Supreme Court of the Republic of Slovenia (2001), I lps 225/98.

㉒ Supreme Court of the Republic of Slovenia (2002), I Ips 197/2002.

㉓ Supreme Court of the Republic of Slovenia (2002), I lps 70/99.

㉔ Supreme Court of the Republic of Slovenia (2003), I lps 259/2003.

㉕ Supreme Court of the Republic of Slovenia (2004), I Ips 168/2004.

㉖ Supreme Court of the Republic of Slovenia (2005), I lps 202/2004.

㉗ Supreme Court of the Republic of Slovenia (2007), I Ips 65/2005.

㉘ Supreme Court of the Republic of Slovenia (2008), I Ips 403/2007.

㉙ Supreme Court of the Republic of Slovenia (2010), I Ips 206/2009.

㉚ Supreme Court of the Republic of Slovenia (2010), I Ips 260/2009.

㉛ Supreme Court of the Republic of Slovenia (2010), I Ips 47/2009.

㉜ Supreme Court of the Republic of Slovenia (2010), I Ips 60/2010.

㉝ Supreme Court of the Republic of Slovenia (2011), I Ips 1008/2010-35.

㉞ Supreme Court of the Republic of Slovenia (2011), I Ips 159/2010.

㉟ Supreme Court of the Republic of Slovenia (2011), I Ips 162/2010.

㊱ Supreme Court of the Republic of Slovenia (2011), I Ips 220/2010.

㊲ Supreme Court of the Republic of Slovenia (2011), I Ips 4349/2009-96.

㊳ Supreme Court of the Republic of Slovenia (2013), I Ips 34239/2010-121.

㊴ Supreme Court of the Republic of Slovenia (2013), I Ips 51335/2010-116.

㊵ Trankell, A. (1972) *Reliability of Evidence.* Stockholm: Beckmans.

㊶ Umek, P. (2009) 'Kako dobre priče so zlorabljeni otroci ali kako dobri spraševalci so preiskovalci?' ['How reliable are abused children as witnesses and how skilful are investigators as investigators?'], *Revija za kriminalistiko in kriminologijo*, 60 (1): 16 – 24.

㊷ Undeutsch, U. (1982) 'Statement Reality Analysis', in A. Trankell (ed.), *Reconstructing the Past*. Deventer: Kluwer Law and Taxation Publishers, pp. 27-56.

㊸ Vodinelic, V. (1987) *Kriminalistika* [*Criminalistics*]. Belgrade: Naucna knjiga.

第19章

瑞士对被害人和证人的调查询问

朱莉·库瓦西耶（Julie Courvoisier）

奥雷利昂·沙勒（Aurélien Schaller）

米雷耶·西尔（Mireille Cyr）

简介

为了描述瑞士在调查询问证人和被害人方面的做法，我们将阐明瑞士刑事诉讼法中规定的不同地位的当事人与参与者的定义。事实上，2011年1月1日，一部新的《刑事诉讼法典》开始实施，它的主要目的是用一部统一的法典取代过去的26部州法。① 这种统一的影响是，参与刑事诉讼的人的法律地位将被重新定义。为了在阐释调查询问的实际方面与培训的问题上与读者的语言保持一致，我们首先需要解释在瑞士刑事诉讼中"被害人"和"证人"的含义。他们究竟是什么人？他们的属性、特征、权利和义务是什么？这会对他们是谁以及他们接受询问的背景有更好的了解。此外，这种一致的理解可以使我们思考未来的挑战以及这些区别带来的问题，尤其是在询问技巧的培训方面。

询问对象的法律地位

本章的目的是描述"证人"的法律地位，即特定情况的客观的观察者。

---

① 瑞士26个州都有自己的《刑事诉讼法典》，称为州《刑事诉讼法典》。

然后是"被要求提供信息的人"①的法律地位,在瑞士是一种混合身份且具有特殊性。最后是"受害人"(injured)的法律地位,其受到犯罪行为最直接的影响。以及瑞士法律规定的受害人(injured)、被害人(victim)和控告人(complaint)的区别。

◆ 证人

《瑞士刑事诉讼法典》(SCPC)②把证人定义为:"任何没有参与犯罪,但有可能对澄清事实做出有用陈述的人,并且不会被作为被要求提供信息的人而受到询问。"(第162条)。原则上,任何人都能成为证人,但是不应该参与该犯罪;否则,这意味着这个人可能从该犯罪中受益,那么他/她就不可能在陈述中保持公正无私[皮埃尔和维耶(Perrier and Vuille),2011]。然而有作证的资格还需要两个积累条件:①年满15周岁;以及②在询问时有辨别能力。任何人如果不能满足这些条件就不能作为证人被询问,而只能作为被要求提供信息的人③[皮埃尔和维耶(Perrier and Vuille),2011],我们将在本章后面的部分进行讨论。证人的义务是作证并说出真相——否则他们可能会因为做出虚假陈述而被控告[《瑞士刑法典》第307条(CPS)],一项故意犯罪——与不符合实情但不是故意的陈述相反。进行调查询问的主管机关④必须告知证人他/她有义务说出真相,以避免因做出虚假陈述而被指控。在一些情况下,证人有权利拒绝作证。尤其是,为了在有私人关系的前提下确保客观性(CPPS第168条)、保护自己或他人(CPPS第169条),与某种官方秘密(CPPS第170条)或与某种职业秘密(CPPS第171条)有关。

---

① 由法语"提供信息的人"翻译而来。
② 由法语"刑事诉讼法典"翻译而来。
③ 这一地位是介于犯罪嫌疑人和证人之间的特殊地位。因此,与证人不同,因为被要求提供信息的人可能是罪犯或犯罪的参与者。
④ 即检察机关或警方。

◆ 被要求提供信息的人

被要求提供信息的人（PCPI）是在刑事诉讼程序中被询问的特殊类型的人。它被规定在法典的第178条中。根据这一法条，被要求提供信息的人是指下列任何人：

(1) 他/她自己被视为控诉方；

(2) 在接受询问时未满15周岁；

(3) 因为辨别能力有限而不能完全理解证人的证词；

(4) 不是犯罪嫌疑人，可能是待侦破案件或其他相关案件的罪犯或参与者；

(5) 必须作为所实施的犯罪的共同犯罪人被讯问；

(6) 由于与待侦破犯罪有关的罪行而在另一诉讼程序有犯罪嫌疑；

(7) 被认定为或可能被认定为诉讼所针对的公司的代理人。

因此，这是介于犯罪嫌疑人和证人之间的中间身份。所以，被要求提供信息的人没有义务作证（CPPS第163和176条）。对于其他权利和义务，对这一身份（在检察官的指导下）[1]的规定适用于对嫌疑人讯问的规定。以下分类被列举在法典的第178条，被分为三个不同的组：

1. 在诉讼程序结束时有直接利益关系的控诉方。这一身份避免了他/她在维护自身利益和履行说出真相的义务之间进行选择。例如，如果询问对象可以提供信息，但是由于他/她和犯罪嫌疑人之间是亲属关系，其证词可能不客观［哈拉尔（Harari），2010］。

2. 15岁以下的人和没有辨别能力[2]的人。这一身份被考虑是因为他们的证词在本质上缺乏可信度。

---

[1] 应当注意到，在瑞士，案件基本上是由警方处理的（警察负责调查），或者是在检方指导下进行调查（所以调查是在检察官的指导下进行的，然后根据案件情况和检察机关做出的决定，由警方进行调查或者检察机关自己进行调查或两者共同进行调查）。

[2] 决定性的时间是询问时间，与某个人的年龄或犯罪时的无责任能力状态（如正受到药物损伤）无关。

3. 确定或可能是犯罪人或参与者而与犯罪有关的个人。这一身份避免了陷入自证其罪和违反作证或说实话义务之间的两难境地。

◆ **受影响的人：受害人、被害人、控告人**

一般的语言认为被害人（victim）是一个通用术语，是指遭受了侵害的人，无论性质如何（如道德的、个人的或者物质的侵害）。但是瑞士法律将受到影响的人（affected persons）分成了三类。这些人会根据所遭受的犯罪的性质和他们是否愿意提出控诉而进行分类。在这里将解释这些具体类型的受到影响的人。

1. 受害人（injured）

我们将在"任何权利受到犯罪直接影响的人"的语境下使用受害人这一术语（CPPS 第 115 条第 1 款）。直接涉及的人（以及直接攻击的概念十分重要）被认为是受害人。然而，受害人也可能是一个实体。更具体地说，受害人是发现他/她的占有权遭到侵害的人。实际上受害人是作为被要求提供信息的人接受询问的（见下文）。所以他或她有权利拒绝作证，和/或与警方合作。为了更好地理解接下来的内容，应当强调被害人（victim）和控告人构成了实体受害者的子范畴。

2. 被害人（victim）

法律语言将被害人的身份确定为"由于犯罪行为，身体、精神或性完整遭受直接伤害的人"（CPPS 第 116 条第 1 款），因此，这是比上述受害人更狭义的定义。换句话说，每一个被害人都是受害人，但是并不是每一个受害者都是被害人。在这里，条件是所遭受的损害属于特定的性质，并且有着"特殊"的严重性。例如，为获得被害人身份，个人仅是感到害怕和沮丧是"不够"的，比如，受到普通袭击的受害人并不会必然被认为是被害人。更准确地来说，表 19-1 概述了上述定义包括哪些犯罪。

表 19-1　术语"被害人"（victim）涵盖的犯罪

侵害生命和 身体健康的犯罪	侵害性完整的犯罪	侵害自由的犯罪
简单的和严重的身体伤害（CPS 第 122、123 条） 刑法上的过失造成的身体伤害 伤害罪（CPS 第 134 条） 抢劫罪（CPS 第 140 条）	强奸罪（CPS 第 190 条） 性胁迫（CPS 第 189 条） 性骚扰（CPS 第 134 条） 儿童性虐待（CPS 第 187 条） 成年人在儿童时期作为被害人 乱伦罪（CPS 第 213 条）	威胁（CPS 第 180 条） 强制（包括强迫婚姻）（CPS 第 181 条） 贩卖人口（CPS 第 182 条） 扣押和绑架（CPS 第 183、184 条） 劫持人质（CPS 第 185 条）

被害人享有特殊的权利，根据他/她的年龄有所不同。当然，如果被害人未满 18 周岁，18 周岁在瑞士是法定成熟年龄（性成熟年龄是 16 周岁），随后的规定适用。其中包括采取特定措施为有关的人提供更好的保护和为他/她的精神利益提供保障。在瑞士，我们使用术语"被害人"，或者更具体地说，是指在《关于帮助犯罪被害人的联邦法》（FACV)[①] 中所规定的含义范围内的被害人。这一由 FACV 定义的法律地位在 1993 年生效。例如，被排除在这一定义之外的是由侵害荣誉（污蔑、诽谤、侮辱）和财产（盗窃、欺诈、违反信托等）的犯罪造成的损害。

3. 控告人（Complainant）

《瑞士刑事诉讼法典》将控告方当事人界定为"希望作为申请人参与民事或刑事诉讼的受害人（injured person）"（CPPS 第 118 条第 1 款）。更精确地说，这指的是受害人、被害人及其亲属（CPPS 第 118 条）或者法定监护人（CPPS 第 121 条）（作为父亲或母亲书面或口头告知代表他/他的孩子提出控诉的意图）。其可以是个人也可以是法人实体。在警方调查期间，提出控告的人有权拒绝作证，以及其后在诉讼中配合，这是一种有利于回答问题和告诉事实真相的法律义务的权利（见下文）。

[①] 由法语"Loi fédérale sur l'aide aux victimes d'infraction'"（LAVI,《协助犯罪受害者联邦法》）翻译而来。这代表了，在法律和指导准则中必须专门考虑在调查中对被害人实施调查询问的方式。

询问实践

应当指出的是，瑞士警察的询问实践可能会由于实施询问的整体框架而有极大的不同。事实上，在警方调查的环境下实施询问与依据地方法官发布的命令实施询问，是可能存在差异的（见291页注释①）。为了阐释清楚，这里只讨论一般性的指导准则。

◆ 证人

无论由哪一个机构实施调查询问，都必须告知证人他/她应当在法庭上作证并说出事实真相。然后法官会考虑证人做出的所有陈述以判断其中是否存在虚假陈述。这可以在询问结束时做出判断（ATF85 IV 79，JDT 1959 IV 79）。检方和警方还必须就证人与调查涉及的有关各方的关系进行调查，并意识到任何现有的关系（如夫妻关系）都可能影响证人是否主张其拒绝作证的权利。这些调查和考虑也有助于确定证人的证词是否可靠，同时也避免该证词在随后的诉讼阶段被恶意利用（如被被告方利用）。

为了使证词有效，有必要告知证人他/她有义务作证并说出真相。无效证词将会导致案件被撤销，并且不会被提交给法官。然而，在某些情况下，这种证据仍然是可利用的。比如，如果证人没有被告知其作证的权利就不会出现上述情况。只有当检察机关负责案件时，瑞士法律才承认"证人"的法律地位。事实上，在调查期间，《刑事诉讼法典》不允许警方对证人本身进行询问（除非是在第142条第2款①允许的情况下），因此他们只能对那些被建议根据法律要求说出真相的人进行询问。在这种情况下，他们只能对被要求提供信息的人进行询问。调查人员必须告知他们的是：

根据《刑事诉讼法典》第178条和第181条，现告知你以下权利和义务：

---

① 第142条第2款规定："警察可以询问被要求提供信息的人和犯罪嫌疑人。联邦和州可以指派合适的警察在检察官的指导下询问证人。"

- 你有权拒绝作证及在诉讼中进行配合。
- 如果你明知某人是无辜的，但是控告他/她犯有某种罪行，你可能会根据刑法典第 303 条之规定构成诬告罪。这一罪行会被处以监禁或罚金。
- 如果你明知没有发生犯罪仍然进行检举，你可能会触犯刑法典第 304 条规定的误导司法罪。触犯这一罪名会被判处三年以下监禁或罚金。
- 如果你帮助某人逃避犯罪指控，根据刑法典第 305 条之规定，你会面临最高刑期为三年的监禁或者罚金的处罚。

◆ 被要求提供信息的人

被要求提供信息的人是为获取信息，任何不是犯罪嫌疑人而被警方询问的人（CPPS 第 179 条第 1 款）。因此，警方必须选定，并在要求出席的通知中表明被要求出席的人的身份（PCPI 或犯罪嫌疑人）。被要求提供信息的人，有权拒绝作证或者合作，当被要求提供信息的人处于检察官的要求下，这一权利也是同样的。但是，在诉讼程序中的任何时间，在检察官的指导下，该人都可以自己选择律师协助并自己付支费用，他/她也可以要求获得翻译或口译。

◆ 受影响的人：受害人、被害人、控告人

1. 受害人（injured）

在实践中，受害人作为被要求提供信息的人（PCPI）被询问。因此适用上面提到的询问被要求提供信息的人的规则（见上文）。

2. 被害人（victim）

被害人将依据适用于"询问被要求提供的信息的人的规定"接受询问（如前文中提到的），包括专门的 FACV 规定，即有权利：

- 获得对被害人有帮助的信息（CPPS 第 305 条）；
- 对询问中可能需要翻译的情况，要求一名相同性别的人做翻译；
- 要求禁止旁听；

- 由一名他/她信赖的人陪同（除辩护律师之外）①；
- 在诉讼程序中的任何时间，接受相同性别的人的询问；
- 拒绝与可能的犯罪嫌疑人对质；
- 在法庭上至少有一名同性别的人参与做出裁判；
- 拒绝回答有关他/她私人领域的问题。

在实践中，官方可能会为接受询问的被害人提供一个"保障"框架，尤其是在性侵犯案件中。询问室会被精心布置，有时还会选择特殊的询问室。在诉讼程序中的任何时间，如果有必要都可以要求与被害人相同性别的人出席。如果提出隐私问题，有必要给予特别注意。询问的框架会根据被害人的年龄而有所不同。如果是未成年人，被害人可能会确认他/她同意对询问进行录音或录像记录。② 如果对询问进行录像记录，必须由受过培训的调查人员③以及由单向玻璃后的（控制指挥）专家实施。这种询问会在没有任何电脑④⑤的特殊询问室中进行。在询问结束时官方会与被害人阐明剩余的全部问题。除道路交通肇事犯罪之外，对未成年被害人的询问不应当超过两次。

3. 控告人（complainant）

在警方调查期间，控告人作为被要求提供信息的人（PCPI）接受询问。因此前文所介绍的依然适用。在检察官的指导下，作为证人，必须告知控告人他/她有义务作证以及诚实地回答问题。与证人不同的是，控告人可以在检察官的指导下自行选择要求律师的帮助。

培　训

在很长的一段时间里，警察培训反映出了瑞士联邦制度和26个州的个体

---

① 这一权利也适用于警察调查期间被询问的被害人。
② 视/听记录后会被存入档案中。应当注意的是，在瑞士，只对未成年被害人的询问予以记录。
③ 受认知询问的启发［参见盖泽尔曼（Geiselman）等人，1985］。
④ 应当注意，在瑞士，所有的询问通常都会被输入电脑（证人、被害人、犯罪嫌疑人、被要求提供信息的人）。
⑤ 然而，有一些州存在例外。例如，在纳沙泰尔州，在处理未成年犯罪时，对某些年龄（16~18周岁）的FACV被害人用视频询问（依据《刑法典》），因而在这些案件中不需要手写记录。

特征。2002 年，通过州司法和警察部门长官会议①，产生了关于"培训的一般概念"②。这一概念最终于在 2004 年被采用，其目的是确保培训的普遍质量，同时也确保将培训内容、方法和培训材料协调的结果作为统一的警察信条。这一概念尤其适用于对警察的初始培训，这使得联邦政府授予的"拥有联邦学历的警官"头衔受到保护。即使初始培训是由各个州组织和管理的，也必须对联邦的指导和要求做出回应。对于继续教育培训/高级培训，州警察当局可以自由组织和管理。然而，不同地方的警察当局似乎分享着相同的实践趋势和相同的特定主题。

◆ 对警察的初始培训

在瑞士主要有两种警察队伍。第一种由着制服的警察组成，作为警察应急小组在街道上巡逻。第二种是司法警察，由不同的特殊行动小组③构成，被称为调查人员，负责调查工作，并实施询问。有两种方式成为警察然后加入警察部门：①成为一名着制服的警官。在警察学校接受为期一年的培训，然后完成一项联邦考试以获得警察头衔；②把调查人员的工作作为目标，然后参加只有小部分地区提供的为期一年的特殊培训，如在瑞士法语区的日内瓦和沃州。实际上，虽然有些州提供直接成为一名调查人员的机会，但大部分州只提供一般的培训。这在瑞士成为引发争议的主要问题。一些公众认为所有的警察，无论是制服警察还是调查人员，都应该接受相同的培训以便成为掌握多种技能的通才，使之能够在州际之间调动（或可交换）。此外制服警察要逐步成为询问人员，需要接受更好的关于询问技术的培训。其他人则认为由于调查人员主要负责询问和讯问工作，他们需要关于这些问题及其他相关问题的特殊课程，因此需要不同的培训。

由于独立的和共同的培训课程问题还在争议中，并且在接下来的几年可能才会发生一些变革，所以我们将仅笼统地讨论近年来在询问技巧培训方面

---

① 由法语 "La Conférence des directrices et directeurs des départements cantonaux de justice et police" 翻译而来。
② 由法语 "Concept général de formation"（CGF）翻译而来。
③ 例如，调查重要犯罪、性犯罪、抢劫和涉及青少年犯罪的小组。

的演变情况，与所选择的培训类型无关。事实上，值得注意的是，许多人越来越关注加强询问的方法和技巧。最近关于这个话题的研究论文的数量似乎受到了瑞士警察初步培训的设计师和管理者的关注［参见古尼尼特和伯努瓦（Guéniat and Benoît），2012］。作为证明，我们将重点关注瑞士警察学院的"警察心理学"手册，该手册确保了"在询问环境中沟通"有明确的位置。

虽然过去的警察是在没有特定的方法的基础上（例如，工作基础）学习询问技术，但目前的培训侧重于警务人员应当采取的态度，以及如何看待询问和审讯。事实上，主要的问题是考虑询问人员和询问对象之间的合作。瑞士警察学院的询问技巧（和警察心理学）的通用培训手册指出："无论询问对象是谁，警务人员的基本态度应当是一样的：尊重和同情的态度，接受对方作为一个人，愿意尝试去理解并且对他有兴趣。"（第22页）因此，面临的挑战是让询问人员采用适当的询问技巧促进与询问对象的合作。事实上，有些被害人或证人并不完全合作，所以警务人员需要做更多更好的准备和训练，以应对这些人。因此，新的发现和新的要求导致我们考虑一种新的方法，以加强询问技巧和提高警务工作效率。

现在的培训目标侧重于第一次询问接触的重要性，建立对提问和倾听技巧的认识，了解认知询问①、易受暗示性和记忆功能。特别强调了认知询问的重要性，旨在提高所获信息的质量和数量。近年来，在初始警察培训方面取得了重大进展。依据具体标准处理询问和审讯的特殊问题（如依据询问对象或者他/她所犯的罪行种类）现在是数次争论中的核心。因此，我们预计未来几年的培训计划会有许多变化和改进。

◆ **继续教育培训**

目前似乎强调实践的专业化，但如上所述，每个州都可以自由地以自己的方式将专业化引入它们的队伍。为现实或将来的继续教育培训提出的不同方案，显示出了对询问方法和策略的兴趣。总的来说，出现了继续教育培

---

① 参见盖泽尔曼（Geiselman）等人（1985）。

中的两大主题：一个涉及对性虐待和暴力案件中被害人的调查询问，另一个涉及调查询问和讯问的一般方法和技巧。

1. 对性虐待和暴力案件中被害人的调查询问

关于这个主题的主要培训计划由瑞士警察学院[①]提供，由 H. 范·吉杰格亨（H. van Gijseghem）制订。培训目标是了解法律背景、儿童心理、犯罪行为心理、询问技巧、评估揭露的信息内容[②]、创伤影响以及音频和视频技术[③]。所教授的课程包括刑法、风险情况、创伤及其影响、儿童心理和发展、性犯罪者的类型学、逐步进阶询问方法、心理学、精神学和医学专业知识，以及实践课程和实验研究。

多年来，本章第三作者米雷耶·西尔（Mireille Cyr）还提出了与虐待案件被害人有关的另一个集中培训计划，特别侧重于询问儿童被害人或证人。这项培训的主要目标是培训由兰姆（M. E. Lamb）教授及其同事［西尔（Cyr），2014；兰姆（Lamb）等人，2008；奥巴赫（Orbach）等人，2000］开发的国家儿童健康和人类发展研究所（NICHD）询问方案。该方案是专为12 岁以下的儿童设计的。但是，通过微小的调整和修改，该方案对于青少年来说仍然是适用的。这个询问方案主要受到认知询问的启发，具有结构化的格式，但也具有灵活性。它包括儿童记忆和易受暗示性的最新发展，依靠儿童在不同发展阶段的能力，目的是使他们能够从三四岁开始提供叙述。培训持续一周，在此期间，警务人员将复习他们关于儿童的记忆、易受暗示性、能力及局限性方面的知识，询问技巧，以及该方案整体效果方面的知识（最后学）。培训中还为每个参与者提供进行角色扮演练习的机会，以实践该询问方案。这些练习会被录像记录，然后由整个团队观看，以确认该询问方案的结构得到遵循，并建议一些可能已经被使用过的新的开放性问题。培训之后，建议对真实的被害人/证人的调查询问进行追溯性研讨，以完善培训计划。

---

① 由法语"Institut Suisse de Police"（ISP）翻译而来。该学院创建于1946 年，主要负责培训警务管理人员和专家，以及继续教育培训。该学院是在国家层面上提供警务培训的最大机构。
② 例如，使用"陈述有效性分析"（SVA）的 19 条标准。
③ 这意味着如何运作和实施录音和录像询问。

2. 调查询问和讯问的方法和技巧

自 2007 年以来开始了关于这一主题的主要培训。这项培训对所有的州警察开放，主要侧重于对询问和讯问的心理机制的理解［见圣 – 伊夫和梅斯纳（St-Yves and Meissner），2014］。更具体地说，目标是使警务人员接受关于询问证人、被害人和犯罪嫌疑人适当方式的培训，其中包括提问使用开放性问题，不打断地倾听，以及使询问人员意识到与调查询问相关的风险，特别是暗示性和诱导性问题会对叙述形成污染。该培训同时解释了一些其他的理论问题，如认知询问、记忆功能，调查询问中的良好做法［布尔（Bull），2014；圣 – 伊夫（St-Yves），2014］，用最客观的真相和"谎言线索"甄别谎言［见瓦里吉（Vrij），2008，2014］以及可信度评估。

这一培训包括关于询问被害人、证人和犯罪嫌疑人的最佳方式的理论和实践研讨。在培训中，有关证人的实践练习使警务人员能够扮演双重角色：扮演证人的角色——看相关犯罪录像，然后接受关于录像内容的询问，同时扮演调查人员。这能使他们在观察员的监督下联系认知询问方案。证人的角色使他们更好地了解了记忆功能，并认识到作为一名优秀证人的困难。

自 2014 年以来，瑞士警察学院（SIP）[①] 提供了一个新的培训项目。这个为期四天的课程旨在提高与询问相关的不同方面的技能。在这个培训中，警务人员将首先复习询问的相关要点。然后他们将处理与律师的关系、欺骗性线索和虚假供词、询问策略、记忆功能和精神疾病/易感性人格等相关问题。在理论方面，还有一些与专业演员共同完成的角色扮演游戏，目的是将已经学的东西运用于实践。预计这项培训的时间将延续超过七天。因此，将会有四个理论学习日，然后在几个月后，用三个练习日完成目标。

结　论

值得注意的是，在接受询问的各类人员和目前教授的询问技巧之间出现了一些悖论。依照法律和多种重要文件的规定，被询问的人类别很多，但培

[①] 由法语 "Institut Suisse de Police"（ISP）翻译而来。

训过程中提供的询问方法和技巧几乎都是一样的。事实上，每个证人、被害人或被要求提供信息的人都是以精确的方式进行了司法界定，每一种人都有一些特定的权利和义务，如果该人依照检察官的指示或者没有，或根据他/她的年龄，或者与询问相关的犯罪类型等接受询问，权利义务可能会有所不同。形式方面和法律问题是警察培训的重要组成部分。由此，即使在进行询问之前，警务人员也必须充分了解有关询问的法律问题。他们首先需要考虑询问的形式和规范性方面。

之后，必须学习构成犯罪的要件，然后是与询问方法和技巧有关的问题，以及询问中的"互动"。最后，将开始学习询问的心理方面。事实上，近几年来，瑞士对警察的培训越来越关注询问的心理学。询问观念的这种变化是一个重大创新，特别是由于近期在世界各地对这一主题进行的研究，强调了心理学在询问室中的重要性。然而，虽然询问对象在司法程序中的地位非常具体和详细，但在心理学的应用方面仍然是很概括的。教授的方法当然是新颖的，并且已经证明了它们的效率，但它们仍然是全球性的，或者说适用于本文上述的所有身份的询问对象。存在一个标准化的方法来处理多种类型的情形、特征、个性和调查主题。

为进一步采取措施加强警察培训，接下来可以提出什么呢？可能是使这些心理方面的问题更加具体和恰当。以问题为导向的警务可能有助于警察发展适当和有效的应对各种犯罪和违法行为[①]的反应。更好地了解询问对象和与他们相关的问题，以适应最佳的询问技巧，这可能会很有趣。此外，询问技巧可以更有针对性并应当进行修正，从而更有效率，因为它们会更适合于具体案件。

了解询问"技艺"的一般原则至关重要，但似乎越来越有必要的是，应当与相关主题知识更好地结合起来。例如，了解与性虐待被害人有关的症状学知识就可以实施更好的询问——一次更加适当和尊重被害人的询问。我们相信，通过研究更好地了解所探讨的问题[②]是非常有益的，可以对所教授的

---

① 获取更多信息，请访问http://www.popcenter.org。
② 关于儿童询问，对发展心理学进行了审视，有必要加强调查人员对其面临的家庭暴力、性虐待、心理脆弱人群等问题的了解。

方法进行更好的调整,并使所使用的调查询问技巧更有效率——不一定会知道得更多,但可以更好地了解。这可能是在瑞士进行警察询问培训的未来挑战。

参考文献

❶ Bull, R. (ed.) (2014) *Investigative Interviewing*. New York: Springer.

❷ Cyr, M. (2014) *Le recueil de la parole de l'enfant témoin ou victime: De la théorie à la pratique*. Paris: Dunod editeurs.

❸ Geiselman, R. E., Fisher, R. P., Mackinnon, D. P. and Holland, H. L. (1985) 'Eyewitness memory enhancement in the police interview: cognitive retrieval mnemonics versus hypnosis', *Journal of Applied Psychology*, 70: 403–12.

❹ Guéniat, O. and Benoît, F. (2012) *Les secrets des interrogatoires et des auditions de police. Traité de tactiques, techniques et stratégies*. Lausanne: Presses polytechniques et universitaires romandes.

❺ Harari, M. (2010) 'Quelques réflexions autour du droit du prévenu à la présence de son conseil', in R. Pfister-Liechti (ed.), *La proécdure pénale fédérale*. Berne: Stämpfli Editions SA, pp. 79–94.

❻ Institut Suisse de Police (2013) *Psychologie policière. Manuel de référence pour l'examen professionnel fédéral de policier/policière*. Neuchâtel: Verlag SPI.

❼ Kruger, J. (2012) *La place des victimes dans la nouvelle procédure pénale*. Présentation faite le 7 décembre 2012 dans le cadre du congrès 'Violence domestique et système judiciaire: enjeux et perspective' organise par le Bureau de l'égalité entre les femmes et les hommes du canton de Vaud.

❽ Lamb, M. E., Hershkowitz, I., Orbach, Y. and Esplin, P. W. (2008) *Tell Me What Happened: Structured Investigative Interviews of Child Victims and Witnesses*. Hoboken, NJ: John Wiley & Sons.

❾ Message du 21 Décembre 2005 relatif à l'unification du droit de la procédure pénale, FF 2006.

❿ Moreillon, L. and Parein-Reymond, A. (2013) *CPP. Code de procédure pénale. Petit commentaire.* Bâle: Helbling Lichtenhahn.

⓫ Orbach, Y., Hershkowitz, I., Lamb, M. E., Sternberg, K. J., Esplin, P. W. and Horowitz, D. (2000) 'Assessing the value of structured protocols for forensic interviews of alleged child abuse victims', *Child Abuse and Neglect*, 24 (6): 733 – 52.

⓬ Perrier, C. and Vuille, J. (2011) *procédure pénale Suisse. Table pour les études et la pratique*, 2nd edn. Bâle: Helbling Lichtenhahn.

⓭ St-Yves, M. (2014) 'Rapport in investigative interviews: five fundamental rules to achieve it', in M. St-Yves (ed.), *Investigative Interviewing: The Essentials.* Toronto, ON: Carswell.

⓮ St-Yves, M. and Meissner, C. A. (2014) 'Interviewing suspects', in M. St-Yves (ed.), *Investigative Interviewing: The Essentials.* Toronto, ON: Carswell, pp. 145 – 89.

⓯ Vrij, A. (2008) *Detecting Lies and Deceit: Pitfalls and Opportunities.* Chichester: Wiley.

⓰ Vrij, A. (2014) 'Myths and opportunities in verbal and nonverbal lie detection', in M. St-Yves (ed.), *Investigative Interviewing: The Essentials.* Toronto, ON: Carswell, pp. 225 – 43.

北美地区

第20章

加拿大对证人和被害人的调查询问

索尼娅·P. 布鲁巴奇（Sonja P. Brubacher）

尼古拉斯·C. 巴拉（Nicholas C. Bala）

金·罗伯茨（Kim Roberts）

希瑟·普赖斯（Heather Price）

简介

像在许多国家一样，在加拿大过去的30年中，法律和调查实践已经发生了重要变化。在刑事司法系统中对被害人和证人的支持帮助也有了诸多改进。对犯罪被害人的能力和局限性有了更加细致的了解，尤其是对于那些弱势证人（如案件涉及家庭暴力、性侵害或者虐待儿童），这使得加拿大的司法系统对于处理证人和被害人的方式有了实质性的变化。直到19世纪80年代，法律一直基于这样的观点，即儿童和性犯罪的被害人在本质上是不可靠的，并且没有为帮助证人做出什么实质性努力，这导致了对家庭暴力和虐待儿童案件的法律回应不足。1982年引入权利宪章（Charter of Rights），权利宪章加强了对被指控人的保护和赋予被指控人权利，之后，涉及弱势证人的案件数量和复杂性持续、实质性地增加。

加拿大的刑事司法系统

加拿大刑事司法系统的根基是英国的普通法。加拿大最高法院是国家的最高级别法院，有权用其做出的决定约束各省和各个地区的法院。《加拿大权利和自由宪章》自1982年开始生效并成为《宪法》的一部分，宪章宪法性地巩固了加拿大公民享有的一系列重要权利。宪章保护基本的自由，如宗教信仰自由，并保证"法律面前人人平等"和"根据基本公正原则处理问题"。宪章影响了包括堕胎和同性婚姻在内的许多问题，但是对刑法、犯罪嫌疑人与被告人的权利有着最为重大的影响［斯图尔特（Stuart），2014］。

《加拿大刑法典》是加拿大刑事犯罪和刑事诉讼程序的主要渊源，适用于全国10个省和3个地区。按照《刑法典》规定进行的诉讼，还要受到《加拿大证据法》和普通法中确立的证据规则的制约。尽管联邦政府对颁布有关刑事犯罪、程序和证据问题的法律规定具有管辖权，但省和地区政府对司法行政也负有责任，包括大多数对侵犯个人和财产犯罪进行的调查、询问和提起诉讼的问题。因此，在实践中，在司法行政和对待犯罪嫌疑人、被害人和证人方面存在着重大差异。

◆ **加拿大警务**

在加拿大有国家级别的、省级和市级的警察机构。加拿大皇家警察（RCMP）是一个全国性的警察机构，在全国范围内执行与特定犯罪有关的警务，如毒品交易和一些国家安全问题。此外，在加拿大国内的许多地区，经省和地区政府同意，加拿大皇家警察可以提供最为直接的警务行动，包括对性犯罪、家庭暴力以及其他针对个人和财产的犯罪。在两个人口密度最大的省，安大略省和魁北克省，以及纽芬兰地区（很大程度上出于历史原因），由省级警察机构负责大部分警务。大多数大中型城市（人口50 000以上）以及一些较小的城市也有市政警察机构。加拿大原住民通过印第安人警务项目（FNPP），享受三方警务协议提供的服务。由此，一些印第安人和因纽特人社区，根据本省和国家的法律规定管理自己的警察机构。截至2013年，FNPP资助了工作在400个这样的社区中的警察（加拿大公共安全部，2014）。

尽管没有招录警察的强制性规定，但在加拿大，想要从事警察职业的人接受相关的大学水平课程变得越来越普遍（如警察基础课程、刑事司法学位），并且许多达到侦探级别的人拥有大学学位。新警通常由所在警局提供四至六个月的培训，使他们为一般的警察巡逻做好准备。（这项培训的内容广泛，包括基本的犯罪现场调查、制作笔录、警察政策以及冲突管理等课程。）RCMP 的新警要在萨斯喀彻温省的培训基地接受六个月的培训；安大略省警察和市政机构（安大略省新警招募的资助者），以及来自偏远地区的新警在安大略警察学院接受培训；其他机构在省级管理的地方进行培训（如不列颠哥伦比亚司法研究所、魁北克国家警察学校）。通常认为侦探比新警需要得到更多的专业性的询问培训。对警察额外的专业培训在省内或地方的培训中心进行，如位于渥太华的加拿大警察学院、多伦多警察学院、大西洋警察学院（位于爱德华王子岛）等。虽然课程不同，但大多包括一些特定课程（如司法询问），持续一至两周。

询问被害人、证人的历史发展和当前实践

◆ 被害人和证人

已经开展了许多针对不当的警方调查行为的公开调查（如共享跨部门间的已知情报做得太差），因为警方的不当调查行为导致未能及时逮捕暴力犯罪者，致使其继续实施犯罪［坎贝尔（Campbell），1996］。正如坎贝尔法官（Campbell）在他的评论中所强调的，受过良好训练和技能出色的询问人员，只是成功的案件管理的一部分："缺乏有效的案件管理系统能够打败最专注、熟练、积极性强的调查人员和监督人的工作。"

对警方调查犯罪不适当的担忧在加拿大原住民和移民被害群体中尤其明显。非原住民警察和原住民被害人之间的语言和文化差异［参见利斯伯勒斯和拉德尔（Lithopoulos and Ruddell）的讨论，2011］，可能会影响询问的进程和案件的最终结果。此外，相当大比例的加拿大原住民人口居住在偏远的北部乡镇，必须乘坐飞机、船舶或通过冰路（仅限于冬天才能使用）才能到达（加拿大卫生部，2009）。而这些地区可能缺乏及时、有效的调查暴力犯罪和虐待案件的条件和培训。

最近对一名臭名昭著的连环杀手［罗伯特·皮克顿（Robert Pickton），在温哥华以进行性交易的女性为目标］进行的引人注目的调查，导致调查专

员沃利·欧博理（Wally Oppal）就警方对待弱势群体的态度发表了一份措辞严厉的报告。罗伯特·皮克顿（Robert Pickton）被认定杀害六名女性，同时被指控犯有另外 20 项谋杀罪。据称其承认在超过 20 年的时间里共杀害了 49 名女性。警方没有对这些处于社会边缘的妇女的失踪报告进行追踪调查，而几乎所有这些女性都是原著民。在失踪期间发生了一起案件，一名女性在遭到罪犯袭击时逃走，随后向警方报告了这次残忍的侵害，同时指认了袭击者。她仅被询问了一次，并且由于她是一名吸毒者，被认为缺乏作为证人的可信度。警方并没有继续跟进对皮克顿（Pickton）的指控，也没有做出任何认真的努力来对询问该妇女过程中披露出的信息进行彻底调查，导致从询问这名女性到罪犯最终被逮捕和定罪间的五年时间里造成了更多的死亡。

调查、报告和建议已经使人们更多地认识到公正、彻底调查的重要性，也意识到应当给予社会上的边缘人群和弱势被害人更多的帮助。然而他们并没有达成一致的国家标准来提高调查询问的质量。事实上，斯努克（Snook）和同事们［斯努克（Snook）等人，2010；斯努克和基廷（Snook and Keating），2011］指出，加拿大警察对于询问证人只接受了敷衍草率的培训，并且缺乏可以用来描述在加拿大司法系统中有关成年证人的询问培训和做法的实证数据。一个例外是，斯努克和基廷（Snook and Keating，2011）对在一个加拿大警察机构进行的成年证人询问进行了取样研究。研究发现，询问中最常见的是封闭性和探索性问题，但询问人员和询问对象的特征对询问动态没有什么影响。斯努克和基廷（Snook and Keating）建议加强对司法询问人员的培训，并建议大规模推广这些培训。加拿大当然也有一些地方，以证据为基础、高标准地实施警察培训［有些已经得到了实证的验证，例如，西尔和兰姆（Cyr and Lamb），2009；普赖斯和罗伯茨（Price and Roberts），2011］，但值得注意的是，整体上仍然缺乏统一的培训方案、标准、时间安排和质量监控。

◆ **家庭暴力案件调查中的询问**

在 20 世纪 70 年代之前，家庭暴力在加拿大通常视被为"私人问题"，只会对最严重的犯罪案件起诉。20 世纪 70 年代的妇女运动帮助创造了一种环境，使得性侵犯和配偶暴力案件中的女性被害人以及曾在童年遭受虐待的成年幸存者开始感受到足够的支持，愿意以第一人称叙述他们所遭受的创伤经历。20世纪80年代早期，国家采纳的政策要求警察对任何有合理定罪可能性的家庭暴力案件提出刑事指控。

作为对家庭暴力的回应，已经有一系列的验尸官调查和公共调查［安大略省验尸官（Ontario Coroner），2014］，调查报告确定了警察对配偶暴力案件被害人糟糕的调查技术和恶劣的调查态度。这些调查报告使得立法、调查实践做法以及对被害人的支持，发生了实质性变化。

在一些较大的中心，有专门的部门负责处理家庭暴力或性侵犯案件。在许多社区，家庭暴力法庭项目已经成立，通过促进起诉和跨部门的合作来更好地应对家庭暴力案件。这些项目的目标是迅速处理案件，提供早期干预，并增加对被害人的支持和对犯罪者的问责。除了以上这些成绩，这些项目也让更多的案件被报送至警方，增加了逮捕率，改进了风险评估，以及降低了案件在法庭上的流失率［约翰逊和弗雷泽（Johnson and Fraser），2011］。

◆ 询问儿童被害人和证人

20世纪80年代以前，在加拿大，很少有虐待儿童的案件被起诉［巴拉（Bala），1990］，而且儿童几乎不会出庭作证。在《巴杰利委员会报告》（*Badgley Committee Report*，1984）公布后，加拿大对儿童性虐待严重性的认识大幅度加强。这一政府委托的报告是加拿大第一次为记录儿童性虐待程度做出的努力，揭露了处理儿童虐待行为的重大失误，并对相应的法律和社会改革提出了诸多建议。这些报告显示儿童在身体、性和心理上遭受了来自老师、教练和监护人的虐待，其中许多是牧师、神父或者修女（加拿大法律委员会，2000）。许多案件涉及社会中一些最弱势的儿童：没有父母保护的，被安置在国家儿童福利机构的，以及现在已经关闭的为原住民儿童提供的住宿学校的儿童。报告也使人们日益认识到许多虐待儿童的行为是由家庭成员、亲密的家庭朋友，或者被信任的社区人物实施的。

与此同时，加拿大报告了一些虐待儿童的真实案件（当前的和历史上的），其中有被广泛报道的关于虚假指控的国际性案例［如麦克马丁

（McMartin）案］。尽管与真实指控的数量相比，虚假指控的案例数量很少，但这些案例引起了人们对缺乏培训的警方调查人员、心理医生以及儿童福利工作人员拙劣的调查技巧的担忧。1992年，加拿大萨斯喀彻温省的小镇马腾斯威尔发生了臭名昭著的没有事实依据的性侵犯指控，原因是过分热心的、缺乏充分训练的询问人员进行了不恰当的提问，"鼓励"日托中心的幼童揭露涉嫌的性侵犯［哈里斯（Harris），1998］。十几名成年人，包括当地警方的一些成员，被指控虐待几名幼童，但最后被证明是清白的。一些调查询问和儿童发展方面的专家证实，这些调查中所用的询问技巧会套出不可靠的报告。尽管这种案件的数量相对较少，但是毫无根据的案件指控对那些被诬告实施了虐待的人施加了巨大的压力，而且，这种案件严肃地提醒了需要由训练有素的调查人员谨慎地实施询问，以及需要有能够对指控进行恰当审查的公正审判程序。

在其他普通法国家（如澳大利亚、美国、英国）对它们的儿童证人程序做出变革的情况下，加拿大议会也开始了立法改革进程，修改了《刑法典》和《加拿大证据法》，改进了对儿童证言的相关规定。1988年的修正案废除了给被告人定罪必须补强儿童证言的要求，允许儿童证人通过闭路电视在法庭外作证，以及允许帮助人员陪同儿童出庭。这些改革也允许使用视频记录的警察对儿童的询问作为证据，如果儿童作证，其陈述能够受到交叉审查，则可以采用录像的内容。在此期间，加拿大法院也开始改变一些与儿童有关的普通法证据规则。值得注意的是，最高法院在1990年的女王诉卡恩（R. v. Khan）一案的裁决中修改了听证规则，以促进承认儿童在法庭外做出的揭露虐待事实的陈述。如果儿童不能出庭作证，并且他在法庭外的陈述被认为是可靠的和有必要的，可以适用卡恩（Khan）案的裁决，接受这些陈述作为证据。

尽管1988年的修正案意义重大，但仍然继续有检察官和法官不愿意为儿童证人使用一些设备，尤其是闭路电视。2006年，议会再次增补了法律，建立了一个推定，即18周岁以下的证人，如果被要求，可以通过闭路电视或在屏幕后作证，帮助人员可以陪同儿童出庭［巴拉（Bala）等人，2010］。还制定了规定，要求在被告人自己代理的情况下，任命一名律师去交叉询问儿童证人。此外，2016年的修正案确立了一个推定，即14周岁以下的儿童具有作证能力。对儿童而言，法庭上的誓词被废除，他们现在可以在承诺说真话之后作证。对作证能力的唯一审核要求是，儿童能否在诉讼过程中"沟通"；儿童不会被问及是否理解"承诺说真话"的含义来作为评估他们作证能力的一部分。最近一份对来自加拿大四个省的法官进行的调查发现，大多数法官认为这些改革有利于儿童证人提供证据，同时又不损害被告人的权利［巴拉（Bala）等人，2011］。加拿大最高法院支持这些法律的合宪性［巴拉（Bala）等人，2010；巴拉（Bala），2014］。

虽然加拿大议会和法院已经改变了涉及儿童证人的刑事诉讼程序，但对于如何实施询问仍旧有许多差异。如同询问成年证人一样，在加拿大，对于培训询问儿童的专业人员没有全国性的标准。即使在同一省或地区内，弱势被害人对警察和法律体制也可能有非常不同的感受（伦敦家事法院座谈会，2002）。

《康沃尔公共调查》［格洛德（Glaude），2009］提供了一份详细报告，其内容是，十多年来，警方和儿童保护机构未能充分地应对遭受性侵害的儿童的指控，这导致了更多的男童和年轻男孩受害。该调查报告包括了以下建议：

> 安大略省政府应该为儿童福利工作者和负责调查儿童性虐待案件的警察提供联合专业培训。应当努力拓展这一培训，纳入其他相关的可能加入案件调查或者为被害人或者被害人家庭提供支持的专业人员。

儿童保护工作者和警察之间的合作培训程度在地理上和历史上都有所不同，没有被普遍认可的省级或国家的联合培训模式（并且在省和地区内甚至程序也各不相同），社会工作者和警察要遵循不同的要求和最低标准。

一些学者认为，通过立法改革［桑吉（Somji），2009］，可以最好地实现调查程序的标准化。但这在加拿大这样国土面积广阔的国家会是一个极大的挑战，因为在这个国家里会有许多偏僻孤立的社区。例如，有292个偏远社区，其人口总数超过194 000人，并且没有联通北美电网或天然气网络（加拿大政府，2011）。

在加拿大，当虐待事件向警方报案后，他们会询问儿童（现在几乎都是视频录像），或者其他证人或可能了解事件信息的人，并对刑事指控是否恰当做出初步决定。有时候案件会由儿童保护机构提交给警方。根据跨机构之间的协议方案，在这些案件中，警察和社会工作者可以进行联合询问；这些协议方案规定警察在对儿童的初始询问中起主导作用，虽然儿童保护工作者也可以承担这项工作。在一些地区，年轻的被害人和证人在儿童支持中心（CACs）接受询问，在那里有一个包括法律和医学专业人员的综合团队来协调程序。CACs是一个非营利机构，接受来自私人组织和各级政府的资助。加拿大联邦政府为建立和改善主要城市的儿童支持中心提供资金（司法部，2014）。截至2014年春季，全国共有15家CACs。

许多虐待案件的被害人，尤其是儿童，会在多年后才揭露事件。当多年后才向警方揭露事件时，对"历史虐待"案件的调查形成了特殊的挑战。因为被害人和证人的记忆通常是有限的，并且当时的记录可能已经被销毁。但是，加拿大在起诉陈年虐待案件上还是取得了一些成功，尤其是那些在公共机构中的涉及多名被害人的案件，因为这些被害人的陈述可以相互印证［康诺利和里德（Connolly and Read），2006；加拿大法律委员会，2000］。

在加拿大询问儿童证人所使用的程序主要有两个，均得到了实证研究的支持，一个是渐进式指导准则（Step-wise Guidelines）［尤里（Yuille）等人，2009］，另一个是NICHD询问方案［兰姆（Lamb）等人，2007］。然而，在这个国家的大多数地区，询问人员仅仅被鼓励使用能够使他们在法律诉讼中进行辩护的结构化询问形式［例如，卡尔加里综合指导手册（Calgary Multidisciplinary Manual）］。也就是说，大多数对弱势证人进行询问的警方询问人员是被要求根据"最佳做法"（例如，建立融洽关系、避免诱导性问题以及用开放性的方式实施询问）实施"优秀的询问"，但是没有具体和详细的询问规程。

◆ **询问有发育性残疾的成年被害人和证人**

塞林根（Tharinger）等人（1990）估计，在美国仅有3%的涉及有智力障碍成年人的虐待事件被报给政府当局，而索不瑟和多伊（Sobsey and Doe，1991）表示，尽管在涉及有智力障碍的成年人的案件中，有95.6%的案件已经知晓犯罪嫌疑人，但是只有22.2%的犯罪嫌疑人被起诉，最终只有8.5%被定罪。在加拿大没有关于有智力障碍的成年人受到虐待的可靠的统计数据。然而，多年来，加拿大的研究人员和倡导者都意识到，有智力障碍的人有很高的受害风险，并且在法庭程序中面临着特殊的挑战［巴拉（Bala），1990］。最近对加拿大皇家检察官的一项研究表明，许多司法系统的专业人士仍然不清楚如何有效地调查和起诉这类案件［赫尔利（Hurley），2013］。

2006年的《刑法典修正案》将1998年刑法中规定的之前仅为儿童提供的一些设施拓展适用到弱势成年人。弱势成年人现在被允许通过法庭外的闭路电视作证，并且如果他们"由于身体或精神残疾的原因"对作证"有困难"，允许有一名帮助人员在现场。自2006年以来，法官如果认为有必要从证人处获取"完整、公正的陈述"，还拥有自由裁量权来允许向弱势成年人提供如任命律师进行交叉询问审查的便利，而不允许自我代理的被告人进行交叉询问审查。

《加拿大证据法》2006年的修正案禁止询问未满14周岁的儿童他们是否理解说真话或宣誓的含义。在2012年的一项重大决定中，加拿大最高法院承认了有发育性残疾的成年人作证的易受伤害性和能力的局限性（R. v. D. A. I.）。首席大法官认为，在评估儿童和有精神障碍的成年人的能力上存在着一种"等价"：

> 当谈到证明能力时，人们可能会问，一个有着6岁智力的成年人和一个有着6岁智力的6岁儿童有什么不同？立法机构对两者进行了基本相同的测试……明确地发现没有区别。在我看来，法官不应该引入一个这样的人（第52段）。

在R. v. D. A. I. 一案中，最高法院大大拓展了有精神障碍的成年人能够证明他们受害的案件的范围，因此增强了对弱势人群的保护。虽然法律的修改、法庭准备程序的完善、证明的支持和调查询问的改进等变革，有助于改善被害人在法律程序中的感受，但是对于有发育性残疾的成年人来说，与警察和刑事法庭打交道仍然是一个难题，有时甚至是痛苦的。此外，尽管在法庭经历中适应特殊需求有了进步，但类似的进步没有推广到犯罪调查阶段。

对研究、政策制定和实践的启示

　　刑事司法系统不仅是关于确定真相，还涉及公正的程序、公共责任以及对被告人宪法权利的保护。在加拿大，检方证明被告人犯罪成立的责任之一是需要达到排除合理怀疑的证明标准，因此，不可避免的是，有些真实的犯罪指控在法庭上没有办法得到证明。此外，虽然大部分虐待和受害的报道是有依据的，但相对而言，也有少量的是毫无根据的指控。刑事司法系统的功能，始于警方调查，结束于法庭程序，是为了平衡被告人的权利，以达到公正的起诉。

　　过去的30年来，对弱势证人和家庭暴力被害人的能力和需求的理解有了很大的提高，这也使得加拿大司法系统提供的支持水平得到增强。然而在某些领域仍然需要改进，例如，在案件转移的过程中保持起诉的连续性，以及在合理的时间表内解决案件。由于缺乏关于证人作为询问对象和在更广泛的法律体系中的感受的相关信息，这阻碍了相关进步和发展。还需要进一步的立法改革，例如，尽管普通法对于准许儿童披露虐待事件的规定已经有了重大改进，但在许多案件中，事实认定者仍然可能没有听取儿童最初的、通常是细致地披露的虐待证据，并且法院只听取儿童在事件发生后的数月甚至是数年之后做出的陈述。

　　从这一章中可以看出，在过去的几十年中，加拿大对证人和被害人改革的大部分内容集中在教育意识（例如，增加对儿童和有智力障碍的成年人的能力的理解，认识到配偶暴力问题的严峻性）或者促进了在法庭上的参与。在如何对待弱势证人方面，警察、检察官和法官普遍比30年前有了更好的了解。这些认识促进了对适当条件的发展和采纳（例如，取消儿童能力测试，成立了家庭暴力法庭）。随着法律专业人士意识的增强以及适当的系统性支持，这些变革已经为加拿大改善调查询问程序奠定了基础。目前需要加拿大学者加大努力进行翻译研究，与警方、社会工作者、律师和法官合作，促进为询问被害人和证人，尤其是弱势被害人和证人的专业人士提供高质量、标准化、一体化的询问培训。这项工作有利于在全国范围内实现程序标准化。但由于加拿大广袤的国土面积，这仍然是一个挑战（世界总面积第二大的国家——地理面积大于美国，但是人口只有英国的一半）。

正如他们在过去的30年中，在其他领域中所做的那样，研究人员和政策制定者应该继续改革和改善加拿大的司法系统，目标是将高质量的询问和询问培训在全国范围内标准化。这样的改革将推进公正且全面、彻底的调查，同时适当地考虑了证人和被害人的需求，以及犯罪嫌疑人和被告人的权利。下一步的改进包括要仔细研究其他国家的经验，要做更多的关于加拿大证人和被害人在调查询问中感受的实证研究，以及更多的关于加拿大司法系统改革长远效果的实证研究。

参考文献

[1] Badgley, R. F. (Chair) (1984) *Report of the Committee on Sexual Ofences Against Children and Youths.* Ottawa: Supply and Services Canada (referred to as the Badgley Report).

[2] Bala, N. (1990) "Double victims: child sexual abuse and the Canadian criminal justice system," *Queen's Law Journal*, 15: 3–30. Retrieved from: http://queens.ca/lawjournal/index.html.

[3] Bala, N. (2014) "Canada's empirically-based child competency test and its principled approach to hearsay," *Roger Williams University Law Review*, 19: 513–45. Retrieved from: http://rogerwilliamslawreview.org.

[4] Bala, N., Evans, A., and Bala, E. (2010) "Hearing the voices of children in Canada's criminal justice system: recognizing capacity and facilitating testimony," *Child and Family Law Quarterly*, 22: 21–45. Retrieved from: http://www.jordanpublishing.co.uk/practice-areas/family/publications/child-and-family-law-quarterly.

[5] Bala. N., Paetsch, J. J., Bertrand, L. D., and Thomas, M. (2011) *Testimonial Support Provisions for Children and Vulnerable Adults (Bill C-2): Case Law Review and Perceptions of the Judiciary.* Ottawa: Department of Justice Canada.

❻ Campbell, A. (1996) *Bernardo Investigation Review: Report of Mr. Justice Archie Campell.* Toronto: Ontario Ministry of the Attorney General.

❼ Connolly, D. A. and Read, J. D. (2006) "Delayed prosecutions of historic child sexual abuse analyses of 2064 Canadian criminal complaints," *Law and Human behavior*, 30: 409.

❽ Cyr. M., Lamb. M. E. (2009) "Assessing the effectiveness of the NICHD investigative interview protocol when interviewing french-speaking alleged victims of child sexual buse in Quebec," *Child Abuse and Neglect*, 33: 257 – 68.

❾ Department of Justice Canada (2014) *Backgrounder: Child Advocacy Centers.* Retrieved from: http://news.gc.ca/web/article-en.do?nid-815929.

❿ Glaude, N. (2009) *The Cornwall Public inquiry.* Toronto: Ontario Ministry of the Attorney General.

⓫ Government of Canada (2011) *Status of Remote/Off-Grid Communities in Canada.* Retrieved from: https://www.bullfrogpower.com/remotemicrogrids/presentations/status_of_remote_off_grid_corntnuiiles_in_canada_2013 – 118_en.pdf.

⓬ Harris, F. (1998) *Martensville: Truth or Justice: The Story of the Martensville Daycare Trials.* Toronto: Dundern Press.

⓭ Health Canada (2009) *A Statistical Profile on the Health of First Nations in Canada: Determinants of Health*, Vol. 1993 – 2003. Ottawa: Health Canada.

⓮ Hurley, P. (2013) *Vulnerable Adult witnesses The Perceptions and Experiences of Crown Prosecutors and Victim Services Providers in the Use of Testimonial Support Provisions.* Ottawa: Research and Statistics Division Department of Justice Canada.

⓯ Johnson, H. and Fraser, J. (2011) "Specialized domestic violence courts: do they make women safer?" *Community Report: Phase*, 1. Retrieved from: https://contrevff.ca/sites/default/files/dvc-do-theymake-women-safer.pdf.

⓰ Lamb, M. E., Orbach, Y., Hershkowitz, I., Esplin, P. W., and Horowitz, D. (2007) "A structured forensic interview protocol improves the quality and informativeness of investigative interviews with children: a review of research using the NICHD investigative interview protocol," *Child Abuse and Neglect*, 31: 1201 –31.

⑰ Law Commission of Canada (2000) *Restoring Dignity: Responding to Child Abuse in Canadian Institutions.* Ottawa. Canada: Canada Minister of Public Works and Government Services.

⑱ Lithopoulos, S. and Ruddell, R. (2011) "Policing isolated Aboriginal communities: perspectives of Canadian officers," *Policing: An International Journal of Police Strategies and Management*, 34: 434 –53.

⑲ London Family Court Clinic (2002) "Child witnesses in Canada: where we've been, where we're going?" *Child Witness Project, Center for Children and Families in the Justice System.* London, Canada: London Family Court Clinic.

⑳ Ontario office of the Chief Coroner (2014) *Domestic Violence Death Review Committee: 2012 Annual Report.* Toronto: Ontario Office of the Chief Coroner.

㉑ Oppal, W. T. (2012) *Forsaken The Report of the Missing Women Commission of Inquiry.* Vancouver: Missing Women Commission of Inquiry.

㉒ Price, H. L. and Roberts, K. P. (2011) "The effects of an intensive training and feedback program on police and social workers' investigative interviews of children," *Canadian Journal of behavioural Science*, 43: 235 –44.

㉓ Public Safety Canada (2014) *Aboriginal Policing.* Retrieved from http://www.public-safety.gc.ca/cnt/cntrng-crm/plcng/brgnl-plcng/index-eng.aspx.

㉔ *R. v. D. A. I.* [1990] SCC 5.

㉕ *R. v. Khan* [1990] 2 SCR 531.

㉖ Snook, B. and Keating, K. (2011) "A field study of adult witness interviewing practices in a Canadian police organization," *Legal and Crimimological Psychology*, 16: 160 –72.

㉗ Snook, B., Eastwood, J., Stinson, M., Tedeschini, J., and House, J. C. (2010) "Reforming investigative interviewing in Canada," *Canadian Journal of Criminology and Criminal Justice/La Revue Canadienne de Criminologie et de*

Justice Pénale, 52: 215 - 29.

㉘ Sobsey, D. and Doe, T. (1991) "Patterns of sexual abuse and assault," *Sexuality and Disability*, 9: 243 - 59.

㉙ Somji, N. (2009) "When will the law catch up to science? A call for legislating identification procedures," *Criminal Law Quarterly*, 54: 299 - 331. Retrieved from: http://www.carswell.com/product-detail/criminal-law-quarterly/.

㉚ Stuart, D. (2014) *Charter Justice in Canadian Criminal Law*, 6th edn. Toronto: Carswell.

㉛ Tharinger, D., Horton, C. B., and Millea, S. (1990) "Sexual abuse and exploitation of children and adults with mental retardation and other handicaps," *Child Abuse and Neglect*, 14: 301 - 12.

㉜ Yuille, J. C., Cooper, B. S., and Herve, H. F. (2009) "La nuova generazione delle linee guida step wise per i'intervista dei minori" ["The step-wise guidelines for child interviews: the new generation"], in M. Casonato and F. Pfafflin (eds), *Pedoparafilie: Prospettive psicologiche, forensi, psichiatriche*. Milan: Franco Angeli, pp. 120 - 41.

第21章

美国对儿童证人的司法询问

——培训方案和实践

肯德拉·C. 克利夫兰（Kyndra C. Cleveland）

乔迪·A. 夸斯（Jodi A. Quas）

史蒂芬妮·丹泽尔（Stephanie Denzel）

简介

在美国，与大多数其他国家一样，针对涉嫌犯罪的证人陈述在追求正义方面起着至关重要的作用。事件发生后不久，证人可能会受到询问，但更多的时候，由于有关犯罪表面的细节和调查特定嫌疑犯的局限性，他们会在数天、数月甚至数年之后被询问。一直以来都存在着一个难题，即如何从证人那里最大限度地获得最可靠和最完整的报告，而且不引入暗示或虚假的细节，以使得所有的涉案当事方都能够获得正义。

在美国，当案件中涉及的被害人或证人是儿童时，[①] 这个难题尤为普遍。当儿童被要求提供有关犯罪的目击证词时，他们通常会被询问到涉嫌的虐待

[①] 当然，成年人经常被要求提供疑似犯罪的目击证人陈述，成年人的报告无法避免错误，特别是有精神残疾的成年人。已经开发了一些询问方案，以增加成年人提供的信息量［例如，认知询问，费希尔和盖泽尔曼（Fisher and Geiselman），1992］。但是，没有任何一个州规定强制使用这些方案。对儿童而言，易受暗示性和虚假记忆的争议往往远大于成年人，特别是当严重依赖儿童陈述作为犯罪证据时［例如，参见布鲁克和塞西（Bruck and Ceci），1999］，尽管存在一个例外，即关于列队辨认和错误辨认的风险（这种风险跨越所有年龄段）。关于新证据的结果在近些年的争议特别激烈——按顺序辨认和同步列队辨认程序的好处和成本。关于这一争议的详细讨论及其对全美国警察行为的潜在影响，可以在"国家科学院"的报告《识别凶手：评估目击证人的辨认》（2014年）中找到。

[古德曼（Goodman）等人，1999]。事实上，美国每年向社会机构提交大约300万份涉嫌虐待儿童的报告（美国卫生与公众服务部，2012），这已经成为一个广泛且重大的问题。它也是对儿童、家庭和社会造成毁灭性后果的一个问题。当出现了虐待儿童的嫌疑时，大多数儿童必须接受询问才能确定是否真的发生了虐待，如果是这样，还要确定犯罪者并确定事件的详细情况（国家儿童统计，2013）。此外，虐待儿童通常是秘密发生的，并且经常缺乏补强的证据［布鲁克和塞西（Bruck and Ceci），1999；兰姆（Lamb）等人，1994；路易斯（Lewis）等人，2014］。同样地，与成年人是唯一的证人的犯罪案件类似，当儿童是唯一的证人时，他们的报告可以显著影响法律案件的进展和结果，这对儿童的证词提出了尽可能完整和准确的要求。

然而，有关儿童是否有能力提供有关虐待行为的准确陈述受到了广泛关注。这些关注，或者至少其广泛性可以追溯到20世纪80年代后期和90年代初期，当时有几起高度公开且有争议的涉及儿童性虐待的法律案件占据了新闻头条。在这些案件中，日托服务机构被指控性虐待了大量儿童。儿童的指控通常包括古怪的虐待仪式行为、绑架，甚至动物献祭［例如，*Commonwealth of Massachusetts v. Cheryl Amirault Lefave*，1990；*People v. Buckey*，1990；*State v. Michaels*，1993；参见塞西和布鲁克（Ceci and Bruck），1995］。大多数案件以定罪结束，通常完全或几乎完全依靠儿童的报告。开始时，媒体普遍对所谓的侵害人的恶劣行为表示愤慨。然而，随着时间的推移，随着有关暗示性询问对儿童证言准确性的有害影响的科学证据的积累，媒体的关注转向了强调暗示性询问方法可能导致儿童对虐待的错误记忆以及这些错误记忆对无辜者造成的后果［尼夫斯（Nieves），1994；斯托特（Stout），1995］。由于用于获取儿童报告的方法可能引起错误和虚假的报告，大多数定罪裁决已经被推翻。如今大多数专业人士认为，所有或几乎所有的儿童在备受瞩目的案件中提出的指控不是出自实际经历，而是来自善意的父母和过度热心的专业人士所提供的错误暗示。

在某种程度上，基于这些高调的案例及其后果，美国和国外的科学家、从业人员以及法律和社会服务专业人员力图确定如何最好地询问涉嫌受害的儿童，以确保他们提供的信息准确且完整。这些努力带来了关于儿童的作证

第21章 美国对儿童证人的司法询问

能力、易受暗示性和错误记忆的大量研究文献，包括一系列有关如何询问以及如何不质疑儿童以获取完整且准确的陈述的支持性建议［例如，比约克隆（Bjorklund）等人，1998；莱昂（Lyon）等人，2012；梅蒙（Memon）等人，1996；汤普森（Thompson）等人，1997；参见布鲁克和塞西（Bruck and Ceci），1999；古德曼（Goodman）等人，2010；莱昂（Lyon），2005，审核中］。本章的目的不是回顾这些大量的研究文献，也不是描述关于最佳做法的建议，因为这在一个简短的章节中是很难做到的。相反，我们的目的是开始阐释直接从文献中产生的两个普遍问题。它们是相当简单的两个问题：哪些司法询问指导准则在美国最为普遍，这些指导准则与最佳做法的建议有多紧密？美国的一线调查询问人员使用这些指导准则有多频繁？

但是，回答这些问题是非常困难的。第一，并没有单一或统一的询问方案，推荐或要求司法询问人员使用。相反，每个州都可以采用自己独特的一套正式的指导准则或规则来指导询问人员的做法，但只有少数几个州这样做（例如，密歇根州、华盛顿州、俄勒冈州）。① 第二，在许多州，政策是在县或市这一级别决定的，这导致即使在单一的州内也存在实践的多样性。第三，虽然询问人员经常参加关于询问最佳做法指导准则的讲习班、会议和研讨会，但这些课程的内容在很大程度上有所不同，可能导致询问人员的观念和行为在询问受害儿童时有很大差异。第四，最后，即使询问人员接受过有关询问最佳做法的培训，也不知道他们会在多大程度上遵循这些最佳做法，以及随着时间的变化，他们的遵循情况如何。

同样，接下来我们将描述美国目前可用的几种询问方案，而不是尝试审查每个州的询问指导准则。我们将解释询问方案如何出现，其主要原则，以及在可能的情况下使用该方案的分布范围情况。最后我们将以建议如何改进对询问人员的培训作为结束。因此，总的来说，我们的这一章虽然在审查美国所有的可用做法方面并不全面，但却提供了专业人士对现有可用询问方案中的公认知识的深刻见解。

---

① Michigan：http://www.michigan.gov/documents/dhs/DHS-PUB-0779_211637_7.pdf；Washington：http://depts.michigan.edu/hcsats/PDF/guidelines/WA State Child Interview Guide 2009 2010.pdf；Oregon：http://www.doj.state.or.us/victims/PDF/oregon_intervieing_guidelines.pdf.

众所周知且当前可用的询问方案

◆ NICHD 询问方案以及十步调查询问方案

国家儿童健康与人类发展研究所的结构化询问方案（NICHD）和莱昂（Lyon）的"十步调查询问方案"（Lyon's Ten-Step Investigative Interview Protocol）非常相似，实际上是一个产生于另外一个。他们也可以说是在全球范围内被科学家、从业者和决策者广泛知晓和尊重的方案。因此在这里一起描述。

NICHD 询问方案由迈克尔·兰姆（Michael Lamb）及其同事［兰姆（Lamb）等人，2008；斯滕伯格（Sternberg）等人，2002］开发，基于大量的关于儿童的社交、认知和情绪发展的科学知识，以及研究团队长期研究中积累的专业知识，并将该工作应用于法律环境。该询问方案从这些研究成果中提炼和整合了知识，创建了一套如何结构化地对涉嫌遭到侵害的儿童被害人进行司法询问的具体建议［兰姆（Lamb）等人，2007］。该询问方案已经在几个国家被正式采用，并被广泛地应用于其他许多国家。此外，还在全球范围内询问人员的必修培训课程中被教授。

NICHD 询问方案已在数十本科学出版物、图书章节、正在编辑和已完成的书籍中被介绍［兰姆（Lamb）等人，2011；兰姆（Lamb）等人，2007；莱昂（Lyon）等人，2009；斯图尔特（Stewart）等人，2011］。因此，它是非常容易接触到和被传播的。此外，其使用效果已经被严格地调查了15年，许多描述该询问方案的文章可以在线免费获得（http://nichdprotocol.com/）。该询问方案开始于指导和建立融洽关系阶段，询问人员应当给予儿童指导，以便让他们知道他们可以说"我不明白"或"我不知道"。询问人员也应当让儿童练习讲述发生过的事件。在实质性阶段，该询问方案包含了如何引入相关指控的指导，以及如何提出接下来的引导提示以获得虐待事件的细节。其他指导涉及如何询问虐待的频率［兰姆（Lamb）等人，2007］以及如何询问有抵触心态的儿童［赫什科维茨（Hershkowitz）等人，2006；奥巴赫

(Orbach）等人，2007］。最后，NICHD询问方案包括了一个总结阶段，询问人员在此期间通过讨论一个中立话题来总结。

莱昂（Lyon）的"十步调查询问方案"源自NICHD询问方案，因此同样强烈地植根于发展科学［莱昂（Lyon），2014］。当然，为了增强询问方案的效能和实用性，进行了一些轻微的修改。第一，"十步方案"建议获得儿童说实话的承诺［莱昂和多拉多（Lyon and Dorado），2008；莱昂（Lyon）等人，2008］，并告知儿童询问人员并不知道发生了什么。这种设计的目的旨在强调诚实的重要性和赋予儿童作为主要信息来源的权利。第二，"十步方案"提供了关于建立融洽关系的对话内容的明确说明。应当询问儿童他们喜欢做什么以及他们不喜欢做什么。这样询问不仅能使询问人员对儿童的语言能力有一定程度的了解，而且也有助于儿童对描述可能的糟糕经历做好准备。第三，"十步方案"中包含了在建立融洽关系期间提出开放性和跟进提示的具体建议，以便儿童学习如何对这些类型的提示做出详细的回应。

第四，即最后，"十步方案"在询问儿童关于反复虐待的问题方面，比NICHD询问方案提供了更多的指导。应当首先询问儿童涉嫌的指控是发生了一次还是多次，如果是后者，则应当要求儿童尽可能地描述他们所能记住的次数、第一次以及最后一次。如果儿童不能提供关于虐待发生频率的确切数字时，这种方法有助于确定虐待发生了至少三次。一般来说，儿童对于回忆遥远的过去事件的时间细节非常困难（例如何时，多少次），包括那些重复发生并且可能是相当重要的事件［例如，温朱易（Wandrey）等人，2012］。法庭通常对儿童的时间能力的发育局限性比较敏感（*Bradshaw v. State*，2012；*People v. Vasquez*，1996；*State v. Otis*，2011），并且有时候允许将这些时间上的问题与儿童的回答结合起来，支持重复虐待的指控。

关于NICHD询问方案和"十步方案"的实用性，证据一致地表明了使用这两种询问方案的优点。例如，如果将询问人员接受NICHD询问方案培训之前的行为与经过集中培训之后的行为进行比较，通过多次培训课程，结合实践练习、反馈和补充培训，询问人员会提出更多的开放性问题，同时减少指引性问题和暗示性问题［兰姆（Lamb）等人，2002］。反过来，儿童提供更多的与虐待相关的信息，特别是针对开放式问题而不是指引性问题。因为儿童在未受到提示而提供细节时，相比于传统的询问方式，对于问题中的暗示性关注较少［例如，参见布鲁克和塞西（Bruck and Ceci），1999］。或许同样不会令人惊讶的是，使用 NICHD 询问方案询问的儿童看起来更加可信和可靠［兰姆和福希耶（Lamb and Fauchier），2001；奥巴赫和兰姆（Orbach and Lamb），1999，2001］，这能够导致为儿童利益的更快干预。

"十步方案"似乎同样有效。事实证明，引导儿童做出说出真相的承诺能够增加儿童对实验性事件的揭露，甚至那些对儿童有负面影响的事件［莱昂和多拉多（Lyon and Dorado），2008；莱昂（Lyon）等人，2008；塔瓦尔（Talwar）等人，2004］。实地研究表明，开放式融洽关系的建立与更高的产出有关［赫什科维茨（Hershkowitz），2008］，尤其是在已经披露虐待事件的儿童中［斯滕伯格（Sternberg）等人，1997］。类比研究，特别是在强化儿童披露负面事件的意愿方面，并没有显示出建立融洽关系的优势［莱昂（Lyon）等人，2014］，但也没有显示出融洽关系会增加信息披露的错误。

◆ **角屋司法询问方案**

角屋司法询问方案（The CornerHouse Forensic Interview Protocol，CFIP）在美国被广泛地使用。但是，它的发展演变与 NICHD 询问方案和"十步方案"有所不同，尽管现有的 CFIP 询问方案中有很多做法与另外两个询问方案有重叠。CFIP 询问方案由角屋创建，角屋是一家位于明尼苏达州的非营利性的涉及多领域的儿童宣传中心，为维护受害儿童的权益进行鉴别并干预。CFIP 最初是一个名为"融洽关系（Rapport）、人体构造识别（Anatomy Identification）、触碰询问（Touch Inquiry）、虐待情景（Abuse Scenario）和结束（Closure）（RATAC）"［安德森（Anderson）等人，2009］的项目，由角屋的工作人员开发，根据他们的个人经验询问疑似被害人。由于 RATAC 被用来培训来自全国各地的大量询问人员，以及由于这构成了 CFIP 的初始基础，因此在这里讨论 RATAC 是有用的。然而，应当指出的是，RATAC 的资料和培训是专有的。因此，在没有完整的正式培训的情况下获得对其模式和程序的精确细节描述是很困难的。

安德森（Anderson）和同事（2009）为没有完成培训的人提供了 RATAC 最有实用性的概要。RATAC 从关于询问人员的举止和服饰以及询问地点的一般建议开始。这些建议与科学研究建议的提高儿童陈述准确性的最佳方案是一致的[安德森（Anderson）等人，2009]。RATAC 的第一阶段是"融洽关系"，指导询问人员与儿童建立起融洽的关系，让儿童练习回答问题，以及让儿童绘画以帮助儿童感到舒适。在第二阶段，"人体构造识别"，向儿童展示人体构造图解以确定儿童是否能够很好地区分性别以及确定可用于标记身体部位的通用语言。然后，RATAC 建议在整个询问方案的其余部分也保持这一图解的可见以用作参考。在第三阶段，触碰询问，指导询问人员询问哪些触摸是可以的而哪些又是不可以的，包括谁应该和不应该触摸儿童。提出这些问题的目的是评估儿童的理解程度，并且可以讨论身体接触。一旦儿童可能揭露事件，询问就会过渡到虐待情境阶段，在这个阶段，询问人员应当提出问题来收集虐待细节。最后，在结束阶段，询问人员谈论人身安全、回答儿童的问题，并感谢儿童的参与。

虽然 RATAC 鼓励询问人员建立与儿童的融洽关系，但不建议询问人员在询问开始时提供基本规则或指令。相反，它建议在询问中适当的时候融入指令，例如，鼓励儿童（如给予积极的反馈）说"我不知道"。RATAC 建议不要进行正式的关于真话/谎言的讨论，或者引导儿童做出说真话的承诺，RATAC 指出，实证证据并没有反映出这些策略的固有好处[安德森（Anderson）等人，2009]。最后，RATAC 支持提出关于触碰的指引性或封闭性问题来获得对虐待事件的揭露。RATAC 不同于其他询问方案，并不建议首先通过开放性提示来接近虐待话题。据安德森（Anderson）等人（2009）的研究，询问人员的临床专业知识表明，指引性问题能够有效地从儿童处获得与虐待有关的信息。

虽然 RATAC 的一些方面与从科学研究中得出的最佳询问实践建议重合，但 RATAC 总体上并不是出自于科学研究的成果。几个 RATAC 中的建议，如使用人体构造图解和指引性问题以获得对事件经过的披露，与研究显示的最有效的方式并不一致[例如，参见莱昂（Lyon），2014]。此外，几乎没有同行评议的实证研究测试了该询问方案的有效性，包括关于 RATAC 的使用是否会引发儿童的错误报告。相反，该询问方案的评估主要由其开发人员进行，并在该机构赞助的手册或法律评论中发布［如安德森（Anderson）等人，2009］。由于缺乏对某些 RATAC 建议的实证支持，加之公众无法获得有关其培训方法的详细信息，以及缺乏对其实用性进行同行评议的科学测试，使得 RATAC 具有较大的争议性，虽然这种争议更多的是在科学家和从业者中上演而不是法庭上。关于 RATAC 潜在缺陷的法律挑战在大多数情况下并没有获得成功（例如：*Mooneyham v. State*，2005；*State v. Gaona*，2012；*State v. Wells*，2009）。

2013 年，角屋大幅修订了培训方案，用更广泛被采纳的询问技巧取代了 RATAC 的几个组成部分。例如，RATAC 建议开始时使用指引性问题提问来引出对事件的披露，这一建议已被删除，换为推荐使用开放式提示问题［安德森（Anderson），2013］。随着修订，CFIP 与被高度认可的 NICHD 询问方案和"十步方案"的联系更加紧密。CFIP 包括四个询问阶段［安德森（Anderson），2013］。第一，在"建立融洽关系"期间，询问人员进行叙述练习，以教导儿童如何提供长段的回答，并提出建立基本规则的指令。第二，在"寻求信息"时，通过开放式提示探寻指控的细节，即询问为什么儿童在接受询问，而不是直接询问有关触摸的情况。第三，在"探索陈述"时，使用开放式邀请和后续提示来引出有关虐待的更多细节。最后是"有礼貌地结束"，询问人员结束询问并回答儿童的问题。

应当注意的是，CFIP 仍然允许使用人体构造图解、玩具娃娃、人体构造识别和关于触碰的问题提问，这些技术仍然是相当有争议的，因为它们可能会引起错误，并且，至少有些人相信，这可能导致有关性虐待的虚假指控［布鲁克（Bruck），2009；莱昂（Lyon），2012；普尔和迪金森（Poole and Dickinson），2011］。然而，CFIP 已认识到围绕这些技术的争议，并表示这些技术是"可以对特定儿童使用的用于收集关于虐待的充分细节的可能方法"，而不是标准做法。

像 RATAC 一样，关于 CFIP 的有效性，缺乏对儿童记忆准确性和错误倾向进行测试的研究。尽管如此，鉴于 CFIP 正越来越接近基于研究的最佳做法建议，并且它似乎与被广泛认可的询问方案更紧密地保持一致，因此，在询问中使用 CFIP 应当是代表了超越其标准询问策略的改进。当然，这种可能性还应该通过严格、独立的科学评估来确认，以直接评估 CFIP 的效用。

◆ 渐进式叙述精细化询问

由塞维茨和卡玛洛（Saywitz and Camparo，2013）开发的渐进式叙述精细化（Developmental Narrative Elaboration，DNE）询问，虽然本身并不是一个正式的培训方案，但是用于评价其他询问疑似被害人的指导准则也是有用的。如同 NICHD 询问方案和"十步方案"，DNE 源自科学研究，旨在促进疑似被害人的叙述能力，它不仅通过开放式提示，还通过提示卡片提醒儿童在特定的话题范围报告信息［塞维茨和斯奈德（Saywitz and Snyder），1993，1996］。值得注意的是，DNE 手册包含了针对具体年龄的建议，强调了在司法询问中，年龄在影响儿童的应对、记忆、易受暗示性及表现方面的敏感性。

DNE 手册首先解释了在询问初步阶段应该做些什么。询问人员应当回顾基本规则（例如，让儿童知道他们可以说"我不知道"）并建立融洽关系。手册在给予鼓励的询问氛围和选择性地强化特定答案之间进行了区分，并解释了前者提高准确性的效用。手册还列出了几项针对不同年龄的，可以帮助儿童了解基本规则并感到舒适的活动。在初步阶段，由于儿童极少充分地了解法律程序或他们的案件，DNE 建议询问人员"阐明法律程序和询问"，这种缺乏了解是儿童痛苦的来源之一［古德曼（Goodman）等人，1992；夸斯（Quas）等人，2009］。通过早些减少儿童的痛苦，可以提高他们的舒适感和准确性［内桑斯和塞维茨（Nathanson and Saywitz），2003；夸斯和连奇（Quas and Lench），2007］。

但是，DNE 询问方案最为独特的可能是其叙述精细化策略，首先被引入初步阶段。具体来说，在儿童被要求回忆他们能够记起的关于目标事件（非虐待）的一切，并尽力做出了他们的回答之后，询问人员向他们提供反映特定话题的提示卡（如参与者、环境、行为动作、对话/情感状态、结果），并教导儿童用补充的事件细节详尽描述每一个话题［布朗（Brown）等人，2013；卡玛洛（Camparo）等人，2001］。提示卡用非暗示性的方式提供了提示儿童讨论他们可能不知道或忘记了的重要话题。

一旦儿童适应了卡片，DNE 手册建议将询问过渡到实质性阶段。向儿童提供一系列非特定提示以获得对虐待事件的揭露（类似于 NICHD 和"十步方案"推荐的提示）。在儿童揭露后应当跟进使用开放性提示，以引出更多细节。一旦儿童报告详尽，询问人员就向儿童出示相关提示卡片，并提问："这张卡片是否会提醒你说出其他的事情？"模拟研究显示，使用 DNE 询问方案对儿童进行询问，能够比采用标准询问策略获得更大量的叙述性信息（减少了对暗示性的担忧）［例如，彼得森（Peterson）等人，2013；塞维茨（Saywitz）等人，1996］，获得的绝大多数信息是准确的（约95%），这也表明 DNE 询问方案在不降低准确性的情况下提高了获得来自儿童的信息量。

DNE 手册还提供了询问结束阶段的指导。根据手册，结束阶段是重要的，因为它可以增加儿童在将来以开放态度对待询问人员的可能性，并使儿童有机会纠正错误并提出问题。结束任务（连同拓展性的适当活动）被用以指导询问人员的行为。

如上所述，已经证明提示卡片的使用可以提高儿童在实验研究中提供的信息量，同时不会降低准确性［塞维茨和卡玛洛（Saywitz and Camparo），2013］。然而，DNE 询问方案尚未在实证研究中得到检验，也没有对该方案其他方面的影响进行测试，如对法律程序的解释或结束活动。然而，这些组成部分是在科学研究的基础上开发的，这些研究是关于儿童在法律案件中的应对和感受，并且与关于压力、环境、法律理解和记忆方面的研究结果相一致［例如，内桑森和塞维茨（Nathanson and Saywitz），2003；夸斯和连奇（Quas and Lench），2007；夸斯（Quas）等人，2009］。此外，DNE 询问方案提出的建议中并不涉及有争议的询问策略，亦不涉及那些被证明会导致错误或虚假报告的询问策略。因此，DNE 询问方案可能会被认为与最佳做法的建议相一致。

对当前可用询问方案的实证考察

鉴于整个美国在询问培训方面存在不小的差异，确定不同询问方案被教授的频率以及有多少一线询问人员了解这些方案或最佳询问做法是很困难的。

不过，通过评估针对个别询问方案的讲习班、研讨会和实施培训计划的频率，以及审查对培训机会的宣传，可以收集到一些见解。

如上所述，NICHD 询问方案可能是世界各地最广泛遵循和最被认可的对疑似被害儿童进行询问的方案。事实上，该方案在某些国家是被强制性要求使用的。有些令人惊讶的是，它在美国并不是被广泛知晓的，尽管近年来它已越来越多地为人所知，但这种情况部分是由于各州将其使用在培训研讨会上的不断努力以及"十步方案"的发展。例如，过去几年在盐湖城举行了多次为期三天的 NICHD 询问方案培训研讨会，参加者为来自全国的儿童保护服务工作者、侦探、临床医生、司法询问人员和检察官。盐湖城的培训团队也在其他州（如弗吉尼亚州、宾夕法尼亚州、路易斯安那州、马里兰州、加利福尼亚州、科罗拉多州）提供了类似的培训项目。根据正式估计，美国约有 2000 名专业人员接触到了集中的培训研讨会［H. L. 斯图尔特（H. L. Stewart），个人看法，2015.1.7］。

此外，美国虐待儿童问题专业协会（APSAC）是一个从事保护和维护受虐待儿童权益并进行干预的重要的全国性组织，该协会将 NICHD 询问方案的若干重要组成部分纳入到培训中，如建立融洽关系以及通过回忆和开放性提示引出叙述。培训还解决如何询问有抵触心态的儿童，以及如何处理有推翻陈述的风险的儿童，这些问题也使得对 NICHD 询问方案进行了最新的修改和补充。APSAC 每年在弗吉尼亚州和华盛顿举办两次为期五天的集中培训研讨培训课程，每次培训大约有 40 人参加，每位参与人都能得到充分的实践和反馈机会［M. 哈尼（M. Haney），个人沟通，2015.2.6］。研究表明，在多日的集中培训中给予了参与者亲身实践的经历和反馈，在确保询问人员真正了解该询问方案方面是理想的［兰姆（Lamb）等人，2007；韦斯科特（Westcott）等人，2003］。当然，不能参加研讨培训课程的人，如因为距离或成本等原因，仍然可以免费获得所有有关 NICHD 询问方案的资料，以及 NICHD 网站上的多个免费讲座和研讨会的录像。

"十步方案"最初主要是由其开发人员托马斯·莱昂（Thomas Lyon）博士及其同事推广的，现在，许多其他专业人员也将其组成部分纳入到他们自己的司法培训项目中。通过几种方法可以学习到这一询问方案。首先，书面的方案可以免费下载（http：//works.bepress.com/thomaslyon/），并提供有英文、西班牙文和俄文版本。到目前为止，该询问方案已经被下载10 000次以上，下载者可能从事司法询问或对于这些指导感兴趣。其次，询问人员通过演讲和研讨会接受这一询问方案的相关培训，莱昂（Lyon）及其同事在全国各地的培训项目中都展示了这一方案。例如，在加利福尼亚州，几乎所有隶属于加利福尼亚州儿童宣传中心的司法询问人员都了解到了这项技术，并且有几百名专业人士通过加利福尼亚州儿童虐待培训和技术支持中心完成了为期三天的内容包含部分"十步方案"的研讨培训。再次，网络研讨会可以通过中西部地区的儿童宣传中心轻松获得。最后，洛杉矶约有900名应急工作人员已接受了该询问方案的培训。此外，每个月不同数量的司法询问人员（如5～20人）会参加洛杉矶的互动式网络研讨会，在这种研讨会中，参加人员会获得更多的反馈意见，并有机会讨论实际案件。重要的是，许多这些机会和材料都是免费的，增加了专业人员使用的便利性，尽管进行资格认证可能需要收取费用。

RATAC以及CFIP，都是有专利权的，已经被广泛推向市场销售，接受该询问方案的培训需要付费。尽管依据角屋（CornerHouse）（http：//www.cornerhousemn.org/training.html）的说法，目前尚不清楚有多少专业人员接受了RATAC与CFIP询问方案的培训，但是，两者合计已经通过多天的培训研讨会吸引了来自美国和海外的，超过29 000名的专业人员付费参加培训。角屋还向参加地区律师协会的全国会议的专业人员，以及在国家儿童保护培训中心的专业人员提供了培训。初次培训完成之后，角屋还会提供补充培训（如同行评审、更新询问方案）。此外，角屋还创建了课程包，以便各州可以创建自己的得到认证的CFIP计划［贡德森（Gundersen）国家儿童保护培训中心，2015］。各州提出申请并为这一资质付费，如果获得批准，只要符合认证要求，就可以获得认证培训自己的人员。据角屋介绍，截至2014年，已有19个州完成了该认证［贡德森（Gundersen）国家儿童保护培训中心，2015］。鉴于CFIP询问方案的几个方面现在与被推荐的询问技巧和其他科学的方案一致，询问人员对接触CFIP询问方案的态度是积极的。然而，尚不知有多少先前接受过RATAC询问方案培训的询问人员已经接受了更新的 CFIP 询问方案培训，并且从科学的角度来看，继续依赖 RATAC 询问方案是让人担忧的。

简单来说，虽然 DNE 询问方案是一个有希望的询问策略，但迄今为止，还没有关于其使用的正式实践培训项目。相反，开发 DNE 的科学家通常在培训会议和研讨会上讨论该询问方案，例如，在圣迭戈国际虐待和忽视儿童会议上，并在塞维茨和卡玛洛（Saywitz and Camparo，2013）最近的手册中很好地阐述了该询问方案的使用说明。未来跟踪关注询问人员对 DNE 询问方案实践使用的了解是否增加、是否以及如何选择使用该询问方案的组件将是重要的。

如上所述，各州对疑似的儿童被害人进行询问的情况有很大差异。一些州有关于询问的更为详细、更加正式的指导准则，而其他州则只是建议询问人员接受培训。此外，虽然某些州政策指定了特定的参考询问方案，但大多数州是混合型，并不符合某一种询问方案。来自不同州的两个简短的例子给出了一些关于不同政策类型的考察，这些州已经创建了指导询问人员询问的准则。

从 1998 年开始，密歇根州要求每个县实施标准的询问被虐待和遗弃儿童的询问方案。该方案最初是根据州设立的工作组的建议开发的（DHS Publication 794，密歇根州儿童虐待标准方案）。工作组重视科学研究，部分得益于这一领域的知名专家德布拉·普尔（Debrah Poole）教授的意见，自方案创立以来已经修订了两次，每次都包含新的研究成果（DHS Publication 779，司法询问方案）。因此，密歇根州的询问人员应当已经掌握了如何询问儿童的基本知识，以及什么构成了好的（坏的）询问策略。

在华盛顿州，1999 年的一项法律规定，所有负责调查涉及儿童性虐待案件的人员都要接受专门的全州性培训，其内容是以研究为基础的调查询问做法 [《修订版华盛顿州法典》第 43 编第 101 章第 224 节（Wash. Rev. Code §43.101.224）]。培训必须包括练习询问技巧并获得反馈的机会，并以美国儿童虐待职业协会（APSAC）制定的手册（参见他们的 2012 年手册，由该领域的几位主要学者撰写）和华盛顿州的"儿童询问指南"为基础，其文中多次提到 NICHD 询问方案（"华盛顿州儿童询问指南"，2009）。因此，对于询问疑似被害儿童，询问人员正在接触一些被推荐的策略方法。

提高最佳询问指导准则在美国的使用

考虑到多种询问方案的可用性和推广，培训机会的安排以及不同的州政策，美国的询问人员的行为很可能会有很大差异。在诸如 NICHD 和 Ten-Step 等询问方案继续被使用和推行的范围内，司法询问人员应该更加熟知在询问疑似被害儿童时应当和不应当做什么。此外，在 DNE 询问方案可以得到更广泛推广的范围内，以及在 CFIP 或其他专有方案继续吸收最佳的、有科学支持的询问策略的范围内，更多的专业人员应当有机会了解到推荐的询问做法。

尽管我们认可为推广与最佳询问做法一致的询问方案做出的努力，但这种推广还是不够的。为了成功地全面实施最佳询问做法，人们不仅应当接受培训，还应获得反馈和多种机会来实践他们的技能。随着时间的推移，还需要进修课程来维持技能。可以通过电话会议提供反馈机会，使得询问人员能够每月讨论案例（如使用"十步方案"）。应拓展这些机会，以确保能与时俱进地与最佳询问做法保持一致。最后，那些接受过没有科学研究支持的询问方案培训的询问人员，需要有针对性地纠正其可能损害儿童报告准确性的错误观念。总之，通过扩展最佳询问做法的培训、反馈和更新，询问人员可以更好地识别那些真正受害的儿童，并尽量减少对没有受到伤害的儿童的错误识别。这样做将有助于保护儿童、家庭和其他涉及虐待指控案件的人。

参考文献

❶ American Professional Society on the Abuse of Children（APSAC）(2012) *Practice Guidelines. Forensic Interviewing in Cases of Suspected Child Abuse.* Retrieved from：hitp：//www. apsac. org.

❷ Anderson，J.（2013）*The Cornerhouse Forensic Interview Protocol：An Evolution in Practice for Almost 25 Years.* Retrieved from：http：//www. cormerhousemn. org/images/Anderson_2013_Comerhouse_Forensic_Interview_Protocol. pdf.

❸ Anderson, J. , Ellefson, J. , Lashley, J. , Miller, A. L. , Olinger, S. , Russell, A. , and Weigman, J. (2009)"The Cornerhouse Forensic Interview Protocol：RATAC,"*Thomas M. Cooley Journal of Practical and Clinical Law*, 12：193 - 33.

❹ Bjorklund, D. F. , Bjorklund, B. R. , Brown, R. D. , and Cassel, W. S. (1998)"Children's susceptibility to repeated questions：how misinformation changes children's answers and their minds,"*Applied Developmental Science*, 2：99 - 111.

❺ *Bradshaw v. State*, 2012 Tex App LEXIS 6193 (Tex. App. , July 26, 2012).

❻ Brown, D. A. , Lamb, M. E. , Lewis, C. , Pipe, M. E. , Orbach, Y. , and Wolfman, M. (2013)"The NICHD Investigative Interview Protocol：an analogue study," *Journal of Experimental Psychology：Applied*, 19：367 - 82.

❼ Bruck, M. (2009)"Human figure drawings and children's recall of touching," *Journal of Experimental Psychology：Applied*, 15：361 - 74.

❽ Bruck, M. and Ceci, S. J. (1999)"The suggestibility of children's memory," *Annual Review of Psychology*, 50：419 - 39.

❾ Cmparo, L. B. , Wagner, J. T. , and Saywitz, K. J. (2001)"Interviewing children about real and fictitious events：revisiting the narrative elaboration procedure," *Law and Human Behavior*, 25：63 - 80.

❿ Ceci, S. J. and Bruck, M. (1995) *Jeopardy in the Courtroom：A Scientific Analysis of Children's Testimony*. Washington, DC：American Psychological Association.

⓫ *Commonwealth v. LeFave*, 407 Mass. 927 (Mass. 1990).

⓬ Cornerhouse (2014) Training. Retrieved from：http：//www. cornerhousemnorg/training. html.

⓭ DHS Publication 779. *Forensic Interviewing Protocol*, 3rd edn. Retrieved from：http：//www. michigan. gov/dhs/0, 4562, 7-124-7119 _ 25045---, 00. html.

❹ DHS Publication 794. *A Model Child Abuse and Neglect Protocol with an Approach Using a Coordinated Investigative Team.* Retrieved from: http: // www. michegan. gov/dhs/0, 4562, 7-124-7119_25045---00. html.

❺ Fisher, R. P, and Geiselman, R. E. (1992) *Memory Enhancing Techniques for Investigative Interviewing: The Cognitive Interview.* Springfield, IL: Thomas.

❻ Goodman, G. S., Quas, J. A., and Ogle, C. M. (2010) "Child maltreatment and memory," *Annual Review of Psychology*, 61: 325 – 51.

❼ Goodman, G. S., Quas, J. A., Bulkley, J., and Shapiro, C. (1999) "Innovations for child witnesses: a national survey," *Psychology, Public Policy, and Law*, 5: 255 – 81.

❽ Goodman, G. S., Taub, E. P., Jones, D. P., England, P., Port, L. K., Rudy, L., and Melton, G. B. (1992) *Testifying in Criminal Court: Emotional Effects on Child Sexual Assault Victims*, Monographs of the Society for Research in Child Development, pp. 1 – 159.

❾ Gundersen National Child Protection Training Center (2015) *Child First.* Retrieved from: http: //www. Gundersen. heaith. org/ncpc/childfirst.

⓴ Hershkowitz, I. (2008) "Socioemotional factors in child sexual abuse investigations," *Child Maltreatment*, 14: 172 – 81.

㉑ Hershkowitz, I., Orbach, Y., Lamb, M. E., Sternberg, K. J., and Horowitz, D. (2006) "Dynamics of forensic interviews with suspected abuse victims who do not disclose abuse," *Child Abuse and Neglect*, 30: 753 – 69.

㉒ Lamb, M. E. and Fauchier, A. (2001) "The effects of question type on self-contradictions by children in the course of forensic interviews," *Applied Cognitive Psychology*, 15: 483 – 91.

㉓ Lamb, M. E., Hershkowitz, I., Orbach, Y., and Esplin, P. W. (2008) *Tell Me What Happened: Structured Investigative Interviews of Child Victims and Witnesses.* Hoboken, NJ: Wiley.

㉔ Lamb, M. E., La Rooy, D. J., Malloy, L. C. and Katz, C. (2011)

Children's Testimony: A Handbook of Psychological Research and Forensic Practice, 2nd edn. Chichester: John Wiley & Sons.

㉕ Lamb, M. E., Orbach, Y., Hershkowitz, I., Esplin, P. W., and Horowitz, D. (2007) "Structured forensic interview protocols improve the quality and informativeness of investigative interviews with children a review of research using the NICHD Investigative Interview Protocol," *Child Abuse and Neglect*, 31: 1201 – 30.

㉖ Lamb, M. E., Orbach, Y., Stemberg, K. J., Esplin, P. W., and Hershkowitz, I. (2002) "The effects of forensic interview practices on the quality of information provided by alleged victims of child abuse," in H. L. Westcott, G. M. Davies, and R. Bull (eds), *Children's Testimony: A Handbook of Psychological Research and Forensic Practice*. Chichester: Wiley, pp. 131 – 45.

㉗ Lamb, M. E., Sternberg, K. J., and Esplin, P. W. (1994) "Factors influencing the reliability and validity of statements made by young victims of sexual maltreatment," *Journal of Applied Developmental Psychology*, 15: 255 – 80.

㉘ Lewis, T. E., Klettke, B., and day, A. (2014) "The influence of medical and behavioral evidence on conviction rates in cases of child sexual abuse," *Journal of Child Sexual Abuse*, 23: 431 – 41.

㉙ Lyon, T. D. (2005) "Speaking with children: advice from investigative interviewers," in P. F. Talley (ed.), *Handbook for the Treatment of Abused and Neglected Children*. Binghamton, NY: Haworth, pp. 65 – 82.

㉚ Lyon, T. D. (2012) "Twenty-five years of interviewing research and practice: dolls, diagrams, and the dynamics of abuse disclosure," *APSAC (American Professional Society on the Abuse of Children) Advisor*, 24: 14 – 19.

㉛ Lyon, T. D. (2014) "Interviewing children," *Annual Review of Law and Social Science*, 10: 73 – 89.

㉜ Lyon, T. D. (2015) http://works.bepress.com/thomaslyon/.

㉝ Lyon, T. D. and Dorado, J. S. (2008) "Truth induction in young maltreated children: the effects of oath-taking and reassurance on true and false disclosures," *Child Abuse and Neglect*, 3: 738 – 48.

㉞ Lyon, T. D., Ahem, E. C., and Scurich, N. (2012) "Interviewing children versus tossing coins: accurately assessing the diagnosticity of children's disclosures of abuse," *Journal of Child Sexual Abuse*, 21: 19 – 44.

㉟ Lyon, T. D., Lamb, M. E., and Myers, J. (2009) "Author's response to Vieth (2008): legal and psychological support for the NICHD Interviewing Protocol," *Child Abuse and Neglect*, 33: 71 – 4.

㊱ Lyon, T. D., Malloy, L. C., Quas, J. A. and Talwar, V. A. (2008) "Coaching, truth, induction, and young maltreated children's false allegations and false denials," *Child Development*, 79: 914 – 29.

㊲ Lyon, T. D., Wandrey, L., Ahern, E., Licht, R., Sim, M. P., and Quas, J. A. (2014) "Eliciting maltreated and nonmaltreated children's transgression disclosures: narrative practice rapport building and a putative confession," *Child Development*, 85: 1756 – 69.

㊳ Memon, A., Holley, A., Wark, L., Bull, R., and Koehnken, G. (1996) "Reducing suggesibility in child witness interviews," *Applied Cognitive Psychology*, 10: 503 – 18.

㊴ *Mooneyham v. State*, 915 so. 2d 1102 (Miss. 2005).

㊵ Nathanson, R. and Saywitz, K. J. (2003) "The effects of the courtroom context on children's memory and anxiety," *Journal of Psychiatry and Law*, 31: 67 – 98.

㊶ National Academy of Sciences (2014) *Identifying the Culprit: Assessing Eyewitness Identification*. Retrieved from: http://www.nap.cdu/download.php? record_id = 18891#.

㊷ National Kids Count (2013) *Children Who Are Subject to an Investigated Report*. Retrieved from: http://datacenter.kidscount.org/data/tables/6220-children-who-are-subject-to-an-investigated-report? loc-landloct = 2 # detailed/I/any/false/868, 867, 133, 38, 35/any/12940, 12955.

㊸ NICHD Protocol. Retrieved from http://nichdprotocol.com.

㊹ Nieves, E. (1994) "Prosecutors drop charges in abuse case from mid-80's," *New York Times*, 3 December. Retrieved from: http://www.nytimes.com/1994/12/03/nyregion/prosecutors-drop-charges-in-abuse-case-from-mid-80-s.html.

㊺ Orbach, Y. and Lamb, M. E. (1999) "Assessing the accuracy of a child's account of sexual abuse: a case study," *Child Abuse and Neglect*, 23: 91 –8.

㊻ Orbach. Y. and Lamb, M. E. (2001) "The relationship between within-interview contradictions and eliciting interviewer utterances," *Child Abuse and Neglect*, 25: 323 –33.

㊼ Orbach, Y., Shiloach, H., and Lamb, M. E. (2007) "Reluctant disclosers of child sexual abuse," in M. E. Pipe, M. E. Lamb, Y. Orbach, and A. C. Ceberborg (eds), *Child Sexual Abuse: Disclosure, Delay, and Denial*. New York: Routledge, pp. 115 –34.

㊽ Oregon Interviewing Guidelines (2012) Retrieved from: http://www.doj.state.or.us/victims/pdf/oregon_interviewing_guidelines.pdf.

㊾ *People v. Buckey*, No. A750900 (Super. Ct., Los Angeles County, Cal. 1990).

㊿ *People v. Vasquez*, 51 Cal. App. 4th 1277 (Cal. Ct. App., 1996).

㋛ Peterson, C., Warren, K. L., and Hayes, A. H. (2013) "Revisiting Narrative Elaboration Training with an ecologically relevant event," *Journal of Cognition and Development*, 14: 154 –74.

㋜ Poole, D. A. and Dickinson, J. J. (2011) "Evidence supporting restrictions on uses of body diagrams in forensic interviews," *Child Abuse and Neglect*, 35: 659 –69.

㋝ Quas, J. A. and Lench, H. C. (2007) "Arousal at encoding, arousal at retrieval, interviewer support, and children's memory for a mild stressor," *Applied Cognitive Psychology*, 21: 289 –305.

㋞ Quas, J. A., Wallin, A. R., Horwitz, B., Davis, E., and Lyon, T. D. (2009) "Maltreated children's understanding of and emotional reactions to dependency court involvement," *Behavioral Sciences and the Law*, 27: 97 –117.

(55) Saywitz, K. J. and Carmparo, L. B. (2013) *Evidence-based Child Forensic Interviewing: The Developmental Narrative Elaboration Interview*. Oxford: Oxford University Press.

(56) Saywitz, K. J. and Snyder, L. (1993) "Improving children's testimony with preparation," in G. S. Goodman and B. L. Bottoms (eds), *Child Victims, Child Witness: Understanding and Improving Testimony*. New York: Guilford Press, pp. 117–46.

(57) Saywitz, K. J. and Snyder, L., (1996) "Narrative elaboration: test of a new procedure for interviewing children," *Journal of Consulting and Clinical Psychology*, 64: 1347–57.

(58) Saywitz, K. J., Snyder. L., and Lamphear, V. (1996) "Helping children tell what happened: a follow-up study of the narrative elaboration procedure," *Child Maltreatment*, 1: 200–12.

(59) *State v. Gaona*, 293 Kan. 930 (Kan. 2012).

(60) *State v. Michaels*, 625 A 2d 489, (N. J. Sup. Ct. App. Div. 1993).

(61) *State v. Otis*, 2011 Wisc. App. LEXIS 98 (Wisc. Ct. App., February 1, 2011).

(62) *State v. Wells*, 298 Kan. 1219 (Kan. 2009).

(63) Sternberg, K. J., Lamb, M. E., Esplin, P. W., Orbach, Y., and Hershkowitz, I. (2002) "Using a structured interview protocol to improve the quality of investigative interviews," in M. L. Eisen, J. A. Quas, and G. S. Goodman (eds), *Memory and Suggestibility the Forensic Interview*. Mahwah, NJ: Erlbaum, pp. 409–30.

(64) Sternberg, K. J., Lamb, M. E., Hershkowitz, I., Yudilevitch, L., Orbach, Y., Esplin, P. W., and Hovav, M. (1997) "Effects of introductory style on children's abilities to describe experiences of sexual abuse," *Child Abuse and Neglect*, 21: 1133–46.

(65) Stewart, H., Katz, C., and La Rooy, D. J. (2011) "Training forensic interviewers," in M. E. Lamb, D. J. La Rooy, L. C. Malloy, and C. Katz (eds), *Children's Testimony: A Handbook of Psychological Research and Foren-*

sic Practice. Chichester: John Wiley & Sons, pp. 199 –216.

(66) Stout, D. (1995) "Virginia McMartin dies at 88; Figure in case on child abuse," *New York Times*, 19 December. Retrieved from: http://www.nytimes.com/1995/12/19/us/virginia-mcmartin-dies-at-88-figure-in-case-on-child-abuse.html.

(67) Talwar, V., Lee, K., Bala, N., and Lindsay, R. C. L. (2004) "Children's lie-telling to conceal a parent's transgression," *Law and Human Behavior*, 28: 411 –35.

(68) Thompson, W. C., Clarke-Stewart, K. A., and Lepore, S. J. (1997) "What did the janitor do? Suggestive interviewing and the accuracy of children's accounts," *Law and Human Behavior*. 21: 405 –26.

(69) US Department of Health and Human Services, Administration for Children and Families, Administration on Children, Youth and Families, Children's Bureau (2012) *Child Maltreatment*. Retrieved from: http://www.acf.hhs.gov/programs/cb/resource/child-maitreatnent-2012.

(70) Wandrey, L., Lyon, T. D., Quas, J. A., and Friedman, W. J. (2012) "Maltreated children's ability to estimate temporal location and numerosity of placement changes and court visits," *Psychology, Public Policy, and Law*, 18: 79 –104.

(71) Wash. Rev. Code § 43. 101. 224.

(72) *Washington State Child Interview Guide* (2009) Retrieved from: http://depts.washington.edu/hcsats/PDF/guidelines/WA% 20state% 20child% 20 Interview% 20guide% 202009% 202010. pdf.

(73) Westcott, H. L., Davies, G. M., and Bull, R. (2003) *Children's Testimony: A Handbook of Psychological Research and Forensic Practice*. Chichester: John Wiley & Sons.

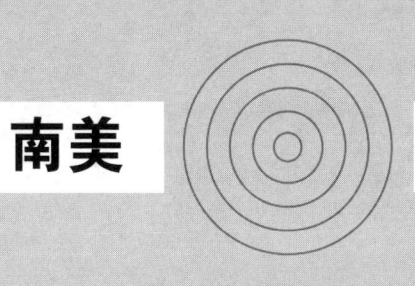

南美 地区

第22章

巴西对证人的询问

莉莲·米尔茨基·斯坦因（Lilian Milnitsky Stein）

古斯塔沃·诺罗尼亚·德·阿维拉（Gustavo Noronha de Ávila）

路易斯·罗伯托·本尼亚（Luis Roberto Benia）

简介

在过去的30年里，巴西的调查询问技术一直在发展之中。这种发展最好能从发生在巴西的重大社会政治变革的角度来理解。从1964年到1985年巴西一直处于军事独裁统治之下。在19世纪80年代，巴西转型到民主制度，最终在1988年制定了新宪法。参与创制宪法文本的国会议员由公民在两年前直接选举产生。巴西公民还通过在国会举行的公开听证会参与了法律的精细设计［克塔托（Codato），2005］。1988年宪法是公民权和人权的里程碑。

巴西的法律体系来源于罗马－日耳曼传统，因此国家法律实践是基于联邦立法的。立法按照层级被分为联邦宪法（1988）和《刑事诉讼法典》（CPC，1941），目前是国内司法询问准则的主要法源。巴西有两种类型的警察，承担着不同的角色，在前线穿制服的武装警察负责街头巡逻，而民事警察部门（civilian police force）负责调查犯罪。自军事政府倒台以来，巴西一直设法通过现代民主进程恢复人权。巴西的民主变革一开始是缓慢的，但是在过去的10年中得到更加快速的发展。这一历史背景或许可以帮助我们理解为什么巴西迟迟不能将最佳调查询问中的科学成果融入自己的调查询问中。在过去的10年里，与询问成年人相比，对儿童和青少年的询问取得了更大的进步。

在本章的第一部分我们集中讨论巴西司法系统中询问儿童的做法。在本章的第二部分，我们将会展示关于对成年证人和被害人进行调查询问的现行做法的第一次全国性研究成果。因为司法系统对于处理18周岁以下和18周岁以上的人存在着显著的区别，我们将在每个部分介绍法律和组织制度的概况，以更好地了解目前的询问做法。

询问儿童证人/被害人

1989年，巴西批准了联合国《儿童权利公约》（CRC）。通过这一做法，巴西承诺为儿童的最佳利益行事（巴西，1990a）。一年之后，巴西国会颁布了《儿童和青少年法》（SCA）。SCA是为了确保对18周岁以下的人的全面保护而制定的一系列法律和规则。SCA规定巴西联邦的每一个州都必须遵守与儿童有关的保护性规定和法律程序。因此巴西是拉丁美洲第一个通过全国性立法来遵循CRC的国家［卡瓦略（Carvalho），2001］。

根据SCA的规定，每个巴西城市都建立了监护委员会（GC）。监护委员会是由社区选举的非专业人士组成的，通过发现遗弃、虐待或残虐的迹象来监督对儿童和青少年权利的侵害或可疑侵害（巴西，1990b）。监护委员会中的监护不属于警方或司法系统，他或她有权要求政府当局采取行动，以保证对未成年人权利的保护。在图22-1中可以看出，通常GC和政府当局（如警察）的联合行动有以下方式：当有报告显示有犯罪或侵害儿童权利的事件发生时，GC会被要求给该儿童提供帮助。GC会评估情况然后采取必要的措施来保护儿童。这些措施通常包括通知警方和/或检察官办公室，以及在后续必要的技术（如法医学鉴定）和法律程序中监控儿童及其家庭［米拉尼和洛雷诺（Milani and Loureiro），2008］。

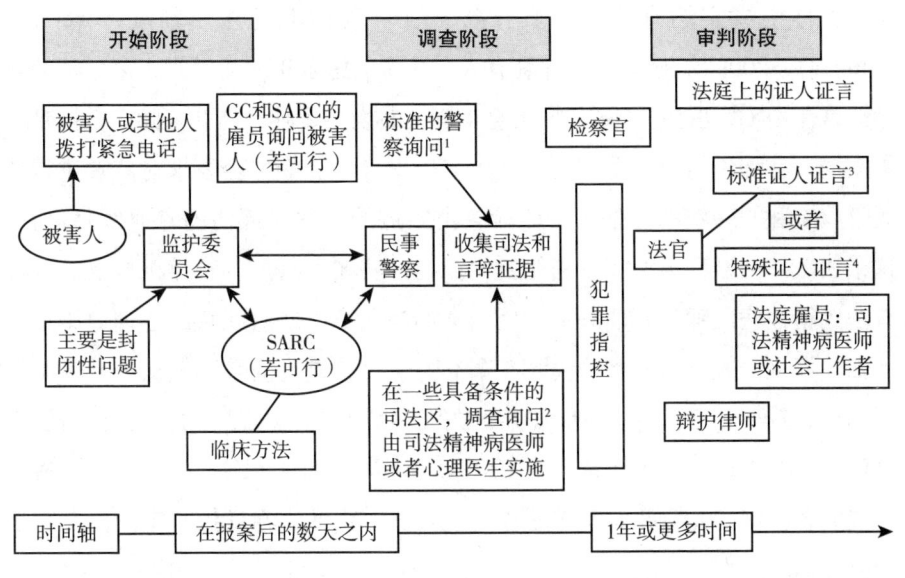

[图示：巴西典型的儿童询问时间轴流程图，包含开始阶段、调查阶段、审判阶段三个部分]

说明：
1. 缺乏关于最佳询问方法的培训，以封闭性提问为主。
2. 在一定程度上遵循了最佳询问方法，以开放性问题为主，一些机构用音频记录询问。
3. 缺乏关于最佳询问方法的培训，以封闭性提问为主。
4. 在一定程度上遵循了最佳询问方法，以开放性问题为主，用音频和视频记录询问。

图 22 – 1　巴西典型的儿童询问时间轴

通过 GC、警方和社会服务转介中心（CREAS）（巴西，2005）的合作，实现了对遭受遗弃、虐待以及残虐的儿童被害人的保护，CREAS 是国有单位，拥有来自多学科的专业人员团队，比如社会工作者、教育工作者和心理医生。CREAS 的主要目的是为家庭、儿童和青少年提供专门的帮助，这些人的权利可能遭受到忽视、遗弃、虐待和性虐待的侵害。2012 年，共有2155 个 CREAS 分布在巴西的每一个州（巴西，2012）。

对年幼的被害人实施调查询问，询问分为三个阶段进行（见图 22 – 1）：首先是开始阶段，此时 GC 的雇员将询问儿童以确定所发生的事；第二阶段是由警察实施的查找证据阶段；第三阶段是由法官负责的刑事程序阶段。在巴西的法律制度中并没有专门的规定明确应当如何对儿童进行询问。因此贯穿开始、调查和审判三个阶段，儿童可能会被缺乏训练的询问人员询问不止一次。儿童接受询问的次数取决于涉及对他/她进行保护的机构的数量，以及每个案件中事实调查任务的具体特征［弗朗尔和拉米雷斯（Froner and Ramires），2008］。例如，当怀疑有人对儿童实施了犯罪的时候，第一部分行动通常是由GC承担。GC的雇员会询问儿童发生了什么。儿童随后会被带去警察局，在那里再次接受询问。在大多数案件中，警方会要求对儿童进行法医学检查和心理状态评估。身体检查由当地的州法医部门的专业医师进行，这个法医部门被称为医疗－法律机构。在一些州，医疗－法律机构的法医部有法医精神病医师和心理医生，他们会询问儿童，并对儿童的心理健康进行评估。但是，并不是所有的法医专家都接受过调查询问最佳做法的基础培训［加瓦（Gava），2012］。不仅如此，在大多数城市，医疗－法律机构并没有这样的专业人员，因此儿童会在CREAS接受评估。CREAS的心理医生或社会援助者会询问儿童并向警方制作一份报告。由此，在证据收集阶段儿童至少会被询问三次：一次来自GC雇员，一次来自警察，以及一次来自CREAS的专家或法医专家的询问。

在巴西的大多数警察局，询问儿童被害人和证人采取了和询问涉及犯罪的成年人一样的方式方法［弗朗尔和拉米雷斯（Froner and Ramire），2008］。采用的方式方法是出于直觉的，每个专业人员都是以自己认为适当的收集信息的方式方法进行询问。由于没有接受过以证据为基础的调查询问技术的专门培训，这些询问更像是成年人和儿童之间的常规的对话。巴西南部的一个专门警察部门进行了一项关于"儿童和青少年协助"的研究，研究显示，有几年从警经验的警察在询问儿童时依赖禁用的询问方法。他们询问中的大部分不包括建立融洽关系。没有给儿童关于询问基本规则的指导，例如说"我不知道""我不记得了"，或是纠正询问人员，没有告诉儿童这些都是可以接受的。关于问题的类型，研究结果表明，在所有的询问中，封闭性问题和诱导性问题占据主导地位［皮萨（Pisa），2006］，但这两类问题已经被证明会减少获得的信息量。

2009年，巴西司法部重新制定了警察培训的教学大纲。然而，这个新的培训大纲并不包括专门为询问儿童被害人设计的调查询问技术。在警察学院的两年培训中，有一门课程专门针对所有类型的证据收集和保存（巴西，2009）。在这门课程中，有一个独立的主题致力于言辞证据和询问证人、被害人和犯罪嫌疑人的方式方法（巴西，2009）。也就是说，在警察培训过程中几乎不会介绍询问儿童领域中有关最佳做法的科学知识。

同样，对监护委员（监护委员会成员）关于询问技巧的培训也很肤浅。对委员进行培训的项目教学大纲中，包括了一个名为"倾听技巧"的主题（巴西，2014）。但是它没有向委员提供有关调查询问技术的专业知识，甚至理论层面的介绍也没有。

在CREAS工作的社会工作者和心理医生也都没有接受过关于调查询问技术的系统培训。每个专业人员都是根据自己的专业背景进行训练，一般采用临床方法。2009年，巴西联邦心理学委员会发布了一系列指导心理医生在儿童性虐待和虐待案件中提供帮助的准则（联邦心理学委员会，2009）。这些指导准则要求对儿童实施的询问，应当采用非暗示性的方法，在适当的空间内，使用适合每一个儿童发育水平的更自然的对话。他们还建议心理医生评估儿童辨别真相与谎言的能力，儿童对保密的含义的理解，以及对说出真相的重要性的理解。指导准则中没有包含任何关于如何实施询问或推荐采用的询问方案（NICHD）的具体建议（联邦心理学委员会，2009）。

收集到所有可获得的证据后，警方将案件提交给公诉机关（见图22-1）。如果检察官认为有足够的证据指控罪犯，检察官就会启动审判程序，在审判阶段，被害儿童会在检察官和辩护律师在场的情况下接受法官的询问（通常是在法庭），有时被告人也会在场。这些询问，大多使用封闭性问题，通常不会遵循最佳询问指导准则所推荐的基本建议[迪·杰苏（Di Gesu），2008]。一般来说，当被害者是大龄儿童或青少年时，他或她将被带送到法庭接受直接询问[席尔瓦（Silva）等人，2013]。法官也可以要求进一步的来自司法精神病医师或司法心理医生的评估，以便提供证据充实其裁决过程。

虽然在巴西对儿童进行调查询问的情况看起来与本书中其他国家相比较为落后，但在过去10年中，已经采取了一些措施开始使用以证据为基础的询问方法。在调查阶段，询问方法的变化大多发生于医疗-法律机构或类似的政府部门内的司法精神病医师和司法心理医生所做的工作。2012年，来自巴西七个不同的州的至少七家医疗-法律机构已经引入了调查询问方案，其中两个机构报告他们正在使用认知询问技术[费希尔和盖泽尔曼（Fisher and

Geiselman），1992］，另有五个机构报告说他们进行了半结构化询问，包括建立融洽关系、自由回忆、开放性提问和封闭性问题［加瓦（Gava），2012］。

此外，在某些司法管辖区，审判阶段询问儿童的方式方法发生了变化。2003 年，南里奥格兰德州（巴西南部一个州）法院启动了一个名为"特殊证人证言"的项目，专门针对未成年人在法庭上的证词而设计［道尔托 - 切扎尔（Daltoé-Cezar），2007；桑托斯和贡萨尔维斯（Santos and Gonçalves），2008］。这种儿童证言的方法包括在法院独立房间通过闭路电视（CCTV）通信实施司法询问。询问由司法询问人员，主要是心理医生和社会工作者进行。关于询问方法，有32%的"特殊证人证言"询问人员表示其使用了认知询问技术；21%的人表示采用了包括建立融洽关系、自由回忆、开放性问题和封闭性问题的方法；14%的人表示使用了基于 NICHD 询问方案的询问方式方法；8%的人表示使用了部分认知询问技术；25%的人表示采用了其他做法。但是，这些数据应该被谨慎地看待，因为对于这些负责"特殊证人证言"的询问人员，他们对上述这些询问方法的遵守情况并没有进行系统的评估。此外，就负责实施"特殊证人证言"询问的询问人员的培训情况来看，桑托斯（Santos）等人（2013）表示，尽管有84%的询问人员接受了一些专门培训，但大多数人都是以非系统、非统一的方式接受了这种培训。只有3%的司法询问人员接受了连续培训。

2012 年，巴西共有 42 个"特殊证人证言室"，另有 35 个正在修建中［桑托斯（Santos）等人，2013］。它们大部分（72%）集中在该国的南部和东南部地区，20% 位于东北地区，8% 位于中西部和北部地区。

"特殊证人证言"计划是巴西司法体系改革中的重要一步，将司法专业人士的注意力转移到区分以证据为基础的询问方法（例如，建立融洽关系和使用未受污染的问题）和不推荐的做法（例如，暗示性问题、使用解剖学玩具娃娃）之间的差异上。过去的近十年来，对司法询问人员的培训和法院设施的改善（例如，已经建成了特殊证人证言室、视频录像）已经出现了几项举措和改进，这些由巴西政府机构，如国家司法委员会［国家司法委员会（CNJ），2013］和非政府组织［如巴西儿童组织，（2014）］资助。

2010 年，国家司法委员会发布了"第 33 号建议"，指出巴西所有法院应为询问儿童和青少年（无论是被害人还是证人）设立专门的机构（巴西，2010）。该建议表明，实施询问的专业人员应当接受培训，以使用认知询问的基本原则（巴西，2010）。全国司法委员会的这一举措有助于在该国推广最佳询问方法。

询问成年证人/被害人

法律将成年证人/被害人定义为那些年满18周岁及以上的人，对他们的盘问和询问通常分三个阶段，即初步调查、调查和审判阶段（见图22-2）。首先，在初步调查阶段，武装巡逻警察主要为了查明犯罪，尽量从证人/被害人那里获取相关信息。在接下来的两个阶段，CPC正式规定了询问程序。

在调查阶段，由民事警察对证人/被害人进行调查询问的目的是为司法程序的推进收集证据，以及如果认为证据足够，则启动刑事诉讼程序。第三阶段是由法官主持的刑事审判。在审判阶段，检察官和辩护律师在法庭上质询证人/被害人。法官也可以提出问题来澄清证人/被害人提供的信息。根据巴西刑法，依据保护诉讼双方权利的宪法原则，只有证人/被害人在法庭上提交的证据才具有证明价值。与不能重复收集的法医证据（如血液样本、指纹）相比，言辞证据被认为是可重复的。由于言辞证据被认为是可重复的，因此在刑事诉讼过程的不同阶段对同一名证人/被害人进行询问是目前的常见做法。被规定在巴西过时的CPC中的关于言辞证据的重复性假设并没有考虑到科学心理学证据的大量内容，即基于记忆的证词如何发挥作用以及无效的问题［如雷纳和布雷纳德（Reyna and Brainerd），2005；沙克特和洛夫特斯（Schacter and Loftus），2013］。

2014年，巴西司法部和国家应用经济研究所（IPEA）发起了关于巴西证人/被害人询问和辨认程序的现行做法的第一次全国性研究［斯坦因（Stein），2014］。这项研究的主要目标是提供关于巴西司法系统对于证人/被害人进行询问和辨认程序的一般分析，以帮助未来的改革政策。该研究采用定性方法探讨了88位法律相关专业人士在询问证人和被害人方面的经验。对所有参与者进行了个人的、半结构化的和音频记录的深入询问，包括：18名警察（武装和民事的），22 名公共和私人辩护律师，22 名检察官和 26 名法官。数据是从 2014 年 6 月至 10 月的巴西所有五个地理区域收集的。依据归纳内容分析程序对询问进行了逐字记录和分析［巴丁（Bardin），2006］。

研究的总体结果被描绘为图 22-2 中的时间轴。有犯罪行为或涉嫌犯罪的，调查和审判工作包括上述三个阶段：初步调查阶段、调查阶段和审判阶段。

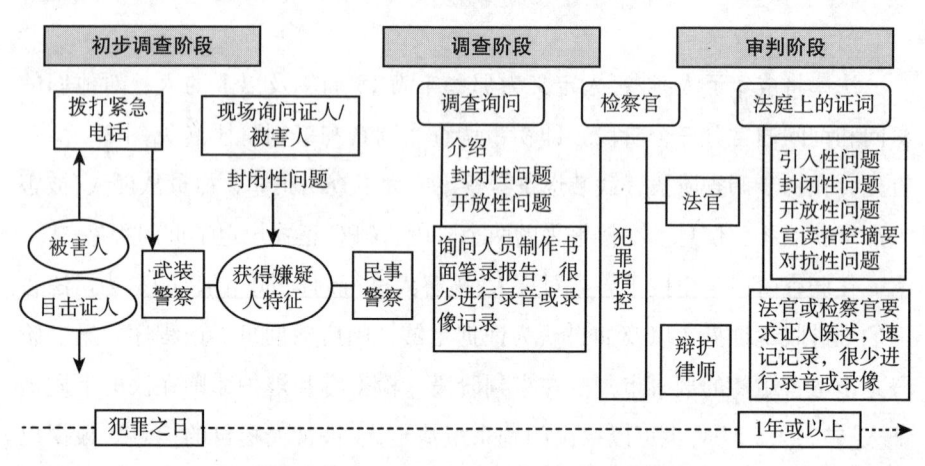

图 22-2 巴西典型的成年人询问时间轴

初步调查阶段：武装巡逻警察的询问

关于巡逻武警的初步调查阶段，我们的研究结果表明，法官、律师和检察官都承认，在第一阶段所发生的任何事件，对于从证人/被害人那里收集未受污染的证据都至关重要。尽管如此，武装巡逻警察没有任何正式的询问方案或具体的培训来进行询问或辨认程序。尽管其行为与刑事调查中的证据收集过程相关，但这一初步调查阶段并未被纳入巴西的《刑事诉讼法典》，甚至没有被正式承认为刑事诉讼的一部分。

当犯罪被实施，武装巡逻警察通常是第一个与证人/被害人接触的，有时是通过紧急电话。据我们的数据显示，巡逻人员大多数时候会向证人/被害人提出封闭性问题予以询问（如"他有没有文身？"）。巡逻警员与证人之间的互动通常很短，发生在犯罪现场或附近的某个地方（如巡逻警车、商店内）。这种互动的主要目的是快速收集信息以识别犯罪嫌疑人，从而立即开始搜捕。对于从证人/被害人处获得的信息并没有正式记录（音频、视频或书面），他们通常会被带到或送到民事警察局进行正式询问。

调查阶段：民事警察询问

根据《刑事诉讼法典》（CPC）的规定，在民事警察局开展正式的犯罪调查工作（见图 22-2）。证人/被害人被正式要求接受警察局长（具有法律学位）或任何调查小组成员（如警察调查员、文员和实习生）的询问。在少数情况下，负责案件的检察官可以参加询问。

那些报告了对证人/被害人采用了特定询问策略的民事警察参与者表示，警方的询问通常从简要介绍（包括从证人那里收集姓名、地址、年龄、职业等身份信息）开始。这个简短的介绍之后是几个开放性问题（如"你在酒吧看到了什么？"）和大多数封闭性问题（如"那个家伙把枪指着给你吗？"）。约 1/3 的参与者（28.5%）承认使用对抗性问题（Confrontational Question），例如："你在现场告诉巡逻警察，你看到过另一个人，现在你不记得了吗？"

我们的研究结果表明，警务人员对科学调查询问技巧（如认知询问）几乎没有接受过专门的培训。在警察学院接受的培训仅限于全面介绍以现行立法为重点的询问（并不包括有关如何进行询问或问题形式的内容）。我们研究中的一名警察参与者对目前这种培训表示了担忧，"我们从实践中学习，从更有经验的警察那里学习"。政府也没有关于如何进行询问的指导准则。

调查阶段的询问在警察局进行。询问通常在警长办公室进行。然而，由于巴西许多警察局的设施有限，有时会在警察局业务繁忙的主要大厅或走廊对证人/被害人进行询问。

询问很少以音频或视频形式录制。依据《刑事诉讼法典》，证人/被害人提供的信息由询问人员或警务人员以笔记的形式记录，然后被简化为书面陈述。笔记记录过程很少能够逐字逐句复制证人提供的信息和询问人员提出的问题［兰姆（Lamb）等人，2000］。这种书面陈述会被包含在正式的警方报告中。

关于时间要求，对证人的询问可能会在涉嫌罪行发生的数天或数月后进行。根据巴西的法律规定，如果被告人被监禁，调查工作必须在10天内完成，如果被告人没有被监禁应当在30天内完成。但是，如果案件涉及毒品，调查的天数可能会增加两倍，毒品犯罪占巴西犯罪总数的50%（国家监狱部门，2014）。然而，根据巴西一个主要城市（贝洛奥里藏特）进行的一项研究〔瓦尔加斯和纳西门托（Vargas and Nascimento），2010〕，刑事调查的平均时间为245天，远远超过法律规定的时间。

在一些犯罪案件中，如杀人案件，目击证人的证词对于确保定罪至关重要，但通常很难发现愿意作证的证人。许多证人害怕来自生活在同一个社会弱势群体中的罪犯的报复。有些犯罪行为在这些群体中盛行（如贩毒）〔韦斯尔菲兹（Waiselfisz），2013〕。1999年，联邦政府颁布了"证人保护计划"规则，以保护证人的匿名性和因为同意出庭作证而面临危险的人的生命安全。然而，这一法律规定的效果受到了许多参与我们研究的人的质疑。他们发现参与这一保护计划似乎让证人/被害人感到更加脆弱和更加害怕受到报复。

在调查阶段让证人主动向警方提供证词的难题对于刑事诉讼的下一阶段——审判阶段，有十分重要的影响。缺少证人证言，使得首先出现在犯罪现场的武装巡逻警察经常被要求在法庭上作证。巡逻警察提供的证词被认为是间接证据，因为在大多数犯罪中他们并没有目睹犯罪行为本身。

当调查阶段收集到足够的证据时，民事警察的负责人将建议起诉犯罪嫌疑人。警方的调查报告会被提交到检察官办公室。如果检察官认为证据对于定罪是充分的，案件将会进入审判阶段。

审判阶段：法庭上的询问

证人/被害人在法庭审判阶段也会接受询问。通常由检察官开始对证人/被害人进行提问，其后是辩护律师。《刑事诉讼法典》规定，对证人/被害人提出的问题不应当是诱导性的或重复性的。法官有责任监督在审判期间提出的问题的有效性〔贾科莫里（Giacomolli），2008〕。但是，对于应当避免的问题类型在刑事诉讼法和相关规则中并没有界定。

在法庭听证中有关提问的形式与研究文献中的建议不同［例如，鲍威尔（Powell）等人，2005］。法庭上的询问倾向于以封闭性问题开始提问，在询问证人时也会使用开放性问题。法律专业人员几乎不会提出支持证人回答例如"我不知道"或"我不记得了"之类答案的问题［思科波瑞尔和菲西科（Scoboria and Fisico），2013］。事实上，通常遵守相反的模式，如法官经常在庭审开始时告诫证人做伪证要受到的刑罚。

主审法官可能会在询问证人结束时提出澄清问题［戈麦斯·菲尔奥（Gomes Filho），2008］。法官的提问通常限制在澄清调查阶段收集到的民警报告中所包含的信息。通过宣读警方报告，询问证人能否确认他们告诉警方的内容是属实的。根据我们的研究，由于从事件发生到庭审作证期间有数月甚至是数年的延时，检察官可以向证人宣读控诉的摘录，作为帮助证人回忆起事实的方式。

在这项研究中，法律专业人员承认他们依靠自己练习来学习如何询问证人/被害人，也就是在他们履行职责的时候。由于他们接受的有关最佳询问方法的培训非常糟糕，检察官，尤其是辩护律师，经常报告称，出于担心使被告人（就辩护律师而言）或被害人（就检察官而言）的境况恶化，应避免在审判期间向证人提问。

在审判期间很少使用录音或录像，因此，法律程序的记录使用间接方法（法官将证人的书面陈述交给记录人员）或者通过速记方式进行。巴西的大部分法院没有配备适当辅助被害人、证人和被告人的设施。例如，通常，检察机关和辩护方证人坐在同一个地方（如等候室和大厅）等待被传唤进入法庭。此外，被告人有时可能会与被害人和证人在同一房间或大厅等候。

在巴西，由于警方的调查资源有限，无法获得所有的司法证据，因而证人证言对于刑事法律纠纷的结果扮演着重要角色（Ávila，2013）。因此，法庭的裁决通常不得不依赖于证人/被害人的作证。由于一些原因，例如证人不遵守在法庭上作证的形式要求，在许多案件中，唯一能够作证的证人可能只有在事件发生时第一时间到达现场的武装巡逻警察。如果有一方当事方提出要求，法律规定巡逻警察有义务在法庭上作证。然而，巡逻警察的证词，通常不能作为关键证据。导致这种情况的原因，可能包括案件发生后的时间长度（通常是五个月到一年）以及反复接触相似的情形（例如，同一名巡逻警察调查某一特定社区中年轻男子涉嫌枪击的相似案件）。依照我们的数据，这种时间长度以及重复性使得巡逻警察几乎不能回忆起关于某一特定案件的可靠细节。事实上，除非案件格外值得注意，警察完全不可能回忆起犯罪现场的细节。

总之，关于巴西刑事司法系统证人证言的第一次全国性调查研究得出的数据，产生了几项与当前章节内容十分相关的成果。对成年证人/被害人的询问并不是按照《刑事诉讼法典》中规定的两个阶段进行，而是三个阶段：初步调查阶段、调查阶段和审判阶段。最佳询问方法［米尔恩和鲍威尔（Milne and Powell），2010］似乎并没有被询问人员运用到这三个阶段，这很大程度上是由于缺乏正规的培训。

总结评价：对研究、政策制定和实践的启示

证人证言在巴西刑事诉讼程序中的各个阶段都发挥着至关重要的作用。任何年龄的证人/被害人往往都能提供不能单独从物证中重构的信息，或者能在案件无法取得物证的情况下提供信息。在我们对成年证人/被害人询问的研究中，发现被要求在法庭上作证的武装警察很多，特别是由于成年证人往往不愿意去报警或出庭作证，因为他们担心遭到犯罪嫌疑人的报复。

在巴西，相比于询问成年人，对于在法庭上询问儿童和青少年明显付出了更多的努力，实现了更好的、更为科学的结果。我们的研究发现，目前警方和司法专业人员使用的询问成年人的做法似乎很大程度上凭借直觉，并且基本上出于常识，而不是严谨的科学。大多数巴西警察和法律专业人员还没有机会接触当前证人证言方面关于调查询问最佳做法/方法的研究文献，这些研究文献大多以英文发表。

警察、检察官、律师、法官似乎已经意识到过长的时间和其他因素，例如证人的情绪状态会影响到证词的质量。然而，很少有专业人员意识到自己的询问策略（如大多数封闭性和暗示性问题）也会影响到证人提供证词的质量和数量。

第22章 巴西对证人的询问

如同在其他非欧洲国家［例如，澳大利亚——鲍威尔和巴奈特（Powell and Barnett），2014］一样，成功地对儿童和成年人适用最佳询问做法指导准则也有一些挑战。接下来的研究需要解决一个实质性的难题，即为巴西庞大的领土和庞大的人口（超过两亿人：IBGE，2015）开发和测试一个合适的培训计划。未来研究的一个重要方向将是研究培训和持续监督的可替代形式，以克服像巴西这样的人口多面积大的发展中国家中经济和人力资源的限制。特别是有关人力资源，巴西目前几乎没有受过良好培训的能够执行培训项目的葡萄牙语监督员。培训和监督的替代形式［如在线培训：瓜达诺和鲍威尔（Guadagno and Powell），2012］应予以考虑。

在政策方面，由于巴西是联邦法律体制，任何询问证人/被害人方式方法的实质性变革（例如，采用最佳询问做法指导准则）都需要立法的修订。州的机构无法颁布这样的规定。在过去的几年里，巴西已经采取了一些举措推进更多的关于询问证人/被害人方面的重大变革。例如，最近司法部（在 IPEA 的支持下）在巴西国会支持了一场会议，讨论立法可能的变革。两位证人心理学领域的主要研究者［雷·布尔和罗伊·马尔帕斯（Ray Bull and Roy Malpass）］被邀请参加了这次会议，讨论了我们对于询问成年证人研究的主要成果，并指出了有关立法变革进程的可能方向。

参考文献

❶ Ávila, G. N. (2013) *Falsas memórias e sistema penal：A prova testemunhal em reque.* Rio de Janeiro：Lumen Juris.

❷ Azambuja, M. R. F. (2010) *Violência sexual intrafamiliar e produção de prova da mate rialidade：Proteção ou violação de direitos da criança?* Doctoral dissertation, Pontificia Universidade Católica do Rio Grande do Sul, Porto Alegre, Rio grande do Sul, Brazil.

❸ Bardin, L. (2006) *Análise de Conteado.* Lisbon：Edições 70.

❹ Brazil (1988) Constituição da República Federativa do brasil de 1988. *Diário Oficial da União*, Brasília, DF, 15 out. From：http：//www. planalto. gov. br/civil_03/constituicao/Constituicao. html.

❺ Brazil（1990a）Decreto no. 99.710, de 21 de novembro de 1990. Promelga a Convenção sobre os Direitos da Criança. *Diário Oficial da União*, Brasília, DF, 22 nov. From: http://www.planalto.gov.br/civil_03/decreto/1990-1994/D99710.html.

❻ Brazil（1990b）Lei no. 8.069, de 13 de julho de 1990. Dispõe sobre o estatuto da Crianca e do adolescente e dá outras providência. *Diário Oficial da União*, Brasília, DF, 13 jul. From: http://www.senado.gov.br/legislacao/Listapublicacoes.action? id = 102414.

❼ Brazil（2005）*Política Nacional de Assistência Social.* Brasilia, DF: Ministério do Desenvolvimento Social e Combate à Fome. From: http://www.mds.gov.br/assistenciasocial/secretaria-nacional-de-assistencia-social-snas/cadernos/politica-nacional-de-assistencia-social-2013-pnas-2004-e-norma-operacional-basica-servico-social-2013-nobsuas.

❽ Brazil（2009）*Matriz Curricular Nacional Para Ações Formativas dos Profissionais da Área de Seguranga Pública.* Brasília, DF: Ministério da Justiça/SENASP Disponível em: http://portal.mj.gov.br/services.

❾ Brazil（2010）National Justice council-dje/CNJ no. 215/2010, pp. 33 – 4.

❿ Brazil（2012）*Centros de Referência Especializado de Assistência Social.* Brasília, DF: Portal Brasil. From: http://www.brasil.gov.br/cidadania-e-justica/201/10/centro-de-referencia-especializado-de-assistencia-social-creas.

⓫ Brazil（2014）*As Escolas de Conselho.* Brasília, DF: Secretaria de Direitos Humanos da Presidência da República. From: http://www.sdh.gov.br/assuntos/criancas-e-adolescentes/programas/as-escolas-de-conselhos.

⓬ Carvalho, D. B.（2001）"Política social e direitos humanos: Trajetórias de violação dos direitos de cidadania de crianças e adolescentes," *Revista SER Social*; 8: 143 – 70.

⓭ Childhood Brazil（2014）Retrieved 22 February. From: http://www.childhood.org.br/ceajud-lanca-curso-depoimento-especial-e-a-escuta-de-criancas-no-sistema-de-justica-em-parceria-com-a-childhood-brasil.

⑭ Codato, A. N. (2005) "Uma história politica da transição brasileira: Da ditadura militar à democracia," *Revisia de Sociologia Politica*, 25: 83 - 106.

⑮ Conselho Federal de Psicologia (2009) *Serviço de proteção social a crianças e adolescentes vítimas de violência, abuso e exploração sexual e suas famílias: Referências para a atuação do psicólogo*. Brasília: CFP.

⑯ Conselho Nacional de Justiça (2010) Recomendação no. 33, de 23 de novembro de 2010. Depoimento Especial. *Diário da Justiça Eletrónic*, 215: 33 - 4. From: www. cnj. jus. br/images/portaria/2010/port_gp_33_2010. pdf.

⑰ Conselho Nacional de Justiça (2013) *Cresce o numero de experiências destinadas a coleta de deroimento de crianças e adolescentes*. Brasília. Distrito Federal. Brazil. Retrieved 15 January 2015. From: http: //www. cnj. jus. br/noticias/cnj/26987: cresce-o-numero-de-experiencias-destinadas-a-coleta-de-depoimento-de-criancas-e-adolescentes.

⑱ Daltoé-Cezar, J. A. (2007) *Depoimento sem dano: Uma alternativa para inquirir criangças e adolescentes nos processos judiciais*. Porto Alegre, Brasil: Livraria do Advogado.

⑲ Departamento Penitenciário Nacional. *Relatório Anual*. Retrieved 9 January 2015. From: http: //pt. scribd. com/doc/249169479/relatorio-depen-sistema-penitenciario-no-brasil-dados-co-pdf#scribd.

⑳ Di Gesu, C. C. (2008) *Prova Penal e Falsas Memórias*. Master's thesis, Pontificia Universidade Católica do Rio Grande do Sul, Porto Alegre, Rio Grande do Sul, Brazil.

㉑ Fisher, R. P. and Geiselman, R. E. (1992) *Memory-Enhancing Techniques for Investigative Interviewing: The Cognitive Interview*. Springfield, IL: Charles C. Thomas.

㉒ Froner, J. P. and Ramires, V. R. (2008) "Escuta de crianças vítimas de abuso sexual no ambito jurídico: Uma revisão crítica da literatura", *Paidéia* (*ribeirão preto*), 18 (40): 267 - 78. From: http: //www. scielo. br/pdf/paideia/v18n40/05. pdf.

㉓ Gava, L. L. (2012) *Perícia psicológica no contexto criminal em casos de suspeita de abuso sexual infanto-juvenil*. Doctoral dissertation, Universidade Federal do rio grande do Sul. Porto Alegre. Rio Grande do Sul, Brazil.

㉔ Giacomoli, N. J. (2008) "Resgate necessário da humanização do processo penal contemporâneo," in A. Wunderlich (ed.), *Política criminal contemporânea*. Porto Alegre: Livraria do advogado, pp. 331 – 44。

㉕ Giacomolli, N. J. and Di Gesu, C. C. (2010) "Fatores de contaminação da prova testemunhal," in *Processo penal contemporâneo*. Porto Alegre: Núria Fabris, pp. 11 – 40.

㉖ Gomes Filho, A. M. (2008) "Provas," in M. T. R. A. Moura (ed.), *As reformas no processo penal: As novas leis de 2008 e os projetos de reforma*. São Paulo: Revista dos Tribunais, pp. 246 – 97.

㉗ Guadagno, B. and Powell, M. (2012) "E-simulations for the purpose of training forensic investigative interviewers," in D. Hoit, S. Segrave, and J. Cybulski (eds), *Professional Education Using E-Stimuulations: Benefits of Blended Learning Design*. Hershey, PA: IGI Global, pp. 71 – 86.

㉘ IBGE (2015) *Projeção da população do Brasil e das Unidades da Federação*. Brasília. Retrieved 25 January. 2015. From: http://www.ibge.gov.br/apps/populacao/projecao/index.html.

㉙ Lamb, M. E., Orbach, Y., Sternberg, K, J., Hershkowitz, I., and Horowitz, D. (2000) "Accuracy of investigators' verbatim notes of their forensic interviews with alleged child abuse victims", *Law and Human Behavior*. 24: 699 – 708.

㉚ Milani, R. G., and Loureiro, S. R. (2008) "Familias e violência doméstica: Condições psicossociais pós ações do conselho tutelar", *Psicologia Ciência e Profissão*, 28 (1): 50 – 67.

㉛ Milne, B. and Powell, M. (2010) "Investigative interviewing," in J. Brown and E. Campbell (eds), *The Cambridge Handbook of Forensic Psychology*. Cambridge: Cambridge University Press, pp. 208 – 14.

㉜ Núcleo de estudos da violência da universidade de São Paulo（2013）*Report of the Center for the Study of violence*，12th edn. Retrieved 9 January 2015. From：http：//www. nevusp. org/downloads/down273. pdf.

㉝ Pisa，O.（2006）*Psicologia do tesiemunho：Os riscos na inquirção de criangas*. Master's thesis，Pontificia Universidade Católica do Rio Grande do Sul，Porto Alegre，Rio Grande do Sul，Brazil.

㉞ Powell，M. B. and Barnett，M.（2014）"Elements underpinning successful implementation of a national best-practice child investigative interviewing framework，" *Psychiatry*，*Psychology and Law*［online 21 August 2014］.

㉟ Powell，M. B.，Fisher，R. P.，and Wright，R.（2005）"Investigative interviewing，" in N. Brewer and K. Williams（eds），*Psychology and Law：An Empirical Perspective*. New York：Guilford，pp. 11 – 42.

㊱ Reyna，V. and Brainerd，C.（2005）*The Science of False Memory*. New York：Oxford University Press.

㊲ Santos，B. R. and Gonçalves，I. B.（2008）*Depoimento sem medo？Culturas e práticas não-revitimizantes*. São Paulo：Childhood Brasil.

㊳ Santos，B. R.，Gonçalves，I. B.，Vasconcelos，M. G. O. M.，Barbieri，P. B.，and Viana，V. N.（2013）*Cartografia Nacional das Experiências Alternativas de Tomadae de Depoimento Especial de Crianças e Adolescentes em Processos Judiciais no Brasil：O Estado da Arte*. São Paulo：Childhood Brasil-CNJ.

㊴ Schacter，D. L. and Loftus，E. F.（2013）"Memory and law：what can cognitive neuroscience contribute？" *Nature Neuroscience*. 16：119 – 23.

㊵ Scoboria，A. and Fisico，S.（2013）"Encouraging and clarifying 'don't know' responses enhances interview quality，" *Journal of Experimental Psychology：Applied*，19：72 – 82.

㊶ Silva，L. M. P.，Ferriani，M. D. G. C.，Bessera，M. A.，Roque，E. M. D. S. T.，and Carlos，D. M.（2013）"A escuta de crianças e adolescentes nos processos de crimes sexuais，" *Ciência and Saúde Coletiva*，18（8）：2285 – 94.

㊷ Stein, L. M. (2014) *Avanços Científicos em Psicologia do Testemunho Aplicados ao Reconhecimento Pessoal e aos Depoimentos Forenses*, Projeto Pensando Direito. Brasilia, DF: Ministerio da Justica/PEA-Instituto de Pesquisas Economicas Aplicadas.

㊸ Vargas, J. D. and Nascimento, L. F. Z. (2010) "Uma abordagem empirica do inquérito policial: O caso de Belo Horizonte," in M. Misse (ed), *O Inquerito Policial no Brasil-Uma Pesquisa Empírica*. Rio de Janeiro: Booklink/FENAPEFNECVU, pp. 102 – 90.

㊹ Waiselfisz, J. J. (2013) *Mapa da violência* 2013: *homicídios e juventude no Brasil*. CEBELA.

第23章

智利对性犯罪被害人的询问

——实践和价值转型的趋势

卡洛琳娜·纳瓦罗（Carolina Navarro）

德西奥·梅提弗戈（Decio Mettifogo）

弗朗西斯科·加西亚（Francisco García）

简介

由于已知的在提供证据证明方面的困难，对性虐待进行刑事调查面临不小的挑战。这些困难取决于事件本身的特点：大量的被害人（特别是儿童被害人），缺乏物证以及缺少证人［UNICEF and UDP，2006；纳瓦罗（Navarro），2011］。这就是为什么在这些案件中，被害人是法律体系中非常关键的证人，调查的最终成功在很大程度上取决于他们提供的信息［鲍威尔（Powell）等人，2005；纳瓦罗（Navarro）等人，2012］。

目前智利的性犯罪受害者会依据2000年生效的新刑事程序接受询问。这一修订意味着整个刑事司法系统的重大改进，但并未能突出被害人的作用［纳瓦罗（Navarro）等人，2012］。

在公共政策和询问技巧方面，智利可能会被认为是退步了：具体来说，没有法律规定对证词进行录像，因此，我们不知道如何采用甚至不知道采用了什么指导准则（内政部，2013）。我们了解到的情况是，在智利，儿童需要多次接受法医评估，面对来自政府工作人员的敌意和对其叙述的真实性的质疑，而且没有足够的设施提供证词，特别是当他们不得不反复提供证词时（UNICEF and UDP，2006）。

由于再次遭受精神创伤的可能性很大,特别是因多次询问造成,这揭示了在调查过程中对虐待被害人的处理和采用的询问方法是应当关注的领域〔Mide UC,2009;纳瓦罗(Navarro)等人,2012〕。对被害人的询问涉及需要管理有关询问对象感受的技术和道德问题以及刑事司法系统的证据要求。这在被害人是儿童的情况下特别重要,因为他们具有双重弱势身份:既是被害人,同时也处于痛苦的持续发展之中〔纳瓦罗(Navarro),2011〕。在智利,与世界上其他地区一样,性虐待现象主要影响到儿童。事实上,2013 年智利共有 24 142 名性犯罪受害者,其中 77.86% 为未成年人(公共部,2014)。此外,根据"第四次虐待儿童研究"的结果(UNICEF,2012),估计有 8.7% 的儿童和青少年遭受了某种形式的性暴力。

同样令人震惊的是,近年来提交的儿童性虐待报告数量快速增长。2011 年至 2012 年期间,性虐待犯罪上升了 3.7%,特别是针对 14 岁以下的未成年人,登记在册的性虐待犯罪上升了 22.2%(公共部,2013)。这一趋势在 2013 年同样发生(19.1%)(公共部,2014)。这种快速增长的结果是,性虐待犯罪报告的增加使得参与性虐待犯罪的刑事调查过程的儿童人数增加,这就意味着更多的儿童会被询问。

在这方面,过去几年不仅出现了要求改善这一领域的社会运动,而且出现了不同的制度和法律成果,所有这些都与年轻被害人有关。对于成年被害人来说情况并非如此,其仍是一个未受关注的对象。此外,智利对性虐待犯罪的受害儿童的询问做法目前正处在向新模式转换的过程中,新模式是基于国际公认的标准和人权保障的角度。因此,本章的重点将在于询问儿童被害人。

对儿童被害人的询问实践

◆ 二次受害和司法调查

主要受害经历的影响往往会因为被害人在周围环境中反应不足的有害效应而被恶化,这被称为二次受害〔埃斯卡夫(Escaff)等人,2006;古特雷斯·德·皮勒雷斯·波特罗(Gutiérrez de Piñeres Botero)等人,2009〕。这一现象被解读为被害人经由刑事司法系统时遭受的痛苦，已被联合国（1999）承认为犯罪受害最负面的影响之一。当对弱势被害人（如儿童）造成影响时，二次受害的潜在危害就更为严重，因为儿童的发育水平有限和通常没有防御能力，更有可能遭受因对社会制度不适当的反应所引起的不利影响。上述对于遭受性暴力的儿童的伤害尤为严重，因为他们被要求反复说出他们的创伤经历，每次都要回忆起虐待事件［纳瓦罗（Navarro）等人，2012］。

在过去十年里，诸如英国、加拿大、澳大利亚、新西兰、以色列和美国等国家一直在采取措施，在不违反程序和管理目标的情况下减少二次受害。这些措施包括在调查过程中减少被害人面临的陈述和询问次数，并限制被害人与司法系统中不同专业人员的接触。这些计划对于规范涉及儿童的刑事诉讼程序的法律规范的变化以及使用新的技术手段［鲍威尔（Powell）等人，2005；Powell，2011］都有影响。

在智利的司法制度背景下，遭受性虐待儿童的情况最初在2006年的一项研究中被描述，该研究确定了儿童在司法程序中的路径和通过法律程序得到的待遇（UNICEF and UDP，2006）。研究表明，儿童的证词是调查的基础，且必须在司法程序的各种阶段中以多种形式进行多次详细的讲述，包括以下情形：警察、侦探、检察机关、医学检查、性侵犯法医检查、精神病学检查、可信度评估、心理伤害检查，最后是审判。在这些描述的情形中，有些情形下可能需要对儿童进行不止一次的询问，除了受到官员反复的"非正式"询问外，还有其他正式做法，包括辩护方的附加评估。研究表明，调查目标与保护被害人之间存在紧张关系。也就是说，为了起诉罪犯，制度有时会无意中对受害儿童造成伤害。

随后的一项研究能够更好地了解照料人员对二次受害的看法（Mide UC，2009）。研究采访了390名受到性虐待的儿童的照料者，发现一半以上的照料者认为司法程序对儿童造成了伤害，四分之一的人认为对儿童造成了重大伤害。造成这一看法的主要程序阶段是提交报告、身体检查以及在庭审中发表陈述。该研究还表明，参与、接受询问次数更多的儿童感受到的伤害程度也更高，特别是当询问次数超过五次的时候。

相应地，上述国家研究承认了智利的刑事调查制度中存在对性虐待儿童受害者的过度持续询问和专家审查。与此同时，受害者及其家属也表示，不得不在各种场合重复描述被虐待的经历是司法程序中最大的痛苦来源（Mide UC，2009）。这是由于诉讼过程中不同机构之间缺乏联系，基础设施不足，以及对儿童进行询问的公职人员专业水平低下［纳瓦罗（Navarro）等人，2012］。

在上述研究的基础上，有证据表明，有必要修改智利目前对性虐待案中受害儿童进行询问的做法，以降低他们经常因司法程序而遭受的二次受害的程度。

◆ 询问儿童做法的法律和管理框架

智利的对抗式刑事司法制度相对较新。2005年6月16日，"刑事诉讼改革"得到全面执行。这个过程花费了五年时间完成并意味着纠问式刑事诉讼体制的结束。这种变化是对旧体制一系列批评的回应，旧的制度几乎没有什么透明度，缺乏公正性，并且整体效率低下（智利公共部和维拉司法研究所，2004）。从这个意义上来说，存在一定程度的隐形受害者，因为他们在这个过程中没有获得任何正式的承认。这也表明了对他们的需求缺乏关注，没有任何特殊保护或关心他们的福利制度（司法部，2010）。

在刑事诉讼改革框架下形成的新机构是检察官办公室（OPP），公设辩护人办公室（OPD），保障法官和刑事开庭审判法庭法官。OPP负责进行调查，实施公诉程序，并向被害人和证人提供保护（司法部，2010）。

在智利，OPP具有宪法规定的自主权，因此检察官独立指导刑事调查。在性虐待受害者为儿童的案件中，已经确定只有OPP的专业人员才能够询问被害人。这意味着儿童询问人员包括检察官、检察官助理、心理学家，在某些案件中也可以是警察（公共部，2009）。此外，对在刑事诉讼中可能需要的针对被害人的专家意见的数量并没有限制，这导致儿童受害者必须接受更多的询问。刑事诉讼改革正在努力把受害者整合为刑事司法系统中的重要角色。然而，对儿童而言它像是迷宫般的进程，特别是对于那些需要实质性改变的性虐待受害者（UNICEF and UDP，2006；Mide UC，2009）。

有必要强调的是，在智利不仅不存在用于保障有效遵守联合国《儿童权利公约》（CRC）的全面儿童保护法，而且也没有提供整体意义上的基本和明确的政策（UNICEF，2012）。也没有人担任儿童问题专门监察员，以及根据保护和救济的需要在刑事司法框架内做出明确的回应。因此，在智利，涉及儿童的任何司法或行政程序中，被听取的儿童权利被理解为对儿童的尊重和对儿童意见的考虑，但并没有有效的机制（UNICEF，2004）。

智利的制度没有考虑到儿童能够提供证词的条件，也没有对国家在刑事司法框架中进行的干预提供保障。从这个角度来看存在一个悖论——国家把自己描述为儿童权利的保障者，反过来又是通过刑事诉讼侵犯这些权利的直接源头，因此对伴随而来的二次受害负有责任。对儿童进行犯罪调查询问的规定有助于国家采取行动，以保障儿童充分行使权利并为这一群体提供保护。为了使规定询问儿童被害人的立法提案符合其目标，必须从根本上与改善询问技巧和基础设施以及与最佳做法相一致的努力联系起来。

◆ 对儿童询问提出的变革

在关于询问儿童的方法存在不足以及二次受害的影响的认知取得进展后，如今智利呈现出了值得注意的为了改进儿童询问而实施的多样化努力。这些努力虽然缺乏清晰度，但却显示出对儿童福祉的共同关切，也希望修正之前的询问做法。当前处于研制中的询问儿童被害人的改进举措包括：某些与被害人联系的机构的具体方案，以及关于这一问题的法律项目和学术界的贡献。

• 机构措施

近年来，在智利，与年轻被害人直接联系的各类公共机构开发了试点方案，试图改进程序，改善进行询问的条件，并对负责询问的人进行培训。这些举措的基础是采用询问指导准则，采用传统形式的培训方案（特定时间、分组、主要在教室里），以及为儿童在司法环境中提供证词制定规程及特殊物质条件。其中一些措施已经在当地推行，而其他一些则在全国范围内应用（见表23-1）。

表 23-1　当前询问儿童的机构措施

措施	机构	目标
Gesell 房间 单人套间（2011）	家事法庭	通过在 Gesell 房间提供特殊询问推动儿童被听取证词的权利
指导调查询问	检察官办公室（OPP）	为检察官提供询问被害人良好方法的指导
警察培训课程（2012-14）	警察	使警察接受询问儿童方法的专门培训
在刑事开庭审判程序中为儿童提供证词设置特殊房间（2013）	刑事审判法庭	在审判期间为提供证言的儿童设立一个保护性空间

虽然这些举措是重要的进展，但最终不足以为性虐待儿童被害人因缺乏清晰表达而遭受二次受害问题提供有效的答案。更具体地说，没有方案来规定和协调涉及司法、卫生、教育、警察和社会服务领域的各种机构的干预。这导致了不完整的解决方案，不能解决二次受害的系统性起因，仍然存在儿童经受多次询问的风险，以及要求他们多次重述经历。另一个方面的缺陷是调查询问程序中缺乏以证据为基础的公共政策。所提及的举措都没有证明其有效性的证据以及没有证明其在全国范围实施的理由的评估体系。

最后一个方面涉及装备齐全的人应当如何询问儿童。这适用于任务专门化以及必要的培训程序。当询问人员的作用成为其他责任的附加物，就像检察官和法官一样，在任务专门化上就会出现问题。此外，所提及的举措中包含的培训过程不是基于专业研究文献认可的培养询问人员能力不可或缺的组成部分，包括：重视实践技能、熟练掌握专门知识、专家监督、个人反馈以及实践机会［古克奇恩和伯恩（Guckian and Byrne），2011；莱特和鲍威尔（Wright and Powell），2006；布尔（Bull），2013］。

总而言之，目前智利在询问儿童被害人方面的改革举措似乎在整体上呈现不足。然而，它们呈现出了在对这些方法进行必要规制的框架内，实施新的调查方法的早期前景。

- 立法措施

实施询问性虐待儿童受害者的新系统需要进行一系列法律和程序上的修改。到目前为止,智利还没有制定规范询问儿童被害人做法的具体法律。但是,对于立法需要已经有了更好的认识,并已朝这个方向采取了措施。

2014年年初,行政机关提出了一个关于这一事项的新项目,由一个跨部门工作组创立,工作组将政府代表、来自于与被害人合作的主要机构的个人,以及那些学术领域①的工作人员召集在一起。这次召集提供了一个论坛,提出了制定在性虐待案件中对询问儿童和青少年被害人进行录像的制度提议。

这项建议的核心思想是在国家范围建立完整的制度。这样一个制度,将会对刑事调查进程中涉及的不同机构的行为进行清晰界定、协调和规范,同时创设新的调查机制:对性虐待儿童被害人进行录像询问。提议的目标包括:减少儿童接受询问的次数;确保所有受到性虐待的儿童被害人只接受受过培训的和专门的从业人员的询问;以及减少儿童出席口头审理的需要[纳瓦罗(Navarro)等人,2012]。

这一提案的内容一直是全国范围内广泛讨论的话题。在其中心内容方面已经有了一个全面的协议。然而,该提案的一些要素引起了怀疑态度和保留意见,因为该协议的内容加剧了案件调查目标与保护被害人权益之间的紧张关系。

最后,这一主题仍在议会中讨论,尽管对法律的最终内容没有确定的了解,但如今在智利,人们都相信在他们的努力下,司法系统即将会制定一项旨在改善性虐待儿童受害者境况的法律。

- 学术和科学举措

2011年,智利大学成立了儿童与司法研究小组。这是一个跨学科的调查人员小组,目的是在国家法律制度的范围内研究儿童,制定减少和预防二次受害的程序。同时,这个小组也积极地参与为在智利设计被害人公共政策提供建议。

---

① 智利大学的儿童与司法研究组作为技术顾问是该跨部门研究组的一部分。

首先，调查内容之一是研发预防被性虐待的儿童遭受二次受害的手段，具体涉及调查询问和询问方案的研发［费希尔和盖泽尔曼（Fisher and Geiselman），1992；内政部，2011；兰姆（Lamb）等人，2008；鲍威尔（Powell），2014；密歇根州，2011］。第一个举措是将 NICHD 询问方案［兰姆（Lamb）等人，2008］适用到西班牙语，这项工作目前正在进行中，这涉及与迈克尔·兰姆（Michael Lamb）教授的合作。

其次，政府资助的研究[1]也在进行中，其目的是为对性虐待儿童被害人实施询问创造标准模式。该模式包含两个组成部分：适应智利环境的询问方案；以及询问人员培训计划，其效果将在一些遭到性虐待的智利儿童人群中进行测试。该研究的第二阶段（2015—2016）关注创立的这一模式在国家层面的实施。希望这项研究将有助于开发成功实施规定询问受害儿童的新法律所需的技术成果。这项研究的发展依赖于玛蒂娜·鲍威尔（Martine Powell）教授及其团队在澳大利亚迪肯大学调查询问中心的终身咨询职位。

上述调查举措代表了对年轻被害人进行询问的第一次科学研究，力图在智利公共政策层面上产生影响。期望这样的举措将有助于智利司法制度的转变，以更加尊重儿童和青少年的权利。

对研究、政策制定和实践的影响：文化适应和科研合作

总之，智利在司法调查中询问性虐待受害儿童的情况正在发生深刻的变化。规则和技术方面尚处于探讨和建设过程中。相比之下，需要通过转型作出回应的目标和原则是明确的：减少二次受害和调整政府程序来满足儿童的需要和保障其权利。此外，希望这种转变能够在整体上提高证人证词的质量（如更准确、更完整），而这正是这类犯罪调查的关键组成部分。

从技术的角度来看，智利试图实现的调查制度的转型，在科学发展和公共政策方面，国际上已经有依据充分、经验丰富的先例。科技知识实体支持着调查询问被害人的技术组成部分，如在益格鲁－撒克逊国家发展的

---

[1] 基金资助机构拨款号 CONICYT-FONDEF CA13I10238。

询问方案和询问人员的培训体系等，这都可以作为智利开发技术上的科学建议的参考。

然而，实施在不同文化背景和不同司法制度下研发出的询问程序可能并不容易。这也可能发生在拉丁美洲环境中使用在盎格鲁-撒克逊世界制定的询问方案的情况下，其中必须考虑文化变量的干扰。更具体地说，由于是在互动环境中应用调查询问技术，因此考虑到可能的文化差异以及规范每种文化中人际关系的语言和副语言规则十分重要［谢里范（Sherifian），2011］。上述内容要求研究人员反思在这一专题领域传播知识所面临的语言和文化障碍。

在考虑文化问题时，至少涉及两个方面。第一个是西班牙语国家为获得有关询问被害人的最新知识而进行的语言工作。这涉及相关知识和技术的翻译工作。然而，承认文化差异的存在带来了第二个问题：需要使这些知识适应拉丁美洲国家的文化和语言环境。第二个方面引起了关于为进行有效的文化适应过程而采取适当和必要的行动的问题。

这个问题的答案使我们认识到在智利环境中，翻译技术和程序（方案、指导准则、手册等）以及机械应用的方法是不够的。因此，我们开始了一条基于两个要素的衔接并共同处理适应需要的途径：增加当地的实证证据以及加强与国际调查组的伙伴关系。

首先，我们渴望在智利司法制度中处理与性虐待儿童被害人有关的公共政策问题能够以科学证据为基础。这需要在全国性的居民中进行实证研究来对这一主题事项进行系统的调查，以验证这一领域中的国际性研究成果的有效性。同时，它允许识别需要考虑的本地特征（如不断发展变化的差异、语言上的差异等）。其次，我们认为与国际级的主要调查团队的合作是一个关键因素。这种合作为我们提供了一个机会，能将智利的经验纳入关于询问被害人的长期研究数据中去。它能为在智利进行开发性研究设计所需的技术性参数和方法论提供支持。这也为智利在此方面的政策和方法转型带来了可能性，利用国际经验中的错误和智慧，同时将获得的成果最大化。

因此，我们相信，这两个要素的衔接将会带来能够反映智利司法环境的新知识的共同建构。这种新知识是通过与一流国际调查人员在询问被害人和培训询问人员领域的密切合作关系产生的,其中采用了增进和尊重当地特色的方法。我们认为,从这一接合的角度来看,对于加强和发展询问这方面可能有互惠的机会。

参考文献

❶ Bull, R. (2013) "What is 'believed' or actually 'known' about characteristics that may contribute to being a good/effective interviewer?" *Investigative Interviewing: Research and Practice*, 5 (2): 128–43.

❷ Escaff, E., Rivera, M., and Salvatierra, M. (2006) "Estudio de las variables asociadas a retractacion en menores victimas de abusos sexuales," *Revista de Victimologia ILANUD*, pp. 117–31. Retrieved from: http://www.ilanud.or.cr/A111.pdf.

❸ Fisher, R. P. and Geiselman, R. E. (1992) *Memory Enhancing Techniques for Investigative Interviewing: The Cognitive Interview*. Springfield, IL: Charles C. Thomas.

❹ Guckian, E. and Byrne, M. (2011) "Best practice for conducting investigative interviews," *Irish Psychologist*, 37: 69–77.

❺ Gutiérrez, de Pineres Botero, C., Coronel, E., and Perez, C. A. (2009) "Revisión teórica del concepto de victimización secundaria," *Liberabit, Revista de Psicología* [online], Vol. 15. Retrieved from: http://www.redalyc.org/pdf/686/68611923006.pdf.

❻ Home Office (2011) *Achieving Best Evidence in Criminal Proceedings Guidance on Interviewing Victims and Witnesses*. Home Office: London.

❼ Lamb, M. E., Hershkowitz, I., Orbach, Y. and Esplin, P. (2008) *Tell me What Happened: Structured Investigative Interviews of Child Victims and Witnesses*, 1st edn. Chichester: Wiley.

❽ Lamb, M. E., Orbach, Y., Hershkowitz, I., Esplin, P. W., and Horowitz, D. (2000) "A structured forensic interview protocol improves the quality and informativeness of investigative interviews with children: a review of research using the NICHD Investigative Interview Protocol," *Child Abuse and Neglect*, 31 (11 –12): 1201 –31.

⑨ Mide UC (2009) *Percepción de los Procesos de Investigación y Judicialización en loc casos de agresiones sexuales infantiles en la Regiones Metropolitana de Valparaíso y del Bío-Bío*, Informe de Estudio para la Fundación Amparo y Justicia, Mide UC.

⑩ Ministerio de Justicia (2010) *A 10 años de la Reforma procesal Penal: los desafíos del nuevo sistema*. Santiago de Chile: Gráfica Puerto Madero.

⑪ Ministerio del Interior (2013) *Política Nacional de Víctimas de Delito*. Retrieved from: http: //goo. gl/qBCFOz.

⑫ Ministerio Público de Chile (2009) *Instrucción General que imparte criterios de actuación en delitos sexuales*, Oficio FN No. 160. Retrieved from: http: //www. fiscaliadechiie. cl/Fiscalia/Archivo? id = 843ypid –71ytid = 1yd = 1.

⑬ Ministerio Público de Chile (2013) *Boletín Institucional Anual* 2012. Retrieved from: http: //www. fiscaliadechile. cl/Fiscalia/archivo? id = 8995andpid = 140andtid = 1andd = 1.

⑭ Ministerio Público de Chile (2014) *Boletin Institucional Anual* 2013. Retrieved from: http: //www. fiscaliadechile. cl/Fiscalia/archivo? id = 13002andpid = 159andtid = 1andd = 1.

⑮ Ministerio Público de Chile and Vera Institute of Justice (2004) *Analizando la reforma a la justicia criminal en Chile. Un estudio comparativo entre el nuevo y el antiguo sistema penal*. Santiago de Chile: LOM Ediciones.

⑯ Navarro, C. (2011) "Evaluación de Credibilidad Discursiva en Victimas de Agresiones Sexuales. " In "Compendio mejores tesis, Magíster en Psicología Mención Psicología Clínica Infanto-Juvenil," Universidad de Chile. Ediciones Andros, Santiago, Chile.

⑰ Navarro. C. , Mettifogo, D. , Henríquez, S. , Mandiola, S. , Sepúlveda, E. , Lathrop, F. , and García, F. (2012) *Fundamentación Técnica. Proyecto de Ley que establece un Sistema de Entrevista videograbada para niños, niñas y ado-*

lescentes víctimas de delitos sexuales. Santiago de Chile: Universidad de Chile.

⑱ Powell, M. B. (2011) *Entrevista Única Investigativa: Consideraciones Técnicas y Metodológicas*. Santiago: III Seminario Internacional sobre Agresiones Sexuales Infantiles.

⑲ Powell, M. B. (2014) "Standard Interview Method", Unpublished manuscript.

⑳ Powell, M. B., Fisher, R. P., and Wright, D. B. (2005) "Investigative interviewing," in N. Brewer and K. D. Williams (eds), *Psychology and Law: An Empirical Perspective*. New York: Guildford Press, pp. 11 – 42.

㉑ Sharifian, F. (2011) *Cultural Conceptualisations and Language: Theoretical Framework and Applications*. Amsterdam/Philadelphia: John Benjamins.

㉒ State of Michigan (2011) *Forensic Interviewing Protocol*. State of Michigan Governor's Task Force on Child Abuse and Neglect and Department of Human Services. Retrieved from: https://www.michigan.gov/documents/dhs/dhs-pub-0779_211637_7.pdf.

㉓ UNICEF (2004) *Manual de aplicacion de la Convención sobre los Derechos del niño*, edición española enteramente revisada. Ginebra: Atar Roto Presse.

㉔ UNICEF (2012) *Cuario Estudio de Maltrato Infantil*. Santiago de Chile.

㉕ UNICEF and Universidad Diego Portales (2006) *Niños, Niñas, Adolescentes Víctimas de Delitos Sexuales en el Marco de la Reforma Procesal Penal*, Informe Final, Instituto de Investigación en Ciencias Sociales, Universidad Diego Portales, Santiago, mimeo. Retrieved from: http://www.unicef.cl/unicef/public/archivos_documento/173/Informe%20final.pdf.

㉖ United Nations (1999) *Guide For Policy Makers*. Retrieved from: http://www.uncjin.org/Standards/policy.pdf.

㉗ Wright, R. and Powell, M. (2006) "Investigative interviewers' perceptions of their difficulty in adhering to open-ended questions with child witnesses," *International Journal of Police Science and Management*, 8 (4): 316 – 25.

结 论

询问被害人和证人

——实现我们的潜能

特朗德·麦克里伯斯特（Trond Myklebust）

加文·E. 奥克斯伯格（Gavin E. Oxburgh）

戴维·沃尔什（David Walsh）

艾莉森·D. 雷德利克（Allison D. Redlich）

在本书发行之前，关于世界各地的询问和讯问实践知之甚少，特别是有些中东和远东地区的国家。研究人员来自的国家和我们以前就特定国家的做法所提出的科学知识数量之间似乎存在着密切的联系。此外，缺乏专业知识与那些被怀疑（依据强有力的逸事证据）使用酷刑和其他有辱人格的对待方式的国家之间存在着明显的相关性。因此，对询问人员的培训在各个方面都是至关重要的，这是本书许多章节中都强调的一个方面。

司法询问

我们可以将对调查询问的科学观点追溯到德国科学家威廉·斯特恩［（William Stern），1903/1904］，这在本书第12章中介绍过。斯特恩（Stern）致力于能够从询问儿童获取最有效的信息的技术，随后介绍了开放性（bericht）问题和封闭性（verhör）问题之间的区别。在他的研究中，他明确地表明了开放性问题的优越性，与封闭性问题相比能够获得更多有效的信息。今天，对于调查询问的数个组成部分已经有了大量的科学研究，主要针对询问人员、询问对象以及询问的环境，或这些要素之间的动态变化。

还存在着几种研究传统,每一种都有值得考虑的不同方面。第一种侧重于研究询问人员,审查询问人员的举止、能力和接受的培训。第二种研究传统专注于询问对象,调查对记忆和司法询问实践的理解。第三种研究传统着重于弱势证人。第四种研究传统的重点是询问对象的欺骗。第五种传统研究询问的实践做法,如在法庭上的询问。总体而言,这些科学研究中的信息量对于实施询问的从业者来说可能是难以应付的。对于某些人来说,这些研究可能表明几乎不可能从询问对象处获得有效且可靠的信息。然而,自从斯特恩(Stern,1903/1904)进行的第一次科学研究以来,几乎所有的科学研究成果都阐明了询问过程的潜能。

对司法询问人员的培训

费希尔(Fisher)等人(1987)在美国进行的初步研究表明,询问人员的能力水平影响了成年询问对象的反应。作者建议在制度层面对警察进行正式、科学的培训。费希尔和盖泽尔曼［Fisher and Geiselman;参见费希尔(Fisher)等人,1989］创建了认知询问(CI)方法,并发现,与没有接受过这种询问方法培训的询问人员相比,接受过这种询问方法培训的询问人员在询问成年人的过程中获得了询问对象更多的回应。他们认为,未来的培训计划如果分为密集的短期会议而不是一个大型会议,将是最有效的。这也将使对询问方案组成部分的介绍相对较短,而培训计划的有效性能通过对各个询问人员的延伸反馈而获益［费希尔和盖泽尔曼(Fisher and Geiselman),1992;费希尔(Fisher)等人,1987］。

在确定 CI 功效的几项研究之一中,培训计划在 40、60 分钟的小组会议中进行,其中包括描述该询问方案各个组成部分的讲座,以及良好的和差的询问技巧的演示［费希尔(Fisher)等人,1989］。然而,其他研究发现,只有将培训分布在更长时间内才能观察到调查询问质量的长期改善［参见,例如,兰姆(Lamb)等人,2000;兰姆(Lamb)等人,2002］。在这些研究中,培训的时间为 3~5 天的全天培训会,接着对询问人员进行监督和反馈［兰姆(Lamb)等人,2002;奥巴赫(Orbach)等人,2000;斯滕伯格

（Sternberg）等人，2001］。正如在本书前面的章节中所介绍的，对询问人员进行培训的方式因国而异。例如，在美国，培训课程相对较短，而在英格兰和威尔士更长、更加结构化的培训课程似乎更为普遍。然而，从询问对象那里获得全面、准确的陈述最有用的询问技巧是什么呢？

正如本书前述章节和文献综述［参见奥克斯伯格（Oxburgh）等人，2010］中所概述的那样，有强烈的国际共识认为，询问中使用开放性（或适当的）提问技巧是最有效的形式，而诱导性和其他形式的不当提问对于获得更长时间和更详细的回复最为无效。目前尚不清楚哪些具体的（或组合的）培训要素对于提高询问人员成效最为有效。但是，鲍威尔（Powell）等人（2005）比较了在大多数其他培训计划中被认为在儿童调查询问中成功的培训方案的要素。他们发现成功的培训要素包括：

（1）结构化的询问方案；
（2）多次较长时间的练习机会；
（3）专家反馈和持续监督；
（4）询问人员提高其个人行为表现的内在动机。

但是，还应当考虑到对有智力障碍和/或精神健康障碍的被害人和证人进行的询问。需要更多地了解哪些询问方法和提问技巧对于这个弱势群体是最为有效的，他们在接受和表达沟通信息中可能会有非常大的困难。我们也必须确保他们能够在整个刑事司法程序中提供最佳的证据。在一些国家，有一些指导准则来协助实现这一点。例如，在英格兰和威尔士有"在刑事诉讼中获得最佳证据：询问被害人和证人的指导意见"（司法部，2011）。还有一个特别措施是使用注册中介机构——沟通专家，这会使弱势群体通过刑事司法系统的旅程更加顺利，可以说是减少受到的折磨。这是一个需要进一步研究以确定这些措施效力的领域，有利于确定正在使用中的各种决策程序。

决策程序

对于疑似受到虐待的儿童陈述的评估，自20世纪50年代德国联邦最高法院提出这个问题以来,一套针对此问题的评估机制就一直在使用［参见沃尔伯特和贝克（Volbert and Baker），第 12 章］。由心理学家乌多·昂德奇（Udo Undeutsch，1967，1982）代表的德国科学界开发了一种基于儿童自由陈述能够增加所获信息的数量和有效性的假设,对儿童陈述的内容进行分析的方法。这个假设后来被称为"昂德奇假说"（Undeutsch Hypothesis）。德国心理学家巩特尔·科恩亨（Gunther Köhnhen，2004）和瑞典心理学家阿恩·特兰克尔［Arne Trankell；特兰克尔（Trankell），1972，1982］进一步发展了昂德奇（Undeutsch）进行的科学工作。遗憾的是,他们的努力成果很少发表在英文期刊上,因此他们的科研工作成果的传播是有限的。

自从引入"陈述效性分析"（SVA）和"基于标准的内容分析"（CBCA）作为评估提交给法庭的询问的方法以来,已经过去了数十年。为了能够同时实现维护社会公共利益和保护被告人人权这两个至关重要的方面,需要有强有力且有效的手段来检测口头证据。编辑们发现,为决策者在犯罪调查中以及在法庭上呈现的证据而评估和开发分析方法,将会是未来进一步研究和关注的重要领域。无论是被害人还是证人,其陈述的质量不仅取决于其本身的局限性,而且取决于询问人员的局限性以及询问人员的能力,在某种意义上,就是询问人员利用询问对象的力量并使其最好地发挥其作用的能力。

结　语

这本书汇集了来自 23 个国家的章节,阐释了这些国家在询问中所采用的做法以及当前的发展情况。迄今为止,这些内容在任何现有的询问或讯问著作中都没有报道。从这些章节可以明显地看出,当代调查询问被害人和证人的目标是在国家和国际立法规定的法律框架内收集全面、准确、相关和可靠的信息［参见奥克斯伯格（Oxburgh）等人,2015］。我们认为,调查询问领域必须以这样的方式继续发展:保护和促进重要的实践者和学者之间的关系,确保实践者能够充分了解和参与学术研究。然而,即便如此,研究人员和实践者应当始终确保，在对政策和实践做出任何潜在的改变之前，它们都得到了有力的证据基础支持［奥克斯伯格和丹多（Oxburgh and Dando），2011］。

> **参考文献**

❶ Fisher, R. P and Geiselman, R. E. (1992) *Memory-enhancing Techniques for Investigative Interviewing: The Cognitive Interview.* Springfield, IL: Charles C. Thomas.

❷ Fisher, R. P., Geiselman, R. E. and Amador, M. (1989) 'Field test of the cognitive interview: enhancing the recollection of actual victims and witnesses of crime', *Journal of Applied Psychology*, 5: 722 – 7.

❸ Fisher, R. P., Geiselman, R. E. and Raymond, D. S. (1987) 'Critical analysis of police interview techniques', *Journal of Police Science and Administration*, 15 (3): 177 – 85.

❹ Köhnken, G. (2004) *Statement Validity Analysis and the 'Detection of the Truth'*, in P. A. Granhag and L. A. Strömwall (eds), *The Detection of Deception in Forensic Contexts.* Cambridge: Cambridge University Press, pp. 41 – 63.

❺ Lamb, M. E., Sternberg, K. J., Orbach, Y., Esplin, P. W. and Mitchell, S. (2002) 'Is ongoing feedback necessary to maintain the quality of investigative interviews with allegedly abused children?', *Applied Developmental Science*, 6 (1): 35 – 41.

❻ Lamb, M. E., Sternberg, K. J., Orbach, Y., Hershkowitz, 1., Horowitz, D. and Esplin, P. W. (2000) 'The effects of intensive training and ongoing supervision on the quality of investigative interviews with alleged sex abuse victims', *Applied Developmental Science*, 6 (3): 114 – 25.

❼ Ministry of Justice (2011) *Achieving Best Evidence in Criminal Proceedings: Guidance on Interviewing Victims and Witnesses, and Guidance on Using Special Measures.* London: Ministry of Justice.

❽ Orbach, Y., Hershkowitz, I., Lamb, M. E., Sternberg, K. J., Esplin, P. W. and Horowitz, D. (2000) 'Assessing the value of structured protocols for forensic interviews of alleged child abuse victims', *Child Abuse and Neglect*, 24 (6): 733 – 52.

⑨ Oxburgh, G. E. and Dando, C. J. (2011) 'Psychology and interviewing: what direction now in our quest for reliable information?', *British Journal of Forensic Practice*, 13: 135 – 44.

⑩ Oxburgh, G. Myklebust, T. and Grant, T. (2010) 'The question of question types in police Interviews: a review of the literature from a psychological and linguistic perspective', *International Journal of Speech Language and the Law*, 17 (1): 45 – 66.

⑪ Oxburgh, G., Fahsing, I., Haworth, K. and Blair, J. P. (2015) 'Interviewing suspected offenders', in G. Oxburgh, T. Myklebust, T. Grant and R. Milne (eds), *Communication in Investigative and Legal Contexts. Integrated Approaches from Psychology, Linguistics and Law Enforcement*. Chichester: Wiley Blackwell.

⑫ Powell, M. B., Fisher, R. P. and Wright, R. (2005) 'Investigative interviewing', in N. Brewer and K. D. Williams (eds), *Psychology and Law: An Empirical Perspective*. New York: Guilford, pp. 11 – 42.

⑬ Stern, W. (1903/1904) *Beiträge zür Psychologie der Aussage*. Leipzig: Verlag von Johann Armbrosius Barth.

⑭ Sternberg, K. J., Lamb, M. E., Davies, G. M. and Westcott, H. L. (2001) 'The memorandum of good practice: theory versus application', *Child Abuse and Neglect*, 25: 669 – 81.

⑮ Trankell, A. (1972) *Reliability of Evidence-Methods for Analyzing and Assessing Witness statements*. Stockholm: Beckmans.

⑯ Trankell, A. (1982) *Reconstructing the Past-The Role of Psychologists in Criminal Trials*. Stockholm: P. A. Norstedt & Söners förlag.

⑰ Undeutsch, U. (1967) 'Beurteilung der Glaubhaftigkeit von Aussagen', in U. Undeutsch (ed), *Handbuch der Psychologie Bd. 11: Forensische Psychologie*. Göttingen: Hogrefe, pp. 26 – 181.

⑱ Undeutsch, U. (1982) 'Statement reality analysis', in A. Trankell (ed.), *Reconstructing the Past: The Role of Psychologists in Criminal Trials*. Stockholm: P. A. Norstedt & Söners förlag, pp. 27 – 56.